독자의 **1초**를 아껴주는 정성!

—

세상이 아무리 바쁘게 돌아가더라도

책까지 아무렇게나 빨리 만들 수는 없습니다.

인스턴트 식품 같은 책보다는

오래 익힌 술이나 장맛이 밴 책을 만들고 싶습니다.

길벗이지톡은 독자여러분이 우리를 믿는다고 할 때 가장 행복합니다.

나를 아껴주는 어학도서, 길벗이지톡의 책을 만나보십시오.

독자의 1초를 아껴주는 정성을 만나보십시오.

미리 책을 읽고 따라해본 2만 베타테스터 여러분과 무따기 체험단, 길벗스쿨 엄마 2% 기획단,

시나공 평가단, 토익 배틀, 대학생 기자단까지!

믿을 수 있는 책을 함께 만들어주신 독자 여러분께 감사드립니다.

홈페이지의 '독자마당'에 오시면 책을 함께 만들 수 있습니다.

(주)도서출판 길벗 www.gilbut.co.kr

길벗 이지톡 www.eztok.co.kr

길벗 스쿨 www.gilbutschool.co.kr

	말하기 & 듣기	읽기 & 쓰기	발음 & 단어
첫걸음			
초급	  	 	
비즈니스	 		

일본어, 중국어, 기타 외국어 시리즈

	일본어	중국어	기타 외국어
초급	일본어 무작정 따라하기 / 일본어 따라정 따라하기 첫걸음 / 일본어 문법 무작정 따라하기 / 일본어 필수 단어 무작정 따라하기	중국어 첫걸음 무작정 따라하기 / 중국어 무작정 따라하기 / 중국어 한자 무작정 따라하기 / 중국어 필수 단어 무작정 따라하기	스페인어 무작정 따라하기 / 프랑스어 무작정 따라하기 / 스페인어 필수 단어 무작정 따라하기 / 한자 漢字 무작정 따라하기
중급	일본어 필수 표현 무작정 따라하기 / 일본어 현지회화 무작정 따라하기 / 일본어 한자 무작정 따라하기 / 일본어 작문 무작정 따라하기 / 일본어 회화 무작정 따라하기	중국어 현지회화 무작정 따라하기 / 중국어 필수 표현 무작정 따라하기 / 중국어 문법 무작정 따라하기 / 중국어 독해 무작정 따라하기	
비즈니스	일본어 회화 무작정 따라하기	비즈니스 중국어 무작정 따라하기	

： QR 코드로 음성 자료 듣는 법 ：

1

스마트 폰에서
'QR 코드 스캔'
애플리케이션을 다운
받아 실행합니다.
[앱스토어나 구글
플레이 스토어에서
'QR 코드'로 검색하세요]

2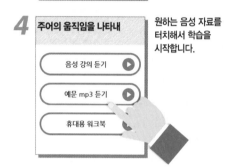

애플리케이션의 화면과
도서 각 unit 시작
페이지에 있는 QR 코드
를 맞춰 스캔합니다.

3

스캔이 되면
'음성 강의 듣기',
'예문 mp3 듣기' 등
선택 화면이 뜹니다.

4

원하는 음성 자료를
터치해서 학습을
시작합니다.

： 길벗이지톡 홈페이지에서 자료 받는 법 ：

1

길벗이지톡 홈페이지(www.eztok.co.kr) 검색창에서
《영문법 무작정 따라하기》를 검색합니다.
[자료에 따라 로그인이 필요할 수 있습니다]

2

검색 후 나오는 화면에서 해당 도서를 클릭합니다.

3

해당 도서 페이지에서 '부록/학습자료'를 클릭합니다.

4

다운로드 아이콘을 클릭해 자료를 받습니다.

학 습 스 케 줄

《영문법 무작정 따라하기》는 학습자가 하루 1시간을 집중하여 공부하는 것을 기준으로 구성했습니다. '스스로 진단'에는 학습을 마치고 어려웠던 점이나 궁금한 점을 적어두세요. 영문법을 마스터하기 위해 보강해야 할 것이 무엇인지 한눈에 확인할 수 있습니다.

영문법
무작정
따라하기

송연석 지음

길벗
이지:톡

영문법 무작정 따라하기

The Cakewalk Series - English Grammar

초판 1쇄 발행 · 2016년 10월 20일
초판 4쇄 발행 · 2020년 12월 10일

지은이 · 송연석
발행인 · 이종원
발행처 · (주) 도서출판 길벗 | **브랜드** · 길벗이지톡
출판사 등록일 · 1990년 12월 24일
주소 · 서울시 마포구 월드컵로 10길 56(서교동)
대표 전화 · 02)332-0931 | **팩스** · 02)322-6766
홈페이지 · www.gilbut.co.kr | **이메일** · eztok@gilbut.co.kr

기획 및 책임 편집 · 임명진(jinny4u@gilbut.co.kr) | **디자인** · 최주연 | **제작** · 이준호, 손일순
영업마케팅 · 김학흥, 장봉석 | **웹마케팅** · 이수미, 최소영 | **영업관리** · 김명자, 심선숙 | **독자지원** · 송혜란

원고정리 및 편집진행 · 강윤혜 | **전산편집** · 조영라 | **표지 일러스트** · 삼식이 | **본문 일러스트** · 최정을, 김혜연
CTP 출력 및 인쇄 · 예림인쇄 | **제본** · 예림 바인딩 | **녹음 및 편집** · 와이알미디어

ISBN 979-11-5924-071-3   03740 (길벗 도서번호 300909)
정가 18,000원

이 도서의 국립중앙도서관 출판예정도서목록(CIP)은 서지정보유통지원시스템 홈페이지(http://seoji.nl.go.kr)와
국가자료공동목록시스템(http://www.nl.go.kr/kolisnet)에서 이용하실 수 있습니다. (CIP제어번호 : CIP2016023351)

독자의 1초까지 아껴주는 정성 길벗출판사

(주)도서출판 길벗 | IT실용, IT/일반 수험서, 경제경영, 취미실용, 인문교양(더퀘스트) www.gilbut.co.kr
길벗이지톡 | 어학단행본, 어학수험서 www.eztok.co.kr
길벗스쿨 | 국어학습, 수학학습, 어린이교양, 주니어 어학학습, 교과서 www.gilbutschool.co.kr

페이스북 · www.facebook.com/gilbuteztok
네이버 포스트 · http://post.naver.com/gilbuteztok
유튜브 · https://www.youtube.com/gilbuteztok

유승협 | 32세, 취업준비

난생 처음 완독한 문법책!

문법책 끝까지 공부해보긴 처음입니다. 공무원 시험을 준비하면서 문법 기초의 필요성을 절감했죠. 다른 문법책도 이것저것 공부해봤는데 회화를 위한 문법이라며 너무 기초만 다루거나 딱딱한 수험용 문법책은 하다가 중도에 포기하게 되더군요. 그런데 《영문법 무따기》는 필요한 내용은 다 있으면서 설명이 자세하고 친절해서 혼자 공부하기에 너무 좋았습니다. 강의를 듣고 궁금한 건 게시판에 물어보고 학습 스케줄표를 따라 공부하다 보니 어느새 마지막 장이네요!^^

원윤하 | 23세, 대학생

모든 영어에 통하는 영문법입니다!

토익 리딩 점수가 안 나와서 도움을 받고자 《영문법 무따기》 베타테스터에 지원했어요. 4주 동안 학습해본 결과, **이 책은 토익은 물론이고 영어회화와 영작에도 도움이 많이 되는 것 같아요.** 문법 설명도 군더더기 없이 깔끔한데다 〈도전! 1분 영작〉, 〈문법 실력 다지기〉, 〈영문법 총정리〉 코너를 통해 배운 문법을 활용해서 직접 문장을 만들고 문법이 적용된 지문을 해석해보며 **회화와 영작, 나아가 실전 감각까지 한 번에 해결할 수 있었어요.**

윤아라 | 25세, 회사원

10년 넘게 헷갈렸던 영문법 해결!

머릿속에 뒤엉켜 돌아다니던 문법들이 이 책을 보면서 하나로 꿰가 꿰어지는 느낌입니다. 자세한 설명과 정확한 예시를 통해 **문장의 주어-동사 위치 파악이라든가 to부정사, 전치사, 관계대명사 등 그동안 10년 넘게 헷갈렸던 문법 개념이 잡혔습니다.** 저자가 영어 분야에서 오랫동안 연구하셨던 분이라는데 그래서인지 설명이 진짜 명쾌합니다. 강의까지 무료로 들을 수 있다니 더할 나위 없네요!

임윤덕 | 42세, 영어 강사

영어를 가르치는 분께도 추천합니다!

학생들을 가르치다 보면 공통적으로 자주 틀리고 취약한 부분들이 있어요. 그런 부분들을 보다 쉽고 명쾌하게 설명해 줄 수 있는 책을 찾고 있었는데 바로 여기 있었군요! 선생님이 옆에서 일대일로 가르쳐주듯 설명이 무척 친절하고, 혼동하기 쉬운 부분은 적재적소의 예문으로 확실히 이해시켜 줍니다. 덕분에 학생들에게도 헷갈리지 않도록 가르칠 수 있었어요. **영문법을 공부하는 학생뿐 아니라 가르치는 선생님들께도 꼭 추천하고픈 책입니다.**

베타테스트에 참여해주신 모든 분께 감사드립니다.
이 책을 만드는 동안 베타테스터 활동을 해주시고 아낌없는 조언과
소중한 의견을 주셨던 유승협, 원윤하, 윤아라, 임윤덕 님께 감사드립니다.

네버엔딩(Never-ending) 영문법?
이번엔 꼭 엔딩(Ending)까지 가봅시다!

영문법, 왜 배워야 할까?

여러분은 왜 '문법'을 배우려고 하시나요? 왠지 한 번은 정리해야 할 것 같아서? 시험을 잘 보기 위해서? 독해를 잘하기 위해서? **문법을 배워야 하는 가장 큰 이유는, 문법만 제대로 알아도 말을 쉽게 배울 수 있기 때문입니다.** '문법 = 말을 하는 규칙'입니다. 모든 언어는 문법이라는 일정한 규칙에 따라 단어들을 조합해 전달하고 싶은 의미를 만들어 내죠. 만약 문법을 모른다면 세상에서 일어날 수 있는 모든 상황별로, 가능한 모든 문장들을 일일이 다 외워야 할 겁니다! **문법이 없다면 늙어 죽을 때까지 모국어도 제대로 못할지 모릅니다.**

흔히 회화 위주로 공부하면 문법은 중요하지 않다고 생각하는데요. **회화든 작문이든 일단 문장을 만들 때는 의식하든 안 하든 문법을 따르게 됩니다. 그러니 영어를 잘하기 위해선 문법을 빼놓고는 얘기할 수 없는 거죠.** 물론, 해외여행을 다녀올 때처럼 몇 가지 잘 쓰는 문장만 알아도 되는 경우엔 필요한 문장을 통째로 외워 버리면 그만이겠지만 우리가 하고 싶은 영어는 그 수준이 아니잖아요? 태어나 한 번도 입으로 내뱉어 보지 않은 문장까지 만들 수 있으려면 문법은 꼭 필요한 기초요, 정복해야 할 산입니다.

영어를 배울 때 가장 쉬운 게 문법!

필요성은 알지만 문법이란 산을 넘기가 어렵게 느껴지시나요? 사실, 영어 배울 때 가장 쉬운 게 문법이에요. 이렇게 '한 권'으로 정리가 가능하다는 게 그 증거입니다. 영어는 단어 자체도 많지만 주어진 단어를 조합해 의미를 만들어 낼 수 있는 경우의 수는 무궁무진하기 때문에 책 몇 권으로 정리한다는 것 자체가 말이 안 됩니다. 하지만 **문법 자체는 단순하죠. 만약 벅차게 느껴진다면 그건 문법을 용법과 헷갈리고 있기 때문이에요.** 사람 심리상 자연스런 현상이라 원리를 이해하면 쉽게 풀리는 문법 내용이 많은데 무작정 외우려 하니까 어려운 겁니다. 또 특이해서 자주 언급되는 것일 뿐 그냥 '용법'에 불과한데도 문법으로 오해하고 한꺼번에 외우려다 지치는 경우도 많죠.

이 책은 그 점을 염두에 두고 왜 문장을 만들 때 특정 현상이 나타나는지, 또 어떤 건 외워야 하고 어떤 건 외울 필요가 없는 건지 구별해서 설명했습니다. **사람의 뇌는 완전히 이해한 건 오래 기억할 수 있다고 해요. 원리를 '이해'하는 데 중점을 두시기 바랍니다.**

영문법, 줄기부터 가지로 이해하자!

"문법책을 봐도 며칠만 지나면 알고 있는 게 조각나서 이어지지 않아요."
"웬만한 문법은 안다고 자신했는데 토익 시험을 보면 어떤 것을 물어보는지 모르겠어요."

세상 모든 일이 그러하듯 문법을 공부할 때도 요령이 있으면 훨씬 효과적입니다. 먼저 큰 줄기를 찾으세요. 닥치는 대로 이 가지, 저 잎사귀 손에 잡히는 대로 들여다보면 단편적인 지식이 뒤엉켜 시간은 시간대로 들면서 쉽게 정리가 되지 않습니다. **변하지 않는 큰 줄기를 찾은 다음 거기서 뻗어 나오는 잔가지들이 서로 어떤 연관성을 갖는지 관찰하세요.**

그래서 이 책에서는 우선 영어문장의 구조를 파악하는 것으로 준비과정을 거칩니다. 그리고 문법을 [주어 + 동사]란 줄기를 잡는 것으로 시작하죠. 그 후 동사에서 뻗어 나온 잔가지(to부정사, 동명사, 조동사 등), 명사에서 뻗어 나오는 잔가지(한정사, 형용사, 관계대명사 등)를 배웁니다. 그런 다음 문장을 서로 연결하거나(접속사) 의미를 더하는(비교, 특수 구문 등) 방법을 배우는 거죠. 문법 공부를 해도 해도 진도가 안 나가는 느낌이라면 큰 줄기는 놓친 채 잔가지들에만 지나치게 몰두해 있는 게 아닌지 돌아보세요.

우리는 이 책을 통해 더 많은 잎사귀를 가지려고 하는 게 아니라 잎사귀들이 달려 있는 큰 줄기를 잡아야 합니다. **네버엔딩 스토리처럼 영원히 끝나지 않을 것 같던 영문법도 요령만 알고 있으면 가벼운 마음으로 마침표를 찍을 수 있습니다.**

배운 문법은 요긴하게 활용해 주세요!

문법을 배우고 나면, 영화나 드라마, 소설, 신문 등 다양한 경로로 실제 사람들이 어떤 문장들을 만들어 쓰는지 접해 보고 직접 만들어 보세요. 문법책을 여러 번 본다고 해서 아리송했던 부분이 명쾌해지진 않습니다. 대충 어떤 규칙들이 있다는 걸 알아 두고, 실제 사용된 예를 통해 더 정확하고 구체적인 부분을 확인해 보겠다는 생각으로 접근하는 게 좋아요.

사람은 기억력에 한계가 있고, 말하다 실수도 많이 하죠. 영어는 그런 '사람'이 쓰는 '말'입니다. 변수도 많고 예외도 많으니 기본적으로 꼭 지켜지는 규칙만 배우면 된다는 가벼운 마음으로 문법을 대해 보세요. 여러분에게 이 책이 영문법에 대한 부담감을 덜어 주고, 영어를 사람이 쓰는 '말'로써 이해하는 데 도움이 되길 바랍니다.

송연석

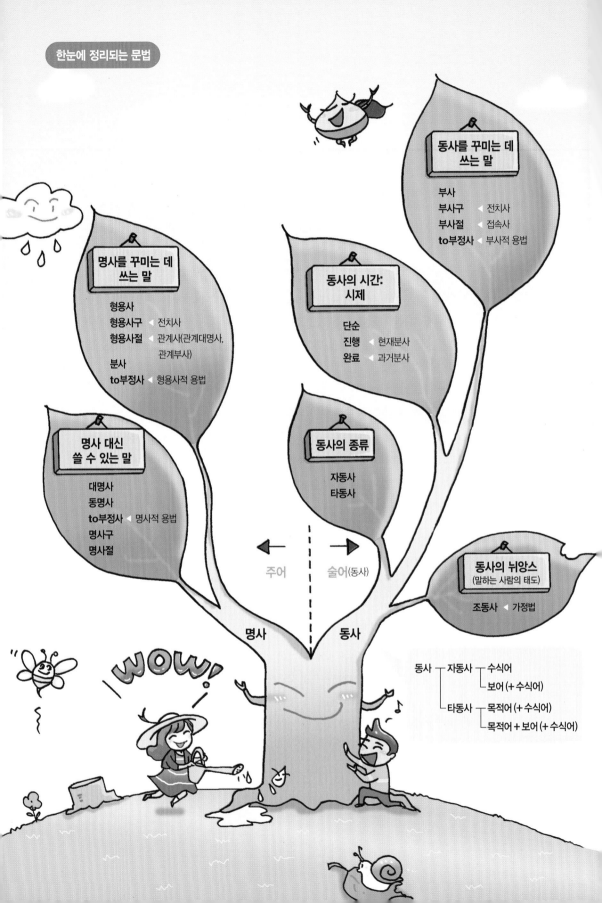

동사를 꾸미는 데 쓰는 말

부사
부사구　◀ 전치사
부사절　◀ 접속사
to부정사　◀ 부사적 용법

명사를 꾸미는 데 쓰는 말

형용사
형용사구　◀ 전치사
형용사절　◀ 관계사(관계대명사, 관계부사)
분사
to부정사　◀ 형용사적 용법

동사의 시간: 시제

단순
진행　◀ 현재분사
완료　◀ 과거분사

명사 대신 쓸 수 있는 말

대명사
동명사
to부정사　◀ 명사적 용법
명사구
명사절

동사의 종류

자동사
타동사

주어　←　→　술어(동사)

명사　　동사

동사의 뉘앙스
(말하는 사람의 태도)

조동사　◀ 가정법

동사 ┬ 자동사 ┬ 수식어
　　　│　　　└ 보어 (+ 수식어)
　　　└ 타동사 ┬ 목적어 (+ 수식어)
　　　　　　　└ 목적어 + 보어 (+ 수식어)

WOW!

문장 = 주어 + 동사

주어	동사
She 대명사	**ordered** <u>a coffee</u>. 목적어
<u>Some</u> **girls** 한정사	**have ordered** tea. 시제(현재완료)
The pretty girl 명사구	**ordered** a coffee <u>at this cafe</u>. 부사구
The girl <u>in blue jeans</u> 형용사구	**ordered** a black coffee <u>to drink</u> at the cafe. to부정사
The girl <u>who came with me</u> 형용사절	**is** my friend, <u>who</u> lives in this neighborhood. 관계사
<u>Ordering</u> **a coffee** 동명사	**can be** a <u>frustrating</u> experience. 조동사 분사
Why she ordered it 명사절	**is** not <u>my business</u>. 보어

(가운데 **+**)

절과 절을 합치는 방법

She ordered a hot coffee. 절 (주어 + 동사)	**+**	She was cold. 절 (주어 + 동사)

➡ She ordered a hot coffee <u>because</u> she was cold.
접속사

➡ She was cold <u>when she ordered a hot coffee</u>.
부사절

➡ <u>If</u> she <u>hadn't been</u> cold, she <u>wouldn't have ordered</u> a hot coffee.
가정법   가정법

♠ 그녀는 커피를 주문했다. ♠ 어떤 소녀들은 차를 주문했다. ♠ 그 예쁜 소녀는 이 카페에서 커피를 주문했다. ♠ 청바지 입은 그 소녀는 그 카페에서 마시려고 블랙 커피를 주문했다. ♠ 나랑 같이 온 그 소녀는 내 친구인데 이 동네에 산다. ♠ 커피 주문하기는 짜증스런 경험일 수도 있다. ♠ 그녀가 왜 그걸 주문했는지는 내가 상관할 바 아니다. ♠ 그녀는 추워서 뜨거운 커피를 주문했다. ♠ 그녀는 뜨거운 커피를 주문했을 때 추웠다. ♠ 그녀가 춥지 않았다면 뜨거운 커피를 주문하진 않았을 텐데.

500만 명의 독자가 선택한 〈무작정 따라하기〉 시리즈는 모든 원고를 독자의 눈에 맞춰 자세하고 친절한 해설로 풀어냈습니다. 또한 저자 음성강의, 예문 mp3파일 무료 다운로드, '무작정 따라하기' 애플리케이션, 길벗 독자지원팀 운영 등 더 편하고 쉽게 공부할 수 있도록 아낌없는 서비스를 제공합니다.

1 음성강의

모든 마디에 저자 음성 강의를 넣었습니다. QR 코드를 스캔해 핵심 내용을 먼저 들어보세요.

2 본 책

쉽고 편하게 배울 수 있도록 단계별로 구성했으며 자세하고 친절한 설명으로 풀어냈습니다.

7 동영상 강의

효과적인 학습을 돕는 동영상 강의도 준비했습니다. 혼자서 공부하기 힘들면 동영상 강의를 이용해 보세요.

3 예문 mp3

홈페이지에서 mp3 파일을 무료로 다운 받을 수 있습니다. 듣고 따라 하다 보면 저절로 말을 할 수 있게 됩니다.

6 홈페이지

공부를 하다 궁금한 점이 생기면 언제든지 홈페이지에 질문을 올리세요. 저자와 길벗 독자지원팀이 신속하게 답변해 드립니다.

4 소책자

출퇴근 시간에 지하철이나 버스에서 편하게 공부할 수 있도록 핵심 정리용 소책자를 준비했습니다.

5 애플리케이션

〈무작정 따라하기〉 시리즈의 모든 자료를 담았습니다. 어디서나 쉽게 저자 음성강의와 예문을 들을 수 있어요.

책을 펼치긴 했는데 어떻게 공부를 시작해야 할지 막막하다고요? 그래서 준비했습니다. 무료로 들을 수 있는 저자의 음성강의와 베테랑 원어민 성우가 녹음한 예문 mp3파일이 있으면 혼자 공부해도 어렵지 않습니다.

음성강의 / 예문 mp3 활용법

배울 내용을 워밍업하고 어떻게 공부해야 하는지 조언도 들을 수 있는 저자 음성강의(마디 별로 제공)와 원어민 녹음 mp3 파일을 제공합니다. 음성강의와 mp3파일은 본 책의 QR코드를 찍거나 홈페이지에서 무료로 다운로드 받을 수 있습니다.

❶ QR코드로 확인하기

스마트폰에 QR코드 스캐너 어플을 설치한 후, 각 과 상단의 QR코드를 스캔해주세요. 저자의 음성강의와 mp3파일을 골라서 바로 들을 수 있습니다.

❷ 홈페이지에서 다운로드 받기

음성강의 mp3파일을 항상 가지고 다니며 듣고 싶다면 홈페이지에서 파일을 다운로드 받으세요. 이지톡 홈페이지(www.eztok.co.kr)에 접속한 후, 자료실에 '영문법 무작정 따라하기'를 검색하세요.

학습자료 200% 활용하기

강의 mp3 | 강의 들으며 배울 내용 확인하기

영문법 하면 왠지 부담스러운 분들을 위해 영어 전문가인 저자가 준비한 특급 오리엔테이션! 본격적인 학습을 시작하기 전에 강의를 들으며 배울 내용에 대한 감을 잡아 보세요!

예문 mp3 | 예문 반복해서 따라 말하기

책에 수록된 모든 예문은 원어민의 음성으로 녹음되어 있습니다. 공부할 때 눈으로만 읽고 끝내지 말고 반드시 mp3파일을 듣고 입으로 따라 말하면서 훈련하세요. 문법은 이론을 외우는 데에 그치지 않고 실제로 말하고 써보며 활용해야 진정한 의미가 있습니다.

소책자 mp3 | 언제 어디서나 훈련하기

〈핵심정리 핸드북〉을 들고 다니면서 자투리 시간이 날 때마다 틈틈이 훈련하세요. 하루 5분의 짧은 훈련만으로도 여러분의 영어 실력은 분명 달라집니다.

동영상 강의 | 강의 보며 완벽 정리하기

≪영문법 무작정 따라하기≫의 책 전체 동영상 강의(20강)는 이지톡 홈페이지(www.eztok.co.kr) [콘텐츠몰]에서 무료로 시청할 수 있습니다. 바쁜 분들은 강의를 보면서 문법을 정리하세요!

전체
마당 : 영어 문장의 뼈대를 만들어주는 문법(동사, 시제, to부정사, 동명사 등)과 **영어 문장의 뼈대에 살을 붙여주는 문법**(한정사, 관계대명사, 접속사, 특수 구문 등) 이렇게 크게 **2개의 파트**로 나뉩니다.

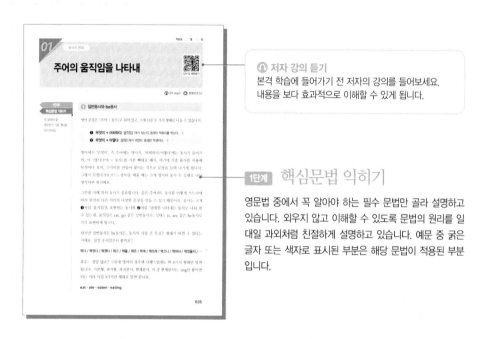

🎧 저자 강의 듣기
본격 학습에 들어가기 전 저자의 강의를 들어보세요.
내용을 보다 효과적으로 이해할 수 있게 됩니다.

1단계 핵심문법 익히기

영문법 중에서 꼭 알아야 하는 필수 문법만 골라 설명하고 있습니다. 외우지 않고 이해할 수 있도록 문법의 원리를 일대일 과외처럼 친절하게 설명하고 있습니다. 예문 중 굵은 글자 또는 색자로 표시된 부분은 해당 문법이 적용된 부분입니다.

⏱ 도전! 1분 영작
일상생활에서 자주 쓸 만한 문장을 앞서 배운 문법을 이용해 영작하는 코너입니다. 자신이 이해한 문법을 제대로 쓸 수 있는지 확인하세요.

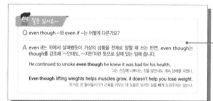

❓ 질문 있어요~
문법 학습자들이 자주 헷갈리거나 궁금해하는 사항들을 질의응답 형식으로 정리했습니다.

❗ 이것도 알아 두세요!
설명했던 문법에서 심화된 내용을 알려 주고 있습니다. 자신을 영문법 초보자라고 생각한다면 학습하지 않고 넘어가도 상관없습니다.

각 과는 총 **65개 문법**을 중심으로 정리되어 있습니다. 〈**핵심문법 익히기**(이해) → **1분 영작&문법 실력 다지기**(적용) → **영문법 총정리**(확인) → **휴대용 핸드북**(복습)〉의 체계적인 4단계 구성과 쉽고 상세한 설명으로 여러분의 영문법 정복을 확실하게 책임집니다.

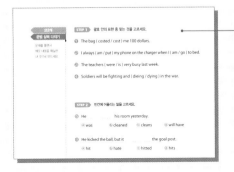

2단계 문법 실력 다지기

1단계에서 배운 문법을 제대로 이해했는지 문제를 풀면서 확인하는 코너입니다. 문법을 아는 것보다 영어 문장에 제대로 적용할 줄 아는 것이 중요합니다. 귀찮다고 넘어가지 말고 꼭 확인해 주세요!

3단계 영문법 총정리

마디가 끝나면 총정리 문제로 그동안 배운 문법 내용 및 자신의 문법 실력을 확인하도록 했습니다. 토익 시험을 응용하여 문제를 만들었기 때문에 [2단계: 문법 실력 다지기]보다 수준이 조금 높습니다. 어학 시험을 준비한다면 3단계까지 빠짐없이 풀어주세요. 틀린 문제가 있다면 해설을 보면서 취약한 부분을 꼼꼼히 체크합니다.

훈련용 소책자 : 바쁜 직장인과 학생들이 지하철이나 버스 안에서도 편하게 공부할 수 있도록 훈련용 소책자를 준비했습니다.

본 책에 있는 중요한 문법 사항과 예문을 뽑아 정리한 문법 정리 핸드북입니다. 눈으로만 보고 넘어가지 말고 mp3파일을 들으며 큰 소리로 따라 하세요. 영문법 자신감은 물론 영어회화 실력도 쑥쑥 자랍니다.

차례

둘째마당 : **영어 문장의 뼈대에 살을 붙여주는 문법**

영문법, 이것만은
꼭 알고
넘어가자!

내 문법 실력 확인하기

 내 문법 실력 확인하기

본격적인 문법 학습에 앞서, 아래 주어진 문제들을 통해 자신이 어느 부분에 취약한지 점검해 보세요.
기본이 탄탄하면 그만큼 문법이 쉬워집니다. 그럼, 시작해 보세요!

ROUND 1 빈칸에 알맞은 말을 고르세요.

❶ I ate snacks in _____.

ⓐ bedroom　　　　ⓑ kitchen　　　　ⓒ the afternoon　　　ⓓ quietly

❷ She was _____.

ⓐ a friendly person　ⓑ very quickly　　ⓒ terribly anger　　ⓓ extremely smile

❸ I _____ I thought it was funny.

ⓐ laughed out　　　ⓑ laughed loud　　ⓒ laughed quietly　ⓓ laughed because

❹ The company _____ every year.

ⓐ becomes quickly　ⓑ grows　　　　ⓒ makes huge　　　ⓓ held

ROUND 2 완전한 문장으로 만들기 위해 꼭 추가해야 할 말을 고르세요. (대소문자 상관없이)

❺ Put on pajamas and went to bed.

ⓐ quickly　　　　　ⓑ at midnight　　　ⓒ warm　　　　　ⓓ he

❻ When did you make?

ⓐ this bread　　　　ⓑ this morning　　　ⓒ little　　　　　ⓓ not

ROUND 3 주어진 단어들을 알맞은 순서로 배열해 문장을 만들어 보세요.

❼ very, a, was, it, difficult, interview

✎ _____

❽ went, I, a, to, bakery, and, baguette, a, bought, fresh

✎ _____

016

밑줄 친 부분에 들어갈 수 <u>없는</u> 말을 고르세요.

⑨ Did you **water** the seeds?

   ⓐ plant   ⓑ eat   ⓒ find   ⓓ small

⑩ A strong earthquake hit the **grawecky** country.

   ⓐ small   ⓑ rich   ⓒ develop   ⓓ Asian

⑪ A very **utringa ptoreya** came to me.

   ⓐ strange thought   ⓑ ugly man   ⓒ big kangaroo   ⓓ sadly feeling

ROUND 5   각 문장에서 주어 부분의 핵심 명사와 주어를 설명한 부분의 핵심 동사를 찾아보세요.

⑫ The young man on the horse drew a sword.

⑬ In the evening the team from Brazil went out for dinner.

⑭ I don't know why he didn't show up at the meeting.

⑮ When the man on the stage skillfully played the red electric guitar, the crowd in the concert hall went wild.

ROUND 6   다음은 〈주어 + 동사〉가 두 개 이상 들어간 문장들입니다. 크게 두 부분으로 나눈 뒤 더 중요한 부분에 밑줄을 그어 보세요.

⑯ When I first met him, I was 20.

⑰ I know that you watched TV while I was sleeping.

ROUND 7   괄호 안의 표현 중 맞는 것을 고르세요.

⑱ (Do she know / Do she knows / Does she know / Is she know) you?

⑲ (Do quiet / Be quiet / Quiet) and sit down here.

⑳ A (Isn't it / Doesn't it / Isn't) cold?

   B Yes, it's freezing!

★정답 및 해설은 다음 페이지에

① ⓒ I ate snacks <u>in the afternoon</u>.
　　주어 동사 목적어　　　　수식어

난 오후에 간식을 먹었다.

▶ 대부분의 명사는 앞에 관사(a/the)가 붙습니다. ⓓ quietly
　는 in이 없으면 가능해요.

② ⓐ She was <u>a friendly person</u>.
　　　　주어 동사　　보어(명사구)

그녀는 친절한 사람이었다.

▶ be동사 뒤에는 보어가 옵니다. be는 주어의 움직임이 아
　닌 '상태'를 나타내는 동사라 뒤에는 상태와 어울리는 명사
　나 형용사가 와요. ⓑ는 〈부사 + 부사〉, ⓒ는 〈부사 + 명사〉,
　ⓓ는 〈부사 + 동사〉라 틀립니다. → 〈03.구와 절〉 참고(p.24)

③ ⓓ I laughed / because I thought [it was
　　주어 동사(주절)　 접속사 주어 동사 [목적어](명사절)

<u>funny</u>].

나는 웃었다. 그게 웃기다고 생각했기 때문에.

▶ 한 문장 안에서 〈주어 + 동사〉는 한 번 쓰는 게 원칙입니다.
　만약 두 번을 써야 한다면 접속사로 연결하든가 다른 방법을
　동원하게 되죠. 여기서 〈주어 + 동사〉를 '절'이라고 부릅니
　다. 접속사로 연결된 두 절은 의미상 둘 다 중요한 경우도 있
　고, 둘 중 하나가 더 중요하고 나머지는 그 중요한 절의 의미
　를 더 자세히 만들어 주는 역할에 불과한 경우도 있습니다.
　이때 중요한 쪽 절을 '주절'이라 부르고, 주절을 보충 설명하
　는 절을 '종속절'이라고 부릅니다. 주절이 없으면 혼자만으론
　의미가 없기 때문에 늘 주절에 종속된 관계라고 해서 '종속
　절'이라고 불러요. → 〈04.주절과 종속절〉 참고(p.26)

④ ⓑ The company <u>grows</u> every year.
　　　　주어　　　　동사　 수식어
　　　3인칭 단수　　-s

그 회사는 매년 성장한다.

▶ 자동사는 목적어가 필요 없지만 타동사는 반드시 목적어
　가 있어야 합니다. 현재시제에서 주어가 3인칭 단수면 동사
　에 -(e)s를 붙여요. ⓐ는 become이 '~가 되다'란 뜻인
　데 '~'에 해당하는 말이 없어서(quickly는 '빨리'란 뜻의
　부사), ⓒ는 '무엇을(목적어) 생산하고 만드는지 안 나와서
　(huge는 '거대한'이란 뜻의 형용사), ⓓ는 held의 목적어
　인 명사가 없어서 틀립니다.

⑤ ⓓ He put on pajamas and went to bed.
　　주어 동사　　　목적어　 접속사 동사　 수식어

그는 잠옷을 입고 잠자리에 들었다.

▶ Put ~만 보면 명령문 같지만, 그럼 뒤쪽이 go to bed가
　돼야 합니다. 따라서 여기선 put이 과거형이고 주어가 빠진
　거라고 봐야 해요. → 〈01. 문장의 뼈대〉 참고(p.20)

⑥ ⓐ When did you make this bread?
　　　 의문사　　주어 동사　　 목적어

이 빵 언제 만들었어?

▶ make는 목적어가 필요한 타동사입니다.

⑦ It was <u>a very difficult interview</u>.
　　주어 동사　　　　　보어

그건 아주 어려운 면접이었다.

▶ 〈관사 + 명사〉가 기본이고, 여기에 〈관사 + 형용사 + 명사(a
　difficult interview)〉, 〈관사 + 부사 + 형용사 + 명사(a
　very difficult interview)〉 등으로 늘려 나갈 수 있습니
　다. → 〈02. 품사로 뼈대 만들기〉 참고(p.22)

⑧ I went to a bakery and bought a fresh
　　주어 동사　 수식어　　 접속사 동사　 목적어

<u>baguette</u>.

빵집에 가서 갓 나온 바게트를 샀다.

▶ 자동사의 의미를 자세히 해주고 싶을 땐 〈동사 + 수식어〉
　로 쓰는데 수식어 자리에는 부사나 〈전치사 + 명사〉 등이
　붙을 수 있습니다. 타동사일 땐 목적어가 꼭 들어가야 해
　요. → 〈02. 품사로 뼈대 만들기〉 참고(p.22)

⑨ ⓓ Did you <u>water</u> the seeds?
　　　　주어　 동사　　 목적어

너 그 씨앗들에 물 줬니?

▶ 위치상 동사가 와야 할 자리입니다. ⓓ small은 형용사예
　요. water는 명사지만 이 위치에 쓰면 '물을 주다'란 동사
　가 됩니다. → 〈02. 품사로 뼈대 만들기〉 참고(p.22)

⑩ ⓒ A strong earthquake hit the [small/rich/
　　　　　주어　　　　　동사　　 목적어

<u>Asian</u>] country.　　　　　　　관사 + 형용사 + 명사

강력한 지진이 그 [작은/부유한/아시아] 나라를 강타했다.

▶ 문제에서 밑줄 친 부분의 말은 영어에 없는 단어예요. 하
　지만 위치를 보고 형용사가 올 자리란 걸 알 수 있어야 합
　니다. develop은 동사라 명사를 꾸밀 수 없어요.
　→ 〈02. 품사로 뼈대 만들기〉 참고(p.22)

⑪ ⓐ <u>A very strange thought</u> came to me.
　　<u>A very　ugly　man</u>　came to me.
　　<u>A very　big　kangaroo</u> came to me.
　　　　　주어　　　　　　동사　수식어

아주 이상한 생각이 나한테 왔다. (아주 이상한 생각이 들었다.)
아주 못생긴 남자가 나한테 왔다.
아주 큰 캥거루가 나한테 왔다.

▶ 문제에서 밑줄 친 부분의 말은 영어에 없는 단어들입니다. 하지만 위치를 보면 (부사)-형용사-명사 순임을 추측할 수 있어요. ⓐ는 부사-명사인데 부사는 명사를 꾸밀 수 없기 때문에 틀립니다. → ⟨02. 품사로 뼈대 만들기⟩ 참고(p.22)

⑫ <u>The young man on the horse</u> <u>drew</u> a sword.
　　　　　명사　　　　　　　동사
　　　주어(명사구)　　　　　　　동사　목적어

말에 탄 젊은 남자가 칼을 빼들었다.

▶ 여러 단어가 모여 하나의 품사 역할을 하면 '구'라고 부릅니다. 이 문장의 주어는 길지만 결국 man을 꾸미기 위해 줄줄이 붙인 말들에 불과해요. 즉 명사구가 주어인 문장이죠. → ⟨03. 구와 절⟩ 참고(p.24)

⑬ <u>In the evening</u> the <u>team</u> <u>from Brazil</u> <u>went</u>
　　수식어　　　　　　주어　　　　　동사

<u>out for dinner.</u>
　수식어

저녁에 브라질 팀은 외식하러 나갔다.

▶ 문장은 명사(구)로 시작하는 게 가장 일반적이지만 In the evening처럼 전치사로 시작되는 경우엔 주어를 뒤에서 찾으세요. → ⟨03. 구와 절⟩ 참고(p.24)

⑭ I don't know <u>why he didn't show up at the</u>
　주어　　동사　　　　　목적어(명사절)

<u>meeting.</u>

그가 왜 회의에 나타나지 않았는지 모르겠다.

▶ ⟨주어 + 동사⟩인 절이 통째로 동사의 목적어로 들어갈 수도 있습니다. → ⟨03. 구와 절⟩ 참고(p.24)

⑮ When the *man* on the stage skillfully
　접속사　　　주어　　　　　수식어

played the red electric guitar, the crowd in
　동사　　　　목적어

the concert hall went wild.
　주어(명사구)　　　동사　보어

무대 위의 남자가 빨간 전자 기타를 멋지게 연주하자 콘서트장에 있던 관중들은 열광했다.

▶ ⟨주어 + 동사⟩가 두 번 나왔기 때문에 접속사로 연결했습니다. 이 문장에서 중요한 부분, 즉 주절은 when이 붙지 않은 the crowd ~절이에요. 즉 when절은 군중이 '언제' 열광했는지 보충 설명해 주는 역할을 하고 있죠. → ⟨03. 구와 절⟩ 참고(p.24)

⑯ [When I first met him], <u>I was 20.</u>
　　종속절　　　　　　　주절

내가 그를 처음 만났을 때 난 스무살이었다.

▶ and, but, or, for, so를 뺀 나머지 접속사는 모두 종속절에 붙습니다. → ⟨04. 주절과 종속절⟩ 참고(p.26)

⑰ I know [that you watched TV while I was
　주절　　　　　종속절(know의 목적어)

sleeping].

난 네가 나 자는 동안 TV 봤다는 거 알아.

▶ 주절은 I know이고, 종속절 안에서 또 서열을 따지자면 you watched TV는 주절, while I was sleeping은 종속절에 해당됩니다. → ⟨04. 주절과 종속절⟩ 참고(p.26)

⑱ <u>Does</u> <u>she</u> <u>know</u> <u>you?</u>
　　주어　동사　목적어

그 여자가 널 알아?

▶ Yes/No를 묻는 의문문은 Do로 시작하는데 현재시제이고 주어가 3인칭 단수이면 Does he/she/it으로 바뀝니다. → ⟨05. 문장의 종류⟩ 참고(p.27)

⑲ <u>Be</u> <u>quiet</u> and <u>sit</u> <u>down</u> <u>here.</u>
　동사　보어　접속사 동사　수식어

조용히 하고 여기 앉아.

▶ 명령문을 만들 땐 You가 생략된 것으로 생각하고 동사원형으로 시작되며, be동사를 이용한 명령문은 ⟨Be + 보어⟩로 만듭니다. → ⟨05. 문장의 종류⟩ 참고(p.27)

⑳ A <u>Isn't</u> <u>it</u> <u>cold?</u> 춥지 않니?
　　동사　주어　보어

　B Yes, <u>it's</u> <u>freezing!</u> 응, 얼어죽겠어!
　　　　주어　동사　보어

▶ cold는 형용사라 be동사와 같이 쓰며, 부정문인 be동사의 의문문은 ⟨Isn't / Aren't / Wasn't / Weren't + 주어 + 보어⟩로 만듭니다. → ⟨05. 문장의 종류⟩ 참고(p.27)

문장의 뼈대: 주, 술, 목, 보, 수식어

'문법' 하면 to부정사의 용법이니 가정법이니 하는 골치 아픈 문법 규칙들이 떠오르죠? 이런 규칙들은 대체 왜 배우는 걸까요? 그건 바로 문장을 봤을 때 의미를 이해하고, 또 직접 문장을 만들 수 있기 위해서입니다. 이때 의미를 안다는 건 '무엇이 어찌하다/어떻다'를 아는 건데요. 그러려면 문장을 구성하는 성분인 주어, 술어(동사), 목적어, 보어, 수식어에 대한 개념이 있어야 합니다.

여기서 주어, 목적어 등을 만드는 기본 재료가 바로 명사, 형용사 같은 '품사'입니다. 따라서 기초 공사에 해당하는 품사, 그리고 주어, 목적어 같은 기본 개념이 제대로 갖춰지지 않은 상태에서 to부정사나 분사 등을 배우면 모래성을 쌓는 거나 마찬가지예요. 이런 기초를 잘 다지지 않고 어려운 문법 규칙을 무조건 외우면 머릿속에 수없이 많은 규칙만 떠돌 뿐, 실제 문장을 만들고 이해할 때 적용하기가 쉽지 않습니다. 흔히 품사나 주어 등은 다 안다고 쉽게 생각하고 넘어가지만, 실은 가장 꼼꼼히 챙겨 둬야 할 기본 중의 기본이에요.

예컨대 '나는 방에서 식은 밥을 먹었다'를 알면 '너는 식탁에서 뜨거운 밥을 먹는다', '우리는 아침에 밥을 안 먹었다' 등으로 응용이 가능하죠? 기본 뼈대(-는 -에서 -를 -하다)가 뭔지 알고, 그 뼈대에 넣을 수 있는 요소(품사)가 뭔지 의식하지 않아도 알기 때문입니다. 영어도 마찬가지로 기본 뼈대가 무엇인지, 그 뼈대는 주로 무슨 품사를 어떤 순서로 배열해 만드는지만 알면 그 다음부턴 단어만 계속 갈아 끼우면서 얼마든지 많은 문장을 만들어 낼 수 있죠.

영어의 기본 뼈대는 주어, 술어, 목적어, 보어, 수식어, 이렇게 다섯 가지입니다.

주어	문장의 주인공 **The queen** ate lunch. 여왕은 점심을 먹었다.
술어	주어를 설명하는 말로 동사가 핵심 The queen **ate** lunch.
목적어	동사의 움직임에 영향을 받는 대상 The queen ate **lunch**. ···› lunch는 ate이라는 행동에 직접 영향을 받는 대상
보어	주어의 상태를 보충 설명하는 말 I'm **hungry**. I'm **a hungry woman**. 배고파. 난 배고픈 여자야. ···› 주어를 설명하는 형용사나 명사(구)가 보어로 쓰임.
수식어	주어/술어/목적어/보어를 꾸미기 위해 넣는 말 **This morning** the queen ate breakfast **in the bedroom**. 오늘 아침 여왕은 침실에서 아침을 먹었다.

이 기본 뼈대를 만드는 재료, 즉 품사엔 여러 가지가 있습니다. 그 중 동사, 명사, 대명사, 형용사, 부사, 전치사, 접속사, 감탄사를 합쳐 흔히 '8품사'라고 부르는데요. 실제론 감탄사보다는 한정사의 쓰임새를 배우는 게 더 유용합니다.

동사	움직임을 표현하는 말. 현재시제 3인칭 단수면 -(e)s가 붙고, 과거면 과거형을 쓰는 등 시제와 인칭에 따라 변형 (eat, think, laugh, stay, ask, ...)
명사	생물/무생물, 추상적 개념, 기타 생각해 낼 수 있는 모든 것에 붙이는 이름. 복수일 때만 형태가 바뀜. (computer, love, water, family, Obama, ...)
대명사	명사 대신 들어가 명사 역할을 하는 말 (it, that, I, you, none, ...)
형용사	명사를 앞에서 꾸미거나 뒤에서 설명하는 말. 명사가 가리키는 생물/무생물/개념 등이 가진 특징을 표현 (big, hungry, happy, cold, blue, ...)
부사	동사/형용사/부사를 꾸미는 말. 움직임이 '언제, 어디서, 어떻게, 왜' 일어났는지 꾸미거나 형용사/부사로 표현한 특징을 더 자세히 표현해 줌. (then, here, quickly, very, extremely, ...)
전치사	위치나 방향 등을 나타낼 때 쓰는 말. 명사 앞에 옴. (at, with, by, from, to, ...)
접속사	단어, 구, 절끼리 이어 주는 말 (and, but, when, because, if, ...)
감탄사	강한 감정을 나타낼 때 쓰는 말 (Oh, my God! Oops, Wow, Ouch, ...)
한정사	'어떤/그/모든 …' 등으로 명사의 범위를 한정해 주는 말 (관사 a/the, some, any, every, ...)

02 ▸ 품사로 뼈대 만들기

문장의 기본 뼈대는 주어, 술어, 목적어, 보어, 수식어가 만든다고 했는데요. 이 각 뼈대는
품사들이 만듭니다. 그러니 각 품사가 주로 쓰이는 자리를 알아야겠죠? 예컨대 부사는 동
사/형용사를 꾸밀 뿐 명사와는 무관한 말이기 때문에 명사보다는 동사/형용사쪽에 가깝게
씁니다. 형용사는 명사를 꾸며야 하니 명사 바로 앞이나 뒤에 쓰고요. 한정사는 명사의 범
위를 미리 좁혀 놔야 하기 때문에 명사 앞에 붙습니다.

<u>The man</u> <u>walked quickly.</u>   그 남자는 빨리 걸었다. ⋯ 부사는 동사 앞뒤 가능
한정사 + 명사   동사 + 부사

He <u>quickly went</u> <u>to the bathroom.</u>   그는 얼른 화장실로 갔다.
      부사 + 동사   전치사 + 한정사 + 명사

It was <u>a very small bathroom.</u>   그건 아주 작은 화장실이었다.
          한정사 + 부사 + 형용사 + 명사

He is <u>very happy</u> now.   지금 그는 기분이 아주 좋다.
        부사 + 형용사

만약 extremely란 단어가 '극도로, 매우'란 뜻의 부사라는 걸 새로 배웠다 해도 애초에 부사
의 위치를 정확히 모르면 올바른 문장을 만들 수 없습니다.

Extremely he worked in cold weather. (✕)   ⋯ 나랑 관계없는 대명사 옆자리는 싫어.

He worked in cold *extremely* weather. (✕)   ⋯ 나랑 관계없는 명사 옆자리도 싫어.

He worked in **extremely** cold weather.   그는 혹한의 날씨 속에 일했다.
                 ⋯ 난 형용사를 꾸며야 하니 명사는 떼놓고 형용사 옆에 붙어야지.

다 아는 단어들로 된 문장인데도 해석이 잘 안 된다든지, 복잡한 문장도 아닌데 모르는 단어 한두 개만 들어가도 헷갈린다면 그건 애초에 품사 개념을 확실히 다져 두지 않았기 때문일 수 있습니다.

다음 예문을 비교해 보세요.

① The man walked on the street.　　　　　　　　　　그 남자는 거리에서 걸었다.
② Man walked the street the on.　　　　　　　　　　　그 남자는 ???
③ The qast kursted on the street.　　　　　　　　　그 qast는 거리에서 kurst했다.

②는 ①과 똑같은 단어들로 만들었지만 품사의 위치를 무시했기 때문에 말도 안 되는 문장이 된 반면, ③은 모르는 말이 있어도(없는 단어니 사전 찾지 마세요) 품사별 위치를 지켰기 때문에 저렇게 엉성하게나마 해석은 할 수 있게 됩니다. 만약 그 다음 문장에 이 정체불명의 단어들이 반복돼 나온다면 의미까지 유추할 수 있게 되죠.

My friend also kursted in his room. It was very loud. I wasn't happy, so I didn't kurst.
　　　　내 친구도 자기 방에서 kurst했다. 소리가 아주 컸다. 난 즐겁지 않았기 때문에 kurst하지 않았다.

kurst가 뭔가 기쁠 때 큰 소리를 내는 행동과 관련된 의미라고 추측할 수 있겠죠? 단어만 많이 안다고 해서 영어가 금방 느는 건 아닙니다. 문장에서 어떤 자리에 어느 품사가 잘 오는지 눈여겨봐뒀다 단어만 바꿔 넣어 말하는 연습을 해보세요.

The man took **a walk** *on the street.*　　　　　　　　그 남자는 거리에서 걸었다.
The man took **a nap** *under a tree.*　　　　　　　　그 남자는 나무 아래서 낮잠을 잤다.
The man took **a** ＿＿＿＿ ＿＿＿＿ ＿＿＿＿ ＿＿＿＿.　　　그 남자는 아침에 샤워를 했다.

＊정답＊ shower, in, the, morning

The man walked *fast.*　　　　　　　　　　　　　　　그 남자는 빠르게 걸었다.
Some students walked *happily.*　　　　　　　　　일부 학생들은 기쁜 마음으로 걸었다.
＿＿＿＿ ＿＿＿＿ walked ＿＿＿＿.　　　　　　　　　그 소녀는 천천히 걸었다.

＊정답＊ The, girl, slowly

03 구와 절

구와 절은 그 자체가 또하나의 품사입니다.

2개 이상의 단어가 모여 단체로 하나의 품사 역할을 하면 '구'라고 부릅니다. 명사 역할을 하면 명사구, 형용사 역할을 하면 형용사구, 부사 역할을 하면 부사구가 되죠. 구는 이 세 가지를 알면 되는데, 구와 구가 합쳐져 또 하나의 큰 구를 이룰 수도 있습니다.

I know the young man.   나 그 젊은 남자 알아.
주어 동사   목적어: 명사구

I know the young man [in a black suit].   나 검은 정장 입은 그 젊은 남자 알아.
주어 동사   목적어: 명사구 (= 명사구[the young man] + 형용사구[in a black suit])

'절'은 구와 하는 일은 같은데 그 속에 〈주어 + 동사〉를 갖추고 있다는 점만 다릅니다.

I know **him.**   나 그를 알아. ···› 대명사

I know **[the man in a black suit].**   나 검은 정장 입은 그 남자 알아. ···› 명사구

I know **[(that) the man in a black suit is from Canada].**

                                                    나 검은 정장 입은 그 남자가 캐나다 사람인 걸 알아. ···› 명사절

구와 절은 다양한 품사들이 모여 하나의 거대한 품사를 만든 거라 품사와 마찬가지로 쓰임새와 위치가 중요합니다. 아래 내용 중 어려운 부분은 나중에 배울 거니까 걱정 마시고 우선은 이런 위치가 가능하다는 것만 잘 봐두세요.

1 (대)명사/명사구/명사절: 주어, 목적어, 보어 자리에 쓴다.

Files can be downloaded here.   파일들은 여기서 다운 받을 수 있어. ···› 명사가 주어

Downloading the file takes a few minutes.   그 파일 다운 받는 데 몇 분 걸려. ···› 명사구가 주어

Who downloaded the file is a mystery.   누가 그 파일을 다운 받았는지는 미스테리다. ···› 명사절이 주어

I made **videos**.   나 동영상 만들었어. ⋯ 명사가 목적어

I uploaded **a couple of video files**.   나 동영상 파일 두어 개 올렸어. ⋯ 명사구가 목적어

I don't know **who deleted the file**.   그 파일 누가 지웠는지 난 몰라. ⋯ 명사절이 목적어

His name is **Obama**.   그의 이름은 오바마다. ⋯ 명사가 보어

My hobby is **playing computer games**.   내 취미는 컴퓨터 게임하는 거야. ⋯ 명사구가 보어

The problem is **that I don't have time**.   문제는 내가 시간이 없다는 거지. ⋯ 명사절이 보어

2 형용사/형용사구/형용사절: 꾸밀 명사 앞이나 뒤에 쓴다.

He married an **ugly** <u>princess</u>.   그는 못생긴 공주와 결혼했다. ⋯ 형용사는 주로 앞에서 명사를 꾸밈.

The <u>laptop</u> **on the table** is mine.   탁자 위에 있는 노트북 내 거야. ⋯ 형용사구가 주어인 명사를 뒤에서 꾸밈.

She watched a <u>man</u> **in a grey suit**.   그녀는 회색 정장 차림의 남자를 지켜봤다.
                                                        ⋯ 형용사구가 목적어인 명사를 뒤에서 꾸밈.

He dated a <u>woman</u> **who looked like his ex-girlfriend**.
                        그는 옛 여자친구를 닮은 여자와 데이트했다. ⋯ 형용사절이 목적어인 명사를 뒤에서 꾸밈.(관계사절)

3 부사/부사구/부사절: 주로 문장 끝에 쓰고, 주어 앞도 가능하다.

He moved **fast**.   그 남자는 신속히 움직였다. ⋯ 부사가 동사를 꾸밈.

She studied **in Australia**.   그 여자는 호주에서 공부했다. ⋯ 부사구가 studied한 '장소'를 알려 주는 수식어 역할

In the morning I visited the museum.   오전에는 박물관에 가봤다.
                                        ⋯ 부사구가 visited the museum한 '시간'을 알려 주는 수식어 역할

I like him **because he's funny**.   나는 그가 재미있어서 좋다.
                                        ⋯ 부사절이 like him의 '이유'를 알려 주는 수식어 역할

When the princess kissed the frog, it died instantly.   공주가 개구리에 키스하자 개구리는 즉사했다.
                                        ⋯ 부사절이 died instantly한 '때'를 알려 주는 수식어 역할

04 주절과 종속절

절에도 신분 차이가 있습니다.

〈주어 + 동사〉를 갖추면 절이라고 했는데요. 절에도 다음과 같이 두 종류가 있습니다.

❶ **주절:** 혼자만 써도 의미 전달에 문제가 없는 절
❷ **종속절:** 혼자서는 의미가 통하지 않고 꼭 주절과 같이 있어야 하는 절

용어는 모르더라도 한 문장 안에 절이 2개 이상 등장하면 중요도가 서로 다를 수 있다는 건 기억해 두세요.

I asked him why he didn't call me.
　　주절　　　　　　종속절

난 그에게 [왜 내게 전화 안 했는지] 물었다.
⋯→ '난 그에게 물었다'만으로도 말이 통하지만 [왜 전화 안 했는지]만으로는 문장이 성립되지 않음.

If it rains tomorrow, I'll stay home.
　　종속절　　　　　　주절

내일 비 오면 집에 있을래.
⋯→ 집에 있겠다는 게 중요한 내용. if절은 어떤 경우에 집에 있겠다는 건지 조건을 단 것에 불과

절이 여러 개 들어가고 문장이 복잡해지면 종속절 안에서도 또 주절-종속절처럼 신분 차이가 생깁니다.

I heard {that Einstein had speech difficulties [when he was very young]}.
　주절　　　　　　　　　　　　　　　　종속절

나는 {아인슈타인이 [아주 어렸을 때] 말을 잘 못했다고} 들었다.

Do you think {she did it [because she loves you]}?
　주절　　　　　　　　종속절

너 {그 애가 [널 사랑하기 때문에] 그렇게 한 거라고} 생각해?

05 문장의 종류

문장에는 다음과 같이 여러 종류가 있습니다.

❶ 평서문

〈주어 + 동사〉로 평범하게 서술하는 문장

This is a sentence. I wrote it.　　　　　　　　　　　　　이건 문장이야. 내가 썼어.

❷ 부정문

- be동사일 때: 주어 + be + not + 보어
- 일반동사일 때: 주어 + do(es) not + 동사원형

This is not a word. I don't like it.　　　　　　　　　　　이건 단어가 아니야. 맘에 안 들어.

❸ 의문문

- be동사일 때: Be + 주어 + 보어
- 일반동사일 때: Do(es) + 주어 + 동사원형

Is this a sentence? Do you understand it?　　　　　　　이거 문장이야? 이해가 되니?

What is this sentence about? What does it mean?　　　이 문장 뭐에 관한 거야? 무슨 의미야?

❹ 명령문

- be동사일 때: Be + 보어 / Don't be + 보어
- 일반동사일 때: 동사원형 / Don't + 동사원형

Be careful. Be a good writer. Don't be afraid.　　　　조심해. 글을 잘 쓰는 사람이 되라. 겁내지 마.

Write a sentence. Don't write words.　　　　　　　　　문장을 써. 단어를 쓰지 마.

❺ 감탄문

- What + a + (형용사) + 명사 / How + 형용사

What a short sentence! How short!　　　　　　　　　어찌나 짧은 문장인지! 진짜 짧다!

❻ 기원문

* May + 주어 + 동사원형

May you enjoy this book!   이 책 재미있게 보시길!

그밖에 독립된 문장은 아니지만 '부가의문문'이란 것도 있습니다. 자기가 한 말을 확인하거나 강조하기 위해 붙이는 의문문으로, 아래처럼 앞 문장이 긍정이면 부정문, 부정이면 긍정문으로 써요.

You were late, <u>weren't you?</u>   너 지각했지, 그치?

You aren't angry, <u>are you?</u>   너 화 안 났지, 그치?

He has finished it, <u>hasn't he?</u>   걔 그거 끝냈지, 그치?

평서문이긴 한데 흔히 보는 〈주어 + 동사〉가 아니라 〈There is/are + 명사〉로 쓰는 특이한 문장 구조도 있습니다. There는 '있잖아, 거기…'라며 장소부터 떠올릴 때 쓰는 말이죠. 이 경우 진짜 주어는 be동사 바로 뒤에 오는 명사예요. 그래서 동사는 그 명사의 수에 일치시켜 줍니다.

There **is** <u>a fly</u> on the ceiling.   천장에 파리 한 마리가 붙어 있다.

There **are** <u>a lot of kids</u> in the park.   공원에 아이들이 많다.

06 인칭, 수, 시제

문법을 통틀어 자주 나오는 말인데요. 간단히 한번 정리하고 넘어가 볼까요?

❶ 인칭

- 1인칭: 문장을 말하는 사람 자신, '나'

- 2인칭: 그 문장을 듣는 상대방, '너'

- 3인칭: 제 3자 (자신과 상대방을 제외한 나머지 모든 사람/사물)

❷ 수

- 단수: 한 개 (an apple)

- 복수: 두 개 이상 (two apples)

❸ 시제

- 과거: 문장의 내용이 그 문장을 말한 시점보다 과거에 일어난 일일 때

- 현재: 문장의 내용이 말한 시점을 포함해 언제든 해당되는 일일 때
  (불변의 진리나 습관, 규칙적으로 반복되는 일 등)

- 미래: 문장의 내용이 말한 시점보다 나중에 일어날 일일 때

07 수의 일치

우리말과 달리 영어는 주어의 수(단/복수)에 민감합니다. 주어가 단수인지 복수인지도 명확하게 표시(보통 단수인 경우 명사 앞에 a/an을 붙이고, 복수인 경우 명사 뒤에 -(e)s를 붙여 복수를 표시)할 뿐만 아니라 주어의 수에 맞춰 동사의 수도 항상 일치시켜 주죠.

주어와 동사의 수 일치 원칙은 딱 하납니다. '현재시제에서 주어가 3인칭 단수면 동사에 -(e)s가 붙는다'는 거예요. 단, be동사와 have동사는 3인칭 단수인 경우 항상 따로 쓰는 동사 형태가 있습니다.

❶ be동사의 수 일치

- 현재시제: 3인칭 단수 주어(He/She/It/My girlfriend/…) + is ~
  복수 주어(We/You/They/Some students/…) + are ~

- 과거시제: 3인칭 단수 주어(He/She/It/My girlfriend/…) + was ~
  복수 주어(We/You/They/Some students…) + were ~

Peter **is** good at math. 피터는 수학을 잘해.

His friends **are** also good at math. 걔 친구들도 수학을 잘해.

❷ have동사의 수 일치 (현재시제에서 3인칭 단수 주어를 제외하고는 모두 have. 과거시제에서는 단/복수 가리지 않고 모두 had)

- 현재시제: 3인칭 단수 주어(He/She/It/My girlfriend/…) + has ~

Peter **has** a girlfriend. 피터는 여자친구가 있어.

We **have** our team dinner tonight. 우린 오늘밤 팀 회식 있어.

❸ 일반동사의 수 일치

- 현재시제: 3인칭 단수 주어(He/She/It/My girlfriend/…) + -(e)s ~

Peter **gets** up at about 6 every morning. 피터는 매일 아침 6시쯤 일어나.

His brothers usually **get** up at about 8. 걔 남동생들은 보통 8시쯤 일어나.

'현재시제에서 주어가 3인칭 단수면 동사에 -(e)s가 붙는다'는 건 가장 중요한 기본 중의 기본으로, 작문에서 이걸 틀리면 기본 실력마저 의심받을 수 있습니다. 하지만 주어가 3인칭 단수인지 가려내는 게 늘 쉬운 건 아니죠? 특히 주어가 3인칭 단수인지 아닌지 헷갈리는 경우들이 있는데요, 다음 예문들을 보면서 하나씩 점검해 보세요. 밑줄 친 부분은 주어에 해당되는 부분이고, 이탤릭체로 표시된 부분은 단/복수를 가리는 데 힌트가 되는 말입니다.

- to부정사, 동명사가 주어일 때

  To love **is** to give. = Loving **is** giving.　　　　사랑한다는 건 베푸는 것이다. → 하나의 개념: 단수 취급

  To love and to be loved **are** two different things.
  　　　사랑하는 것과 사랑받는 것은 서로 다른 문제다. (별개의 문제다) → 주어가 두 개. Loving and being loved도 역시 복수 취급

- 〈주어 + 동사〉가 들어간 복잡한 말이 주어일 때

  Whether a word is singular or plural **is** not always obvious.
  　　　　단어가 단수인지 복수인지가 항상 명확하게 드러나 있는 건 아니다. → whether절이 통째로 주어로 단수 취급

  All you have to do **is** (to) listen.　　넌 그냥 듣기만 하면 돼. → All이긴 해도 '~만' 하면 된다는 의미에서 단수 취급

- 주어 자리에 명사 여러 개가 올 때

  My husband and I **are** workaholics.　　　　남편과 나는 일 중독자다. → 두 명이니까 복수 취급

  Bacon and eggs **is** her favorite breakfast.　　베이컨과 계란이 그 여자가 제일 좋아하는 아침식사다.
  　　　　　　　　　　　　　　　　　　　　→ 두 가지를 합친 게 아침 식단이니까 하나로 취급

- 전체 수량 중 일부 혹은 전체 다를 나타낼 때

  All of the *hostages* **were** released.
  　　　　인질 모두가 풀려났다. → of 뒤의 명사가 셀 수 있는 명사이므로 All of hostages는 복수

  All of the *air* **was** removed from the container.　　　　용기에서 모든 공기가 제거됐다.
  　　　→ of 뒤의 명사가 셀 수 없는 특징을 가진 것이므로 그 중 일부 혹은 전체도 못 세긴 마찬가지이므로 단수 취급

  Most of the world's *energy* **comes** from fossil fuels.　　세계의 에너지 대부분은 화석 연료에서 나온다.
  　　　→ of 뒤의 energy는 셀 수 없는 명사이므로 그 중 대부분(Most)도 못 세긴 마찬가지, 단수 취급

영어 문장의 뼈대를
만들어주는 문법

첫째 마디

•

동사

문장의 생김새를
결정한다

01

동사의 변화

주어의 움직임을 나타내

강의 및 예문듣기

🎧 01.mp3　▶ 동영상 01강

1단계
핵심문법 익히기

꼭 알아야 할
영문법의 기본 개념을
정리하세요.

① 일반동사와 be동사

영어 문장은 〈주어 + 동사〉로 되어 있고, 크게 다음 두 가지 형태로 나눌 수 있습니다.

> ❶ **무엇이 + 어찌하다**: 움직임 (개가 짖는다, 동생이 떡볶이를 먹는다, …)
>
> ❷ **무엇이 + 어떻다**: 상태 (개가 귀엽다, 동생은 학생이다, …)

영어에서 '무엇이', 즉 주어에는 명사가, '어찌하다/어떻다'에는 동사가 들어가며, 이 〈명사(주어) + 동사〉를 기본 뼈대로 해서, 여기에 각종 품사를 이용해 목적어나 보어, 수식어를 만들어 붙이는 식으로 문장을 늘려 나가게 됩니다. 그래서 문법(문장을 만드는 법칙)을 배울 때는 크게 명사와 동사 두 갈래로 나눠 생각하면 편리해요.

그런데 이때 특히 동사가 중요합니다. 같은 주어라도 동사를 어떻게 쓰느냐에 따라 완전히 다른 의미의 다양한 문장을 만들 수 있기 때문이죠. 동사는 크게 ❶처럼 '움직임'을 표현하는 동사와 ❷처럼 '상태'를 나타내는 동사로 나눠 볼 수 있는데, 움직임은 eat, go 같은 일반동사로, 상태는 is, are 같은 be동사로 각각 표현하게 됩니다.

하지만 일반동사든 be동사든, 동사의 가장 큰 특징은 형태가 바뀔 수 있다는 거예요. 잠깐 우리말부터 볼까요?

먹다 / 먹었다 / 먹겠다 / 먹고 / 먹을 / 먹은 / 먹게 / 먹으려 / 먹으니 / 먹어서 / 먹었을지 / …

휴우~ 정말 많죠? 그런데 영어의 경우엔 다행스럽게도 딱 4가지 형태만 알면 됩니다. 기본형, 과거형, 과거분사, 현재분사. 이 중 현재분사는 -ing만 붙이면 되는 거라 사실 3가지만 제대로 알면 끝나죠.

eat - ate - eaten - eating

그럼, 이 4가지 형태만으로 우리말의 저 많은 의미를 다 만들어 낼 수 있을까요? 네! 가능합니다. 단, 여러 가지 방법을 동원해서 말이죠. 그 방법이라는 게 바로 시제, 부정사, 분사, 동명사, 조동사 등 이제부터 배우게 될 문법입니다. 어떤 식인지 살짝 보고 넘어갈까요?

I <u>eat</u> breakfast.   난 아침을 먹어. ⋯→ 현재시제에 기본형을 쓴 경우

I <u>ate</u> breakfast.   난 아침을 먹었어. ⋯→ 과거시제에 과거형을 쓴 경우

I <u>have eaten</u> breakfast.   난 아침을 먹었어. ⋯→ 완료시제에 과거분사를 쓴 경우

I <u>am eating</u> breakfast.   난 아침 먹고 있어. ⋯→ 진행시제에 현재분사를 쓴 경우

I want <u>to eat</u> breakfast.   난 아침을 먹고 싶어. ⋯→ 부정사를 사용한 경우

I enjoy <u>eating</u> breakfast.   난 아침을 즐겨 먹어. ⋯→ 동명사를 사용한 경우

I <u>should eat</u> breakfast.   난 아침을 먹어야 해. ⋯→ 동사에 조동사를 함께 사용한 경우

I <u>ate</u> breakfast and <u>left</u> home.   난 아침을 먹고 집을 나왔어.
         ⋯→ 두 동사를 연결하기 위해 접속사를 사용한 경우

자, 어때요? 동사의 4가지 형태를 꼭 알아야겠죠? 우선, 일반동사의 경우, 과거형과 과거분사는 대부분 기본형에 -(e)d를 붙이면 되는데(live - lived - lived / ask - asked - asked), go - went - gone처럼 불규칙하게 바뀌는 동사들은 따로 외워야 합니다.

A-B-B형	bring 가져오다 - brought - brought - bringing catch 잡다 - caught - caught - catching hold 붙들다 - held - held - holding strike 치다 - struck - struck - striking
A-B-C형	begin 시작하다 - began - begun - beginning draw 그리다 - drew - drawn - drawing give 주다 - gave - given - giving go 가다 - went - gone - going rise 일어서다 - rose - risen - rising
A-A-A형	put 두다 - put - put - putting cost 비용이 들다 - cost - cost - costing
A-B-A형	come 오다 - came - come - coming run 달리다 - ran - run – running

잠깐만요!

-ie로 끝나는 동사의 경우에는 -ie를 -y로 바꾼 다음 -ing를 붙입니다.

-ie + -ing = -ying

lie 눕다
lie - lay - lain - lying

lie 거짓말하다
lie - lied - lied - lying

tie 묶다
tie - tied - tied - tying

die 죽다
die - died - died - dying

dye 염색하다
dye - dyed - dyed - dyeing

▶ -ye로 끝나면 그냥 -ing를 붙임.

단, be동사는 일반동사와는 달리 주어의 인칭이나 수에 따른 형태가 정해져 있어요.

be동사	be(am/is/are) ~이다 - was/were - been - being 1인칭: I am, We are　　　　　　I was, We were 2인칭: You 너 are, You 너희들 are　　You were, You were 3인칭: He/She/It is, They are　　　He/She/It was, They were

동사 형태와 관련해 한 가지 꼭 기억해야 할 점은, '현재시제 문장에서 주어가 3인칭 단수(he, she, it, the man, …)면 동사 끝에 -(e)s를 붙인다'는 겁니다. 문법 중에서도 가장 기본이며 중요한 규칙이니 절대 잊지 마세요!

I **like** pasta.　　　　　　　　　　　　　　　　　　　　　　난 파스타를 좋아해.

He **like**s pizza.　　　　　　　　　　　　　　　　　　　　　그 애는 피자를 좋아해.

🕑 도전! 1분 영작 001

① 걔 여자친구를 데려 왔어.　　✏️ ....

② 나는 어제 책을 한 권 읽었어.　✏️ ....

② 특별한 동사 do, be, have

동사 중 do, be, have는 특별한 기능을 가지고 있습니다. 의문문이나 부정문을 만들거나 시제를 표시하기 위해 별 의미 없이 형식상 넣는 말로도 쓰인다는 거죠. 아래 예처럼요.

I eat breakfast.　　　　　　　　　　　　　　　　　　　　　　　난 아침 먹어.

I **do** not eat breakfast.　　　　　　　난 아침을 먹지 않아. ⋯→ 부정문을 만들기 위해 넣은 do

Did you eat breakfast?　　　　　　너 아침 먹었니? ⋯→ 의문문을 만들기 위해 넣은 do의 과거형

I **am** eating breakfast.　　　　　나 아침 먹고 있어. ⋯→ 현재진행시제를 만들기 위해 넣은 be

I **have** eaten breakfast.　　　　　나 아침 먹었어. ⋯→ 완료시제를 만들기 위해 넣은 have

You eat breakfast, **don't you?**　너 아침 먹지, 그지? ⋯→ 부가의문문을 만들기 위해 넣은 do

물론, 다른 평범한 동사들처럼 각자의 고유 의미대로 쓰이기도 합니다. 주어가 3인칭 단수이고 현재시제면 does, is, has로 바뀌죠.

She **does** her best at everything.   그 여자는 모든 일에 최선을 다해. ⋯ '하다'란 본래 의미로 쓴 do

He **is** my teacher.   그 남자분은 우리 선생님이야. ⋯ '~이다'란 의미로 쓴 be

She **has** a boyfriend.   그 여자애는 남자친구가 있어. ⋯ '갖다'란 의미로 쓴 have

⏱ **도전! 1분 영작 002**

❶ 난 과학은 좋아하지만 수학은 좋아하지 않아. (math)

✎ ....

❷ 너 여자친구 있어?

✎ ....

STEP 1 괄호 안의 표현 중 맞는 것을 고르세요.

① The bag (costed / cost) me 100 dollars.

② I always (am / put) my phone on the charger when I (am / go) to bed.

③ The teachers (were / is) very busy last week.

④ Soldiers will be fighting and (dieing / dying) in the war.

STEP 2 빈칸에 어울리는 말을 고르세요.

⑤ He ＿＿＿＿＿＿＿ his room yesterday.

ⓐ was   ⓑ cleaned   ⓒ cleans   ⓓ will have

⑥ He kicked the ball, but it ＿＿＿＿＿＿＿ the goal post.

ⓐ hit   ⓑ hate   ⓒ hitted   ⓓ hits

⑦ You haven't done your homework, ＿＿＿＿＿＿＿ you?

ⓐ do   ⓑ don't   ⓒ have   ⓓ haven't

⑧ Most electric cars on the market today ＿＿＿＿＿＿＿ quite small.

ⓐ have   ⓑ run   ⓒ is   ⓓ are

★정답 및 해설은 412쪽에

02 자동사와 타동사

문장의 뼈대를 책임져

강의 및 예문듣기

🎧 02.mp3 ▶ 동영상 01강

1단계
핵심문법 익히기

꼭 알아야 할
영문법의 기본 개념을
정리하세요.

❶ 동사는 자동사와 타동사로 나뉜다

동사는 목적어가 필요하냐에 따라 자동사와 타동사로 나뉩니다. 여기서 '목적어
가 필요하다'는 말은 A라는 주어가 한 행동이 B라는 다른 뭔가에 영향을 미치기
때문에 B도 문장에 등장시켜야 비로소 의미가 통한다는 뜻이에요. 이때 B를
'(동사의) 목적어'라고 하죠. 목적어에 들어갈 수 있는 품사는 (대)명사뿐입니다.

The dog **barked**.　　　　　　　　개가 짖었어. ···▶ 주어 혼자만의 행동을 설명하므로 목적어가 필요 없음.

The dog *caught*. (✕)　　　　　　···▶ 개가 '무엇을' 잡았는지 밝혀지지 않았으므로 의미가 불완전

The dog **caught** a mouse.　　　　　　　　　　　개가 쥐를 잡았어.

　　　　　　　　　　　　　　　　　　　　　　　• bark (개 등이) 짖다

다음은 모두 자동사입니다. 뒤에 전치사를 이용한 구가 오죠.

He **jumped** up and down.　　　　　　　　그 남자는 펄쩍펄쩍 뛰었어.

We **walked** down the street.　　　　　　　우린 길을 따라 죽 걸어갔어.

She **slept** on the sofa.　　　　　　　　　그 여자는 소파에서 잤어.

　　　　　　　　　　　　　　　　　　• down the street 길을 따라 (죽)

이번엔 의미상 대상(목적어)이 필요한 타동사들이에요. 목적어로 명사나 명사구
가 옵니다.

I **ate** vanilla ice cream.　　　　　　　　난 바닐라 아이스크림을 먹었어.

She **wore** sunglasses.　　　　　　　　　　걔는 선글라스를 꼈어.

He **washed** his hands.　　　　　　　　　　걔는 손을 씻었어.

타동사의 영향을 받는 말이 '동사의 목적어'라면, 전치사의 영향을 받는 말은 '전치사의 목적어'라고 합니다. (대)명사나 명사구(모여서 명사 역할을 하는 문구)만 올 수 있고, 대명사가 올 경우엔 목적격을 써야 해요.

I took a shower in the bathroom.

난 욕실에서 샤워를 했어.

⋯→ a shower는 동사 took의 목적어, the bathroom은 전치사 in의 목적어

I saw him.

난 그 남자를 봤어. ⋯→ 동사의 목적어

I looked at her.

난 그녀를 쳐다봤어. ⋯→ 전치사의 목적어

⏱ 도전! 1분 영작 001

❶ 너 어제 그 영화 봤어?   ✏ ⋯⋯⋯⋯⋯⋯⋯⋯⋯⋯⋯⋯⋯

❷ 그는 바닥에서 잠을 잤어. (floor)   ✏ ⋯⋯⋯⋯⋯⋯⋯⋯⋯⋯

❷ 하나의 동사가 자동사로 쓰일 수도 있고, 타동사로 쓰일 수도 있다

동사에 목적어가 필요한지 여부는 대부분 직감으로 알 수 있습니다. 예컨대 '달리다'란 뜻의 run은 목적어가 필요 없겠고, '좋아하다'의 like는 목적어가 있어야겠죠? 하지만 아래와 같이 문맥에 따라 달라지기도 합니다.

Did you eat?

식사했어? ⋯→ 자동사

Did you eat my pizza?

너 내 피자 먹었니? ⋯→ 타동사

The book sells like hot cakes.

그 책이 날개 돋친 듯이 팔리고 있어. ⋯→ 자동사

The store sells hot cakes.

그 가게는 핫케이크를 팔아. ⋯→ 타동사

• sell like hot cakes (관용표현) 불티나게 팔리다

The book reads well.

그 책은 술술 읽혀. ⋯→ 자동사

He reads a lot of books.

그 남자애는 책을 많이 읽어. ⋯→ 타동사

하지만 자동사라도 전치사로 시작되는 구를 이용하면 목적어를 쓰지 않고도 타동사와 비슷한 효과를 낼 수 있습니다. 대부분의 자동사가 이런 식으로 많이 쓰이죠. 패턴을 잘 익혀 두세요.

| 정답 |

도전! 1분 영작 001

❶ Did you see the movie yesterday?

❷ He slept on the floor.

I *listened* music. (×)   ···› listen은 자동사

I **listened to** music.   난 음악을 들었어. ···› 귀 기울이다 + 음악 쪽으로

He *looked* the box. (×)   ···› look은 자동사

He **looked into** the box.   걔가 상자 속을 들여다봤어. ···› 시선을 주다 + 상자 속으로

The team *consists* 10 members. (×)   ···› consist는 자동사

The team **consists of** 10 members.   그 팀은 10명으로 구성되어 있어. ···› 이뤄져 있다 + 10명으로

⏱ **도전! 1분 영작 002**

❶ 그 책은 술술 읽히지가 않아.   ✐

❷ 난 그의 연설에 귀를 기울였지. (speech)   ✐

❸ 헷갈리는 자동사와 타동사

직감으로 구별이 안 되는 몇 가지 동사는 따로 기억해 두면 유용합니다. 대부분 해석했을 때의 우리말 때문에 헷갈리는 경우죠.

◆ 자동사

think 생각하다   wait 기다리다   object 반대하다   talk 말하다. 얘기하다

I *thought* you. (×)

→ I **thought of** you.   널 생각했어.

I can *wait* you. (×)

→ I can **wait for** you.   널 기다릴 수 있어.

We *object* the idea. (×)

→ We **object to** the idea.   우린 그 생각에 반대합니다.

| 정답 |
도전! 1분 영작 002

❶ The book doesn't
   read well.

❷ I listened to his
   speech.

He didn't *talk* it. (×)

→ He didn't **talk about** it.

그는 그것에 대해 말하지 않았어.

→ He didn't **talk to** me.

그는 나한테 말을 하지 않았어.

◆ 타동사

access 정보 등을 보기 위해 ~에 들어가다   **approach** ~에 접근하다

reach ~에 도달하다   **thank** ~에게 감사하다

You cannot *access to* the site. (×)

→ You cannot **access** the site.

너 그 사이트 못 들어가.

Someone *approached to* me. (×)

→ Someone **approached** me.

누가 나한테 접근했어.

Did you *reach to* your goal? (×)

→ Did you **reach** your goal?

네 목표에 도달했어?

Don't *thank to* me. (×)

→ Don't **thank** me.

나한테 고마워하지 마.

⏱ **도전! 1분 영작 003**

❶ 난 차 안에서 그이를 기다렸어.   ✎ ....

❷ 너 오늘 아침 그 사이트 들어갔어?   ✎ ....

| 정답 |
도전! 1분 영작 003

❶ I waited for him in the car.

❷ Did you access the site this morning?

STEP 1 빈칸에 들어갈 수 <u>없는</u> 말을 고르세요.

❶ I _____ her parents.

ⓐ saw   ⓑ met   ⓒ like   ⓓ looked

❷ He _____ on the bed.

ⓐ read   ⓑ slept   ⓒ saw   ⓓ danced

❸ Did he _____ you about me?

ⓐ talk to   ⓑ speak   ⓒ tell   ⓓ ask

STEP 2 괄호 안의 표현 중 맞는 것을 고르세요.

❹ He finally (arrived / reached) his destination.

❺ Companies from all over the world will (discuss / talk) the future of the Internet in the conference.

❻ The new Thai restaurant across the street (opened / launched) today.

STEP 3 괄호 안에 주어진 표현을 이용해 문장을 완성해 보세요.

❼ 누가 내게 다가와 이름을 물었어. (approach)

✎ Someone _____.

❽ 난 그의 충고를 귀담아 들었어. (advice)

✎ I _____.

★정답 및 해설은 412쪽에

03

동사의 의미

문장의 생김새를 결정해

강의 및 예문듣기

🎧 03.mp3 ▶ 동영상 01강

❶ 의미상 보어가 필요한 동사

앞서 배웠듯이 동사는 목적어의 필요 여부에 따라 크게 자동사와 타동사로 나뉜다고 했는데요. 같은 자동사, 혹은 타동사에 속한 동사들끼리도 각자가 가진 의미에 따라 문장의 생김새가 또 조금씩 달라집니다. 예컨대 walk와 be는 둘 다 목적어가 필요 없지만 각자의 고유 의미 때문에 서로 다른 형태의 문장을 만들게 되죠.

He **walked**.　　　　　　　　　　그는 걸었다. ···→ 짧아서 허전하긴 해도 이걸로 의미 충분

He **is**. (×)　　　　　　　　　　그는 이다. ···→ 그가 무슨 상태인지 의미 불충분

He **is** a doctor.　　　　　　　　그는 의사다. ···→ 그가 '의사인 상태'

여기서 a doctor는 동사 뒤에서 주어를 보충 설명해 준 '보어'입니다. 목적어는 주어와 다른 사람/사물이지만, 보어는 주어를 가리킨다는 차이가 있어요.

He **is** my friend.　　　　　　그 남자는 내 친구야. ···→ He = my friend (보어)

He **met** my friend.　　　　　그 남자는 내 친구를 만났어. ···→ He ≠ my friend (목적어)

보어로는 명사뿐 아니라 형용사나 형용사구도 가능합니다.

She **was** angry.　　　　　　　　　　　　그 여자는 화가 나 있었어.

She **is** very busy.　　　　　　　　　　　　그 여자는 아주 바빠.

She **is** in her office.　　　　　　　　　　그 여자는 자기 사무실에 있어.

그렇다고 아무 동사나 뒤에 형용사가 올 수 있는 건 아니에요. 모든 건 각 동사가 가진 의미가 결정합니다. 예컨대 see와 look은 둘 다 보는 것과 관련된 동

사지만 의미가 달라 뒤에 올 수 있는 말도 다르죠. 그래서 동사를 배울 땐 의미를 정확히 알아야 합니다.

She *saw happy*. (×)   그 여자애는 기쁜 봤다. ··· see가 '~를 보다'란 뜻이라 목적어 필요

She **looked** <u>happy</u>.   그 여자애는 기쁜 표정이었어. ··· look이 '~ 상태로 보이다'란 의미라 가능

be동사도 아닌 다른 동사 뒤에 바로 형용사가 나오는 게 좀 낯설게 느껴질 텐데요. 그런 동사들이 많지는 않으니 다음 몇 가지 정도는 알아 두세요.

◆ '~이다, ~가 되다'란 의미를 가진 동사 (뒤에 형용사/명사 모두 가능)

> **be** ~이다   **become** ~가 되다   **remain** 계속 ~인 상태로 남다

His song **is** <u>popular</u> among teens. It **is** <u>his greatest hit</u>.
> 그의 노래는 십대들 사이에서 인기가 있지. 그의 최대 히트곡이야. ··· be + 형용사/명사

She **became** <u>famous</u> for her blog. She **became** <u>a celebrity</u>.
> 그 여자는 블로그로 유명해졌지. 그 여자는 유명인사가 됐어. ··· become + 형용사/명사

We **remained** <u>close</u> to each other. We **remained** <u>friends</u>.
> 우린 계속 가까운 사이로 남았어. 우린 계속 친구로 남았던 거지. ··· remain + 형용사/명사

> • celebrity 유명인사

◆ '~인 상태가 되다'란 의미를 가진 동사 (뒤에 형용사가 옴)

> **get** ~인 상태가 되다   **go** ~인 상태가 되다
> **grow** 점점 더 ~인 상태가 되다   **turn** ~인 상태로 바뀌다

She **got** <u>angry</u>.   걔는 화가 났어. ··· get + 형용사: ~인 상태가 되다

The milk **went** <u>bad</u>.   그 우유는 상했어. ··· go + 형용사: ~인 상태로 가다(= ~가 되다)

The actress **grew** <u>old</u> and <u>ugly</u>.   그 여배우는 늙고 추해졌어.
> ··· grow + 형용사: 점점 자라나듯 ~인 상태가 되다

She **turned** <u>pale</u>.   그 여자는 창백해졌어. ··· turn + 형용사: 휙 돌듯 ~인 상태로 바뀌다

> • ugly 추한, 못생긴   • pale 창백한

♦ 감각과 관련된 동사 (뒤에 감각과 관련된 형용사가 옴)

look ~해 보이다　　　　smell 냄새가 ~하다　　　　sound ~하게 들리다

taste 맛이 ~하다　　　　feel ~하게 느껴지다

You **look** <u>great</u> in that suit.　　　그 정장 입으니까 근사해 보여. → look + 형용사 ~해 보이다

This coffee **smells** <u>good</u>.　　　이 커피 향 좋은데. → smell + 형용사 냄새가 ~하다

His voice **sounds** <u>familiar</u>.　　　그 사람 목소리가 낯익어. → sound + 형용사 ~하게 들리다

The soup **tastes** <u>funny</u>.　　　수프 맛이 이상해. → taste + 형용사 맛이 ~하다

The skin **feels** <u>smooth</u>.　　　피부가 매끄러운 느낌이야. → feel + 형용사 ~하게 느껴지다

물론 자동사가 아닌 타동사로 쓰이면 의미가 약간 달라지는 경우도 있는데요. 그건 문맥으로 판단합니다.

The actress **grew** old.　　　그 여배우는 늙었어. → 자동사 (늙은 상태가 되다)

The actor **grew** a beard.　　　그 배우는 턱수염을 길렀어. → 타동사 ('배우가 턱수염이 됐다'는 어색)

The soup **tastes** funny.　　　수프 맛이 이상해. → 자동사

He **tasted** the soup.　　　걔가 수프를 맛봤어. → 타동사 ('걔가 수프 맛이 났다'는 어색)

🕐 도전! 1분 영작 001

① 그 남자는 슬퍼 보였어.　　🖊 _____

② 그 가수는 배우가 됐어.　　🖊 _____

② 의미상 목적어가 2개 올 수 있는 동사

'주다'라고 하면 제일 먼저 생기는 궁금증은 '무엇을?'이고, 그 다음이 '누구에게?'일 거예요. 그래서 둘 중 하나만 쓰려면 '무엇을 주다'에 해당되는 give something을 써야 하고, 둘 다 쓰려면 give something to someone, 또는 give someone something으로 표현합니다.

| 정답 |

도전! 1분 영작 001

① He looked sad.

② The singer became an actor/actress.

047

여기서 something(무엇을)은 직접 건네주는 대상이라 '직접목적어', someone(누구에게)은 '간접목적어'라고 부르는데요. 용어는 참고로만 알아 두고 패턴을 눈여겨보세요. 직접목적어 자리에 it 같은 대명사가 오면 give it to him처럼 써야 합니다. give him it으로는 쓰지 않으니 주의하세요.

The doctor *gave*. (×)
의사가 주었다. ┅→ 무엇을 준 것인지 의문이 남음.

The doctor *gave* me. (×)
의사가 내게 주었다. ┅→ '무엇을?'이라는 더 기본적인 의문이 남음.

The doctor **gave** some medicine.
의사가 약을 주었다.
┅→ 무엇을 줬는지 알았으니 여기서 끝나도 괜찮음.

The doctor **gave** some medicine to me.
의사가 내게 약을 주었다.
┅→ 받는 대상을 나타낼 땐 '방향'의 뜻을 가진 전치사 to 사용

The doctor **gave** me some medicine.
의사가 내게 약을 주었다.
┅→ 받는 대상을 먼저 언급할 경우엔 더 중요하고 궁금한 '무엇을'을 뒤이어 붙여 줌.

이와 같은 맥락에서 의미상 목적어를 2개 쓸 수 있는 동사는 대표적으로 다음과 같아요.

give 뭔가를 누구에게 주다   buy 뭔가를 누구에게 사 주다

bring 뭔가를 누구에게 가져오다   teach 뭔가를 누구에게 가르치다

tell 뭔가를 누구에게 얘기해 주다   get 뭔가를 누구에게 얻어[사] 주다

군이 외우지 않아도 eat(뭔가를 먹다), say(뭔가를 말하다) 같은 동사와는 다르다는 거 알아차리겠죠?

I **bought** him a small bag.
난 그 애에게 작은 가방을 사 줬어.

He **brought** me a cup of tea.
그 남자는 내게 차 한 잔을 가져왔어.

I **teach** them English grammar.
난 그 애들에게 영어 문법을 가르쳐.

They **told** him something.
그 사람들은 걔한테 뭔가를 얘기해 줬어.

Get me the nurse.
간호사를 불러 줘.

① 선생님은 내게 좋은 성적을 주셨다. (grade) 🖉

② 그는 내게 잡지를 가져왔다. 🖉

③ 의미상 목적어와 목적 보어까지 필요한 동사

타동사 중에는 목적어뿐 아니라 그 목적어가 어떤 상태인지 '목적어의 보어'까지 들어가야 비로소 의미가 완성되는 경우도 있습니다. 이때 목적어는 뒤에 오는 보어에 대해 의미상 주어인 관계라고 생각할 수 있어요.

I **kept** the door open.   난 문을 열린 상태로 뒀어.
⋯ keep: 뭔가를 ~인 상태로 유지시키다(the door가 open인 상태)

He **left** the window open.   그는 창문을 열린 상태로 놔뒀어.
⋯ leave: 뭔가를 ~인 상태로 놔두다(the window가 open)

The news **made** me happy.   그 소식은 날 기쁜 상태로 만들었어. (난 그 소식에 기뻤어.)
⋯ make: 뭔가를 ~인 상태로 만들다(me가 happy)

The police **found** him dead.   경찰은 그를 사망한 상태로(그의 시신을) 발견했다.
⋯ find: 뭔가를 ~인 상태로 발견하다(him이 dead)

They **call** him a dictator.   그들은 그를 독재자라고 부른다.
⋯ call: 뭔가를 ~라고 부르다(him이 a dictator)

① 나 그 책을 네 책상 위에 뒀어. 🖉

② 그 남자애는 자기 방을 깨끗한 상태로 유지했어. 🖉

| 정답 |

도전! 1분 영작 002

① The teacher gave me a good grade.
= The teacher gave a good grade to me.

② He brought me a magazine.
= He brought a magazine to me.

도전! 1분 영작 003

① I put the book on your desk.

② He kept his room clean.

④ '5형식'과 문장 구조

문법책에 꼭 등장하는 내용 중 하나가 '5형식'인데요. 사실 5형식 자체는 문법이 아닙니다. 다양한 문장을 다섯 종류로 분류해 놓은 거라 무슨 문장이 몇 형식인지는 몰라도 상관없어요. 그걸 염두에 두고 말하는 사람도 없습니다. 사실 지금까지 배운 내용을 묶어서 정리하면 그게 곧 5형식이에요. 결국, 동사의 의미 때문에 문장의 형태가 달라진다는 걸 알 수 있죠.

1형식	■ 〈주어 + 동사〉만으로 완전한 문장이 되는 경우 ■ 동사: work. jump. walk 등의 자동사 ■ He works here. 그는 여기서 일해요.
2형식	■ 〈주어 + 동사 + 주어를 설명하는 보어〉로 이뤄진 문장 ■ 동사: '~이다, ~가 되다'란 의미를 가진 be, become, remain 　　'~인 상태가 되다'란 의미를 가진 get, go, grow, turn 　　감각과 관련된 look, smell, sound, taste, feel ■ You are my best friend. 넌 나의 가장 좋은 친구야.
3형식	■ 〈주어 + 동사 + 목적어〉로 이뤄진 문장 ■ 동사: love, hear 등 대부분의 타동사 ■ I love you. 난 널 사랑해.
4형식	■ 〈주어 + 동사 + 간접목적어 + 직접목적어〉로 이뤄진 문장 ■ 동사: give, buy, bring, teach, tell, get ■ I gave him my phone number. 그 남자에게 내 전화번호를 줬어.
5형식	■ 〈주어 + 동사 + 목적어 + 목적어를 설명하는 보어〉로 이뤄진 문장 ■ 동사: keep, leave, make, find, call ■ The news made me happy. 그 소식은 날 기쁘게 만들었어.

실제 문장을 만들 때도 5형식 구분이 그리 크게 쓸모가 있는 건 아닙니다. 그 보다는 각 동사가 가진 의미를 잘 알아야 해요. 예컨대 같은 타동사라도 put은 '뭔가를 어디에 두다'란 뜻이고, catch는 '뭔가를 잡다'란 뜻으로 기본 의미가 다르기 때문에 문장의 생김새도 달라지죠.

I **caught** a bus.　　　　　나는 버스를 잡았어(잡아탔어). ⟶ 무엇을 잡았는지 목적어만 있어도 기본 의미는 통함.

I *put the pizza*. (×)　　　　　　　　나는 그 피자를 뒀어. ⟶ 어디에 둔 건지 보충할 말 필요

I *put in the refrigerator*. (×)　　　　　　나는 냉장고에 뒀어. ⟶ 무엇을 둔 건지 보충할 말 필요

I **put** the pizza in the refrigerator.　　　　　나는 그 피자를 냉장고 안에 뒀어.

어떤 때 목적어만 있으면 되고 어떤 때 '어디에' 같은 말까지 써야 하는지 따로 정해진 법칙은 없습니다. 동사마다 쓰임새가 다를 뿐이죠. 그래서 영어가 쉽지 않은 겁니다. 이렇게 다양한 동사들의 의미와 쓰임새에 익숙해지는 데 꽤 많은 시간이 필요하니까요. 그러니까 조급해하지 말고 일단 시제, 부정사 등 모든 동사에 공통적으로 해당되는 기본 규칙부터 차근차근 익혀 나가세요.

⏱ **도전! 1분 영작 004**

① 너 내 가방 어디에 뒀어?　　　　✎ _____

② 나 네 결혼식에서 너네 부모님 봤어. (wedding)

　　　　　　　　　　　　　　✎ _____

| 정답 |

도전! 1분 영작 004

① Where did you put my bag?

② I saw your parents at your wedding.

STEP 1 빈칸에 들어갈 수 <u>없는</u> 말을 고르세요.

❶ Their relationship _____ bad.

ⓐ turned   ⓑ went   ⓒ changed   ⓓ remained

❷ Please _____ it in a cool, dry place.

ⓐ keep   ⓑ store   ⓒ put   ⓓ remain

❸ The food _____ delicious.

ⓐ looks   ⓑ tastes   ⓒ smells   ⓓ makes

STEP 2 괄호 안의 표현 중 맞는 것을 고르세요.

❹ They put him (in danger / carefully).

❺ He (places / is) in a good mood.

STEP 3 괄호 안의 표현 중 알맞은 말을 골라 대화문을 완성해 보세요.

❻ A What's the matter?

    B Nothing. Just (leave / give) me alone.

❼ A How do you feel today?

    B I feel (good / badly).

❽ A Why did you buy it there?

    B Because they (gave / put) me a discount.

★정답 및 해설은 412쪽에

[중간점검] 첫째 마디: 동사

Unit 01~03에서 배운 문법을 제대로 이해하고
활용할 수 있는지 확인해 보세요.

STEP 1 다음 글을 읽고 질문에 답하세요. 모르는 단어는 가급적 문맥을 보고 의미를 추측하
려 노력해 보세요.

> I went to a party last night and it was awesome. I met many new people,
> played fun games, listened to the music, and ate delicious foods. I'm
> going to another party tonight. Yes, I'm a party animal. Shhh, don't
> tell my parents. They think I was in the library last night, so let's
> .... this secret between you and me.

❶ 마지막 문장의 빈칸에 가장 어울리는 말을 고르세요.

ⓐ be 　　ⓑ keep 　　ⓒ talk 　　ⓓ remain

❷ 밑줄 친 "I'm a party animal."의 의미는 무엇일까요?

ⓐ I always know where parties are.
ⓑ I often lie to my parents about parties.
ⓒ I love going to parties.
ⓓ I like meeting new people.

> This is a very popular and common food in Korea. There are over 200
> different kinds of it and Koreans serve it at almost every meal. It has a
> strong smell and a spicy taste. It keeps for weeks or even months in the
> refrigerator. It also has many health benefits.

❸ This가 가리키는 건 무엇일까요?

ⓐ Steamed rice 　　ⓑ Kimchi 　　ⓒ Gochujang 　　ⓓ Namul

보기에서 알맞은 동사를 골라 빈칸을 채워 보세요. (동사의 형태를 바꿔야 할 수도 있습니다.)

| 보기 | be | become | give | grow | remain |

④ 그는 나이 19살에 프로 골프선수가 됐어.

✐ He _____ a professional golfer at the age of 19.

⑤ 그 부부는 이혼했지만 친구로 남았어.

✐ The couple divorced but they _____ friends.

⑥ 그 문제는 나한테 골칫거리야.

✐ The problem _____ me a headache.

STEP 3 우리말에 어울리도록 괄호 안에 주어진 표현을 이용해 대화문을 완성해 보세요.

❼ A What does he think of my plan?

B 되게 좋아해. (love) 🎤 He _____ .

❽ A Tell me about yourself.

B 전 학생이에요. 서울에 살아요. (live)

🎤 _____

❾ A 물 한 잔 가져와. (a glass of water)

🎤 _____

B I'm busy.

❿ A Are you okay?

B 응. 그냥 나 좀 혼자 있게 내버려 둬. (alone)

🎤 Yes, please just _____ .

★정답 및 해설은 413쪽에

🔊 음성강의_마디 02.mp3

둘째 마디

동사의 시제

때에 따라
모습이 달라진다

04 단순시제

과거, 현재, 미래를 말할 때

강의 및 예문듣기

🎧 04.mp3 ▶ 동영상 02강

🎧 04.mp3 ▶ 동영상 02강

1단계
핵심문법 익히기

꼭 알아야 할
영문법의 기본 개념을
정리하세요.

 1 영어의 기본 시제: 과거, 현재, 미래

영어의 기본적인 단순시제에는 과거, 현재, 미래의 세 가지가 있습니다. 우리 말과 비슷한데 현재시제만 느낌이 좀 달라요.

'과거시제'는 이미 지나간 과거에 있었던 일을 나타내는 시제로, 동사 뒤에 -ed 를 붙이거나 동사의 불규칙 과거형을 이용해서 만듭니다.

'현재시제'는 일반적인 사실이나 평소 반복되는 일을 나타냅니다. '현재'란 말 때문에 '지금'을 떠올리기 쉽지만 영어에서는 '평소'를 의미해요. 아침에 해가 뜨고, 피자를 좋아하고, 지하철을 즐겨 타는 등 평소에 반복되는 일에 '현재'라 는 이름만 빌린 거죠. 동사의 기본형을 쓰되 주어가 3인칭 단수일 경우엔 동사 뒤에 -(e)s를 붙여 줍니다.

'미래시제'는 미래에 있을 일을 나타낼 때 쓰는데 will 뒤에 동사의 기본형을 써 서 만들죠.

He **drank** beer last night. 　　　　그는 어젯밤 맥주를 마셨어. ⋯▸ 과거: 과거에 시작해 과거에 끝난 일

He **drinks** beer every night. 　　　　그는 밤마다 맥주를 마시지. ⋯▸ 현재: 평소 반복되는 일

He **will drink** beer tomorrow night. 　그는 내일 밤 맥주를 마실 거야. ⋯▸ 미래: 미래에 시작해 끝날 일

There **were** a lot of people in the theater. 　　　　　　극장에 사람이 많았어.
　　⋯▸ There is/are + 명사: 의미상 진짜 주어는 be동사 바로 뒤 명사로, 동사는 그 명사의 수에 일치시킴.

There **are** a lot of mosquitoes in this park. 　　　　이 공원엔 모기가 많아.

There **will be** a lot of teens at his concert. 　　그의 콘서트에는 십대가 많을 거야.

부정문을 만들려면 not만 붙이면 되는데요. 과거 부정은 〈did not + 동사원형〉, 현재 부정은 〈do(es) not + 동사원형〉, 미래 부정은 〈will not + 동사원형〉으로 나타냅니다.

He **did not eat** breakfast this morning.   그 남자애는 오늘 아침밥을 안 먹었어.

She **does not like** sports.   그 여자애는 스포츠를 안 좋아해.

The price **will not change** next year.   가격은 내년에 바뀌지 않을 겁니다.

⏱ **도전! 1분 영작 001**

❶ 그 남자는 매일 아침 우유를 마시지.   🖊 _____

❷ 교실에는 학생들이 많았어.   🖊 _____

---

② **현재시제도 미래를 나타낼 수 있다**

지하철이나 비행기 출발/도착 시각처럼 정해져 있는 미래 일이면 동사를 현재시제로 쓰기도 합니다. 이럴 땐 미래의 시간과 관련된 표현(next year, tomorrow 등)을 같이 쓰기 때문에 '지금'과는 쉽게 구분 되죠. 사실 이렇게 확정된 미래에는 우리말에서도 현재시제를 쓰는데요. 예컨대 아직 재학 중인 학생에게 '너 언제 졸업해?'라고 묻는 걸 보면 현재시제인 걸 알 수 있죠. 이변이 없는 한 졸업은 학사 일정을 따르기 때문입니다. 영어에서도 마찬가지라고 생각하면 돼요.

When **do you graduate**?   너 언제 졸업해?

He **leaves** Korea **next year**.   그는 내년에 한국을 떠나. ⋯ 내년 출국으로 일정이 잡혀 있음.

He **will leave** Korea **next year**.   그는 내년에 한국을 떠날 거야.
                                                ⋯ 내년에 떠나겠지만 계획이 바뀔 가능성도 있음.

He **moves** to London **this month**.   그는 이번 달에 런던으로 이사 가.

The plane **leaves tonight at 8 pm**.   비행기는 오늘밤 8시에 떠나.

• graduate (from) (~ 학교를) 졸업하다

057

1 그 식당은 오전 11시에 문을 열어.　✏️

2 그 식당은 작년에 문을 열었어.　✏️

3 미래의 일이지만 현재시제로 쓰는 '시간의 부사절'

미래시제를 말할 때 꼭 등장하는 용어가 있습니다. 바로 '시간의 부사절'이라는 건데요. 대체 뭘 말하는 건지 지금부터 살펴보도록 하겠습니다.

1 She works **daily**.　　　　　　　　　　　　　그녀는 매일 일한다.

2 She works **from 9 to 6**.　　　　　　　　　그녀는 9시부터 6시까지 일한다.

3 She works when her kids are at school.　　그녀는 애들이 학교에 가 있을 때 일한다.

4 She works **because she needs money**.　　그녀는 돈이 필요하기 때문에 일한다.

'시간의 부사절'이란 주절의 움직임이 일어난 '시간'을 알려 주는 절이란 뜻인데요. **1**에선 daily란 부사가, **2**에선 from 9 to 6라는 부사구가 그 역할을 맡았으니 부사절이 아니죠. **4**의 because절은 부사절이긴 한데 '언제'가 아니라 '왜' 일하는지 이유를 설명한 거라 역시 시간의 부사절이 아닙니다. 즉 **3**의 when처럼 시간과 관련된 의미의 접속사가 붙은 절이 바로 시간의 부사절이에요.

이 '시간의 부사절'은 미래의 일을 말하더라도 현재시제로 쓴다는 점이 특이합니다. 미래면 현재로, 미래완료면 현재완료로 형식만 바뀌죠. 미래시제 문장이 시간의 부사절로 들어갈 경우 현재시제로 바뀌는 건 사실 우리말에서도 찾아볼 수 있는 규칙입니다. 늘 쓰기 때문에 의식하지 못할 뿐이죠.

> **그는 내일 검사 결과를 볼 거다. + 그 다음에 결정을 내릴 거다.**
>
> → 내일 검사 결과를 볼 후, 결정할 거다. (×)
>
> → 내일 검사 결과를 본 후, 결정할 거다.
>
> He will see the test results tomorrow. + After that, he will decide.
>
> → He will decide <u>after</u> he *will see* the test results tomorrow. (×)
>
> → He will decide <u>after</u> he <u>sees</u> the test results tomorrow.
>
> 미래를 현재로

The download *will have finished*. + Close your browser.

→ <u>Once</u> the download <u>has finished</u>, close your browser.

미래완료는 현재완료로   일단 다운로드가 끝나면 브라우저를 닫아.

위의 예문에서 보는 바와 같이 시간의 부사절에는 when(~일 때), until(~까지), by the time(~일 때쯤이면), as soon as(~하자마자), once(일단 ~하면), before/after(~전/후에)처럼 시간과 관련된 말들이 들어갑니다.

<u>When</u> the time **comes**, you will know what to do.   때가 되면 뭘 해야 할지 알게 될 거야.

I won't let you go <u>until</u> you **say** "Yes."   네가 '예스'라고 말할 때까지 안 보내 줄 거야.

She will have left Korea <u>by the time</u> he **reads** her memo.

그가 그녀가 남긴 메모를 읽을 때쯤이면 그녀는 이미 한국을 떠났을 거야.

I'll give you a call <u>as soon as</u> he **comes** back.   그가 돌아오는 즉시 전화 드리겠습니다.

<u>Once</u> the installation <u>has finished</u>, reboot your computer.

설치가 끝나면 컴퓨터를 재부팅해.

They will test your blood <u>before</u> they **accept** your donation.

그들은 네 헌혈을 받기 전에 혈액검사부터 할 거야.

The hospital will be on your left <u>after</u> you **pass** the ABC bank.

ABC 은행을 지나면 왼쪽에 병원이 나올 거야.

• installation 설치 • reboot 재부팅하다
• donation 기증, 기부(blood donation: 헌혈)

⏱ 도전! 1분 영작 003

❶ 그는 내 이메일을 읽고 난 뒤에 결정할 거야. ✏ ....

❷ 거기 도착하자마자 나한테 전화해. (get) ✏ ....

STEP 1 빈칸에 어울리는 말을 고르세요.

❶ We all know that water _____ at 0℃.

   ⓐ freeze   ⓑ freezes   ⓒ freezed   ⓓ froze

❷ He _____ a home run yesterday.

   ⓐ hit   ⓑ hits   ⓒ hitted   ⓓ hate

STEP 2 밑줄 친 부분의 시제를 올바르게 고치세요.

❸ The timetable says the train **leave** at 2 pm.

❹ Once upon a time there **are** a princess.

❺ She'll give you an update after she **will get** back this evening.

STEP 3 괄호 안의 동사를 적절한 시제로 바꿔 빈칸을 채워 보세요.

❻ Many companies _____ millions of dollars every year on employee training. (spend)

❼ I'll let you know when dinner _____ ready. (be)

❽ I _____ you as soon as I get home. (call)

★정답 및 해설은 413쪽에

05 진행시제

한창 진행 중인 일을 말할 때

강의 및 예문듣기

🎧 05.mp3　▶ 동영상 02강

꼭 알아야 할
영문법의 기본 개념을
정리하세요.

❶ 과거/현재/미래진행: 어느 한 시점에서 계속 진행되고 있는 일을 말할 때

진행시제는 어느 한 시점에서 진행되고 있는 일을 나타낼 때 씁니다. '과거진행'은 과거 어느 한 시점에서 진행되고 있던 일을, '현재진행'은 '지금 이 순간' 진행되고 있는 일을, '미래진행'은 미래 어느 시점에서 진행되고 있을 일을 나타내죠.

드라마 촬영하는 걸 보면 출연자들이 딴 짓을 하다가도 카메라만 갖다 대면 대본대로 행동합니다. 카메라가 꺼진 동안엔 무슨 일이 있었는지 시청자들은 알 수 없죠.

진행시제는 이렇게 카메라를 갖다 댔을 때 진행되고 있던 일만 표현한 거라고 생각하면 됩니다. 언제 시작돼 언제 끝났는지는 알려 주지 않고 그 순간 진행되는 일만 말해 주는 시제인 거죠.

He **was drinking** when I called him.
그 남자애는 내가 전화했을 때 술 마시고 있었어.
⋯→ 과거진행: was/were + -ing

She **is drinking** now.
그 여자애는 지금 술 마시고 있어. ⋯→ 현재진행: am/are/is + -ing

They **will be drinking** this time tomorrow.
걔들은 내일 이맘때 술 마시고 있을 거야.
⋯→ 미래진행: will be + -ing

부정문으로 만들려면 be동사 뒤에 not만 붙이면 됩니다.

They **were _not_ thinking** about it.
그 사람들은 그것에 대해 생각하지 않고 있었어.

He's **_not_ answering** his phone.
그 사람이 전화를 안 받고 있어.

You **won't be laughing** when we win.
우리가 이기면 너네 웃고 있지 못할 거다.
⋯→ won't = will not

Q 단순시제로 쓸 때와 진행시제로 쓸 때 의미가 달라지는 동사가 있다면서요?

A 네, do와 see는 단순시제로 쓸 때와 〈be + -ing〉로 쓸 때 의미가 달라질 수 있습니다.

What **do** you **do** (for a living)?   하시는 일이 뭐예요? ⋯ 평소 하는 일, 즉 직업
What **are** you **doing**?   뭐 하고 있어? ⋯ 지금 이 순간 하고 있는 일

I **see** a young man.   젊은 남자가 보여.
I'm **seeing** a younger man.   나 요즘 연하랑 사귀고 있어.

⏱ **도전! 1분 영작 001**

❶ 네가 나한테 전화했을 때 난 자고 있었어. 🖊

❷ 너 뭘 기다리고 있는 거야? 🖊

---

2 객관적으로 확정된 미래 일은 〈be + -ing〉, 말하는 사람이 미래에
일어날 거라고 판단하는 일은 〈be going to + 동사원형〉

현재진행시제(be + -ing)도 미래의 일을 나타낼 때 쓰입니다. 또 현재진행시제
와 생김새가 같은 〈be going to + 동사원형〉은 미래를 나타내는 전형적인 표
현이죠. 하지만 이때 〈be + -ing〉와 〈be going to + 동사원형〉의 의미는 다
르니 구별해서 써야 합니다. 우선, 다음을 비교해 보세요.

❶ A What's he doing?   걔 뭐하고 있어?
   B He's **work**ing.   일하고 있어.

❷ A What's he doing tonight?   걔 오늘밤 뭐해?
   B He's **work**ing.   일해.

❸ A What's he going to do?   걔 뭘 하려고 하지?
   B He's **going to work**.   일할 거야.

❶은 지금 진행 중인 일을 말하지만 ❷에선 tonight이 미래를 가리키죠? 대답
역시 '지금 일하고 있어'가 아니라 '(오늘밤) 일해'가 됩니다. 미래란 불확실한 게
정상인데 ❷에서는 야근이 이미 확정된 일이기 때문에 현재와 떨어진 미래가
아니라 이미 진행되고 있는 일처럼 느끼고 현재진행시제로 표현한 거죠. 이렇

| 정답 |
도전! 1분 영작 001

❶ I was sleeping when
you called me.

❷ What are you
waiting for?
▶ wait은 자동사라 '무엇
을' 기다리는지 나타내려면
전치사 for와 같이 써야 함.

062

게 현재진행형이 tonight 같은 미래를 표현하는 말과 같이 쓰이면 약속 등 확정돼 있는 미래 일이라고 보면 됩니다.

I'm **meet**ing my friends <u>tonight</u>.　　　　　　나 오늘밤 친구들 만나. → 약속된 일

The movie **is coming** <u>soon</u>.　　　　　　　그 영화 곧 개봉돼. → 일정이 잡혀 있음.

한편, ❸의 〈be going to + 동사원형〉은 '말하는 사람이 (나름대로 어떤 근거가 있어서) 주어가 그렇게 할 거라고 확신할 때' 쓰는 표현이에요. '문장을 말하는 사람의 판단'이 포인트입니다. 아래 예문들을 통해 〈be going to + 동사원형〉의 의미를 느껴 보세요.

It's **going to rain** soon.　　　　　　　　　　금방 비 오겠군. → 먹구름을 보고

She's **going to have** a baby next month.　　재 다음 달에 애 낳겠네. → 만삭인 임산부를 보고

It's **going to be** a long day.　　　　　　긴 하루가 되겠군. → 아침부터 일이 쌓이는 걸 보며

I'm **going to miss** you.　　　　　　　네가 보고 싶을 거야. → 지금 심정으로 보아 확실한

즉흥적으로 떠올릴 땐 will

자신이 할 일에 대해 말할 때 쓸 수 있는 will과 be going to 사이엔 약간의 뉘앙스 차이가 있습니다. I'm going to ~는 하기로 이미 마음먹은 일에, I will ~은 즉흥적으로 결정해서 하게 될 일에 쓰는 게 어울리죠. 다음 두 예문을 비교해 보면 감 잡으실 거예요.

I'll have chicken salad.　　　　　난 치킨 샐러드. → 음식점 가서 메뉴판을 본 뒤 결정한 경우

I'm going to have chicken salad.　　　치킨 샐러드 먹어야지. → 이미 마음먹고 있었던 경우

⏱ 도전! 1분 영작 002

❶ 걱정 마. 다 괜찮을 거야. (everything, all right)

　　　✏

❷ 나 이번 일요일에 영화 보러 가. (go to a movie)

　　　✏

③ '상태'를 나타내는 동사는 진행시제를 쓰지 않는다

'진행'이라는 말은 '움직임'이 진행되고 있다는 뜻이에요. 즉 정지된 '상태'를 뜻하는 동사와는 어울리지 않는다는 얘기입니다. 우리말로도 '쟤 예쁘다', '맘에 들어'라고 하지 '쟤 예쁘고 있네', '맘에 들고 있어'라고 하면 어딘가 이상하죠? 예쁘고 맘에 드는 건 움직임이 있는 게 아니라 정지된 '상태'이기 때문입니다. 영어에서도 마찬가지예요. 뛰고 먹는 것처럼 움직임이 있는 말이 아니라 어떤 상태에 가까운 의미를 가진 몇 가지 동사는 진행시제로 쓰지 않습니다.

문제는, 영어 동사 중 우리말과 개념이 좀 다른 것들이 있어서 진행될 수 있을 것 같은데 안 되는 단어들이 있다는 거예요. 다음이 대표적인 동사들인데 많지는 않으니 이 정도는 기억해 두세요.

like 마음에 든 상태	have 가진 상태	know 아는 상태
be 존재하는 상태	belong to ~에 속해 있는 상태	own 소유한 상태
resemble ~를 닮은 상태	consist of ~로 구성돼 있는 상태	exist 존재하는 상태

◆ like

우리말로는 '좋아하고 있다'로 잘 쓰지만 영어에선 뭔가 이미 '마음에 든 상태'로 유지되는 걸로 보기 때문에 진행시제로 쓰지 않습니다.

I **like** movies. 나 영화 좋아해.

I'm *liking* movies. (×)

◆ know

우리말로는 '알고 있다'라고 표현하기도 하지만 영어에서는 know를 상태로 봅니다. run과 같은 움직임은 있다가 없어질 수 있지만, know는 한 번 알게 되면 기억상실증에 걸리지 않는 한 머릿속에 각인돼 그 상태를 계속 유지한다고 보는 거죠.

I **know** him. 나 그 사람 알아.

I'm *knowing* him. (×) → I'm **getting to know** him. 그 사람을 알아가는 중이야.

◆ have

'평소 소유한 상태'를 뜻할 경우엔 진행시제로 쓰지 않습니다. 다만, 특정 시점에서 잠깐 소유하고 있다는 뜻일 땐 진행형이 가능해요.

He **has** two cousins.
그는 사촌이 둘 있어. ┉▸ 친척 관계는 늘 유지되는 상태이므로

He's *having* two cousins. (×)

I **have** dinner at 7 pm every day.
난 매일 7시에 저녁 먹어. ┉▸ 평소 소유

I'm **having** dinner now.
나 지금 저녁 먹는 중이야. ┉▸ 지금만 잠시 소유

He's **having** a panic attack.
그 사람 공황장애가 왔대. ┉▸ 늘 그런 게 아니라 지금 겪고 있는 상태

◆ be

단어 자체가 '상태'를 의미합니다. 단, 평소엔 안 그러다가 어떤 이유로 말하고 있는 시점에만 특정 상태를 보인다면 진행시제로 쓸 수 있어요.

Canada **is** in North America.
캐나다는 북미에 있다. ┉▸ 변함없는 사실

Canada *is being* in North America. (×)

He's **rude**.
그는 예의가 없어. ┉▸ 평소 그의 행실이 그 모양

He's **being** rude.
그가 무례하게 굴고 있어.
┉▸ 평소엔 안 그런데 지금 무슨 이유에서인지 무례한 태도를 보이고 있음.

⏱ **도전! 1분 영작 003**

❶ 나 그 해답 알고 있어. 🖊 ....

❷ 나 아침 먹고 있는 중이야. 🖊 ....

| 정답 |

도전! 1분 영작 003

❶ I know the answer.

❷ I'm having breakfast.

STEP 1 빈칸에 가장 어울리는 말을 고르세요.

① Many people _____ of hunger right now.

 ⓐ die   ⓑ died   ⓒ are dying   ⓓ were dying

② The band _____ five members.

 ⓐ consists   ⓑ consisted   ⓒ consists of   ⓓ is consisting of

③ He is _____ my best friend.

 ⓐ being   ⓑ seeing   ⓒ knowing   ⓓ resembling

④ My neighbor is _____ his dog.

 ⓐ owning   ⓑ liking   ⓒ having   ⓓ walking

STEP 2 빈칸에 들어갈 수 <u>없는</u> 말을 고르세요.

⑤ I have to go. My plane _____ soon.

 ⓐ leaves   ⓑ is leaving   ⓒ is going to leave   ⓓ left

⑥ The First Lady _____ the ceremony.

 ⓐ will attend   ⓑ is attending   ⓒ is going to attend   ⓓ attend

STEP 3 괄호 안의 표현 중 맞는 것을 고르세요.

⑦ He's very friendly. We all like him. You (are liking / are going to like) him too.

⑧ I can't upload it yet because my laptop (isn't working / isn't going to work).

★정답 및 해설은 414쪽에

06 완료시제

시작과 끝의 시점이 다를 때

강의 및 예문듣기

 06.mp3 ▶ 동영상 02강

1단계
핵심문법 익히기

꼭 알아야 할
영문법의 기본 개념을
정리하세요.

1 현재완료(have p.p.):
현재의 일이 과거에 시작된 거라며 기간을 염두에 두고 말할 때

완료시제는 우리말에 없는 개념이기 때문에 이해하기 어려운데요. 단순/진행 시제는 과거면 과거, 현재면 현재 한 시점만 생각하고 말하는 데 비해, 완료시제는 두 시점을 모두 떠올리며 말할 때 쓴다는 차이가 있습니다. 우선, 현재완료를 이해하기 위해 아래 세 사람의 얘기를 한번 비교해 보죠.

A I **live** in Korea. 난 한국에 살아.

B I **lived** in Korea for 10 years. 난 한국에서 10년 살았어.

C I've **lived** in Korea for two months. 난 한국에서 두 달 동안 살아 왔어(두 달째 살고 있어).

A, B, C 중 지금 한국에 살고 있는 사람은 A와 C입니다. B처럼 과거시제로 쓸 땐 그 기간이 10년이든 100년이든 그저 과거에 다 끝난 일로 생각한 거지만, C처럼 현재완료를 쓸 땐 몇 달, 몇 시간에 불과한 일이라도 현재보다 분명 앞선 과거 시점에 시작된 일이라는 생각이 깔려 있어요. 이렇게 시작 시점과 끝 시점이 다르다는 건 길든 짧든 두 시점이 어느 정도 '기간'을 두고 벌어져 있다고 느낀다는 뜻입니다. 즉 같은 일도 말하는 사람이 한 시점으로 뭉쳐서 생각하는지, '기간'이 있다고 보고 죽 늘려 잡는지에 따라 표현이 달라지는 거죠.

He **works** at a small company. 그는 작은 회사에서 일해.
⋯▸ 딱히 정해진 기간이 있는 게 아니라 평소 반복되는 일. 어제도, 오늘도, 내일도 그럴 거라는 생각

He **is working** at a small company. 그는 작은 회사에서 일하고 있어.
⋯▸ 말하고 있는 현재만 해당. 언제 입사했는지, 언제 퇴사하게 될지 염두에 두고 말하는 건 아님.

He **has worked** at a small company. 그는 작은 회사에서 일해 왔어.
⋯▸ 일하기 시작한 시점을 현재 시점과 어느 정도 떨어뜨려 생각하고 있는 경우

군이 기간을 따질 필요를 못 느낄 땐 현재완료 대신 과거를 쓰기도 합니다.

I **lost** my wallet.

나 지갑 잃어버렸어. ···› 지금 없다는 얘기로 통함.

I**'ve lost** my wallet.

나 지갑 잃어버렸어. ···› 그래서 지금 없는 상태

· wallet 지갑

⏱ 도전! 1분 영작 001

❶ 그는 호주에서 3년째 살고 있어. 🖊 _____

❷ 나는 작년부터 그 여자애를 알고 지내 왔어. (since)

🖊 _____

② 과거완료(had p.p.): 더 오래된 과거와 덜 오래된 과거 사이에 걸쳐 일어난 일일 때

완료시제는 현재완료 시제만 제대로 이해하면 나머진 어렵지 않습니다. 과거완료는 현재완료 시점을 과거로 한 단계 당겼다고 생각하면 돼요. 현재완료가 〈현재 → 과거〉로 늘려 잡는 거라면 과거완료는 〈덜 먼 과거 → 더 먼 과거〉로 늘리는 거죠. 이때 더 먼 과거를 '대과거'라고도 부릅니다. 다만, 현재완료는 군이 밝히지 않아도 '지금 현재'를 기준으로 과거로 늘려 잡는 것임을 알 수 있는데 비해, 과거완료는 과거 언제가 기준인지 알아야 의미가 통한다는 차이가 있습니다. 예를 한번 볼까요?

❶ He **has been** unemployed for a year.

걔는 1년째 직장이 없어(백수야).

❷ He **had been** unemployed for a year until he got a job last year.

걔는 1년간 직장이 없다가(백수로 지내다가) 작년에 취업했어.

❸ He **was** unemployed for a year.

걔는 1년간 직장이 없었어(백수였어).

· unemployed 실직한(= jobless)

❶은 '현재'를 기준으로 1년 전부터 따졌기 때문에 현재완료로 썼습니다. ❷는 작년에 취업을 했는데(과거, 기준 시점), 그보다 1년 전부터 백수였다(대과거)는 의미라 과거완료로 썼어요. 만약 백수로 지냈던 1년의 기간을 기준점 없이 그냥 과거어느 하나의 시점으로 묶어 생각한다면 ❸처럼 단순과거 시제로 쓰면 됩니다.

The animal **had become** extinct before 1900. 그 동물은 1900년이 되기 전에 멸종됐다.

⋯▸ 1900년이 기준 시점

The animal **became** extinct. 그 동물은 멸종됐다. ⋯▸ 정확한 시점은 모르고 그냥 과거에

• extinct 멸종된

⏱ **도전! 1분 영작 002**

❶ 나 작년에 백수였어. 🖉 ....

❷ 나 이 직장 얻기 전에 백수였어. 🖉 ....

❸ **미래완료(will have p.p.):**
미래 어느 시점과 그보다 앞선 시점 사이에 일어난 일일 때

미래완료는 현재완료를 미래로 옮기면 돼요. 미래 어느 시점과 언제인지는 모르지만 그보다 앞선 시점 사이의 기간에 걸쳐 일어난 일이라고 생각하고 말할 때 will have p.p.를 씁니다. 이때 기준점이 되는 말로 by(~까지는, ~까지면)를 잘 쓰죠.

She **will have passed** her driving test by the end of this year.

그 여자는 올해 말까진 운전면허 시험에 붙을 거야. ⋯▸ 그때면 이미 합격한 상태

By age 40, many women **will have married**. 40세면 많은 여성이 결혼해 있을 거야.

When I leave tomorrow, I **will have spent** three weeks here.

내일 떠나면 여기서 3주를 보낸 셈이 될 거야. ⋯▸ 3주 전부터 따지니까 완료시제

• driving test 운전면허 시험

🧑 질문 있어요~

Q until도 '~까지'라는 의미 아닌가요?

A 네, 그래요. 하지만 by와 until은 쓰임이 다릅니다. by는 '늦어도 그 안에는 끝낸다', until은 '중간에 그만두지 않고 끝까지 계속한다'는 차이가 있어요.

I will have graduated **by** next March. 내년 3월이면 졸업한 상태일 거야. ⋯▸ 내년 3월이면 졸업 완료

I will wait **until** next May. 내년 5월까지 기다릴 거야. ⋯▸ 5월까지 계속되는 행동

| 정답 |

도전! 1분 영작 002

❶ I was unemployed
[jobless] last year.

❷ I had been
unemployed before
I got this job.

⏱ 도전! 1분 영작 003

❶ 나 다음달 말이면 이 프로젝트 끝내게 될 거야.

✎ _____

❷ 그 동물들은 올해 말이면 죽어 있을 거야. ✎ _____

❹ 완료진행(have been + -ing): 앞서 시작된 일이 이후 시점에서도 계속 진행되고 있을 때

과거에 시작해 현재도 진행 중인 일이면 현재완료에 진행형(be + -ing)을 합쳐 '현재완료진행(have been + -ing)'으로 표현합니다. 마찬가지로 어떤 과거 시점에서 계속 진행 중이었던 일이 더 먼 과거에 시작된 것이라면 '과거완료진행(had been + -ing)'으로 나타내죠. 미래 어느 시점에 계속 진행되고 있을 일이 그보다 앞서 시작된 일이라면 '미래완료진행(will have been + -ing)'을 쓰고요.

이러한 완료진행시제는 주어진 시점에도 계속 '진행되고 있다'는 느낌을 살리고 싶을 때 씁니다. 예컨대 I've waited for you.나 I've been waiting for you. 모두 '계속 기다려 왔다'는 뜻이지만, I've been waiting for you.가 현재까지 진행되고 있다는 느낌이 더 강하죠.

He is drinking. 그는 술을 마시고 있어. ⋯ 지금 마시고 있다는 사실이 중요할 뿐 언제부터 마셨는지에 대한 개념은 없음.

He **has been drinking.** 그는 술을 마시고 있어. ⋯ 과거부터 시작해 지금도 마시고 있음.

I've been working here for three years. 난 3년째 여기서 일하고 있어.
⋯ 3년 전부터 여기서 죽 일하고 있음. (현재완료진행)

He **had been working** there until he retired. 그는 퇴직할 때까지 거기서 일하고 있었어.
⋯ 퇴직하기 전 계속 거기서 일하고 있었음. (과거완료진행)

By next year I **will have been working** here for four years.
내년이면 여기서 일한 지 4년이 될 거야. ⋯ 내년에 계속 일하고 있을 것임. (미래완료진행)

⏱ 도전! 1분 영작 004

❶ 걔(남자) 9시간째 자고 있어. ✎ _____

❷ 난 집에 도착할 때까지 계속 울고 있었어. (get home)

✎ _____

| 정답 |

도전! 1분 영작 003

❶ I will have finished this project by the end of next month.

❷ The animals will have died by the end of this year.

도전! 1분 영작 004

❶ He has been sleeping for nine hours.

❷ I had been crying until I got home.

STEP 1 괄호 안의 동사를 알맞은 형태로 바꿔 완료시제 문장으로 만들어 보세요.

❶ I don't know. I _____ of it. (never, hear)

❷ It was a small town, but now it _____ one of the largest cities in Korea. (become)

❸ We _____ this project by this time next week. (complete)

❹ He knew New York very well because he _____ the city several times. (visit)

STEP 2 괄호 안에 주어진 동사를 이용해 대화문을 완성해 보세요.

❺ A How long had they been together?

  B They _____ for two years before they got married. (date)

❻ A Tell me what happened last night.

  B I only know that he had been drinking before he _____ out. (pass)

❼ A How many people have downloaded the update?

  B I don't know, but by tonight, all users _____ it. (download)

❽ A Is the rumor true?

  B I don't know. I _____ anything about it. (not, hear)

★ 정답 및 해설은 414쪽에

07

완료시제와 어울리는 표현들

시제에도 궁합이 있다

강의 및 예문듣기

🎧 07.mp3 ▶ 동영상 03강

꼭 알아야 할
영문법의 기본 개념을
정리하세요.

① 완료시제는 '~동안', '~이후로 죽'처럼 기간을 뜻하는 말과 찰떡궁합

완료시제는 두 시점이 어느 정도 떨어져 있다고 생각하고 쓰는 시제이기 때문에 어느 한 시점에만 해당되는 말과는 같이 쓰지 않습니다. 예컨대 현재완료는 지금부터 과거까지 거슬러 올라가며 말하는 거라 과거만 가리키는 ago, yesterday, last week/month/year와 같은 표현과 같이 쓰면 어색해요. 의문사 when 역시 한 시점, 즉 '언제' 벌어진 일이라고 생각하고 쓰는 말이라 완료시제로 쓰지 않습니다.

I **was** busy <u>yesterday</u>.   나 어제 바빴어. ⋯ '어제'는 과거시제와 어울리는 말

I've *been* busy *yesterday*. (×)   ⋯ 지금도 바쁜 상태가 이어지고 있는데 '어제'만의 일로 한정해 버리는 건 모순

He **lost** his job **two weeks** <u>ago</u>.   그는 2주 전에 실직자가 됐어. ⋯ '2주 전'에 일어난 일

He *has lost* his job *two weeks ago*. (×)
⋯ 2주 전에 일자리를 잃은 뒤 지금까지 실직 상태로 있는데 '2주 전'이라는 과거의 일로 한정해 버리는 건 모순

<u>When</u> **did** he **go** back to his country?   그 사람 언제 본국에 돌아갔어?

When has he *gone* back to his country? (×)

반면, 두 시점간의 '기간'을 나타내는 말은 두 시점에 걸쳐 있는 완료시제와 찰떡궁합입니다. for(~동안), since(~이후로 죽)가 대표적이죠. 한 가지 주의할 점은 〈for + 걸린 시간〉, 〈since + 시작 시점〉의 형태로 써야 한다는 거죠. 기억해 두세요!

I've worked for this company for two months.

> 난 두 달 동안 이 회사에서 일해 왔어(두 달째 일하고 있어).

I've worked for this company since January. 난 1월부터 이 회사에서 일해 왔어(일하고 있어).

in(~동안), over(~동안, ~에 걸쳐)도 for처럼 '기간'을 나타낼 때 쓰는 전치사입니다. 또 ago 역시 since two years ago처럼 쓰면 since 뒤에 '시작 시점'을 나타내는 말이 되기 때문에 완료시제와 함께 쓸 수 있죠.

The world has changed dramatically in the last 100 years.

> 세계는 지난 100년간 엄청나게 변했어요.

The company has made remarkable progress over the last few decades.

> 그 회사는 지난 수십 년간 괄목할 만한 성장을 이뤘습니다.

I've worked for this company since two years ago.

> 난 2년 전부터 죽 이 회사에 근무해 왔어(근무하고 있어).

> • dramatically 크게, 눈부시게   • remarkable 주목할 만한, 현저한

⏱ 도전! 1분 영작 001

❶ 그는 지난 봄부터 여기서 일하고 있어. ✏ ....

❷ 걔들 여섯 달째 사귀고 있어. (date) ✏ ....

❷ 단순/완료시제 모두와 어울리는 말이 있다

(n)ever, already, just, yet, still은 단순시제에도 쓰지만 두 시점을 염두에 둔 말들이라 완료시제에도 잘 쓰입니다.

I never said that. 나 그런 말 한 적 없어.

I've never seen a Harry Potter movie. 해리 포터 영화는 본 적이 없어.

Did you ever cheat on exams? 시험 볼 때 커닝한 적 있어?

Have you ever seen a UFO? 너 UFO 본 적 있어?

We're **already** late.

우리 이미 늦었어.

You've **already** asked me that.

너 이미 나한테 그거 물어봤잖아.

I **just** finished homework.

나 방금 숙제 끝냈어.

They've **just** finished dinner.

그 사람들은 이제 막 저녁식사를 끝냈어.

A Did he arrive **yet**?　　　B I don't know **yet**.

A 그 사람 도착했어?　B 아직 몰라.

A Has he arrived **yet**?　　　B No, he hasn't arrived **yet**.

A 그 사람 도착했어?　B 아니, 아직 안 도착했어.

⋯→ yet은 지금까지 됐는지 안 됐는지 여부를 따질 때 붙이는 말

He **still** doesn't understand why she left him.

그는 아직도 왜 그녀가 자기를 떠났는지 모른다.

We **still** haven't found the answer.

우린 아직도 답을 못 찾았다.

🕐 도전! 1분 영작 002

❶ 걔들 사귄 지 석 달 됐는데 아직도 키스를 못했대. (date)

❷ 난 거기 한 번도 가본 적 없어. (be there)

STEP 1 괄호 안에 주어진 표현을 이용해 대화문을 완성해 보세요.

❶ A When did he leave?

　　B He left _____ . (three hours)

❷ A Capri is a shoppers' paradise.

　　B How do you know that?

　　A Because I _____ there. It was amazing! (be)

❸ A _____ your homework yet? (finish)

　　B No, I haven't.

STEP 2 괄호 안의 표현 중 맞는 것을 고르세요.

❹ She (came / has come) to Korea three years ago.

❺ He lives in Sydney. He has lived there (for / since) 10 years.

❻ The committee (resumed / has resumed) the meetings last week.

❼ Have you finished it (last night / yet / later)?

❽ I have (never / still) seen such a beautiful thing in my life.

★정답 및 해설은 415쪽에

08 | 시제의 정확한 사용법

때에 맞게 골라 쓰자

강의 및 예문듣기

🎧 08.mp3　▶ 동영상 03강

1단계

핵심문법 익히기

꼭 알아야 할
영문법의 기본 개념을
정리하세요.

❶ 과거에 일어난 일에 쓸 수 있는 시제

1년 전 일이든 1분 전 일이든 말하는 순간 이미 '과거'의 일이 돼 버리죠. 하지만 말하는 사람이 그 과거를 어떻게 보느냐에 따라 다음 여러 가지 중에서 골라 표현할 수 있습니다.

◆ **과거**: 말하는 '지금'은 염두에 두지 않고 과거만 얘기할 때

I **ate** brunch today.　　　　　　　　　　　　　　　오늘은 아점을 먹었어.

· brunch (점심을 겸한) 늦은 아침식사

◆ **현재완료**: 지금부터 과거까지의 기간을 순간적으로 떠올려보고 말할 때

I **have eaten** chicken for the last several days.

지난 며칠간 닭고기를 먹었어. (며칠째 닭고기를 먹고 있어.)

◆ **과거완료**: 과거 얘기를 하면서 그보다 더 오래된 시점의 일에 대해 말할 때

When I saw the chef, I realized I **had eaten** there before.

난 그 주방장을 보고서 내가 전에 거기서 밥 먹은 적이 있었다는 걸 깨달았지.

◆ **현재완료진행**: 과거부터 지금까지 그랬고 지금도 계속 진행되고 있음을 강조할 때

I've **been eating** a lot lately.　　　　　　　　　나 요즘 많이 먹고 있어.

⋯→ 과거부터 현재까지의 기간을 떠올리는 건 현재완료와 같지만 지금도 계속 진행되고 있음을 강조

◆ **과거완료진행:** 과거 어떤 시점에 계속되고 있던 일이 그보다 더 오래된 시점부터 시작된 것일 때

I ordered a salad because I **had been eating** too much meat.

(주문할 당시) 고기를 너무 많이 먹고 있었기 때문에 샐러드를 주문했어.

⏱ 도전! 1분 영작 001

① 내가 전화했을 때 너 뭐하고 있었어?   🖉

② 나 어제 그 영화 피터랑 보러 가지 않았어. 걘 이미 봤더라고.

🖉

② 지금 일어나고 있는 일에 쓸 수 있는 시제

◆ **현재진행:** '~하고 있다', '~하는 중이다' 등 지금 이 순간만을 말할 때

I'**m eating** some ice cream.   나 지금 아이스크림 먹는 중이야.

◆ **현재완료진행:** 과거부터 시작해 지금도 계속하고 있는 경우

I **have been eating** yogurt for years.   난 수년째 요구르트를 먹고 있어.

⏱ 도전! 1분 영작 002

① 나 지금 TV 보는 중이야.   🖉

② 나 두 시간째 공부하고 있는 중이야.   🖉

③ 앞으로 일어날 일에 쓸 수 있는 시제

◆ **미래:** 미래에 있을 일을 표현하는 가장 일반적인 방법

I'**ll eat** at home.   집에서 밥 먹을 거야.

◆ **현재 + 미래 시간 표현:** 주로 공식 일정 같이 확정된 일에 대해 말할 때

We **have** our team dinner <u>tonight</u>.   오늘밤 우리 팀 회식 있어.

| 정답 |

도전! 1분 영작 001

① What were you doing when I called?

② I didn't go to the movie with Peter yesterday because he had (already) seen it. 또는 ~ yesterday. He had (already) seen it.

도전! 1분 영작 002

① I'm watching TV.

② I've been studying for two hours.

◆ **현재진행**: 확실한 일이라 말하는 사람이 벌써 진행되고 있는 일처럼 느낄 경우

We **are eating** out <u>tonight</u>.

우리 오늘밤 외식할 거야.

◆ **be going to + 동사원형**: 말하는 사람이 분명 앞으로 일어날 거라고 판단하고 말할 때

I'm **not going to eat** it, but he's **going to eat** it.

난 안 먹겠지만 걔는 먹을 거야.
⋯→ 나야 내 마음이니 확신이 있고, 그 애는 보아하니 먹을 태세임.

◆ **미래진행**: 미래 어느 한 시점을 떠올렸을 때 진행되고 있을 일에 대해 말할 때 (시작과 끝은 생각하지 않음)

I **will be eating** here this time tomorrow.

나 내일 이맘때 여기서 밥 먹고 있을 거야.

◆ **미래완료**: 미래 일어날 일을 그 전에 시작해 일정 기간 지속된 것으로 생각할 때

I **will have eaten** dinner by the time you get home.

네가 집에 돌아올 때쯤이면 난 이미 저녁을 먹었을 거야.

◆ **미래완료진행**: 그 전부터 시작된 일이 미래 특정 시점에도 계속 진행 중일 때

By Sunday, I **will have been eating** ramen for three days.

일요일이면 난 사흘째 계속 라면을 먹고 있는 게 될 거야.

◆ **현재(시간의 부사절)**: 주절의 일이 '언제' 일어났는지 설명하는 절에서는 미래에 일어날 일을 현재시제로 표현 (미래 → 현재, 미래완료 → 현재완료로 형태만 바꿈)

I'll be back <u>after I eat</u>.

밥 먹고 다시 올게.

⏱ **도전! 1분 영작 003**

❶ 하늘을 봐. 좀 있으면 비 오겠는데. (soon) ✏

❷ 벨이 울리는 즉시 나 깨워. (as soon as, wake up)

✏

| 정답 |

도전! 1분 영작 003

❶ Look at the sky. It's going to rain soon.

❷ Wake me up as soon as the bell rings.

④ 과거, 지금, 미래에 모두 해당되는 일, 평소 반복되는 일에 쓰는 시제

물은 0도에서 언다든지, 매일 비타민을 먹는다든지 등 일반적인 사실이나 습관처럼 반복되는 일을 나타낼 땐 셋 중 어느 한 시제로만 나타내면 불공평하니 가운데로 맞춰서 현재시제를 씁니다.

Water **freezes** at 0℃.   물은 0도에서 언다.

I **take** a vitamin every day.   난 매일 비타민을 먹어.

⏱ **도전! 1분 영작 004**

❶ 많은 사람들이 매일 인터넷을 사용해.   ✎ _____

❷ 그 남자는 집에서는 영어로 말해.   ✎ _____

| 정답 |

도전! 1분 영작 004

❶ Many people use the Internet every day.

❷ He speaks English at home.

STEP 1 대화문 빈칸에 가장 어울리는 말을 고르세요.

❶ A Why is the teacher angry with you? Did you do anything wrong?

B I _____ through the class.

ⓐ slept   ⓑ am sleeping

ⓒ have been sleeping   ⓓ had been sleeping

❷ A Where are we going?

B We _____ someone.

ⓐ have met   ⓑ are meeting

ⓒ met   ⓓ meet

❸ A What's she doing?

B She's doing yoga. She _____ like that for half an hour.

ⓐ had been sitting   ⓑ has been sitting

ⓒ is sitting   ⓓ sits

STEP 2 괄호 안의 동사를 알맞은 시제로 바꿔 빈칸을 채워 보세요.

❹ By the time the doctor got there, the patient's heart _____ .
(already stop)

❺ We have decided to go on vacation at the beginning of next month,
because I _____ my work by then. (finish)

❻ We will contact you after we _____ your application.
(review)

❼ Since the 1990s, the country's trade _____ rapidly. (grow)

❽ We _____ each other for years. (know)

★정답 및 해설은 415쪽에

시제 일치와 화법

주절의 시제를 눈여겨보라

강의 및 예문듣기

 09.mp3 ▶ 동영상 04강

1단계
핵심문법 익히기

꼭 알아야 할
영문법의 기본 개념을
정리하세요.

❶ 주절이 과거면 종속절은 과거나 과거완료로 쓴다

'시제 일치'란 He said that he knew it.처럼 〈주절 + (that) + 종속절〉인 문장에서 종속절(he knew it)의 시제를 주절(He said)의 시제에 맞춰 쓰는 걸 말합니다. 그렇다고 정말 똑같이 일치시킨다는 뜻이 아니라, 예컨대 주절이 현재나 미래면 종속절은 내용에 맞게 시제를 자유로이 쓸 수 있지만, 주절이 과거시제면 주절과 같거나(과거) 더 앞선 시제(had p.p.)로 맞춰 써야 한다는 얘기예요.

I **think** you **are** right.   난 네가 옳다고 생각해. ⋯ 옳은 것과 생각하는 것이 같은 시점

→ I **thought** you **were** right.   난 네가 옳다고 생각했어.
⋯ 옳은 것과 생각하는 것이 같은 시점인 경우. 생각하는 게 과거면 옳은 것도 과거로

I **know** he **saw** me.   그가 날 봤다는 걸 알고 있어. ⋯ 본 것이 아는 것보다 먼저 있었던 일

→ I **knew** he **had seen** me.   그가 날 봤다는 걸 알고 있었어.
⋯ 과거보다 더 앞선 시제를 나타내려면 had p.p.

She **says** she **may take** a few days off after the surgery.
그 여자는 수술 후 며칠 쉴지도 모른다고 말한다.

She **said** she **might take** a few days off after the surgery.
그 여자는 수술 후 며칠 쉴지도 모른다고 말했어.

· take a day off 하루 쉬다

| 정답 |
도전! 1분 영작 001

❶ I thought you were busy.

❷ He said he liked my new hairstyle.

⏱ 도전! 1분 영작 001

❶ 난 네가 바쁘구나 생각했지.   ✎ _____

❷ 그 사람(남자)은 내 새 헤어스타일이 맘에 든다고 말했어. (like)

✎ _____

'화법'이란 남이 한 말을 옮기는 방법을 말합니다. 예컨대 '그 사람이 "나 네 도움이 필요해."라고 말했어'처럼 그가 한 말을 따옴표 쳐서 직접적으로 인용하는 걸 '직접화법'이라고 하고, '그 사람이 내 도움이 필요하다고 말했어'처럼 따옴표를 없애고 말하는 사람의 관점에서 다시 풀어 쓰는 걸 '간접화법'이라고 하죠.

◆ 평서문의 간접화법

평서문의 " " 속 문장을 간접화법으로 옮길 땐 시제와 인칭만 주의하면 됩니다. 아래 예문을 보세요.

He said, "I need your help."
그 애는 "나 네 도움이 필요해."라고 말했어.

→ He said (that) he needed my help.
그 애는 내 도움이 필요하다고 말했어.

직접화법에서 I는 He 자신이고, you는 그 말을 들은 '나(I)'를 가리키니까 인칭대명사를 거기에 맞춰 바꿔준 겁니다. 또 " " 속 내용은 당시엔 현재시제(need)로 말했어도 주절이 said라 이미 지나간 일을 전달하는 것이므로 간접화법에서는 과거시제(needed)로 바꿨어요. 이때 that은 생략할 수 있습니다.

She said, "I've lost my credit card."
그 애는 "나 신용카드 잃어버렸어."라고 말했어.

→ She said (that) she had lost her credit card.
그 애는 자기 신용카드를 잃어버렸다고 말했어. ···› I는 she로, 주절이 과거이므로 have lost는 had lost로

They said, "You don't have to decide now."
그 사람들은 "지금 결정하지 않아도 돼."라고 말했어.

→ They said I didn't have to decide then.
그 사람들은 그때 결정하지 않아도 된다고 말했어.
···› 말할 때는 now(지금)지만 과거에 한 말이니까 then(그때)

He said, "I called you yesterday."
그 애가 "나 어제 너한테 전화했어."라고 말했어.

→ He said he had called me the previous day.
그 애가 전날 나한테 전화했었다고 말했어. ···› '어제'는 당시를 기준으로 하면 '그 전날'

◆ 의문문의 간접화법

직접화법에서 의문사 있는 의문문을 간접화법으로 옮길 땐 의문사를 그대로 넣되 평서문처럼 주어-동사 순으로 씁니다. 또 " " 앞에 say처럼 단순히 '말한다'는 의미의 동사가 쓰인 경우, 간접화법에선 뭔가를 묻는 의미의 **ask** 같은 동사로 바꿔야 어울려요.

She **said to** me, **"What** have you been thinking?**"**

그 애가 내게 "무슨 생각하고 있었던 거야?"라고 말했어.

→ She **asked** me **what** I had been thinking.

그 애가 내게 무슨 생각하고 있었던 거냐고 물었어.

한편, 의문사 없는 의문문을 간접화법으로 옮길 땐 '~인지 아닌지'란 뜻의 if를 넣습니다. 만약 if를 넣지 않는다면 '그는 내가 아일랜드에 가봤다고 물었다'란 이상한 말이 돼 버리죠.

He asked me, "Have you ever been to Ireland?"

그 사람은 내게 "아일랜드 가본 적 있어요?"라고 물었어.

→ He asked me if I had ever been to Ireland.

그 사람은 내게 아일랜드에 가본 적이 있는지 물었어.

→ He asked me *I had ever been to Ireland.* (×)

⏱ 도전! 1분 영작 002

① 그 애(여자)는 "나 너 전에 본 적 있어."라고 말했어.

② 그 애(남자)는 나한테 내가 제일 좋아하는 음식이 뭐냐고 물었어. (favorite)

| 정답 |
도전! 1분 영작 002

① She said, "I have seen you before."

② He asked me what my favorite food is.
▶ 평소 좋아하는 음식을 묻는 것이므로 what절의 시제는 현재

③ 변함없는 진리는 늘 현재로, 역사적 사실은 늘 과거로 쓴다

종속절의 내용이 시대를 초월하는 진리, 늘 변치 않는 객관적 사실, 늘 반복되는 일이라 딱히 말한 시점에만 해당된다고 할 수 없는 경우엔 주절이 과거시제라도 현재시제로 씁니다.

He learned that the earth is round.

그는 지구가 둥글다는 걸 배웠어.

They knew that the earth goes round the sun.

그들은 지구가 공전한다는 걸 알고 있었어.

The psychologist reminded us that humans have both reason and emotion.

그 심리학자는 우리에게 인간이 이성과 감정을 모두 갖고 있다는 점을 상기시켜줬어.

She said she works from 9 am to 6 pm.

그 여자는 근무 시간이 오전 9시부터 오후 6시까지라고 말했어.

· **psychologist** 심리학자   · **remind someone that** ~에게 that 이하를 상기시켜 주다
· **reason** 이성   · **emotion** 감정, 정서

역사적 사건이나 사실은 말하는 시점이 언제든 상관없이 늘 과거이기 때문에 그냥 과거시제로 씁니다.

He said Albert Einstein was born in Germany.

그 남자는 알버트 아인슈타인이 독일에서 태어났다고 말했어.

She knew that the Korean War broke out in 1950.

그 여자는 한국 전쟁이 1950년에 발발한 걸 알고 있었어.

He said that the ancient Eqyptians built the pyramids.

그 남자는 고대 이집트인들이 피라미드를 만들었다고 말했어.

· **break out** (전쟁, 폭동 등이) 일어나다

🕐 도전! 1분 영작 003

❶ 그 사람(여자)은 아침마다 운동한다고 (말)했어. (exercise)

✎ -------------------------------

❷ 그 사람(남자)은 2차 세계대전이 1939년에 일어났다고 (말)했다. (World War II)

✎ -------------------------------

| 정답 |
도전! 1분 영작 003

❶ She said she exercises every morning.

❷ He said that World War II broke out in 1939.

084

STEP 1 따옴표 속 문장을 간접화법으로 옮겨 보세요.

❶ You said, "I will do anything for you."

⋯▸ You said that _____ .

❷ She asked me, "Are you ready?"

⋯▸ She asked me _____ .

❸ The doctor said to the patient, "How do you feel this morning?"

⋯▸ The doctor asked the patient _____ .

STEP 2 괄호 안의 표현 중 맞는 것을 고르세요.

❹ We thought he (was / is / will be) dead, but here he is!

❺ I hoped that the class (will be / would be / is) over at 3 pm.

❻ The doctor (told / asked) him if he still smoked.

STEP 3 괄호 안의 동사를 알맞은 형태로 바꿔 문장을 완성해 보세요.

❼ She said that water _____ 70% of the earth's surface. (cover)

❽ He said the Berlin Wall _____ in 1989. (collapse: 붕괴되다. 무너지다)

★정답 및 해설은 415쪽에

085

[중간점검] 둘째 마디:
동사의 시제

Unit 04~09에서 배운 문법을 제대로 이해하고
활용할 수 있는지 확인해 보세요.

STEP 1 다음 대화문을 읽고 질문에 답하세요.

Interviewer	Where do you live?
Applicant	I live in Suwon, but I'm moving to Seoul soon.
Interviewer	How many jobs have you had in the last two years?
Applicant	I __(have)__ three jobs.
Interviewer	Why have you changed jobs so often?
Applicant	Well, I had to leave the first job because the company went out of business. I left the second job because they didn't have enough work for me. I wanted a full-time job, but they said they could only offer part-time work.
Interviewer	Okay, so what did you do between jobs?
Applicant	I read many books. I like reading.
Interviewer	What are you currently reading?
Applicant	I'm currently reading *The Lord of the Rings*.

❶ 괄호 안의 동사를 시제에 맞게 고치세요. ✎ ....

❷ 면접을 보고 있는 지원자에 대한 설명 중 맞는 것을 고르세요.

ⓐ He wants to move to Seoul soon, but nothing has been decided yet.

ⓑ His company went bankrupt because it didn't have enough work.

ⓒ He enjoys reading books.

❸ 밑줄 친 "between jobs"의 의미를 추측해 보세요.

ⓐ Having two jobs at the same time

ⓑ Currently unemployed

ⓒ Having free time between two part-time jobs

괄호 안에 주어진 표현을 이용해 대화문을 완성해 보세요.

❹ A What do you do?

    B I ＿＿＿＿＿＿＿＿＿＿ at high school. (teach)

❺ A What were you doing when I called?

    B I ＿＿＿＿＿＿＿＿＿＿ TV with a friend. (watch)

❻ A What do you think of the movie *Old Boy*?

    B I don't know. I ＿＿＿＿＿＿＿＿＿＿ it. (see, never)

❼ A You look very familiar.

    B Yes, we ＿＿＿＿＿＿＿＿＿＿ before, haven't we? (meet)

❽ A How long have you been in Korea?

    B I ＿＿＿＿＿＿＿＿＿＿. (two years)

❾ A What did she say?

    B She said she ＿＿＿＿＿＿＿＿＿＿ next week. (call)

STEP 3 〈be + -ing〉 또는 〈be going to + 동사원형〉을 이용해 우리말에 어울리도록 문장
을 완성해 보세요.

❿ Look at those clouds. 비 오겠다. ✎ ＿＿＿＿＿＿＿＿＿＿

⓫ I can't drink. 오늘밤에 일하거든. ✎ ＿＿＿＿＿＿＿＿＿＿

★정답 및 해설은 416쪽에

셋째 마디

●

to부정사

동사가 명사, 형용사, 부사로 변신하다

10 to부정사란?

동사 그대로의 모습이 좋아!

강의 및 예문듣기

🎧 10.mp3　▶ 동영상 05강

꼭 알아야 할
영문법의 기본 개념을
정리하세요.

① to부정사는 〈to + 동사원형〉의 형태로 쓴다

to부정사는 동사원형 앞에 to만 붙이면 됩니다. 간단하죠? 그럼, to부정사는 왜 쓰는 걸까요? 그건 영어에 '문장 하나당 주어와 동사는 한 번씩만 쓴다'는 기본 원칙이 있기 때문입니다. 하나의 문장에 주어와 동사가 여러 개 있으면 누가 진짜 주어이고 동사인지 헷갈릴 수 있잖아요. 그래서 하나의 문장에 동사가 2개 이상이 되면 대개 접속사를 넣게 되죠. 아래 예처럼요.

I went there. + I met him.　　　　　　　　　　　　　　　난 거기 갔어. + 난 그를 만났어.

→ I went there **and** met him.　　　　　　　　　　　　　난 거기 가서 그를 만났어.

→ I went there **after** I met him.　　　　　　　　　　　난 그를 만난 후 거기 갔어.

→ I went there *I met him.* (×)

그런데 접속사로 해결하지 못하는 경우가 있어요. 다음 예문처럼 문장의 주동사 want의 목적어로 명사(some ice cream)가 아닌 동사(meet)를 써야 하는 상황이 그 대표적인 경우죠. 이럴 땐 명사가 아닌 동사가 want의 목적어라는 사실을 표시할 다른 방법이 필요합니다. 그래서 탄생한 게 바로 to부정사예요. 알아보기 쉽도록 주어와 시제에 상관없이 항상 〈to + 동사원형〉으로 쓰자고 약속한 거죠.

I want + <u>some ice cream</u>.　　　　　　　　　　　　　　난 원한다 + 아이스크림

I want + <u>meet him</u>.　　　난 원한다 + 그를 만나다 ⋯▶ want는 목적어가 필요한 타동사라 접속사로는 해결 안 됨.

→ I want *and meet him.* (×)

→ I want <u>to meet him</u>.　　　　　　　　　　　　　　　난 그를 만나기를 원한다.

왜 그래야 하는지는 우리말만 봐도 금방 이해할 수 있습니다.

> 난 그를 <u>만났다</u> 원했다. (×) → **만나기를** 원했다.
> 난 그를 <u>만났다</u> 기회를 얻었다. (×) → **만날** 기회를 얻었다.
> 난 그를 <u>만났다</u> 갔다. (×) → **만나려고** 갔다.

우리말 문장에서는 '만나다'란 동사를 역할(명사, 형용사, 부사)에 따라 매번 다른 형태로 바꿨죠? 하지만 영어에서는 고맙게도 모두 〈to + 동사원형〉으로 써 주면 끝납니다.

> I wanted <u>met</u> him. (×) → I wanted **to meet** him.
>> 난 그를 만나기를 원했다.
>
> I got a chance <u>met</u> him. (×) → I got a chance **to meet** him.
>> 난 그를 만날 기회를 얻었다.
>
> I went there <u>met</u> him. (×) → I went there **to meet** him.
>> 난 그를 만나려고 거기 갔다.

⏱ 도전! 1분 영작 001

① 난 널 만나러 여기 왔어. ✏

② 그는 TV를 보고 싶어 해. ✏

② to부정사는 동사를 명사, 형용사, 부사처럼 쓰기 위해 사용한다

to부정사는 명사, 형용사, 부사, 이렇게 세 가지 역할을 할 수 있습니다. 앞서 본 I wanted to meet him.은 meet him을 wanted란 동사의 목적어, 즉 명사로 쓰고 싶어서 to부정사로 만든 경우였죠.

to부정사가 명사, 형용사, 부사로 쓰인 것을 각각 to부정사의 '명사적 용법', '형용사적 용법', '부사적 용법'이라고 부릅니다. '~적 용법'이란 말이 어렵게 들리겠지만, 그냥 동사를 명사, 형용사, 부사 들어갈 자리에 대신 쓰고 싶어서 to부정사로 바꾼 거라고 보면 돼요.

용법은 이렇듯 크게 세 가지로 나뉘지만, 우리가 실제 익혀야 하는 용법은 to부정사를 주어/목적어/보어로 쓸 때, 형용사로 쓸 때, 부사로 쓸 때, 이렇게 다

| 정답 |

도전! 1분 영작 001

① I came here to meet you.

② He wants to watch TV.

섯 가지인 셈이에요. 구체적인 용법은 다음 과에서 자세히 살펴보기로 하고, 우선은 이 다섯 가지가 어떤 형태인지 살짝 들여다보죠.

❶ To understand each other is very important.

서로를 이해하는 것은 매우 중요해. ···→ 명사 역할(주어)

❷ We need to understand each other.

우린 서로 이해할 필요가 있어. ···→ 명사 역할(목적어)

❸ The most crucial thing is to understand each other.

가장 중요한 건 서로를 이해하는 거야. ···→ 명사 역할(보어)

❹ Try to find ways to understand each other.

서로를 이해할 방법을 찾아 봐.

···→ 형용사 역할(ways를 뒤에서 꾸밈)

❺ We need to do more to understand each other.

우린 서로를 이해하기 위해 더 노력해야 해. ···→ 부사 역할(어떤 목적으로 do more하는지 동사를 꾸밈)

• crucial 아주 중대한, 결정적인

⏱ **도전! 1분 영작 002**

❶ 그를 이해하기란 어려워. ✎ ....

❷ 우린 서로를 도울 필요가 있어. ✎ ....

---

③ **부정어 not, never는 to부정사 바로 앞에 넣는다**

to부정사의 부정은 바로 앞에 not이나 never 같은 부정어만 넣어 주면 돼요.

She told me to trust economists.

그 여자는 나더러 경제학자들을 믿으라고 했어.

→ She told me not to trust economists.

그 여자는 나더러 경제학자들을 믿지 말라고 했어.

• economist 경제학자

He tried not to show his tears.

그 사람은 눈물을 보이지 않으려 애썼어.

Tell them never to allow strangers into their homes.

애들한테 모르는 사람은 절대 집에 들이지 말라고 해.

⏱ **도전! 1분 영작 003**

❶ 나는 그 애(남자)에게 거기 가지 말라고 (말)했어. ✎ ....

❷ 그 애(여자)는 울지 않으려 애썼어. ✎ ....

STEP 1 빈칸에 들어갈 수 <u>없는</u> 말을 고르세요.

❶ He ate breakfast _____ brushed his teeth.

    ⓐ before he   ⓑ after he   ⓒ to   ⓓ and

❷ She left home _____ him.

    ⓐ meet   ⓑ and met   ⓒ to find   ⓓ after I found

STEP 2 괄호 안의 표현 중 맞는 것을 고르세요.

❸ The company (plans investment / plans to invest) $1 billion in Russia.

❹ He (told to / told me) to finish this project on time.

❺ The poor child (needs / needs to) support.

STEP 3 to부정사와 괄호 안에 주어진 표현을 이용해 대화문을 완성해 보세요.

❻ A What do you need?

    B _____
    (something, wear to a wedding)

❼ A Why did you call her?

    B _____
    (ask her opinion)

❽ A What did she tell you?

    B _____
    (not, call her, at night)

★정답 및 해설은 417쪽에

11

to부정사의 용법

감쪽같이 다른 품사 행세를?

강의 및 예문듣기

🎧 11.mp3 ▶ 동영상 05강

1단계

핵심문법 익히기

꼭 알아야 할
영문법의 기본 개념을
정리하세요.

① to부정사는 명사처럼 주어, 목적어, 보어로 쓸 수 있다

to부정사를 주어, 목적어, 보어 자리에 넣을 수 있다는 얘깁니다. 여기서 셋 중
어떤 경우로 쓰인 건지 가려내는 일이 중요한 건 아니에요. 읽었을 때 의미를
파악할 수 있으면 됩니다.

◆ 주어로 썼을 때

주어로는 자주 쓰지 않는 편인데, 문장 맨 앞에 오고 '~하는 것'으로 해석했을
때 자연스러우면 to부정사가 명사처럼 주어로 쓰인 거라고 보면 됩니다. 이때
동사는 현재시제일 경우 -(e)s가 붙어요.

To love is to give.   사랑하는 것은 주는 것이다.

To give up means to quit.   포기하는 것은 그만두는 것을 의미한다.

To lose one's health is to lose everything.   건강을 잃는 것은 모든 걸 잃는 것이다.

◆ 목적어로 썼을 때

to부정사가 목적어 역할을 할 땐 대개 '~할 것을'처럼 해석됩니다. 문장의 동
사가 타동사인지, 그리고 to부정사를 그 동사의 목적어로 해석하면 어울리는
지 확인하세요.

He <u>plans</u> to quit his job.

그 남자는 계획하고 있다, **직장을 그만둘 것을**. (그 남자는 직장을 그만두려고 계획하고 있어.)

She <u>promised</u> to find him a job.

그 여자는 약속했다, **그에게 일자리를 찾아줄 것을**. (그 여자는 그 남자에게 일자리를 찾아주겠다고 약속했어.)

The company <u>decided</u> to hire him.

그 회사는 결정했다, **그를 채용할 것을**. (회사는 그 남자를 채용하기로 했습니다.)

◆ 보어로 썼을 때

보어 역할을 할 땐 주로 '~는 …이다' 식의 문장에 쓰입니다. '주어 = 보어'인 관계일 때 쓰죠. 이땐 동격이기 때문에 순서를 뒤집어도 의미가 통합니다.

The best way is **to ask for a refund**. 최선의 방법은 환불을 요청하는 것이다.

= To ask for a refund is the best way.

Their strategy is **to increase their investment in China**.

그들의 전략은 중국에 대한 투자를 늘리는 것이다.

Her goal is **to become a lawyer**. 그 여자의 목표는 변호사가 되는 것이다.

• refund 환불　• strategy 전략

⏱ 도전! 1분 영작 001

❶ 가장 좋은 전략은 질문을 많이 하는 거야. ✎ ＿＿＿＿＿＿

❷ 걔(남자) 직장을 그만두기로 결심했어. ✎ ＿＿＿＿＿＿

❷ to부정사는 형용사처럼 명사를 꾸미거나 설명할 수 있다

형용사가 명사를 꾸미듯이 to부정사도 명사를 꾸밀 수 있습니다. 단, 이 경우 to부정사는 명사보다 뒤에 씁니다. to부정사 부분이 대부분 길기 때문에 꾸밀 명사가 너무 뒤로 밀려나면 이해하기 힘들 수 있으니까요. 명사 바로 뒤에 〈to + 동사원형〉이 나오면 명사를 꾸며 주는 내용이 아닌지 의심해 보세요.

I need <u>some time</u> **to think about my future**. 내 미래에 대해 생각할 시간이 좀 필요해.

…▸ 난 시간이 좀 필요해. 어떤 시간? – 내 미래에 대해 생각할 시간

Do you have <u>plans</u> **to study abroad**? 너 유학 갈 계획 있어?

…▸ 너 계획 있어? 어떤 계획? – 외국에서 공부할 계획

You should have <u>the ability</u> **to think critically**. 넌 비판적인 사고력을 지녀야 해.

…▸ 능력이 있어야 돼. 어떤 능력? – 비판적으로 생각하는 능력

• critically 비판적으로

형용사가 보어 자리에서 주어(명사)를 설명하듯이(He is hungry), to부정사도 마찬가지로 쓸 수 있습니다. 대표적인 게 바로 〈be to + 동사원형〉이죠. to부

정사가 명사(보어) 역할을 할 때도 생김새가 be to가 될 수 있지만(The goal is to succeed), 형용사 역할일 땐 주어와 to부정사의 자리를 바꿀 수 없다는 차이가 있어요.

He is **to arrive tomorrow**. 그는 내일 도착하게 되어 있는 상태이다(도착하기로 되어 있다).

≠ *To arrive tomorrow* is he. (×)

She was **to die the next year**. 그녀는 이듬해 죽게 되어 있는 상태였다(죽을 운명이었다).

전치사가 있어야 의미가 완성되는 표현은 to부정사로 쓸 때도 꼭 전치사를 넣어 줍니다.

We have <u>something</u> **to talk about**. 우리 뭔가 얘기할 게 있어.
⋯→ talk about + 사물: 사물에 대해 얘기하다

I need <u>someone</u> **to talk to**. 누군가 얘기할 사람이 필요해.
⋯→ talk to + 사람: 사람에게 얘기하다

I can give you <u>a shoulder</u> **to cry on**. 난 네가 힘들 때 의지할 수 있는 사람이 되어 줄 수 있어.
⋯→ cry on someone's shoulder: 누군가의 어깨에 기대어 울다

⏱ 도전! 1분 영작 002

① 나 생각할 시간이 좀 필요해. ✎

② 그는 캐나다로 이민 갈 계획을 갖고 있어. (immigrate)

✎

③ **to부정사는 부사처럼 동사, 형용사, 다른 부사를 꾸밀 수 있다**

to부정사가 부사 역할을 할 때 문맥에 따라 '~하기 위해', '~니까', '그래서 그 결과 ~'의 의미를 갖습니다. 문장을 보고 가장 자연스러운 의미로 해석하세요.

The police arrived **to investigate his death**. 경찰이 그의 죽음을 조사하기 위해 도착했어.
⋯→ 경찰이 도착한 이유/목적

The police arrived <u>only</u> **to find a dead body**.

경찰이 도착했지만 **시신을 발견하게 됐을** 뿐이다. ⋯→ 도착한 뒤 결과 (안 좋은 결과엔 only를 잘 붙임)

The boy grew up **to be an Olympic champion**.

그 남자아이는 자라서 올림픽 챔피언이 됐다. ⋯→ 챔피언이 된 건 자라난 이유가 아니라 결과

• **investigate** 조사하다   • **dead body** 시신

| 정답 |

도전! 1분 영작 002

① I need some time to think.

② He has plans to immigrate to Canada.

아래처럼 to부정사 앞에 형용사가 있는 경우엔 to부정사를 형용사를 더 자세히 설명해 주는 의미로 해석하면 됩니다.

I'm <u>glad</u> to meet you.

만나서 반가워. ⋯→ 기쁜 이유를 나타냄.

I was too <u>busy</u> to call you.

전화하기에는 너무 바빴어. (너무 바빠 전화할 시간이 없더라.)

⋯→ 뭘 하기에 너무 바빴는지 설명

⏱ 도전! 1분 영작 003

❶ 난 제임스에게 부탁 하나 하려고 전화했어. (ask someone a favor)

✐ _____

❷ 너 떠날 준비 됐어? (ready)

✐ _____

STEP 1   우리말에 어울리도록 빈칸에 알맞은 말을 넣어 보세요.

❶ 집에 가고 싶어.

✎ I want _____.

❷ 그의 계획은 모두를 놀라게 하는 거야.

✎ His plan is _____.

❸ 체중을 줄이려면 운동해야 돼.

✎ You need to exercise _____.

STEP 2   우리말에 어울리도록 괄호 안에 주어진 표현을 이용해 문장을 완성해 보세요.

❹ 그는 다음 월요일에 업무를 시작할 계획이야. (plan, start work)

✎ He _____ next Monday.

❺ 네 블로그를 찾다니 운이 좋았어. (lucky, find, blog)

✎ I was _____.

❻ 뭐 마실 것 좀 갖다 드릴까요? (drink, something)

✎ Can I get you _____?

STEP 3   괄호 안에 주어진 단어들을 알맞은 순서로 배열해 문장을 완성해 보세요.

❼ I'm not afraid because I _____.
(to, nothing, lose, have)

❽ I _____.
(to, this weekend, arrive, expect)

★정답 및 해설은 417쪽에

12 to부정사의 의미상 주어 및 가주어/가목적어

to부정사를 따라다니는 무리들!

강의 및 예문듣기

🎧 12.mp3 ▶ 동영상 05강

꼭 알아야 할
영문법의 기본 개념을
정리하세요.

❶ to부정사가 목적어 역할을 할 때 의미상 주어는 〈목적격 + to부정사〉

to부정사는 원래 동사에서 나왔기 때문에 움직임을 나타냅니다. 그렇다면 당연히 움직임의 주체가 있겠죠? 그게 바로 to부정사의 '의미상 주어'입니다. to부정사의 의미상 주어는 문장의 주어와 같을 수도, 다를 수도 있습니다.

I want <u>to listen to others</u>.   난 다른 사람들 얘기를 잘 듣고 싶어.

⤳ want와 listen to others하는 사람(I)이 같음.

I want <u>her</u> to listen to others.   난 그녀가 다른 사람들 말을 잘 듣길 바래.

⤳ want하는 사람(I)과 listen to others하는 사람(her)이 서로 다름.

문장의 주어와 다른 to부정사의 의미상 주어를 나타내는 방법은 to부정사가 어떤 역할을 하느냐에 따라 두 가지로 나눌 수 있습니다. to부정사는 명사(주어, 목적어, 보어), 형용사, 부사 역할을 할 수 있다고 했죠? 이 중 목적어 역할을 할 땐 〈목적격 + to부정사〉로 쓰고, 나머지 경우는 모두 〈for 목적격 + to부정사〉로 씁니다. 위의 두 번째 예문은 목적어로 쓰인 경우에 해당되죠. 즉 to부정사의 의미상 주어가 문장의 주어와 다른 경우 그 의미상 주어를 want her to listen...처럼 목적격으로 바꿔 넣어 주는 겁니다. her가 listen to others하는 게 되죠.

아래 예문들을 반복해 말해 보면서 익숙해지도록 해보세요. to부정사가 있는 문장을 해석하거나 들을 때 의미상 주어를 제대로 파악하지 못하면 문장의 의미 자체를 잘못 이해하게 되니까요.

I'll get <u>him</u> to call you.   걔가 너한테 전화 걸도록 시킬게.

Don't expect <u>them</u> to help you.   그 분들이 널 도와주길 기대하진 마.

She wants **you** to spend more time with her.

걔는 네가 자기랑 더 많은 시간을 같이 보내길 원하고 있어.

Mom told **me** to clean the house.

엄마가 나한테 집 청소하라고 시키셨어.

Doctors advise **their patients** to exercise regularly.

의사들은 자기 환자에게 규칙적으로 운동하라고 조언하지.

단, to부정사 앞에 있는 목적격 대명사를 무조건 의미상 주어라고 생각하면 안됩니다. 아래 예문처럼 목적격 대명사가 그냥 동사의 목적어일 뿐, to부정사의 의미상 주어는 아닌 경우도 있으니 자연스러운 쪽으로 해석하세요.

I called **him** to say hi.
목적어　부사

난 안부를 묻기 위해 그 사람에게 전화했어.
⋯→ him은 의미상 주어가 아니며, to부정사는 부사로 쓰임.

I wanted **him** to say hi.
목적어

난 그 사람이 인사하길 바랐어.
⋯→ him은 의미상 주어이며, to부정사가 목적어로 쓰임.

🕐 도전! 1분 영작 001

❶ 그 애(남자)가 자기 방을 청소하길 기대하지 마.

🖉 _____

❷ 네가 날 이해하길 바랐어.

🖉 _____

❷ to부정사가 주어, 보어, 형용사, 부사 역할을 할 때 의미상 주어는 〈for 목적격 + to부정사〉

to부정사가 목적어 역할을 할 때를 제외한 나머지 경우, 의미상 주어는 to부정사 앞에 'for 목적격'으로 씁니다. 하나씩 살펴볼까요?

◆ to부정사가 주어 역할을 할 때

to부정사를 주어로는 잘 안 쓴다고 했었죠? '주어' 하면 명사부터 떠오르는 법인데 to로 시작하는 걸 어색하게 느끼기 때문이에요. 그래서 등장한 것이 '가주어 It'입니다. 진짜 주어인 to부정사는 뒤로 보내고 주어 자리에 가짜 주어 It을 넣는 거죠. 이때 의미상 주어 'for 목적격'은 〈It ~ + for 목적격 + to부정사〉의 형태로 들어가게 됩니다. to부정사를 주어로 쓸 땐 거의 대부분 이렇게 가주어를 사용하니 이 패턴을 잘 익혀 두세요.

| 정답 |

도전! 1분 영작 001

❶ Don't expect him to clean his room.

❷ I wanted you to understand me.

To listen to others is important for him.

→ It is important for him to listen to others.
가주어(가짜 주어)　　　　　　　　진주어(진짜 주어)

그에게 다른 사람들 말을 귀담아 듣는 것은 중요해.

It is important for her to lose weight.　　　　　그 애에겐 살을 빼는 게 중요해.

It is normal for babies to cry.　　　　　아기가 우는 건 정상이야.

It is critical for companies to understand their customers.

기업들이 고객을 이해하는 것은 중요하지.

만약 의미상 주어가 일반인이면 'for 목적격'은 생략이 가능합니다. 아래 두 예문에서처럼요. 어느 특정인을 두고 말한 게 아니라 그냥 일반 사람들에게 해당되는 내용이라 굳이 for people to exercise regularly처럼 표현하지 않은 거죠.

It is important to exercise regularly.　　　　　규칙적으로 운동하는 것은 중요하지.

It is not easy to learn a foreign language.　　　　　외국어를 배우기란 쉽지 않아.

It is 다음의 형용사가 의미상 주어인 사람의 성격이나 됨됨이 등을 설명하는 말이면 for 대신 of를 씁니다. of는 뭔가의 일부를 나타낼 때 잘 쓰는 전치사예요. 즉 성격이나 됨됨이를 그 사람의 일부로 생각하는 거죠.

It's nice for you to come back.　　　　네가 돌아오는 건 좋은 일이야. ⋯⋯ 돌아오는 것이 nice한 일

It's nice of you to come back.　　　　네가 돌아와 주다니 착하기도 하지. ⋯⋯ 사람이 nice한 것

It's kind of you to invite me!　　　　　절 초대해 주시다니 감사합니다!

It's rude of you to say that.　　　　　그렇게 말하다니 너 참 버릇없다.

◆ to부정사가 보어 역할을 할 때

주어일 때와 마찬가지로 to부정사 앞에 'for 목적격'을 씁니다.

The goal is for us to overcome the obstacles.　　목표는 우리가 장애물을 극복하는 것입니다.

The solution is for them to be able to have a career.

해결책은 그들이 전문 직업을 가질 수 있게 되는 것입니다.

· obstacle 장애(물)

◆ to부정사가 형용사 역할을 할 때

〈꾸밀 명사 + for 목적격 + to부정사〉 순으로 씁니다.

Maybe it was a chance for him to start over.

어쩌면 그건 그가 처음부터 다시 시작할 기회였는지도 몰라.

I've found a way for them to fix the problem.   난 그들이 그 문제를 해결할 방법을 찾아냈어.

• start over 다시 시작하다   • fix a problem 문제를 해결하다

◆ to부정사가 부사 역할을 할 때

〈for 목적격 + to부정사〉 순으로 씁니다.

She waited for him to propose.   그 여자는 그 사람이 청혼하길 기다렸어.

I left the door open for her to call at any time.   난 걔가 언제든 부를 수 있게 문을 열어 뒀어.

⏱ 도전! 1분 영작 002

❶ 교사들에겐 자기 학생들을 이해하는 것이 중요해.

✎ ....

❷ 그렇게 말씀해 주시다니 정말 친절하시네요.

✎ ....

❸ 그 남자는 내가 그 문제를 해결할 방법을 찾고 있어. (look for, way)

✎ ....

❹ 난 그 사람들이 나한테 먼저 연락하길 기다렸어. (first, contact)

✎ ....

| 정답 |

도전! 1분 영작 002

❶ It is important for teachers to understand their students.

❷ It's very kind[nice] of you to say so.

❸ He's looking for a way for me to fix[solve] the problem.

❹ I waited for them to contact me first.

❸ to부정사 목적어에 보어가 붙을 땐 가목적어 it이 to부정사 자리에 온다

It이 to부정사 대신 가짜로 목적어 역할을 할 때도 있습니다. 아래 예처럼 to부정사 뒤에 보어가 와야 하는 경우엔 긴 to부정사를 뒤로 보내고 가목적어 it을 넣어요.

I found to listen to others hard. (×)

→ I found it hard to listen to others.

가목적어   진목적어   남의 말을 귀담아 듣는 것이 어렵다는 걸 알게 됐어.

가목적어 it은 주로 find, make, think, feel 뒤에 나옵니다. 'A가 B임을 알게 되다(find A B)', 'A를 B로 만들다(make A B)', 'A를 B라고 생각하다(think A B)', 'A를 B로 느끼다(feel A B)'처럼 목적어(A)를 설명하는 목적 보어(B)까지 있어야 의미가 완성되는 동사들이란 공통점이 있죠. 헷갈리면 짧은 예문을 하나쯤 통째로 외워 두는 것도 좋습니다.

The Internet makes to spread information around the world *possible*. (×)

→ The Internet makes it *possible* to spread information around the world.

인터넷은 정보를 전 세계에 퍼뜨리는 것을 가능하게 만들지.

You'll find it *hard* to make a law.　　　　　법을 만든다는 게 어렵다는 걸 알게 될 겁니다.

We felt it *appropriate* to inform them of the new law.

우린 그 사람들에게 새 법에 대해 공지하는 게 적절하다고 느꼈어요.

They considered it *necessary* to pass this law.

그들은 이 법을 통과시키는 게 필요하다고 생각했어요.

이때 to부정사의 의미상 주어는 'find it hard for him to부정사'처럼 씁니다.

The law made it possible for companies to hire foreign workers.

그 법은 기업들이 외국인 근로자를 채용할 수 있게 해줬다.

He thought it unsafe for her to be out alone at night.

그는 걔가 밤에 혼자 나가 있는 것이 안전하지 않다고 생각했어.

⏱ 도전! 1분 영작 003

❶ 걔(남자)는 수학 문제들을 푼다는 것이 어렵다는 걸 알게 됐어. (solve, math)

✏

❷ 나는 어려움들을 극복하는 것이 중요하다고 느꼈어. (overcome)

✏

| 정답 |

도전! 1분 영작 003

❶ He found it difficult[hard] to solve math problems.

❷ I felt it important to overcome the difficulties.

STEP 1 빈칸에 어울리는 말을 고르세요.

❶ I _____ it necessary to carry extra batteries.

ⓐ found   ⓑ said   ⓒ read   ⓓ told

❷ She wants _____ to fix her computer.

ⓐ with him   ⓑ for him   ⓒ him   ⓓ of him

❸ It's _____ of him to help poor children.

ⓐ difficult   ⓑ thoughtful   ⓒ famous   ⓓ awesome

STEP 2 괄호 안의 표현 중 맞는 것을 고르세요.

❹ It's illegal (of / for) anyone to keep wild animals as pets.

❺ He found (to / it / very) hard to fall asleep.

❻ It's (necessary / considerate) for students to have the ability to think analytically.

STEP 3 괄호 안에 주어진 표현을 이용해 영작해 보세요.

❼ 네가 네 장점과 단점을 아는 게 중요해. (strengths and weaknesses)

✏ _____

❽ 난 통증 때문에 집중하기 어려웠어. (make, pain, concentrate, difficult)

✏ _____

★정답 및 해설은 417쪽에

13

to부정사의 시제 표현법

to부정사로도 시제를?

강의 및 예문듣기

🎧 13.mp3 ▶ 동영상 06강

① to부정사엔 기본적으로 '미래'의 의미가 함축돼 있다

전치사 to는 아직 도착하지 않은 어떤 목적지를 향하고 있을 때 쓰죠. 그래서 to부정사도 아직 일어난 게 아닌 '미래'의 일이란 의미를 살짝 함축하고 있어요.

He plans **to study** abroad.　　　　　　그 애는 유학 갈 계획이래. ⋯ 유학은 계획하는 시점보다 나중의 일

The boy grew up **to become** an Olympic champion.

그 남자아이는 자라서 올림픽 챔피언이 되었다. ⋯ 자란 뒤 나중에 챔피언이 된 것

I went out **to meet** my friends.　　　　　　　　　　　친구들을 만나러 나갔어.

⋯ 친구들을 만나는 건 내가 외출한 것보다 나중에 일어날 일

He refused **to answer** my questions.　　　　그 사람은 내 질문에 대답하길 거부했어.

⋯ 아직 안 한 일을 놓고 거부하는 것

이 특징을 알면 부정사와 동명사 중 어느 걸 써야 할지 헷갈릴 때 쉽게 해결할 수 있는데요. 자세한 건 동명사를 배울 때 다시 살펴보기로 하고, 여기선 일단 to가 주는 미래의 의미를 느껴 보세요.

The team wants **to compete and win**.　　　　　그 팀은 경쟁해서 이기길 원해.

They agreed **to stop** the fight.　　　　　　　그들은 싸움을 그만두기로 합의했어.

I hope **to see** you again soon.　　　　　　　　　곧 다시 만나길 바라.

I expect him **to show up** at your wedding.　난 그가 네 결혼식에 나타날 거라고 예상해.

• show up 나타나다, (모임에) 출석하다

① 걔들은 곧 결혼할 계획이야.　　✏ ....

② 그 남자는 싸우길 거부했어.　　✏ ....

② 주절보다 앞선 일을 나타낼 땐 to have p.p.

have p.p.라면 앞서 배웠던 현재완료시제가 떠오를 텐데요. to부정사에서 쓰인 have p.p.는 그냥 주절보다 앞선 시제임을 표시하기 위해 편의상 빌려 쓴 것뿐입니다. to 다음엔 무조건 동사원형을 써야 하니 to went, to was처럼 과거형을 쓸 수는 없고, 대신 to have gone, to have been처럼 to have p.p.를 쓰는 거죠.

He seems[appears] **to be** ill.　　⋯→ 아픈 게 seem[appear]과 같은 시제
= It seems[appears] that he is ill.　　걔 아파 보여/아픈 거 같아.

He seems[appears] **to have been** ill.　　⋯→ 아픈 게 seem[appear]보다 앞선 시제
= It seems[appears] that he was ill.　　걔 아팠나 봐/아팠던 거 같아.
= It seems[appears] that he has been ill.

He seemed[appeared] **to be** ill.　　⋯→ 아픈 게 seemed[appeared]와 같은 시제
= It seemed[appeared] that he was ill.　　걔 아파 보였어/아픈 거 같았어.

He seemed[appeared] **to have been** ill.　　⋯→ 아픈 게 seemed[appeared]보다 앞선 시제
= It seemed[appeared] that he had been ill.　　걔 아팠던 거 같았어.

I'm happy **to work** with you.　　같이 일하게 돼서 기쁩니다.
I'm happy **to have worked** with you.　　그 동안 함께 일한 걸 기쁘게 생각합니다.

또한 to부정사로 진행시제의 느낌을 살리고 싶다면 〈to be + -ing〉, 〈to have been + -ing〉로 쓸 수 있어요.

The smell appears **to be coming** from the toilet. 그 냄새 변기에서 나오고 있는 거 같은데.

I'm happy **to have been working** with you. 지금까지 함께 일해 온 데 대해 기쁘게 생각해요.

❶ 그 여자는 나와 같이 일하게 돼 기쁜 것 같아.

✎

❷ 그 남자는 가족들을 두고 와 슬펐지. (leave)

✎

❸ 미래에 확실하게 일어날 일을 나타낼 땐 〈be + to부정사〉

지금까지 본 건 모두 〈일반동사 + to부정사〉 형태(I plan to study abroad.)였는데요. 특이하게 〈be + to부정사〉인 경우(He is to arrive soon.)가 있습니다. 흔히 'be to 용법'이라고 부르죠. to부정사가 나타내는 움직임으로 향하고(to) 있는 상태(be), 즉 '앞으로 일어나게 되어 있는 일'을 뜻합니다. 문맥에 따라 '~할 예정이다(예정)', '~해야 할 의무가 있다(의무)', '~하게 될 운명이다(운명)', '~할 작정이다(의도)' 등 다양하게 해석할 수 있는데 억지로 외우려 하지 말고 '미래에 꼭 일어나도록 정해져 있는 일'이란 느낌만 기억해 뒀다가 그때그때 가장 자연스러운 의미로 해석하면 됩니다.

The meeting **is to** <u>be</u> held today.
그 회의는 오늘 열리기로 돼 있다. ⋯ 열릴 예정

If a student is injured at school, he **is to** <u>report</u> this to his teacher.
학생이 학교에서 다치면 담당 교사에게 이를 알리게 돼 있다. ⋯ 알릴 의무

The patient didn't know it at the time, but he **was to** <u>die</u> soon.
그 환자는 당시엔 모르고 있었지만 곧 죽게 돼 있었다. ⋯ 죽을 운명

If you **are to** <u>succeed</u>, you need to be able to think creatively.
성공하려면 창조적인 사고력이 필요하다. ⋯ 성공하려는 의도

• creatively 창조적으로

❶ 그 사람(남자)은 오늘밤 런던에 도착하기로 되어 있어요.

✎

❷ 그들은 월요일 저녁에 회의를 열기로 되어 있었어요.

✎

| 정답 |

도전! 1분 영작 002

❶ She seems to be happy to work with me.

❷ He was sad to have left his family.

도전! 1분 영작 003

❶ He is to arrive in London tonight.

❷ They were to hold a meeting on Monday evening.

STEP 1 to부정사에 '미래' 의미가 함축되어 있다는 점에 착안해 다음 빈칸에 어울리는 말을 고르세요.

❶ The company _____ to expand into new markets.

ⓐ regrets   ⓑ plans   ⓒ has finished   ⓓ completed

❷ The leaders _____ to work more closely together.

ⓐ finalized   ⓑ looked back   ⓒ agreed   ⓓ denied

STEP 2 시제에 유의해 to부정사가 들어간 문장으로 바꿔 보세요.

❸ It seems that she has been quite busy lately.

✎ She _____.

❹ It appeared that the experiment was a failure.

✎ The experiment _____.

❺ It seems that everyone is carrying a bottle of water.

✎ Everyone _____.

STEP 3 빈칸에 들어갈 수 없는 말을 고르세요.

❻ If you _____ do well in the exam, you need to control anxiety.

ⓐ want to   ⓑ are to   ⓒ wish to   ⓓ are

❼ The minister _____ his job soon.

ⓐ will leave   ⓑ is to be left   ⓒ is going to leave   ⓓ was to leave

❽ Dinosaurs _____ extinct millions of years ago.

ⓐ seem to have become   ⓑ are to become

ⓒ appear to have gone   ⓓ became

★정답 및 해설은 418쪽에

14 to부정사의 관용표현

to부정사와 짝지어 다니는 단어들

강의 및 예문듣기

🎧 14.mp3 ▶ 동영상 06강

꼭 알아야 할
영문법의 기본 개념을
정리하세요.

❶ 자주 쓰이는 to부정사 관용표현

to부정사에서 외워야 하는 관용표현들입니다. 모두 자주 쓰이는 표현들이니
잘 익혀 두면 요긴하게 써먹을 수 있을 거예요.

too ... to ~ ~하기엔 너무 …하다	**... enough to ~** ~하기에 충분히 …하다
happen to ~ 우연히 ~하다	**seem[appear] to ~** ~인 듯하다, ~인 것으로 보이다
tend to ~ ~하는 경향이 있다	

This meat is **too** tough for me **to** <u>eat</u>.　　　　　이 고기 내가 먹기엔 너무 질겨.

Is the bowl large **enough to** <u>hold</u> a whole chicken?　그 그릇 치킨 한 마리 들어갈 정도로 커?

I **happened to** <u>find</u> this recipe on the web.　　　이 레시피 우연히 웹에서 찾았어.

The recipe **seems to** <u>be</u> simple.　　　　　　　　레시피가 간단해 보여.

The chicken **appears to** <u>be</u> almost done.　　　그 닭 (조리가) 거의 다 된 거 같은데.

The corners **tend to** <u>get</u> overcooked.　　가장자리는 너무 바싹 익혀지는 경향이 있지.

· overcook (음식을) 지나치게 익히다

⏱ 도전! 1분 영작 001

❶ 그 애(남자)는 농구를 하기엔 키가 너무 작아. (play basketball)

　　　　🖉 ....

❷ 난 우연히 거기 있었어.　🖉 ....

| 정답 |
도전! 1분 영작 001

❶ He's too short to
play basketball.

❷ I happened to be
there.

❷ 의문사 + to부정사

what, where, how, when, whom, which 의문사 뒤에 to부정사가 들어간 관용표현들입니다. 단, why to ~라는 표현은 없으니 주의하세요.

what to ~ 무엇을 ~할지	where to ~ 어디에 ~할지	how to ~ 어떻게 ~할지
when to ~ 언제 ~할지	whom to ~ 누구를 ~할지	which to ~ 어느 쪽을 ~할지

I don't know **what to** <u>do</u> and **where to** <u>go</u>.　　뭘 해야 할지, 어딜 가야 할지 모르겠어.

You should learn **how to** <u>communicate with</u> your coworkers.

동료들과 의사소통하는 법을 배워야 돼.

The driver let me know **when to** <u>get off</u>.　　운전사가 언제 내려야 할지 알려줬어.

It's difficult to know **whom to** <u>trust</u>.　　누굴 믿어야 할지 알기 힘들어.

Please tell me **which** one to <u>choose</u>.　　어느 걸 골라야 할지 좀 알려 주세요.

• coworker 동료

⏱ 도전! 1분 영작 002

❶ 무슨 말을 해야 할지 모르겠어.　　🖉 ....

❷ 살 빼는 방법은 모두가 알지. (lose weight)

🖉 ....

❸ to 빠진 관용표현

이번엔 to 없이 동사원형을 쓰는 관용표현들입니다.

had better 동사원형	~해야 하다 (안 하면 재미없을 걸)
cannot (help) but 동사원형	~할 수밖에 없다
do nothing but 동사원형	오로지 ~만 하다, ~외엔 아무것도 안 하다
would['d] rather 동사원형 A than 동사원형 B	B하느니 차라리 A하겠다

You**'d better** <u>leave</u> now.　　너 지금 떠나야 돼.

I**'d better** <u>get</u> to work.　　나 출근해야 해.

One **cannot but** <u>admire</u> her courage and determination.

그녀의 용기와 의지를 존경하지 않을 수 없다. ⋯ one: 막연한 일반인을 대표해서 쓰는 말

I **cannot help but** <u>wonder</u> if I'm doing something wrong.

내가 지금 뭔가를 잘못하고 있는 게 아닌가 하는 생각을 떨칠 수가 없어.

She **does nothing but** <u>complain</u>. 그 애는 불평만 해대.

This ad **does nothing but** <u>make</u> the company look bad.

이 광고는 그 회사 이미지만 나빠지게 할 뿐이야.

She**'d rather** <u>go</u> naked **than** <u>wear</u> fur. 그 여자는 모피를 입느니 벌거벗고 다니려 할 거야.

I**'d rather** not <u>eat</u> **than** not <u>sleep</u>. 잠을 안 자느니 차라리 굶겠어.

• go naked 벌거벗고 다니다/지내다　• fur 모피

질문 있어요~

Q I would의 축약형이 I'd라고 배웠는데 I had도 I'd로 축약되잖아요. 어떻게 구별하나요?

A had 뒤엔 p.p.가 오고, would 뒤엔 동사원형이 와요. 그러니까 뒤의 동사가 과거분사면 I had가, 동사원형이면 I would가 축약된 겁니다.

I'd been out with friends. 친구들이랑 밖에 있었어. ⋯ I'd = I had

I'd be glad to join you. 나도 기꺼이 동참할게. ⋯ I'd = I would

⏱ 도전! 1분 영작 003

❶ 나는 울지 않을 수 없었어. 🖊

❷ 우리 개는 종일 잠만 자. 🖊

---

④ 의미상 주어가 달라도 표시하지 않고 관용적으로 쓰는 to부정사

의미상 주어가 달라도 표시하지 않고 쓰는 to부정사도 있습니다. 독립적으로 따로 논다고 해서 '독립부정사'라고 부르는데, 용어는 몰라도 괜찮지만 관용적으로 잘 쓰는 표현들이니 다음 예문들을 통해 꼭 익혀 두세요.

To be sure, he's right, but I don't want to agree with him.

물론 그가 옳지만 동의하고 싶지 않아. ⋯ '물론(확실히) ~다'라고 일단 시인한 다음 반박할 때 씀.

To make matters worse, we were running out of money.

설상가상으로, 우리는 돈도 떨어져가고 있었어.

To tell you the truth, I didn't have much time to prepare.

사실대로 말하자면, 준비할 시간이 많지 않았어.

To sum up, it was a great trip and I had a lot of fun.

요약하자면/결론적으로, 멋진 여행이었고 아주 재미있었어.

Needless to say, we owe our parents a lot.

우리가 부모님께 보답해 드려야 할 게 많다는 건 두말할 필요가 없다.

⋯→ It's needless to say에서 It's가 생략된 것. Strange to say(이상하게 들리겠지만)의 경우도 마찬가지

Suffice (it) to say (that) he was not a very nice person.

아주 좋은 사람은 아니었다라고만 말해 두자.

⋯→ that 이하만 얘기해도 무슨 말인지 충분히 알 거다. 그 정도만 말해도 충분하다

Things didn't go well last night. The food wasn't great **to begin with**.

어젯밤엔 일이 꼬였어. 우선 음식이 별로였지.

I'm not jobless. I'm self-employed, **so to speak**.   나 백수 아냐. 말하자면 자영업자지.

His friends, **not to mention** his parents, are pushing him to get married.

부모님은 말할 것도 없고, 그 애 친구들이 결혼하라고 성화야.

They played jazz, R&B and hip hop **to name (but) a few**.

몇 가지만 예를 들면, 그들은 재즈, R&B, 힙합 등을 연주했어. ⋯→ to name just a few도 같은 의미

🕐 도전! 1분 영작 004

❶ 그 남자는 엎친 데 덮친 격으로 직장까지 잃었어.

✎ _____

❷ 사실대로 말하자면, 나 거짓말했어.   ✎ _____

111

STEP 1 빈칸에 어울리는 말을 고르세요.

❶ I _____ meet my new neighbor the other day.

ⓐ happened to ⓑ tended to ⓒ seem to ⓓ appear to

❷ I'd rather _____ than _____ without you.

ⓐ to die - to live ⓑ die - live ⓒ die - to live ⓓ to die - live

❸ They had better _____ again.

ⓐ than think ⓑ to think ⓒ think ⓓ for them to think

❹ I _____ accept the offer.

ⓐ couldn't but ⓑ couldn't help ⓒ can but ⓓ cannot help

❺ He _____ watch movies all weekend.

ⓐ did but ⓑ only ⓒ did to ⓓ did nothing but

STEP 2 빈칸에 알맞은 말을 넣어 문장을 완성해 보세요.

❻ Your daughter is only 5. She's _____ young swim alone.

❼ Needless _____, he's one of the top plastic surgeons in Korea.

❽ This machine will save you a lot of efforts, _____ mention money.

❾ It was getting dark. _____ make matters _____, we were running out of gas.

★정답 및 해설은 418쪽에

15 지각동사와 사역동사

to 없이 부정사만 쓰는 동사

강의 및 예문듣기

🎧 15.mp3 ▶ 동영상 06강

1단계
핵심문법 익히기

꼭 알아야 할
영문법의 기본 개념을
정리하세요.

❶ 지각동사 뒤에는 〈목적어 + 동사원형〉을 쓴다

지각동사란 see, watch, look at, hear, listen to, feel, notice처럼 보고 듣고 느끼는 지각(知覺)에 관련된 동사를 말합니다. 지각동사를 따로 배우는 이유는 다른 동사와 달리 to부정사가 들어가야 할 자리에 to 없이 동사원형을 쓰기 때문이에요.

I *want* him *fix* my computer. (×)   ┈→ 하나의 문장에 동사만 2개가 쓰일 수 없음.

I **want** him **to fix** my computer.   난 그가 내 컴퓨터를 고쳐 주길 바라.

I *saw* him *to fix* my computer. (×)

I **saw** him **fix** my computer.   난 그가 내 컴퓨터 고치는 걸 봤어.

We **watched** him **dance** and **listened to** her **sing**.

우린 그가 춤추는 걸 구경하고 그녀가 노래하는 걸 들었어.

I **felt** something **touch** my leg.   뭔가 내 다리를 건드리는 걸 느꼈어.

She **noticed** someone **follow** her.   그 여자는 누가 자기를 따라오고 있는 걸 눈치 챘어.

그런데 경우에 따라 -ing나 p.p.(과거분사)가 올 수도 있습니다. 우선 -ing부터 보면, 동사원형은 처음부터 끝까지 다 보거나 들었다는 의미이고, -ing는 그 순간에 진행되고 있던 움직임만을 얘기한다는 차이가 있어요. 따라서 나중에 어떻게 됐는지 장담할 수 없을 때, 그 순간만을 얘기하고 싶을 때 -ing를 씁니다.

I **saw** her **pack** her bags.   그 여자가 짐 싸는 거 봤어. ┈→ 짐 싸는 과정을 다 봤다는 얘기

I **saw** her **packing** her bags.   그 여자가 짐 싸고 있는 거 봤어. ┈→ 싸다가 그만뒀는지는 알 수 없음.

113

She **saw** him <u>standing</u> at a bus stop.

그녀는 그가 버스 정류장에 서 있는 걸 봤어.

I **felt** something <u>crawling</u> up my leg.

뭔가 다리 위로 기어오르고 있는 느낌이 들었지.

• crawl 기어가다, 기다

p.p.는 목적어가 '당한' 입장일 경우에 쓰는데요. 이에 대한 자세한 내용은 뒤에 나올 '분사'편에서 배울 겁니다. 여기선 잠깐 구경만 하고 넘어가세요.

I **heard** the music <u>played</u>.

음악이 연주되는 걸 들었어. ···→ 음악 입장에선 사람한테 연주를 당하는 것

When I saw it, I **felt** my heart <u>broken</u>.

난 그걸 보고 가슴이 미어졌어.

···→ 심장 입장에서 깨뜨림을 당하는 것

⏱ 도전! 1분 영작 001

① 난 그가 담배 피우는 걸 봤어. ✎ _____

② 그는 웬 여자가 비명 지르는 소리를 들었다. (scream)

✎ _____

❷ 사역동사 뒤에도 〈목적어 + 동사원형〉을 쓴다

우리말로 '나 컴퓨터 고쳤어'라고 하면 대개 다른 사람을 시켜서 고쳤다는 뜻으로 알아듣죠. 그런데 영어란 놈은 성질이 까다로워서 고친 사람이 누구인지 정확히 밝혀 줘야 합니다. 그래서 나온 게 바로 사역동사라고 불리는 have(목적어가 ~하게 시키다), make(목적어가 ~하게 만들다), let(목적어가 ~하게 내버려 두다, 허용하다), help(목적어가 ~하게 돕다)예요. 의미는 각기 다르지만 지각동사의 경우와 마찬가지로 목적어 뒤에 동사원형을 쓴다는 공통점이 있습니다.

I fixed my computer.

나는 내 컴퓨터를 고쳤어. ···→ 내가 직접 고침.

I **had** him **fix** my computer.

그 사람이 내 컴퓨터를 고쳤어. ···→ 그를 시켜서 고침.

He **had** the company **pay** for his personal expenses.

그 사람은 회사가 자신의 개인 경비를 지불하게 했어.

How can I **make** her **become** interested in me?

어떻게 해야 그 애가 내게 관심을 갖게 만들 수 있지?

I won't **let** you **go**.

널 가게 내버려 두지 않을 거야.

114

I hope this book will **help** you <u>learn</u> English grammar.

이 책이 여러분이 영문법을 배우는 데 도움이 되길 바랍니다.

help는 특이하게 동사원형과 to부정사 모두 쓸 수 있는데요. 일반인이 목적어일 경우 목적어를 아예 생략하고 to부정사나 동사원형을 쓰기도 합니다.

The skin helps (people/us/you) **to regulate** body temperature.

피부는 체온 조절을 돕는다.

The study helps (people/us/you) **understand** the advantage and disadvantage of this technology.

그 연구는 이 기술의 장단점을 이해하는 데 도움이 된다.

• regulate 규제하다, 조절하다

have와 make는 지각동사와 마찬가지로 목적어가 당하는 입장일 경우 동사원형 자리에 p.p.를 쓰는데요. 이거 역시 여기서는 이 정도로만 알아 두고, 뒤에 나올 '분사' 편에서 살펴보도록 하겠습니다.

He **had** the boy <u>steal</u> her wallet.

그는 그 남자아이에게 그 여자의 지갑을 훔치게 했어.
⋯ 남자아이가 훔치는 행위를 하는 것이므로 동사원형

She **had** her wallet <u>stolen</u>.

그 여자는 지갑을 도난 당했어. ⋯ 지갑 입장에선 당한 거니까 p.p.

질문 있어요~

Q get이나 allow에도 '시킨다'는 의미가 있잖아요. 이런 동사 뒤에도 동사원형을 쓰나요?

A 아뇨, 사역동사와 같은 의미를 가진 동사는 많지만, to 없이 동사원형을 쓰는 건 have, make, let, help밖에 없어요.

I'll **have** him <u>call</u> you.   그 사람에게 너한테 전화하라고 할게.
→ I'll **get** him <u>to call</u> you.

They didn't **let** me <u>get</u> a refund.   그들은 내가 환불받게 해주지 않았어.
→ They didn't **allow** me <u>to get</u> a refund.

⏱ **도전! 1분 영작 002**

❶ 그는 그 여자가 음식 값을 내게 했어. (pay for)

🖉 ....

❷ 그 책은 어린이들이 한국 역사에 대해 배우는 데 도움이 돼.

🖉 ....

STEP 1 빈칸에 어울리는 말을 고르세요.

1 The law doesn't .... you to make copies of copyrighted materials.

ⓐ allow   ⓑ have   ⓒ see   ⓓ let

2 She tried to .... the kids calm down.

ⓐ get   ⓑ have   ⓒ persuade   ⓓ bring

3 If you don't listen to him, he will make .... it.

ⓐ to regret   ⓑ for you to regret   ⓒ you to regret   ⓓ you regret

STEP 2 우리말에 어울리도록 괄호 안에 주어진 표현을 이용해 문장을 완성해 보세요.

4 난 엄마한테 비밀번호를 바꾸게 했어. (have, her password)

✎ I ....

5 네 개가 네 침대 위에서 자게 내버려 두지 마. (let, on your bed)

✎ Don't ....

6 네 개가 소파 위에 오줌 싸게 내버려 두지 마. (allow, pee)

✎ Don't ....

STEP 3 잘못된 부분을 찾아 알맞게 고치세요.

7 Technology helps athletes accomplished their goals.

8 You can get them cancel your order.

9 The teacher got the students memorize English songs.

★정답 및 해설은 418쪽에

[중간점검] 셋째 마디: to부정사

Unit 10~15에서 배운 문법을 제대로 이해하고 활용할 수 있는지 확인해 보세요.

STEP 1 다음 글을 읽고 질문에 답하세요.

Dear Mr. Hong Gildong:

Congratulations on the completion of your degree at Gilbut College.

We would like to invite you to participate in our survey. Its purpose is to collect information about the experience of our students during their studies.

Please click on this link to complete the survey. It should, on average, take only 10~15 minutes to complete. I would like to personally encourage you to complete the survey.

Your response is very important to us; we use your feedback to enhance the quality of our courses, student services and our advice to students about career opportunities. It will help us improve the learning experience for future Gilbut College graduates.

Congratulations again on your graduation, and thank you in advance for your feedback in our survey.

Yours sincerely,

Professor Ann Thompson
Gilbut College

❶ 교수가 이 편지를 보낸 진짜 목적은 무엇일까요?

ⓐ To congratulate on Mr. Hong's graduation

ⓑ To request Mr. Hong to respond to the survey

ⓒ To improve the quality of the students

ⓓ To thank in advance for Mr. Hong's feedback

❷ 글과 일치하지 <u>않는</u> 내용을 고르세요.

ⓐ Mr. Hong has graduated from Gilbut College.

ⓑ The College will collect the feedback from the respondents.

ⓒ The professor is urging Mr. Hong to participate in the survey.

ⓓ The College wants to collect personal information from their students.

STEP 2 괄호 안에 주어진 표현을 이용해 영작해 보세요.

❸ 아이들이 지도를 읽는 법을 배우는 것이 중요해. (learn, read maps)

   🖊 ....

❹ 네 친구에게 최대한 빨리 나한테 전화하라고 해. (get, as soon as possible)

   🖊 ....

❺ 그 여자의 나이가 믿기지가 않아. (find, hard, believe)

   🖊 ....

STEP 3 우리말에 어울리도록 대화문을 완성해 보세요.

❻ A What did the doctor tell you?

   B 나더러 운동하랬어. 🎤 He told ....

❼ A Why were you so angry this morning?

   B I dropped my phone into the toilet. 그것도 모자라 지갑까지 잃어버렸다니까.

   🎤 ....

❽ A Are you sure he broke into the house last night?

   B 네, 그가 그 집에 들어가는 걸 봤어요.

   🎤 Yes, I .... the house.

❾ A What are you waiting for?

   B 네게 고맙다고 인사하려고 기다리고 있는 거야.

   🎤 I'm .... say thanks.

❿ A 나 이 시험에 시간 많이 들였어. 돈은 말할 것도 없고.

   🎤 I've spent a lot of time, ..., on these tests.

   B So what?

★정답 및 해설은 419쪽에

넷째 마디

●

분사

동사를 형용사로
써먹다

16 명사를 꾸미는 분사

형용사의 임무를 떠맡게 된 동사

강의 및 예문듣기

🎧 16.mp3   ▶ 동영상 07강

꼭 알아야 할
영문법의 기본 개념을
정리하세요.

❶ 분사란 동사를 형용사처럼 쓰기 위해 동사의 형태를 바꾼 것이다

동사를 -ing나 p.p.로 바꿔서 a sleeping cat, a broken window처럼 명사를 꾸미는 것을 '분사'라고 부릅니다. 원래 형용사만 명사를 꾸밀 수 있는데 동사가 형용사 흉내를 내고 있죠? 그래서 동사가 형용사의 역할을 나눠(分) 가졌다는 뜻에서 분사라고 부릅니다. 그럼, 왜 형용사를 놔두고 분사를 따로 만들어 쓰는 걸까요? 그건 형용사로는 나타내지 못하는 '움직임'에 관련된 의미로 명사를 꾸며야 할 때가 있기 때문이에요. 쉽게 우리말로 비교해 볼까요?

나는 깨다 창문을 봤다. (×) → 나는 깨진 창문을 봤다.

나는 잠자다 고양이를 봤다. (×) → 나는 잠자는 고양이를 봤다.

동사로 명사를 꾸미려 하니 말이 안 되죠? 영어도 마찬가집니다.

I saw a *break* window. (×) → I saw a **broken** window.   나는 깨진 창문을 봤다.

I saw a *sleep* cat. (×) → I saw a **sleeping** cat.   나는 잠자는 고양이를 봤다.

그래서 동사로 명사를 꾸미고 싶을 땐 -ing나 p.p.로 형태를 바꿔 쓰기로 약속한 거죠.

> 깨다/잠자다 + ~는 → 깨진/잠자는
> <u>break/sleep</u> + -ing/p.p. → <u>broken/sleeping</u>
>   동사   분사

분사에는 현재분사(-ing)와 과거분사(p.p.) 두 종류가 있습니다. 과거분사의 경우 학교 영어 수업 때 동사의 '기본형 – 과거형 – 과거분사' 이렇게 3가지

형태를 배웠던 거 기억날 거예요. 대개는 일정한 규칙(walk - walked - walked 처럼 끝에 -ed 붙이기)을 따르기 때문에 특이한 것만 외우고 나머지는 예문 등을 통해 자연스레 익히면 됩니다. 현재분사의 경우엔 동사 뒤에 -ing만 붙이면 끝! 단, -ie로 끝나는 경우엔 -ying가 된다는 거 기억해 두세요. (⟨01. 동사의 변화⟩ 참고)

⏱ **도전! 1분 영작 001**

❶ 나는 잠자는 아기를 봤어. ✏ _____

❷ 그 깨진 유리 만지지 마. (touch) ✏ _____

---

❷ 능동적인 움직임이면 -ing, 수동적으로 당하는 입장이면 p.p.

-ing와 p.p. 중 어느 걸 쓸지는 그 분사가 꾸미는 명사의 입장에서 판단합니다. 명사가 능동적으로 하는 행동이면 -ing, 다른 뭔가의 행동에 당하는 입장이면 p.p.를 써요.

I saw a **sleeping** <u>cat</u>. ⋯ 고양이 입장에선 능동적으로 행한 것

I saw a **broken** <u>window</u>. ⋯ 창문 입장에선 수동적으로 당한 것

하지만 이런 차이를 알고도 막상 쓰려고 하면 -ing와 p.p. 중 어느 걸 써야 하는지 가려내기가 처음엔 쉽지 않을 거예요. 만약 -ing와 p.p.의 차이를 이해했는데도 자꾸 틀린다면 그건 동사의 정확한 의미를 모르고 있는 것일 수도 있습니다. 예를 하나 들어 보죠.

surprise의 뜻은 뭘까요? '놀라다'? 아닙니다. '뭔가를 놀라게 하다'가 기본 의미예요. 놀라게 하는 대상, 즉 목적어가 꼭 있어야 하는 타동사죠.

The news *surprised*. (×)

The news **surprised** everyone. 그 뉴스는 모두를 놀라게 했다.

그래서 surprise는 현재분사와 과거분사로 쓰일 때 각각 의미가 달라집니다.

I have **surprising** news. 놀라운 소식이 있어. ···› 현재분사 – news가 (사람을) 놀라게 함.

Look at the **surprised** kid. 저 놀란 아이 좀 봐. ···› 과거분사 – kid가 놀란 상태

단, surprising news, surprised kid처럼 〈-ing + 사물〉, 〈p.p. + 사람〉의 공식이 정해져 있는 건 아닙니다. 사람을 놀라게 만드는 아이가 있다면 a surprising kid라고 할 수 있고, world를 세상 사람들로 생각해 a surprised world라고 할 수도 있으니까요. 그래서 분사를 제대로 쓰려면 동사의 기본 의미를 정확히 아는 게 중요합니다.

다음은 분사로 자주 쓰이는 동사들을 한자리에 모았습니다. 기본 의미가 뭔지, -ing와 p.p.로 썼을 때 그 의미가 각각 어떻게 달라지는지 예문을 보면서 꼼꼼히 체크해 두세요. 지금 당장 다 외울 순 없겠지만 언젠가는 알아야 하는 기본 동사들입니다.

amaze 놀라게 만들다	an amazing discovery an amazing player an amazed scientist	놀라운 발견 ···› 발견이 사람을 놀라게 함. 놀라운 선수 ···› 관중을 놀라게 하는 뛰어난 선수 놀란 과학자 ···› 과학자가 놀래킴을 당함.
bore 지루하게 만들다	a boring movie a boring teacher a bored audience	지루한 영화 ···› 영화가 관객을 지루하게 함. 재미없는 교사 ···› 학생들을 지루하게 함. 지루한 관객 ···› 영화 때문에 지루해짐.
confuse 헷갈리게 하다	a confusing result a confusing teacher a confused student	헷갈리는 결과 ···› 결과가 사람을 혼동시킴. 헷갈리게 만드는 교사 ···› 어려워서 학생을 헷갈리게 만듦. 헷갈려 하는 학생 ···› 뭔가에 의해 혼란에 빠짐.
disappoint 실망시키다	a disappointing result a disappointing leader a disappointed researcher	실망스런 결과 ···› 결과가 사람을 실망시킴. 실망스런 리더 ···› 아랫사람들을 실망시킴. 실망한 연구원 ···› 연구원이 뭔가에 실망함.
embarrass 난처하거나 부끄럽게 만들다	an embarrassing question an embarrassed politician	난처한 질문 ···› 사람을 곤란하게 만드는 질문 곤란해진 정치인 ···› 뭔가로 부끄러워진 입장
encourage 격려하다	an encouraging comment an encouraged student	격려의 말 ···› 사람을 격려하는 말 고무된 학생 ···› 격려를 받아 힘이 난 상태
excite 흥분시키다	an exciting experience an exciting manager an excited fan	짜릿한 경험 ···› 경험이 사람을 흥분시킴. 분위기 잘 띄우는 상사 ···› 직원들을 흥분시킴. 흥분한 팬 ···› 팬이 흥분된 상태

exhaust 지치게 만들다	an exhausting game	지치는 경기 ⋯→ 경기가 사람을 지치게 함.
	an exhausted player	지친 선수 ⋯→ 경기에 의해 지치게 됨.
interest 관심/흥미를 갖게 하다	an interesting book	흥미로운 책 ⋯→ 책이 흥미를 갖게 함.
	an interesting student	흥미로운 학생 ⋯→ 학생 자신이 뭘 재미있어 하는 게 아니라 교사로 하여금 '이 학생 특이하군' 하며 관심을 갖게 만드는 학생들
	an interested customer	관심 있는 고객 ⋯→ 제품에 흥미/관심을 갖게 된 손님
satisfy 만족시키다	a satisfying product	만족스런 제품 ⋯→ 제품이 사람을 만족하게 만듦.
	a satisfied customer	만족한 고객 ⋯→ 고객이 제품 등에 의해 만족하게 됨.
tire 피곤하게 하다	a tiring job	피곤한 일 ⋯→ 사람을 지치게 만듦.
	a tired mom	피곤한 엄마 ⋯→ 일 때문에 지친 엄마

⏱ **도전! 1분 영작 002**

① 그들의 결혼은 모두를 놀라게 했다.　　✏ ....

② 나는 흥미로운 책을 읽었다.　　✏ ....

STEP 1 빈칸에 들어갈 수 <u>없는</u> 말을 고르세요.

❶ There was a _____ man on the street.

ⓐ tall   ⓑ handsome   ⓒ smiling   ⓓ yell

❷ We got _____ results.

ⓐ successful   ⓑ disappoint   ⓒ satisfactory   ⓓ interesting

STEP 2 괄호 안의 표현 중 맞는 것을 고르세요.

❸ I've never seen such a (boring / bored) movie.

❹ (Satisfying / Satisfied) customers never complain.

❺ Her (amazing / amazed) recovery taught people the power of hope.

STEP 3 우리말에 어울리도록 괄호 안에 주어진 표현을 이용해 문장을 완성해 보세요.

❻ 격려의 말씀 감사합니다. (encourage, words)

     ✎ Thank you for _____.

❼ 살면서 널 가장 난처하게 만들었던 상황은 뭐야? (embarrass)

     ✎ What is the most _____ in your life?

❽ 그땐 거의 자정이었고 우린 문 닫은 은행 밖에서 기다렸어. (close)

     ✎ It was almost midnight and we waited outside _____.

★정답 및 해설은 419쪽에

17 능동태와 수동태

줬는지 받았는지, 그게 문제라니까!

강의 및 예문듣기

🎧 17.mp3 ▶ 동영상 07강

1단계
핵심문법 익히기

꼭 알아야 할
영문법의 기본 개념을
정리하세요.

① **주어의 능동적 행동은 능동태로, 수동적으로 당하는 상태는 수동태로**

우리말은 웬만하면 사람을 주어로 써야 자연스럽게 느낍니다. 그런데 영어에서는 사람은 물론이고, 무생물, 심지어 머릿속에나 들어 있는 추상적 개념도 주어가 될 수 있다고 생각해요. 그래서 똑같은 장면을 얘기하더라도 사람이 주어가 될 수도 있고 무생물이 주어가 될 수도 있죠. 그대로 우리말로 옮겨 보면 어색하지만 영어에서는 이상한 게 아니랍니다.

What brought you here?　　　　　　　무엇이 널 여기에 데려왔니? (여긴 어쩐 일로 왔어?)

What makes you think so?　　　　　무엇이 널 그렇게 생각하게 만들지? (왜 그렇게 생각하지?)

Only a five-minute walk will get you there.

겨우 5분의 걷기가 널 거기에 닿게 해줄 거야. (5분만 걸으면 거기 도착할 거야.)

이렇듯 문장의 주인공을 자유롭게 정하다 보니 똑같은 장면을 표현하는 데도 주어가 능동적으로 움직이는 모습의 문장이 나올 수도 있고 수동적으로 당하는 모습의 문장이 나올 수도 있습니다. 아래 두 예문을 보세요.

❶ The news shocked everyone.　　　　　그 소식은 모두에게 충격을 줬다.

❷ Everyone was shocked by the news.　　　모두가 그 소식에 충격을 받았다.

❶처럼 주어의 능동적인 움직임을 표현한 문장 형태를 '능동태'라고 하고, ❷처럼 be p.p.를 써서 주어가 수동적으로 당한 입장임을 나타내는 문장 형태를 '수동태'라고 부릅니다. 능동태 ❶의 목적어인 everyone을 주어로 잡고 동사 형태를 be p.p.로 바꿔 주면 ❷처럼 당한 입장을 표현하는 수동태 문장이 되죠. 이때 누구에 의해 당한 상태인지는 대부분 by로 표시하기 때문에 대개 수동태

형식은 〈be p.p. + by〉가 됩니다. 능동태 문장에선 주어였을 말이 수동태에선 by 뒤에 들어가게 되는 거죠. 하지만 실제로는 by ~ 부분이 아예 없는 문장이 많습니다. 이 경우에 대해선 다음 과에서 살펴보도록 할게요.

◆ 수동태 형식

능동태 목적어 + be p.p + by 능동태 주어

An FBI agent **arrested** a suspect. FBI 요원이 용의자를 체포했다. → 능동태

A suspect **was arrested by** an FBI agent. 용의자가 FBI 요원에 의해 체포됐다. → 수동태

The progress **encourages** us. 그 성과는 우리를 힘이 나게 만든다. → 능동태

We **are encouraged by** the progress. 우리는 그 성과에 힘이 난다. → 수동태

⏱ **도전! 1분 영작 001**

❶ 외국인 한 명이 어젯밤 경찰에 체포됐어. 🖉

❷ 그 애(여자)는 그의 무례함에 상처받았다. (rudeness, hurt)
🖉

💬 **질문 있어요~**

Q 실제 말할 때 수동태가 많이 쓰이나요?

A 수동태는 낯설고 특이해서 강조돼 온 거지 능동태보다 특별히 많이 쓰거나 중요해서 그런 건 아닙니다. 보통 '나 사과 먹었어'라고 하지 '사과가 나에게 먹혔어'라고는 하지 않죠? 영어도 마찬가지라 행동을 하는 주체가 주어로 오는 게 정상입니다. 그런데도 굳이 수동태로 표현할 땐 목적어가 주인공이 돼야 할 이유가 있어야 합니다. 그렇지 않으면 능동태를 쓰는 게 원칙이에요.

I **ate** an apple. 나는 사과를 먹었어. → 사람이 사과를 먹는 능동태가 자연스러움.
An apple **was eaten by** me. → 문법적으론 맞지만 굳이 이렇게 쓸 이유는 없음.
Most apples in this farm **are harvested by** visitors.
이 농장의 사과는 대부분 방문객들에 의해 수확되죠. → 사과가 주인공일 때(사과를 소개하는 문맥일 때)

| 정답 |
도전! 1분 영작 001

❶ A foreigner was arrested by the police last night.

❷ She was hurt by his rudeness.

② 수동태 문장의 생김새는 동사의 의미에 좌우된다

문장은 동사가 어떤 의미를 갖느냐에 따라 생김새가 달라진다고 했었는데요. 수동태 문장도 마찬가집니다. 예컨대 give처럼 의미상 목적어가 2개 나올 수 있는 경우('누구'에게 '무엇'을 주다), '누구'와 '무엇'을 각각 주어로 하는 수동태 문장 2개가 나올 수 있어요. 영화제에서 심사위원단이 유명 남자배우에게 남우주연상을 줬다고 가정해 봅시다. 똑같은 사건을 누구 입장에서 설명하느냐에 따라 다음과 같이 여러 문장이 나올 수 있어요.

The jury gave the best actor award to him.   심사위원단이 그에게 남우주연상을 줬어.

→ 상 주는 행동의 주체인 '심사위원단'이 주어인 평이한 문장(능동태)

He was given the best actor award.   그가 남우주연상을 받았지.

→ '배우'의 입장에서 일어난 일을 표현(수동태)

The best actor award was given to him.   남우주연상은 그에게 주어졌어.

→ '남우주연상'이 어떻게 됐는지에 초점(수동태)

'누구에게 뭔가를 제의[제공]하다'란 뜻의 offer도 give처럼 목적어가 2개 올 수 있기 때문에 역시 2개의 수동태 문장이 가능합니다.

He offered me a good job.   그는 내게 좋은 일자리를 주겠다고 제의했어.

→ I was offered a good job.   나 좋은 일자리를 제의받았어.

→ **A good job** was offered to me.   좋은 일자리가 내게 제의됐어.

하지만 타동사 뒤에 명사가 2개 올 수 있다고 해서 그 명사들을 무조건 다 목적어라고 생각하면 안 됩니다. call과 consider가 그런 경우예요.

call A B	A를 B라고 부르다 → A는 목적어, B는 A를 보충 설명하는 보어
consider A B	A를 B라고 여기다 → A는 목적어, B는 보어

이 경우 A만 목적어이기 때문에 수동태는 A를 주어로 한 문장만 가능합니다. B는 그냥 be called B, be considered B처럼 p.p. 뒤에 오죠. 이 두 동사 정도는 꼭 기억해 두세요.

People called Michael Jackson "the King of Pop."   사람들은 마이클 잭슨을 '팝의 황제'라고 불렀다.

→ Michael Jackson **was called** "the King of Pop."   마이클 잭슨은 '팝의 황제'라 불렸다.

Many people **considered** him a genius. 많은 사람들이 그를 천재로 여겼다.

→ He **was considered** a genius by many people. 그는 많은 사람들에게 천재로 여겨졌다.

· genius 천재

 도전! 1분 영작 002

❶ 그 약은 100명의 환자에게 주어졌어. (drug)

❷ "7"은 행운의 숫자로 여겨지지. (lucky)

❸ 수동태 시제를 바꾸려면 be동사의 시제를 바꿔 준다

수동태의 시제를 바꿀 경우엔 be p.p.에서 be동사의 시제를 바꿔 표시합니다. 과거분사(p.p.)는 더 이상 바뀔 수 없으니까요.

A few changes **are made** to the law. 몇 가지 법이 개정된다. ···→ 현재

A few changes **were made** to the law. 몇 가지 법이 개정됐다. ···→ 과거

A few changes **will be made** to the law. 몇 가지 법이 개정될 것이다. ···→ 미래

A few changes **are being made** to the law. 몇 가지 법이 개정되고 있다. ···→ 현재진행

A few changes **were being made** to the law. 몇 가지 법이 개정되고 있었다. ···→ 과거진행

A few changes **will be being made** to the law. 몇 가지 법이 개정되고 있을 것이다. ···→ 미래진행

A few changes **have been made** to the law. 몇 가지 법이 개정됐다. ···→ 현재완료

A few changes **had been made** to the law. 몇 가지 법이 개정됐었다. ···→ 과거완료

A few changes **will have been made** to the law. 몇 가지 법이 개정돼 있을 것이다. ···→ 미래완료

 도전! 1분 영작 003

❶ 그들은 비난받을 거다. (criticize)

❷ 아직 아무런 결정도 내려지지 않았어.

잠깐만요!

수동태 문장을 의문문으로 쓸 때는 be나 have를 주어와 자리바꿈하면 됩니다. 간단하죠?

She <u>was</u> contacted by a headhunter. 걔 헤드헌터한테 연락받았대.

→ **Was she** contacted by a headhunter?

You <u>have</u> been injured in a car accident. 너 자동차 사고로 다친 적 있잖아.

→ **Have you** been injured in a car accident?

| 정답 |

도전! 1분 영작 002

❶ The drug was given to 100 patients.

❷ "7" is considered a lucky number.

도전! 1분 영작 003

❶ They will be criticized.

❷ No decision has been made yet.

STEP 1 빈칸에 어울리는 말을 고르세요.

❶ Cats don't like being _____ strangers.

ⓐ approached by   ⓑ approaching to

ⓒ approach to   ⓓ approached

❷ This is a national cemetery. Many soldiers are _____ here.

ⓐ burying   ⓑ bury   ⓒ buried   ⓓ to bury

❸ The chance of _____ in a plane crash is one in 10 million.

ⓐ killed   ⓑ being killed   ⓒ killing   ⓓ being killing

STEP 2 주어진 동사를 이용해 수동태 문장을 만들어 보세요.

❹ It was a Sunday morning and most shops _____. (close)

❺ I _____ a blood test at the hospital this morning. (give)

❻ Hunting _____ a sport in many countries. (consider)

STEP 3 괄호 안의 표현 중 맞는 것을 고르세요.

❼ My computer has (infected with / been infected by) a virus.

❽ The suspect was (watching / being watched) by the police.

❾ The training will (complete / be completed) soon.

★정답 및 해설은 420쪽에

18

주의해야 할 수동태 ①

수동태를 거부하는 동사가 있다?

강의 및 예문듣기

🎧 18.mp3　▶ 동영상 08강

꼭 알아야 할
영문법의 기본 개념을
정리하세요.

❶ 자동사는 수동태를 만들 수 없다

모든 동사가 수동태로 쓰일 수 있는 건 아닙니다. 목적어가 없는 자동사의 경우엔 애초에 '남에게 당한 입장'이란 게 나올 수 없기 때문에 수동태를 만들 수 없어요.

He looked happy. 　　　　　　　그는 행복해 보였다. ···▸ he에서 끝난 일이라 수동태 불가

She breathed heavily. 　　　　그녀는 숨을 가쁘게 쉬었다. ···▸ she에서 끝난 일이라 수동태 불가

• breathe 숨쉬다

become, remain은 뒤에 명사가 올 수 있기 때문에 목적어를 가진 타동사로 오해하기 쉽지만 이들 역시 자동사로, 수동태를 만들 수 없습니다.

The boy **became** a professional gamer. 　　　그 소년은 프로게이머가 되었다.
　　　　　···▸ A professional gamer는 목적어가 아니라 주어를 보충 설명한 말

A professional gamer *was become by* the boy. (×)

His murder **remains** a mystery. 　　　　그의 살인사건은 미스터리로 남아 있다.
　　　　　　　　　···▸ A mystery 역시 주어를 보충 설명한 말

A mystery *is remained by* his murder. (×)

consist of는 '~로 구성되다'란 뜻의 자동사 표현입니다. 능동태로 써도 이미 수동의 의미를 갖기 때문에 수동태로 만들지 않아요.

The group **consists of** five members. 　그 그룹은 다섯 명으로 구성되어 있다. ···▸ 구성된 상태

The group *is consisted of* five members. (×)

⏱ 도전! 1분 영작 001

① 그는 변호사가 됐어.　　　　✐ _____

② 그 책은 13챕터로 구성되어 있어.　✐ _____

② 상태를 뜻하는 동사도 수동태를 만들 수 없다

타동사라고 해서 무조건 다 수동태로 만들 수 있는 건 아닙니다. be p.p.를 써서 '당한 상태'임을 나타내고자 하는 게 수동태를 쓰는 이유인데 동사 자체가 이미 상태를 뜻한다면 굳이 수동태로 만들 이유가 없으니까요. 다음 세 가지 타동사 정도는 꼭 기억해 두세요.

I **have** a brand-new cellphone.　　　　나 최신 핸드폰 갖고 있어. ⋯→ 소유한 상태

A brand-new cellphone *is had by* me. (×)

The laptop **costs** $2,000.　　　　그 노트북 컴퓨터는 2천 달러야. ⋯→ 값이 얼마인 상태

$2,000 *is cost by* the laptop. (×)

He **resembles** his father in many ways.　　그는 여러 면에서 자기 아버지를 닮았어. ⋯→ 닮은 상태

His father *is resembled by* him. (×)

⏱ 도전! 1분 영작 002

① 이 핸드폰 300달러야.　　　✐ _____

② 그는 자기 할아버지를 닮았어.　✐ _____

| 정답 |

도전! 1분 영작 001

① He became a lawyer.

② The book consists of 13 chapters.

도전! 1분 영작 002

① This cellphone costs 300 dollars.

② He resembles his grandfather.

③ 수동태가 늘 〈be p.p. + by〉인 것은 아니다

수동태가 공식처럼 늘 〈be p.p. + by〉 형태로 만들어지는 건 아닙니다. 우선, by ~가 생략되는 경우가 많아요. 주어가 누구 때문에 그렇게 된 건지 알 수 없거나 알 필요가 없을 때, 또는 너무 뻔해 굳이 쓸 이유를 못 느낄 땐 by ~를 쓰지 않습니다.

You can't quit. You **are fired**!

누구 맘대로 관둬? 넌 해고야!

⋯→ 누가 해고시켰는지보다 해고됐다는 사실이 중요

The construction of the church **was completed** in 1800.

그 교회는 1800년에 완공됐어. ⋯→ 누가 끝낸 건지는 관심거리가 아님

I think I'm **being followed**.

나 미행당하고 있는 것 같아.

⋯→ 누군지도 모르고, 지금 미행당하고 있다는 사실이 중요

• construction 건설

또 예상을 깨고 by 외에 다른 전치사가 오는 경우도 많아요. 이런 건 〈동사 +
전치사〉 세트로 외우는 게 좋습니다. 다음 표현들 정도는 꼭 알아 두세요.

be interested in ~ ~에 관심이 있다	be involved in ~ ~에 관여되어 있다
be pleased with ~ ~로 기쁘다	be satisfied with ~ ~에 만족하다
be married to ~ ~와 결혼한 상태다	

Are you **interested in** learning English?

영어 배우는 데 관심 있나요?

Who **is involved in** the project?

그 프로젝트엔 누가 관여하고 있지?

I'm **pleased with** the result.

난 그 결과에 만족해.

I'm **satisfied with** his performance.

난 그의 실적에 만족한다.

She's **married to** a U.S. citizen.

그녀는 미국 시민권자와 결혼했어.

한편, be p.p.에서 be동사 대신 get을 쓸 수도 있습니다. 단, be는 정지된 상
태를, get은 다른 상태로의 변화를 나타낸다는 차이가 있죠.

He **was** fired.

그는 해고된 상태였어. ⋯→ 이미 해고된 상황

He **got** fired.

그는 해고됐어. ⋯→ 어떤 원인으로 인해 해고된 상태가 됐다는 변화에 초점

She **was** married.

그 여자는 유부녀였어. ⋯→ 이미 기혼자인 상황

She **got** married.

그 여자는 결혼했어. ⋯→ 미혼에서 기혼으로의 변화에 초점

| 정답 |

도전! 1분 영작 003

❶ I got bored.

❷ She is interested in
   hip hop.

⏱ **도전! 1분 영작 003**

❶ 난 심심해졌어. 🖉 _____

❷ 그 여자애는 힙합에 관심이 있어. (hip hop) 🖉 _____

132

STEP 1 괄호 안의 표현 중 맞는 것을 고르세요.

① More than 40% of Australia (is remained / remains) untouched by humans.

② The coat (cost / was cost / costed) a lot of money.

③ She's married (to / by / with) a fund manager.

④ She's not single. She's married (with / to / by) two children.

STEP 2 잘못된 부분을 찾아 알맞게 고치세요.

⑤ A baseball game is consisted of nine innings.

⑥ He is resembled by his father.

⑦ His wife is involved for the fraud.

⑧ The company is interested by opening offices in South America.

⑨ The guests satisfied with the foods.

⑩ A lot of trees blown down by the storm.

★정답 및 해설은 420쪽에

19

주의해야 할 수동태②

수동태 속 to부정사와
지각/사역동사

강의 및 예문듣기

🎧 19.mp3 ▶ 동영상 08강

1단계
핵심문법 익히기

꼭 알아야 할
영문법의 기본 개념을
정리하세요.

❶ to부정사가 있는 문장의 수동태는 〈be p.p. + to부정사〉

수동태 문장 중에 She is expected to arrive soon.처럼 〈be p.p. + to부정사〉
로 된 문장이 종종 쓰이는데요. be p.p.는 다른 수동태 문장과 마찬가지로 다
른 누군가가 주어에게 한 행동, 즉 주어 입장에서 당한 일을 나타내고, to부정
사 부분은 주어가 직접 능동적으로 할 행동을 가리킵니다.

❶ <u>She</u> is expected to arrive soon.　　　　그 여자가 곧 도착할 것으로 예상된다.

❷ We expect <u>her</u> to arrive soon.　　　　우리는 그 여자가 곧 도착할 것으로 예상한다.

그런데 ❶과 같은 문장을 봤을 때 매번 ❷를 떠올렸다 뒤집으려면 머리가 복잡
해지죠. 그래서 그냥 통째로 be expected to를 '(to 이하의 행동을 할 것)으로 예
상되다'란 의미로 익히는 게 낫습니다. ❷처럼 표현해도 될 것을 ❶처럼 표현하
는 이유는, '누구에 의해' 당한 것인지 모르거나 그게 별로 중요하지 않아서, 또
는 주어가 to부정사의 행동과 관련해 '당하는 입장'이란 사실이 더 중요하기 때
문이에요. 예를 하나 더 살펴볼까요?

❶ He told me to lie.　　　　그가 나한테 거짓말하게 시켰어.

❷ I was told to lie.　　　　나 누가 시켜서 거짓말한 거야.

'그'가 나한테 시킨 것임을 밝히고 싶을 땐 ❶처럼 표현하지만, 누가 시켰는지
밝히고 싶지 않을 때, (내 뜻과는 상관없이) 누가 시켜서 한 거라는 사실만 말하고
싶을 땐 ❷처럼 표현하면 됩니다.

다음 예문들에서도 주어가 직접 한 행동은 to부정사 쪽이고, be p.p. 부분의 행
동은 다른 사람이 한 거예요.

I **was asked to** sign the contract. 난 계약서에 서명하라는 요청을 받았어.

We **were taught to** respect our elders. 우리는 웃어른을 공경하라고 배웠어.

이번엔 사물이 주어인 좀 더 복잡한 예문들입니다. 잘 읽고 비교해 보세요.

Great care **has been taken to** preserve the historical buildings.

유서 깊은 건물들을 보존하기 위해 많은 신경이 써졌다.

They have taken great care to preserve the historical buildings.

그들은 유서 깊은 건물들을 보존하기 위해 많은 신경을 써왔다.

• preserve ~을 보존하다   • historical 역사상의

A glass wall **has been built to** preserve the artifacts.

유물들을 보존하기 위해 유리벽이 세워졌다.

They have built a glass wall to preserve the artifacts.

그들은 유물들을 보존하기 위해 유리벽을 세웠다.

• artifact 인공물, 유물

⏱ 도전! 1분 영작 001

① 나는 여기 남아 달라는 요청을 받았어. (stay) ✏

② 그는 내일 아침 떠날 것으로 예상된다. ✏

② 지각/사역동사가 있는 문장의 수동태는 〈be p.p. + to부정사〉

능동태에서 지각동사를 사용해 see someone dance, hear someone sing 처럼 표현했을 문장은 수동태에서 be seen to dance, be heard to sing처럼 〈be p.p. + to부정사〉 형태가 됩니다. 주어의 행동이나 소리를 남이 보고 듣는 다는 뜻이죠. 대개 지각/사역동사의 주체가 모호하거나 중요하지 않을 때 수동 태로 표현합니다.

He **was seen to** escape. 그가 탈출하는 모습이 목격되었다.

⋯→ 누가 봤는지는 중요하지 않음. (Someone saw him escape.)

She **was heard to** say, "I don't like him."   그녀가 "나 그 사람 싫어."라고 말하는 소리를 누가 들었다.

⋯→ 중요한 건 누가 들었느냐가 아니라 분명 들은 사람이 있다는 사실(Someone heard her say, "I don't like him.")

사역동사 have, make, let, help 중 have, let은 〈be p.p. + to부정사〉로 쓰지 않으며, 나머지 동사들도 대부분 비슷한 의미를 가진 다른 동사들을 이용해 수동태를 표현하는 경우가 많으니 그런 표현들은 따로 익혀 두는 게 좋습니다.

They made him resign. 그들은 그를 사임하게 만들었어.
→ He **was made to** resign. 그는 사임할 수밖에 없었어.

* resign 사임하다

They helped me complete the training. 그들은 내가 그 훈련을 마칠 수 있도록 도와줬어.
→ I **was helped to** complete the training. 난 그 훈련을 마치는 데 도움을 받았어.

They had the president step down. 그들은 대통령을 물러나게 했다.
→ The president **was forced to** step down. 대통령은 (외압으로) 물러나야 했다.

* step down 사퇴하다

They let me take this picture. 그들은 내가 이 사진을 찍을 수 있게 해줬어.
→ I **was allowed to** take this picture. 난 이 사진을 찍어도 된다고 허락받았어.

⏱ 도전! 1분 영작 002

❶ 그가 그 은행에 들어가는 모습이 목격됐다. (enter)

✎ ──────────────

❷ 나 집에 가도 된다고 했어 .

✎ ──────────────

❸ 〈자동사 + 전치사〉는 타동사와 같은 의미가 돼 수동태를 만들 수 있다

목적어가 있어야 당하는 입장이 생기니 타동사만 수동태로 쓸 수 있다고 했는데요. 자동사라도 laughed at me처럼 전치사와 짝을 이루면 전치사의 '목적어'가 생겨 타동사와 같은 의미가 됩니다. 즉 전치사의 목적어를 주어로 놓고 수동태를 만들 수 있게 되는 거죠.

They **laughed at** me. 그들은 날 비웃었어.
→ I **was laughed at**. 난 비웃음을 당했어.

We **are looking into** the problem.

그 우리는 그 문제를 조사 중이야.

→ The problem **is being looked into**.

그 문제는 조사 중이야.

We **talked about** this before.

우리는 전에 이것에 대해 얘기했어.

→ This **was talked about** before.

이건 전에 얘기했잖아.

We **are dealing with** the complaints.

우리는 그 불만사항들을 처리 중이야.

→ The complaints **are being dealt with**.

그 불만사항들 지금 처리 중이야.

Someone **broke into** my house last night.

어젯밤 누군가 우리 집을 침입했어.

→ My house **was broken into** last night.

어젯밤 우리 집에 도둑이 들었어.

A nanny **is looking after** his son.

보모가 그의 아들을 돌보고 있어.

→ His son **is being looked after** by a nanny.

그의 아들은 보모가 돌보고 있어.

• nanny 보모, 가정부

사실, 동사에 전치사를 붙여 쓰는 경우는 자동사/타동사인지, 전치사/부사인지 가릴 필요 없이 의미를 따져 본 다음, 당하는 입장이 되는 명사를 주어로 놓고 나머지 말들은 p.p. 뒤에 붙여 주면 됩니다.

The guide **handed out** the maps.

가이드가 지도를 나눠 줬어.

→ The maps **were handed out** by the guide.

지도는 가이드가 나눠 줬어.

He **asked** her **out** to dinner.

그 사람이 걔한테 저녁 먹자고 데이트 신청을 했어.

→ She **was asked out** to dinner.

걔 저녁 먹자는 데이트 신청을 받았어.

It wasn't true. They **made up** the story. They **made** it **up**!

그건 사실이 아니었어. 그들이 이야기를 만들어 낸 거였어. 그들이 지어낸 거였다고!

→ It wasn't true. The story **was made up**. It **was made up**!

그건 사실이 아니었어. 그 이야기는 만들어진 거였어. 날조된 거였다고!

• make up (이야기 등을) 날조하다

⏱ **도전! 1분 영작 003**

❶ 그 문제는 전에 얘기했었는데. 🖉 ....

❷ 사전은 교사가 나눠 줬다. 🖉 ....

STEP 1   주어진 문장과 같은 뜻이 되도록 써 보세요.

❶ People saw him return to the house.

  🖉 He _____ .

❷ The commander forced the soldiers to shoot first.

  🖉 The soldiers _____ .

❸ They involved her in the negotiating process.

  🖉 She _____ .

STEP 2   빈칸에 들어갈 수 <u>없는</u> 말을 고르세요.

❹ We _____ to submit the report the next day.

  ⓐ were   ⓑ were told   ⓒ were waited   ⓓ were supposed

❺ The workers _____ to increase productivity.

  ⓐ encouraged   ⓑ worked   ⓒ hoped   ⓓ promised

❻ The tourists _____ to shop in the local stores.

  ⓐ were asked   ⓑ were forced   ⓒ were expected   ⓓ were talked

STEP 3   우리말에 어울리도록 주어진 표현을 이용해 문장을 완성해 보세요.

❼ 웬 경찰관이 나한테 얘기 좀 하자고 했다. (speak to, cop)

  🖉 I _____ .

❽ 그 축제는 많은 이들이 기다려 왔다. (many people)

  🖉 The festival _____ .

★정답 및 해설은 420쪽에

20 분사 활용법

문장을 가볍게 만들어주다

강의 및 예문듣기

🎧 20.mp3 ▶ 동영상 09강

① 분사는 형용사처럼 명사를 꾸미거나 설명할 수 있다

앞서 과거분사를 이용해 수동태를 만드는 법을 배웠는데요. 사실 수동태는 분사가 쓰인 무수한 예 중 하나에 불과합니다. 분사는 형용사처럼 쓰려고 만든 말이기 때문에 명사를 꾸미거나 설명할 수 있어요. 따라서 형용사 자리에 들어갈 수 있습니다. 형용사는 명사 앞(a black cat), 또는 명사 뒤(The cat is big. / The cat found the mouse dead.)에 온다고 했던 거 기억하실 거예요.

◆ 명사를 꾸밀 때

I saw a black cat.   검은 고양이를 봤어. ···→ 형용사

I saw a sleeping cat.   잠자는 고양이를 봤어. ···→ 현재분사

I saw an injured cat.   다친 고양이를 봤어. ···→ 과거분사

                                           • injure 다치게 하다

I poured the cold water into the cup.   컵에 차가운 물을 부었어. ···→ 형용사

I poured the boiling water into the cup.   컵에 끓는 물을 부었어. ···→ 현재분사

The little rabbit didn't move.   그 작은 토끼는 꼼짝하지 않았어. ···→ 형용사

The frightened rabbit didn't move.   그 겁에 질린 토끼는 꼼짝하지 않았어. ···→ 과거분사

◆ 명사를 설명할 때

The cat was black.   고양이는 까맸어. ···→ 형용사

The cat was sleeping/injured.   고양이는 자고 있었어/다쳤어. ···→ 분사

여기서 The cat was sleeping.은 아주 낯익은 문형이죠? 그래요, 바로 진행시제에서 빌려 쓴 거예요. 즉 '주어가 능동적으로 어떤 행동을 하고 있는 상태'를 현재분사를 이용해 나타낸 겁니다. 그리고 The cat was injured.는 앞서 배웠던 수동태 형태로, '주어가 수동적으로 당한 상태'를 과거분사를 이용해 나타낸 거예요. 즉 애초에 따로따로 떨어져 있던 문법이 아니라 분사라는 거대한 하나의 문법이 여기저기서 활용되고 있었던 거죠.

I got **angry/fired**. 난 화가 났어/해고됐어. ···→ 형용사/분사

I found him **funny/interesting**. 난 그 사람이 웃기다는/재밌다는 걸 알게 됐어. ···→ 형용사/분사

He left the door **open/closed**. 그 사람은 문을 열린/닫힌 상태로 놔뒀어. ···→ 형용사/분사

• close v. ~을 닫다

⏱ 도전! 1분 영작 001

❶ 난 피곤해졌다. ✎ _____

❷ 그는 그 아이들이 자고 있게 내버려 뒀어. ✎ _____

② 분사는 동사처럼 의미상 주어, 목적어, 보어, 수식어가 붙을 수 있다

분사는 동사에서 만든 말이라 형용사와 달리 의미상 주어, 목적어, 보어, 수식어를 데리고 다닐 수 있습니다. '분사구'가 되는 셈이죠.

They just stood there, <u>some smiling</u>. 그들은 그냥 거기 서 있었고, 어떤 이들은 웃고 있었어.
···→ 의미상 주어 some

There is a stalker **following me**. 날 쫓아오고 있는 스토커가 있어. ···→ 목적어 me

The man, **being a doctor**, knew what to do. 그 남자는 의사였고 (그래서) 뭘 해야 할지 알았지.
···→ 보어 a doctor

We heard a woman **talking loudly**. 우린 큰 소리로 떠드는 여자 목소리를 들었어. ···→ 수식어 loudly

분사로 명사를 꾸밀 때, 분사 한 단어만 쓰거나 분사 앞에 수식어 한두 단어가 붙는 정도면 분사를 명사 앞에 쓸 수 있습니다. 하지만 분사 뒤쪽에 다른 말이 붙으면 아래처럼 분사구를 아예 꾸밀 명사 뒤로 보내 버립니다. 꾸밀 명사가 너무 뒤로 밀려나 헷갈리는 걸 막기 위해서죠.

I saw **a stalker** <u>following a woman</u>.   웬 스토커가 여자를 쫓아다니는 걸 봤어.

I saw *a <u>following a woman</u> stalker.* (×)   ⋯→ 꾸밀 명사 앞에 또 명사가 오면 헷갈릴 수 있음.

단, 명사 뒤로 보낼 때 명사 입장에서 능동인 움직임이면 -ing, 남이 한 행동에
당하는 입장이면 p.p.를 쓴다는 점은 꼭 기억하세요.

The news is about a stalker **following** celebrities.

그 뉴스는 유명인들을 쫓아다니는 스토커에 관한 거야.

The news is about a stalker **arrested** last night.

그 뉴스는 어젯밤 체포된 스토커에 관한 거야.

• celebrity 유명인

A man **wearing a mask** stared at her.   마스크 쓴 남자가 그 여자를 빤히 쳐다봤어.

The stadium **built in 1984** cost a lot of money.

그 경기장은 1984년에 지어졌는데 비용이 많이 들어갔지.

• stare at ~를 빤히 쳐다보다

⏱ 도전! 1분 영작 002

❶ 나 큰 소리로 떠드는 남자 봤어.   ✎ ....

❷ 그 책은 자기 꿈을 좇는 소녀에 관한 거야. (follow)

✎ ....

141

STEP 1 빈칸에 들어갈 수 <u>없는</u> 말을 고르세요.

❶ The boy became _____ .

ⓐ a sports star　　ⓑ excited　　ⓒ quickly　　ⓓ famous

❷ What do I do with the _____ file?

ⓐ new video　　　　　　　　ⓑ deleted

ⓒ .jpg　　　　　　　　　　　ⓓ downloaded on the computer

❸ He did a good job. His boss was _____ .

ⓐ satisfying　　ⓑ happy　　ⓒ pleased　　ⓓ impressed

❹ I read a _____ book.

ⓐ highly recommended　　　ⓑ poorly written

ⓒ published in Europe　　　ⓓ very inspiring

STEP 2 괄호 안의 동사를 알맞은 형태로 바꿔 빈칸을 채워 보세요.

❺ The company manufactures highly _____ equipment.
(specialize)

❻ The man _____ next to me was from France. (sit)

❼ You can purchase these products at _____ prices. (reduce)

❽ Exercise makes you feel _____ and _____ .
(refresh, revitalize)

★정답 및 해설은 421쪽에

21

절 대신 쓰는 분사구문

분사에 딸린 수식어들이 많을 때

강의 및 예문듣기

🔊 21.mp3   ▶ 동영상 09강

1단계
핵심문법 익히기

꼭 알아야 할
영문법의 기본 개념을
정리하세요.

① **분사구문은 꾸며 주려는 주어 앞이나 뒤, 또는 문장 맨 뒤로 갈 수 있다**

분사가 잡스런 말들을 치렁치렁 달고도 주어 뒤로 안 가고 앞에 오는가 하면,
아예 꾸며야 할 주어와 뚝 떨어져 있을 때도 있습니다. 이런 경우를 '분사구문'
이라고 해요. 분사구문은 원래 주절에 붙는 종속절을 '분사구'로 바꾼 겁니다.
두 절의 주어가 같으니 어떻게든 문장을 줄여 보려는 거죠. 예컨대 다음과 같
은 식이 됩니다.

❶ <u>Because he felt very tired</u>, he went to bed early.

그는 심한 피로를 느꼈기 때문에 일찍 잠자리에 들었다.

❷ <u>Feeling very tired</u>, he went to bed early.   심한 피로를 느끼며 그는 일찍 잠자리에 들었다.

❷처럼 쓰면 문장에 주어가 하나만 나오니까 좀 덜 복잡해진다는 장점이 있죠.
단점은 접속사가 없어 어떤 논리인지(이유인지 동시에 일어나는 일인지) 파악하기
힘들다는 겁니다. 또 문장이란 주어인 명사로 시작해야 자연스러운 법인데 이
렇게 분사로 시작하는 것도 어색하죠. 그래서 대개는 He went to bed early,
feeling very tired.처럼 주어보다 뒤쪽으로 보내거나 그냥 접속사를 넣어 ❶
처럼 씁니다. 분사구문은 주어 바로 뒤에도 삽입될 수 있는데 어차피 주어에
대한 얘기이기 때문에 모두 주어를 꾸미는 거라고 생각하면 돼요.

Feeling very tired, the man went to bed early.

심한 피로를 느낀 그 남자는 일찍 잠자리에 들었다.

The man, feeling very tired, went to bed early.

그 남자는 심한 피로를 느끼며 일찍 잠자리에 들었다.

The man went to bed early feeling very tired.

그 남자는 심한 피로를 느끼며 일찍 잠자리에 들었다.

The man went to bed *feeling very tired* early. (×)

⋯→ 애매하게 중간에 들어가면 어떤 말을 꾸미려는 건지 헷갈릴 수 있음.

분사구문이 문장 뒤쪽에 쓰일 때, 그 바로 앞에 명사가 오면 분사구가 그 명사를 꾸미는 건지, 멀리 떨어져 있는 주어를 꾸미는 건지 헷갈릴 수 있겠죠? 그래서 쉼표를 찍어 분리해 주거나 아예 노골적으로 접속사를 넣어 줍니다. 하지만 쉼표를 안 찍을 때도 있으니 문맥을 보고 판단해야 돼요. 단, 분사구문이 주어보다 앞에 오면 꼭 쉼표를 찍습니다.

The girl met some of her classmates, **waiting for a bus.**

그 소녀는 버스를 기다리다가 반 친구들 중 몇몇을 만났다.

⋯→ 쉼표로 분리함으로써 버스를 기다리는 쪽이 some of her classmates가 아님을 표시

The girl met some of her classmates **while** waiting for a bus.

⋯→ 버스를 '기다리는 동안' 만났다는 의미가 분명해짐.

분사구문을 앞에 쓸 경우엔 주절과 동시에, 혹은 주절보다 먼저 일어난 일이나 주절의 원인인 일을 쓰는 것이 좋습니다. 누구나 일이 일어난 순서대로 설명하기 마련이니까요. '아침에 일어나 씻고 아침밥 먹고…'라고 하지 '아침밥 먹고 아침에 일어나 씻고…'라고 하진 않잖아요. 분사구문도 마찬가집니다.

Burning her fingers, she picked up a hot iron. (×)

⋯→ 다리미를 집어 든 다음에 데어야 자연스러운 흐름

→ **Picking up a hot iron**, she burned her fingers.

뜨거운 다리미를 집어 들던 그녀는 손가락을 데었다.

Coming across her ex, she walked on the street. (×) ⋯→ 걷다가 만나는 게 자연스러운 순서

→ **Walking on the street**, she came across her ex.

거리를 걷던 그녀는 옛 애인과 우연히 만났다.

• ex 옛 애인, 전남편, 전처

아예 다음처럼 접속사를 써서 시간 순서를 명확히 해줄 수도 있어요.

After working day and night, she got promoted. 밤낮으로 일한 뒤(끝에) 그녀는 승진했다.

Don't use a cellphone **while** driving. 운전하는 동안 핸드폰을 사용하지 마세요.

분사구문은 특별히 많이 쓰여서라기보다는, 워낙 특이해 제대로 알지 못하면 문장을 잘못 이해하기 쉽기 때문에 배우는 겁니다. 회화에선 잘 안 쓰고 소설 같은 데서 장면을 묘사할 때 잘 쓰죠. 읽을 땐 그냥 주어에 대한 설명이라고 생각하면 됩니다.

⏱️ **도전! 1분 영작 001**

❶ 우리는 신나는 기분으로 뉴욕에 도착했다. (feel excited)

✏️ _____

❷ 나는 그를 기다리며 벤치에 앉았다.

✏️ _____

❷ 분사구문이 주절보다 시간상 앞선 일이면 having p.p.로 표현한다

분사구문에 p.p.만 있다면 당하는 의미지만 having p.p.가 되면 '완료'를 뜻합니다. 만약 시제도 앞서 일어난 일이고 당하는 입장이라면 having been p.p.로 표현하죠. 주절의 시제보다 앞선 일임을 강조하고 싶을 때 부정사에서 to have p.p.를 썼던 것처럼 분사에선 having p.p.를 쓰는 겁니다. 앞으로 배울 동명사에서도 앞선 일에는 having p.p.를 쓰죠.

Holding my breath, I walked into the professor's office.

숨을 죽이며 난 교수실로 걸어 들어갔다. ⋯→ 주절과 같은 시제

Disappointed by the news, he cancelled the party.

그 소식에 실망한 그는 파티를 취소해 버렸다. ⋯→ 주절과 같은 시제, 당하는 입장

Having lost my credit card, I paid cash for the phone.

신용카드를 잃어버린 나는 현금을 내고 전화기를 샀다. ⋯→ 주절보다 확실히 앞선 시제

Having been left off the national team for three years, he retired and became a sports commentator.

국가 대표팀에서 3년간 밀려나 있었던 그는 은퇴해서 스포츠 해설가가 되었다. ⋯→ 주절보다 확실히 앞선 시제, 당하는 입장

• **leave off** 그만두다   • **commentator** 해설가

| 정답 |

도전! 1분 영작 001

❶ Feeling excited, we arrived in New York. 또는 We arrived in New York, feeling excited.

❷ Waiting for him, I sat down on a bench. 또는 I sat down on a bench, waiting for him.

부정문을 만들고 싶을 땐 분사구문 앞에 **not**만 붙이면 됩니다.

<u>Not</u> feeling tired, I kept working. 피곤함을 못 느낀 나는 계속 일했다.

<u>Not</u> knowing what it was, she left it untouched.

그게 뭔지 모르는 그 여자는 그걸 건드리지 않은 채로 놔뒀다.

<u>Not</u> having met him before, I can't tell what kind of person he is.

전에 그 남자를 만나 본 적이 없어 나는 그가 어떤 사람인지 모른다.

⏱ 도전! 1분 영작 002

① 결과에 실망한 그녀는 울었다. ✏ _____

② 전에 거기 가 본 적이 없는 나는 긴장이 됐다. (get nervous)

✏ _____

③ 분사구문의 의미상 주어와 문장의 주어는 같아야 한다

분사구문에서 가장 중요하고 그래서 시험에도 단골로 등장해 온 규칙이 바로 '분사구문의 의미상 주어와 문장의 주어는 같아야 한다'는 겁니다. 분사구문의 목적은 주어인 명사를 꾸미거나 설명하려는 거니까 분사구문 속에 있는 -ing/p.p.는 당연히 그 주어가 한 행동이어야 말이 되죠. 다음 두 예문을 보세요.

❶ Putting on the new jacket, **he** took the price tag off the collar.

새 재킷을 입으면서 그는 깃에서 가격표를 떼어냈다.

❷ Putting on the new jacket, *the price tag* was taken off the collar. (×)

❶은 '새 재킷을 입으면서 깃에서 가격표를 떼어냈다'란 의미로, 입는 행동과 가격표를 떼어내는 행동의 주어가 he로 같습니다. 하지만 ❷에서는 가격표가 옷을 입고 있다는 황당한 얘기가 돼 버리죠. 아래 예문들도 같은 원리입니다.

Worried about safety, **she** cancelled the trip to the Middle East.

안전이 걱정된 그녀는 중동 여행을 취소했다.

<u>Worried about safety</u>, *the trip to the Middle East* was cancelled. (×)

• wrap (감)싸다

| 정답 |
도전! 1분 영작 002

① Disappointed by the result(s), she cried. 또는 She cried, disappointed by the result(s).

② Not having been there before, I got nervous.

146

Having finished dinner, **he** washed the dishes. 저녁식사를 마친 그는 설거지를 했다.

Having finished dinner, *the dishes* were washed. (×)

Looking for snacks in the refrigerator, I found something wrapped in foil.

냉장고에서 간식을 찾던 나는 호일에 쌓인 뭔가를 발견했다.

Looking for snacks in the refrigerator, *something wrapped in foil* was found. (×)

⏱ 도전! 1분 영작 003

① 새 옷을 입은 그 남자는 기분이 좋았다. (clothes)

✎ ....

② 숙제를 마치고 난 그녀는 TV를 켰다. ✎ ....

| 정답 |

도전! 1분 영작 003

① Putting on new clothes, he felt good.

② Having finished homework, she turned on TV.

STEP 1 주어진 문장을 분사구문이 들어간 문장으로 바꿔 보세요.

① While I was waiting in line to pay, I realized I didn't have my wallet.

🖉 ....

② The hospital was built in 2010. It was designed to accommodate 200 patients.

🖉 ....

③ The program was launched in 2000. It is recognized as one of the best in the world.

🖉 The program, ...

STEP 2 괄호 안의 표현 중 맞는 것을 고르세요.

④ (Leaving / Left) alone, the baby cried.

⑤ (Having known / knowing) each other for many years, they decided to marry.

⑥ You are not allowed to talk on the phone (while / after / before) driving a car.

⑦ (Delivering / Delivered) by a motorcycle courier, the package arrived just on time.

⑧ The First Lady got in the car, (exhausting and stressing / waving and smiling).

⑨ (Having not finished / Not having finished) the test, I couldn't leave the classroom.

★정답 및 해설은 421쪽에

22

부대 상황 표현법

동시에 일어나는 상황을 말할 때

강의 및 예문듣기

🎧 22.mp3　▶ 동영상 09강

1단계
핵심문법 익히기

꼭 알아야 할
영문법의 기본 개념을
정리하세요.

❶ 동시에 일어나는 두 가지 상황은 with -ing/p.p.로 표현한다

사람 많은 지하철에서 다리를 꼰 채 앉아 있는 여자를 봤다고 상상해 보세요. 사람이 한 명이니 한 가지 상황만 있는 것 같지만 실은 최소한 두 가지는 됩니다.

❶ 여자가 앉아 있다. 　　　**❷ 다리를 꼬고 있다.**

물론, 일단 앉은 다음에 다리를 꼬았겠지만 내가 본 시점에선 이미 꼰 채로 앉아 있었기 때문에 두 가지 상황이 동시에 일어나고 있는 셈이죠. 이를 문법에서는 '부대 상황'이라고 합니다.

분사는 바로 이런 부대 상황을 표현할 때 요긴하게 쓸 수 있어요. 함께 있는 모습을 표현하기 좋은 전치사 with를 이용해 〈with + 분사구의 의미상 주어 + -ing/p.p.〉로 나타내는 거죠. 접속사를 썼을 때와 한번 비교해 볼까요?

❶ She was sitting **and** her legs were crossed.　　그 여자는 앉아 있었고 다리는 꼰 상태였다.

❷ She was sitting **with** her legs crossed.　　　　　그 여자는 다리를 꼰 채 앉아 있었다.

❶은 두 상황을 따로 묘사하기 때문에 동시에 일어나고 있다는 느낌이 잘 살지 않지만, **❷**는 with로 한꺼번에 장면을 묘사하는 느낌이라 동시 상황임이 잘 나타나죠. 이때 with 다음에는 반드시 분사구의 의미상 주어가 와야 합니다. 우리말 식으로 생각하면 She was sitting with crossing her legs.도 될 것처럼 느껴지지만, '다리 꼬기와 함께 앉아 있었다'처럼 이상한 의미가 돼 버립니다(전치사 뒤엔 동명사가 오기 때문이에요. 동명사는 다섯째 마디에서 배웁니다). 만약 crossing으로 쓰고 싶다면 She was sitting, crossing her legs처

럼 같은 주어를 전제로 하는 분사구문으로 써야 하죠. ⟨with + 의미상 주어⟩ 뒤에 쓸 분사는 의미상 주어의 입장에 따라 -ing냐 p.p.냐가 결정됩니다.

He walked into my office **with his fist** <u>clenched</u>.

> 그는 주먹을 꽉 쥔 채 내 사무실로 걸어 들어왔다.
>
> ⋯→ clench는 '뭔가를 꽉 쥐다'란 뜻으로, 주먹 입장에선 p.p.니까 clenched

She walked towards him **with her heart** <u>pounding</u>.

> 그녀는 쿵쿵거리는 가슴을 안고 그를 향해 걸어갔다.
>
> ⋯→ pound는 '쿵쿵 소리가 나다'란 뜻의 자동사로, heart 입장에선 능동적으로 내는 소리니까 pounding

The actor took a nap **with his bodyguard** <u>watching</u> TV.

> 보디가드가 TV를 보는 동안 그 배우는 낮잠을 잤다.

He has been up all night **with his sleeves** <u>rolled</u> up.

> 그는 소매를 걷어붙인 채 밤을 꼬박 샜다.
>
> • be up all night 밤을 꼬박 새다   • roll up 말아올리다

그런데 명사의 특징을 묘사해 주는 건 원래 형용사가 하는 일이죠? 그래서 분사 자리에 당연히 형용사도 들어갈 수 있습니다. 형용사구도 가능하구요.

Don't speak **with your mouth** <u>full</u>.

> 입 안에 음식이 가득 든 채로 말하지 마.
>
> ⋯→ 입 안이 음식으로 가득 찬(full) 상태

Don't stand **with the refrigerator door** <u>open</u>.

> 냉장고 문 열어 두고 서 있지 마.
>
> ⋯→ 냉장고 문이 열린(open) 상태

She was eating **with her elbows** <u>on the table</u>.

> 그녀는 팔꿈치를 식탁에 댄 채 먹고 있었다.
>
> ⋯→ 팔꿈치가 on the table에 있는 상태

I went to bed **with my phone** <u>on vibrate</u>.

> 난 핸드폰을 진동 모드로 해놓고 잤다.
>
> ⋯→ 핸드폰이 on vibrate로 돼 있는 상태
>
> • on vibrate 진동으로(= on vibration mode)

 **도전! 1분 영작 001**

❶ 그녀는 눈을 감은 채 앉아 있었다. _____

❷ 그는 손에 담배 한 개비를 쥔 채 잠들어 있었다. (asleep)

_____

sleep vs. sleeping vs. asleep

이 세 단어는 쓰임새가 조금씩 달라요. sleep은 명사와 동사로 쓰이고, asleep은 형용사입니다. sleeping은 분사죠. '잤다'처럼 과거에 다 끝난 행동을 묘사할 땐 He slept. '자고 있었다'처럼 특정 시점에 잠자는 행동이 진행되는 것으로 생각하면 He was sleeping. '잠들어 있었다'처럼 잠든 상태를 설명할 땐 He was asleep.으로 표현하는 게 자연스럽습니다.

| 정답 |

도전! 1분 영작 001

❶ She was sitting with her eyes closed.

❷ He was asleep with a cigarette in his hand.

분사구문의 의미상 주어는 주절의 주어와 같아야 한다고 했는데요. 주어가 서로 다른 두 가지 상황을 표현하고 싶다면 분사구문 앞에 의미상 주어를 넣어 줄 수 있습니다.

The President being absent, the Vice President chaired the meeting.

대통령이 부재 중이라 부통령이 의장을 맡았다.

Being absent, the Vice President chaired the meeting. (×)

⋯ 부통령이 absent면 모순

이렇게 나름대로 주어를 갖춘 분사구문은 주절과 독립해 따로 논다고 해서 '독립분사구문'이라고 부르는데, 분사구문과 주절을 각각 독립된 문장처럼 생각하고 읽어도 됩니다. 또는 부대 상황을 만들 때처럼 with를 넣을 수도 있어요. 어차피 주어가 두 개라는 건 두 가지 상황이란 얘기니까요. 이럴 때 being은 별 의미가 없기 때문에 잘 생략됩니다.

With the President (being) absent, the Vice President chaired the meeting.

대통령이 부재 중이라 부통령이 의장을 맡았다.

With the prices (being) so low and the food (being) so tasty, it's no wonder the place is packed with people.

가격 무지 저렴하지, 음식 너무 맛있지, 그러니 당연히 그 집에 사람들이 꽉 들어찰 수밖에.

They sat at the table, some smiling at the camera.

그들은 테이블에 앉았고, 몇몇 사람은 카메라를 보며 미소 짓고 있었다. ⋯ some이 smiling ~의 의미상 주어

• packed with ~로 가득한

⏱ 도전! 1분 영작 002

❶ 날씨가 추워 우리는 실내에서 많은 시간을 보냈다. (indoors)

🖉 ....

❷ 회의는 회장이 부재 중인 상태로 끝났다. (chairman)

🖉 ....

| 정답 |
도전! 1분 영작 002

❶ (With) The weather being cold, we spent a lot of time indoors.
▶ 이 경우엔 being이 생략되면 문장이 어색함.

❷ The meeting ended with the chairman (being) absent.

❸ 독립분사구문 관용표현

주절의 주어와 상관없이 그냥 갖다 쓸 수 있는 관용표현들이 있습니다. 표현 자체가 분사구문이므로 구문 자체로 쓰거나 뒤에 목적어가 필요한 경우 명사만 넣으면 돼요. 요긴하게 써먹을 수 있는 표현들이니 꼭 익혀 두세요.

Considering ~	~를 고려할 때, ~를 감안하면
Generally speaking	일반적으로, 대개
Judging from ~	~로 판단해 볼 때, ~로 보아
Speaking of ~/Talking of[about] ~	~ 얘기가 나와서 말인데
Strictly speaking	엄밀히 말해, 엄격히 따지면

Considering his age, he is in good shape.　　　나이를 감안하면 그 사람은 건강한 거야.

Generally speaking, women drink less alcohol than men.

일반적으로 여성은 남성보다 술을 적게 마신다.

Judging from his appearance, he must be German.

그 사람의 외모로 보아 분명 독일 사람이야.

Speaking of Chinese food, have you been to the new Chinese

restaurant down the street?　　　중국 음식 얘기가 나와서 말인데, 길 저쪽에 새로 생긴 중국집 가봤어?

Talking of[about] the book, have you found any errors in it?

그 책 얘기가 나와서 말인데, 거기서 오류 찾은 거 있어?

Strictly speaking, tomatoes are vegetables.　　　엄밀히 말해 토마토는 채소다.

• in good shape 몸 상태가 좋은

⏱ 도전! 1분 영작 003

❶ 그 남자의 이메일 주소로 보아 분명 일본 사람이야.

✏ ------------------------------------

❷ 엄밀히 말해 그 사람(남자)이 틀린 건 아니야.

✏ ------------------------------------

STEP 1 with를 이용해 두 문장을 한 문장으로 만들어 보세요.

❶ The weather had been so cold. Many schools were temporarily closed.

✏ ....

❷ Her husband worked 60 hours a week. She was often left alone.

✏ ....

❸ He came out of the bathroom. He left his zipper open.

✏ ....

❹ Take a deep breath. Keep your eyes closed.

✏ ....

STEP 2 빈칸에 어울리는 관용표현을 넣어 문장을 완성해 보세요.

⑤ 엄밀히 말해 그건 투자가 아니라 투기야.

✏ ...., it's speculation, not investment.

⑥ 걔 성격을 생각하면 놀랄 일도 아니지.

✏ .... his personality, it's not surprising.

❼ 성격 얘기가 나와서 말인데, 넌 어떤 성격을 가졌다고 생각하니?

✏ .... personality, what kind of
personality do you think you have?

❽ 일반적으로 단기 기억은 약 20〜30초간 지속된다.

✏ ...., short-term memory lasts for about
20 to 30 seconds.

★정답 및 해설은 422쪽에

STEP 1 다음 글을 읽고 질문에 답하세요.

Located in northeast Africa, Ancient Egypt was ruled by powerful kings called the pharaohs. The great pyramids were built as tombs for them. When they died, the pharaohs and their treasures were buried in the pyramids. In 1922 a great discovery was made - the tomb of the pharaoh Tutankhamen. Unlike other ancient tombs, this one had not been robbed because it was so well hidden. Tutankhamen died unexpectedly at the age of 19. Very little is known of his life.

❶ 글과 일치하는 내용을 고르세요.

ⓐ The powerful kings called the pharaohs when they ruled Ancient Egypt.
ⓑ Robbers failed to find the tomb of King Tutankhamen.
ⓒ King Tutankhamen had little knowledge of life.

People were pushing forward to get a better look at her, many coming from neighboring villages, some accompanied by crippled children. They hoped Cynthia would cure them. A man in the crowd was shouting, calling Cynthia an "imposter." He shouted that she was only deceiving people and would be punished by God. A woman was begging Cynthia to cure her disease. Stretching her arms towards her, the woman looked at Cynthia with tears in her eyes.

❷ 글과 일치하지 <u>않는</u> 내용을 고르세요.

ⓐ Many people in the crowd believed Cynthia had a power to cure sick people.
ⓑ Some came with their disabled children.
ⓒ Everyone believed Cynthia could perform miracles.

❸ 밑줄 친 "imposter"의 의미를 추측해 보세요.

ⓐ A non-believer of religion   ⓑ Someone who tricks people
ⓒ Someone who cures sick people

STEP 2 괄호 안에 주어진 표현을 이용해 영작해 보세요.

❹ 터키는 어디에 있어요? (locate)

✎ _____

❺ 이건 지난번 회의에서 합의했잖아. (agree on, last)

✎ _____

❻ 우리 정치인들한테 실망했어. (disappoint, politician)

✎ _____

STEP 3 우리말에 어울리도록 괄호 안에 주어진 표현을 이용해 대화문을 완성해 보세요.

❼ A How would you like your steak prepared?

　B 바짝 익혀 주세요. (well-done)

　🎤 I'd like _____ .

❽ A Why are you so upset?

　B 과속했다고 딱지 떼였어. (give a ticket)

　🎤 I _____ for speeding.

❾ A Can you tell me what happened at the scene?

　B 차들이 파손됐어요. (damage)

　🎤 _____

❿ A Did you do it yourself?

　B 아니, 전문가한테 시켜서 했지. (do)

　🎤 No, I _____ by a professional.

★정답 및 해설은 422쪽에

다섯째 마디

●

동명사

동사가 명사로
둔갑하다

23

동명사

동사의 특징을 가진 명사

강의 및 예문듣기

🔊 23.mp3 ▶ 동영상 10강

1단계

핵심문법 익히기

꼭 알아야 할
영문법의 기본 개념을
정리하세요.

❶ 동명사는 명사처럼 주어, 목적어, 보어 역할을 한다

우리말로 '먹다'를 명사형으로 만들면 '먹기'나 '먹음'이 되죠. 영어에서는 eating이라고 동사 꼬리에 -ing를 붙입니다. 이렇게 동사를 명사로 쓰기 위해 바꾼 형태가 바로 동명사예요.

여기서 잠깐! 동사를 다른 품사로 쓰고 싶을 때 변신시켰던 형태들을 한자리에 모았습니다. 지금까지 배웠던 내용들을 다시 한 번 생각해 보세요.

부정사	분사		동명사
(동사를 명사나 형용사, 부사로 쓰고 싶을 때)	(동사를 형용사로 쓰고 싶을 때)		(동사를 명사로 쓰고 싶을 때)
	동사 → 현재분사	동사 → 과거분사	
eat 먹다 → to eat put 두다 → to put bring 가져오다 → to bring	eat → eating put → putting bring → bringing	eat → eaten put → put bring → brought	eat → eating put → putting bring → bringing

동명사는 명사가 하는 일은 다 할 수 있어요. 즉 주어, 목적어, 보어로 쓸 수 있죠.

◆ 주어로 쓸 때

<u>Fishing</u> is his favorite pastime.

낚시는 그가 가장 즐기는 취미야.

<u>Going</u> to a concert is an exciting experience.

콘서트에 가는 건 신나는 경험이지.

· pastime 취미, 오락

◆ 목적어로 쓸 때

I enjoy <u>running</u> at night.

난 밤에 달리기 하는 걸 좋아해. ···› 동사의 목적어

She's interested in <u>skiing</u>.

걘 스키에 관심이 있어. ···› 전치사의 목적어

157

◆ 보어로 쓸 때

The best exercise is <u>walking</u>.   가장 좋은 운동은 걷기다. ⟶ The best exercise = walking

The only solution is <u>turning off the computer</u> and <u>rebooting</u> it.

유일한 해결책은 컴퓨터를 끄고 재부팅하는 거야.

⟶ The only solution = turning off the computer + rebooting it

⏱ 도전! 1분 영작 001

❶ 그는 스키를 즐겨 타.   ✎ _____

❷ 난 낚시엔 관심 없어.   ✎ _____

❷ 동명사에는 동사처럼 주어, 목적어, 보어, 수식어가 붙을 수 있다

동명사는 명사지만 동사의 성질도 갖고 있습니다. 진짜 명사와는 달리 무엇이 움직이는지 의미상 주어를 넣을 수 있고, 목적어나 보어, 수식어도 붙일 수 있다는 뜻이에요.

◆ 의미상 주어가 붙을 때

일반적인 얘기거나 문장 전체의 주어와 동일인이면 따로 넣을 필요가 없지만 주어가 다르면 동명사 앞에 소유격으로 표시해 줍니다.

<u>Walking at night</u> can be dangerous.   밤에 걷는 건 위험할 수 있다. ⟶ 일반적

<u>Her</u> walking again is a miracle.   그녀가 다시 걷는 것은 기적이다.

I'm tired of <u>his</u> complaining all the time.   걔 맨날 불평해대는 거 지긋지긋해.

◆ 목적어가 붙을 때

His joining <u>the army</u> made headlines.   그가 군에 들어간 것이 언론에 대서특필됐다.

Taking <u>vitamin C</u> helps you prevent colds.   비타민 C를 먹으면 감기를 예방하는 데 도움이 된다.

I have problems with <u>sending</u> <u>emails</u>.   이메일 보내는 게 잘 안 되네.

| 정답 |

도전! 1분 영작 001

❶ He enjoys skiing.

❷ I'm not interested in fishing.

◆ 보어가 붙을 때

Being **a working mom** is never easy.　　일하는 엄마로 산다는 건 절대 쉬운 일이 아니다.

Being **happy** means enjoying life.　　행복하다는 건 인생을 즐기는 걸 의미한다.

⋯→ life는 enjoying의 목적어

◆ 수식어가 붙을 때

Walking **along the beach** is romantic.　　바닷가를 걷는 건 낭만적이야.

He likes hanging out **with friends**.　　그는 친구들과 어울려 다니며 노는 걸 좋아해.

I'm not used to getting up **early**.　　난 일찍 일어나는 데 익숙지 않아.

• hang out 놀다　• get up (잠에서) 일어나다

부정의 의미를 나타낼 땐 동명사 바로 앞에 not만 갖다 붙이면 됩니다.

She's upset at **not** being able to find work.　그 여자는 일을 찾을 수 없다는 것에 속상해하고 있어.

Not knowing the law is not an excuse for repeatedly breaking it.

그 법을 모르는 것이 반복해서 위반하는 것에 대한 변명이 되지는 못하죠.

• excuse 변명, 핑계

⏱ 도전! 1분 영작 002

❶ 채소를 먹는 것은 질병을 예방하는 데 도움이 돼. (disease)

✎ ....

❷ 우리는 외국에서 공부하는 것에 대해 얘기했어.

✎ ....

③ 동명사로 시제를 표시할 수 있으며, 수동태 표현도 가능하다

동명사는 동사의 성질을 가지고 있기 때문에 시제도 표현할 수 있고, 수동태로도 만들 수 있습니다.

◆ 주절보다 앞선 시제일 땐 having p.p.

주절의 동사와 같은 시제면 그냥 -ing, 그보다 앞선 일로 시제의 차이가 있음을 확실히 나타내려면 having p.p.로 표현합니다. 부정사와 똑같죠?

159

I'm proud of <u>being</u> a part of the team.　　나는 팀의 일원이란 사실에 자부심이 느낀다.

= I'm proud that I'm a part of the team.

I'm proud of <u>having been</u> a part of the team.　나는 팀의 일원이었다는 사실에 자부심을 느낀다.

= I'm proud that I was[have been] a part of the team.

I remember <u>having been</u> here before.　　　　　전에 여기 왔던 기억이 나.

<u>Having met</u> someone once doesn't mean you know him.

누군가 한 번 만난 적이 있다고 해서 그 사람을 안다고 할 수는 없다.

He apologized for <u>not having called</u> me lately.

그는 요즘 내게 전화 안 한 것에 대해 사과했어.

I feel silly for <u>not having noticed</u> that before.

그걸 전에 눈치 채지 못했다니 내가 한심하게 느껴진다.

◆ 수동태로 표현하려면 being p.p.

수동태는 be에 -ing를 붙여 being p.p.로 만들면 됩니다. 주절보다 앞선 일이
면 having been p.p.가 되고요.

I got angry at <u>being ignored</u>.　　　　　　　　난 무시당하는 것에 화가 났어.

He talked about the disadvantages of <u>not being married</u>.

그 남자는 미혼이어서 불리한 점에 대해 얘기했어.

She's angry about <u>not having been invited</u> to the farewell party.

그 여자는 송별회에 초대받지 못한 것에 화가 나 있어.

The actress is famous for <u>having been dumped</u> by her boyfriend.

그 여배우는 남자친구한테 차인 것으로 유명하다.

・ farewell party 송별회　　・ dump (애인을) 차버리다

⏱ 도전! 1분 영작 003

❶ 그는 돈이 많은 것으로 유명하다.　　✎ ....

❷ 그녀는 여기서 태어났다는 걸 자랑스러워한다.

　　　　　　　✎ ....

160

STEP 1 잘못 쓰인 동사를 찾아 올바른 형태로 고치세요.

❶ I'm not interested in buy now.

❷ The injury will prevent him from play in the playoffs.

❸ He's good at persuade people.

STEP 2 아래 예처럼 **-ing**를 이용해 두 문장을 하나로 합쳐 보세요.

> 예 He was fired from his job. The scandal led to that.
> ⋯→ The scandal led to his being fired from his job.

❹ He doesn't have a girlfriend. Don't worry.

⋯→ Don't worry about ＿＿＿＿＿＿＿＿＿＿＿＿＿＿＿＿＿.

❺ She won the gold medal. It made the headline.

⋯→ ＿＿＿＿＿＿＿＿＿＿＿＿＿＿＿ made the headline.

❻ I read it when I was young. I remember.

⋯→ I remember ＿＿＿＿＿＿＿＿＿＿＿＿＿＿＿.

STEP 3 괄호 안에 주어진 표현을 이용해 영작해 보세요.

❼ 난 줄 서서 기다리는 거 지겨워. (wait in line, tire)

✎ ＿＿＿＿＿＿＿＿＿＿＿＿＿＿＿＿＿＿＿＿＿＿＿＿

❽ 물을 많이 마시는 건 피부를 건강하게 유지하는 데 도움이 돼. (drink, keep, healthy)

✎ ＿＿＿＿＿＿＿＿＿＿＿＿＿＿＿＿＿＿＿＿＿＿＿＿

★정답 및 해설은 423쪽에

24

동명사 vs. 부정사, 현재분사

왜 동명사를 쓸까?

강의 및 예문듣기

🎧 24.mp3 ▶ 동영상 10강

1단계
핵심문법 익히기

꼭 알아야 할
영문법의 기본 개념을
정리하세요.

① 동명사에는 과거나 평소의 일이라는 뉘앙스가 담겨 있다

동명사는 생김새만 현재분사와 같을 뿐, 실제 하는 일은 오히려 to부정사가 명사 역할을 할 때와 비슷합니다. 앞서 배웠듯이 명사처럼 주어, 목적어, 보어로 쓸 수 있고, 동사처럼 의미상 주어와 목적어, 보어, 수식어를 달고 다니는가 하면, 시제나 수동태 표현도 가능하니까요. 하지만 비슷한 역할을 한다고 해서 to부정사와 동명사를 바꿔 쓸 수 있는 건 아닙니다. to부정사에는 미래의 의미가 함축돼 있는 반면, 동명사에는 과거나 평소의 일이라는 뉘앙스가 담겨 있거든요. 아래 예문을 보면 좀 더 쉽게 이해할 수 있을 거예요.

❶ He got lung cancer, so he stopped smoking.

❷ He talked about his grades and then stopped to smoke.

❶은 폐암에 걸려 담배를 끊었다는 뜻입니다. 평소, 혹은 그 동안 하던 일을 그만둔 거죠. ❷는 성적 얘기를 하다가 담배를 피우기 위해 잠시 말을 멈췄다는 뜻이에요. 담배 피우는 행동이 멈춘 행동보다 나중에 일어나는 일이죠. 이 차이만 알면 언제 to부정사를 쓰고 언제 동명사를 써야 하는지 어렵지 않게 구분할 수 있습니다.

다음 동사들은 그 의미가 미래와 어울리기 때문에 to부정사와 함께 쓰게 됩니다.

decide ~하기로 결심하다	plan ~할 것을 계획하다	promise ~할 것을 약속하다
hope 앞으로 ~이기를 바라다	agree 앞으로 ~하기로 합의하다	

I decided to stay another night.   난 하룻밤 더 묵기로 결심했어.

I *decided staying* another night. (×)   ⋯▶ 결심은 앞으로의 일에 대한 것

She **plans** <u>to</u> **study** abroad.

걔 외국에 유학 갈 계획이야.

She *plans studying* abroad. (×)

···→ 계획이란 앞으로의 일에 대한 것

He **promised** <u>to</u> **return** my call.

그는 내게 다시 전화 주겠다고 약속했어.

He *promised returning* my call. (×)

···→ 약속은 앞으로의 일에 대한 것

다음 동사들은 그 의미가 미래와 어울리지 않기 때문에 동명사와 함께 씁니다.

enjoy 평소 즐기다	**finish** 하던 일을 끝내다	**give up** 하던 일을 포기하다
admit 있는 사실을 인정하다	**consider** 어떤 일에 대해 잘 생각해 보다	

We **enjoyed** <u>singing</u> and playing games.

우리는 노래와 게임을 즐겼어.

We *enjoyed to sing* and play games. (×)

···→ 앞으로가 아니라 하면서 동시에 즐기는 거니까

I just **finished** <u>downloading</u> a movie on my computer.

컴퓨터에 영화 다운 받는 거 막 끝냈어. ···→ 하던 걸 끝냈으니까

I just *finished to download* a movie on my computer. (×)

He **gave up** <u>drinking</u>.

걔 술 끊었어. ···→ 그 동안 하고 있던 걸 그만뒀으니까

He *gave up to drink*. (×)

다음 동사들은 그 의미가 과거와 미래 양쪽에 어울리기 때문에 to부정사와 동명사 모두 쓸 수 있는데 의미는 약간 달라집니다.

I **regret** <u>to</u> **inform** you that your application has not been successful.

지원에서 좋은 결과가 나오지 않았음(불합격했음)을 알리게 되어 유감입니다. ···→ 이제부터 할 일에 대한 유감

I **regret** <u>informing</u> you that your application has not been successful.

지원에서 좋은 결과가 나오지 않았음을 알린 것을 후회합니다. ···→ 이미 한 일에 대한 후회

I **forgot** <u>to</u> **tell** you about what happened.

무슨 일이 있었는지 얘기해 준다는 걸 깜박했네.

I **forgot** <u>telling</u> you about what happened.

무슨 일이 있었는지 얘기해 줬다는 사실을 깜박했네.

I **remember** <u>to</u> **take** my medication tonight.

오늘밤에 약 먹어야 된다는 거 기억하고 있어.

I **remember** <u>taking</u> my medication this morning.

오늘 아침에 약 먹은 거 기억 나.

163

말이란 늘 예외가 있기 때문에 이 원리가 모든 동사에 100% 적용된다고 볼 수 없지만 대개 이런 식으로 구분하면 됩니다. 그냥 외우려 하면 기억에 잘 남지 않으니 원리를 잘 이해한 후 반복해 익히세요.

⏱ **도전! 1분 영작 001**

❶ 그 남자는 일본어를 배우기로 결심했어. ✎ _____

❷ 그 남자는 일본어 배우기를 포기했어. ✎ _____

❷ 동명사 -ing는 명사, 현재분사 -ing는 형용사

동명사와 현재분사는 생김새는 같지만 하는 역할은 전혀 다릅니다. 동명사는 명사 역할을, 현재분사는 형용사 역할을 해요. 동명사는 주어, 목적어, 보어 자리에 들어갈 수 있죠.

<u>Getting</u> enough sleep helps prevent colds.   충분한 수면은 감기 예방에 도움이 돼. ⋯ 주어

He admitted <u>having</u> an affair with his secretary.

그는 비서랑 내연의 관계임을 시인했어. ⋯ 목적어

Her worst habit is <u>biting</u> her fingernails.   걔의 가장 나쁜 버릇은 손톱 깨물기야.

⋯ 보어(Her worst habit = biting her fingernails)

She's <u>biting</u> her fingernails.   걔 손톱을 깨물고 있어. ⋯ 현재분사(She ≠ biting her fingernails)

• have an affair 바람피우다, 내연 관계를 갖다   • fingernail 손톱

또 다른 점은, 같은 -ing라도 동명사냐 현재분사냐에 따라 의미가 달라지는 경우도 있다는 건데요. 해석해 봤을 때 명사를 꾸며서 의미가 통하면 현재분사이고, 말이 안 되면 동명사라고 생각해도 됩니다. 〈동명사 + 명사〉의 동명사는 뒤에 오는 명사의 '용도'로 해석돼요.

a sleeping dog   잠자는 개 ⋯ 형용사 역할을 하고 있는 현재분사

a sleeping pill   수면제 ⋯ 잠자는 약(×), '수면용'이란 뜻의 동명사

This restaurant has a **smoking** room. 이 음식점에는 흡연실이 있어.

You can report a **smoking** vehicle by calling 333-3333.

매연 나오는 차량을 신고하려면 333–3333으로 전화하면 돼.

다음은 흔히 쓰는 〈동명사 + 명사〉로 쓰는 생활 단어들입니다. 이런 단어들은
공부하다 나올 때마다 익혀 두세요.

washing machine 세탁기   dining room 식당   peeling knife 과일 깎는 칼
wrapping paper 포장지   drinking water 식수   reading material 읽기 자료

이것도 알아 두세요!

〈명사 + 명사〉로 만들어진 명사

앞서 나왔던 sleeping pill은 〈동명사 + 명사〉니까 사실상 명사만 두 개를 연달아 쓴 건데요. 명사
앞에는 관사와 형용사만 올 것 같지만, 사실 우리가 잘 느끼지 못해서 그렇지 〈명사 + 명사〉인 경
우도 많습니다.

abortion law 낙태법   alarm clock 알람시계   board member 임원, 이사
credit card 신용카드   face value 액면가   pork cutlet 돈까스
skin expert 피부 전문가   stock market 주식 시장   task force 전담팀

⏱️ 도전! 1분 영작 002

① 흡연실이 어디에요?   🖉 _____

② 그들에겐 식수와 음식이 필요해.   🖉 _____

STEP 1 괄호 안에 주어진 동사를 알맞은 형태로 바꿔 빈칸을 채워 보세요.

❶ He was missing her so much and couldn't stop _____ about her. (think)

❷ She promised _____ it secret. (keep)

❸ I finished _____ my room. (decorate)

❹ My brother decided _____ weight lifting. (begin)

❺ My _____ machine doesn't work. (wash)

STEP 2 빈칸에 어울리는 말을 고르세요.

❻ The CEO promised _____ everyone's salary by 10%.

ⓐ to rise   ⓑ rising   ⓒ to raise   ⓓ raising

❼ The actress _____ having a boyfriend.

ⓐ wanted   ⓑ talked   ⓒ refused   ⓓ admitted

❽ Our sales staff _____ getting out and meeting new people.

ⓐ enjoy   ⓑ expect   ⓒ hope   ⓓ plan

❾ He's against _____ animals for fur.

ⓐ the kill   ⓑ to kill   ⓒ killing   ⓓ killed

★정답 및 해설은 423쪽에

25

-ing형 관용표현

이럴 땐 무조건 동명사

강의 및 예문듣기

🎧 25.mp3　▶ 동영상 10강

꼭 알아야 할
영문법의 기본 개념을
정리하세요.

❶ 자주 쓰이는 -ing형 관용표현

동명사, 현재분사 가릴 것 없이 -ing가 들어간 유용한 표현들을 한자리에 모아
정리했습니다. 문법이 아니라 표현이니까 그대로 외워서 언제든 써먹을 수 있
게 하세요.

◆ **be busy -ing** ~하느라 바쁘다

I'm busy <u>doing</u> something.　　　　　　　　　　　　나 뭐 좀 하느라 바빠.

◆ **be worth -ing** ~할 가치가 있다

The book is worth <u>reading</u>.　　　　　　　　　　　그 책 읽어 볼 가치가 있어.

◆ **cannot help[stop] -ing** ~을 막을 수가 없다, ~을 안 할 수가 없다

She couldn't help <u>coughing</u>.　　　　　그 여자는 기침을 안 하려 해도 어쩔 수가 없었다.

◆ **consider -ing** ~할 걸 고려하다

He's considering <u>immigrating</u> to Canada.　　　　　그는 캐나다 이민을 고려 중이야.

◆ **feel like -ing** ~할 것 같다, ~할 것 같은 기분이다

I feel like <u>throwing</u> up.　　　　　　　　　나 속이 울렁거려. (토할 거 같아.)

　　　　　　　　　　　　　　　　　　　　　　　• throw up 음식을 토하다

◆ **go -ing** ~하러 가다

I went <u>shopping</u> and he went <u>rollerblading</u>.

난 쇼핑하러 갔고 그 앤 롤러블레이드 타러 갔어.

◆ **go on -ing** 계속해서 ~하다

He **went on** <u>working</u> until he was 65.　　　　　그는 65세가 될 때까지 일을 계속했다.

◆ **have difficulty[trouble] (in) -ing** ~하는 데 문제가 있다, ~하는 걸 어려워하다

Many people **have difficulty (in)** <u>pronouncing</u> "r."　많은 사람들이 r 발음을 어려워한다.

◆ **How[What] about -ing?** ~하는 게 어때?

How about <u>going</u> Dutch?　　　　　　　　　　　각자 계산하는 게 어때?

• go Dutch 비용을 각자 부담하다

◆ **It's no good -ing** ~해 봐야 소용없다

It's no good <u>trying</u> to persuade him.　　　　　그를 설득하려고 애써 봐야 소용없어.

◆ **keep (on) -ing** 계속 ~하다

The phone **kept (on)** <u>ringing</u>.　　　　　　　　　전화가 계속 울려댔다.

◆ **mind -ing** ~를 꺼리다, 찝찝해하다

Do you **mind** my <u>asking</u> how old you are?　　　나이를 물어보면 좀 그런가요?

⋯→ 대답 시: Yes, 네, 찝찝하니 묻지 마세요. / No, 아뇨, 안 꺼려요, 물어보세요.

◆ **spend -ing** ~하면서 보내다

We **spent** the whole night <u>chatting</u> and <u>drinking</u>.　우리는 밤새 수다 떨고 술 마셨다.

◆ **succeed in -ing** ~에 성공하다 (↔ fail to부정사 ~에 실패하다)

He **succeeded in** <u>getting</u> the approval from the government.

그는 정부 허가를 얻는 데 성공했다.

• approval 승인, 허가

⏱ **도전! 1분 영작 001**

❶ 나 숙제하느라 바빠.　　　　　🖉 ....

❷ 걔(남자) 영어로 말하는 걸 어려워해.　🖉 ....

② to부정사와 헷갈리기 쉬운 to -ing

아래처럼 to 뒤에 부정사가 아니라 -ing가 오는 경우도 있어요. 이때 to는 '방향(~쪽으로)'을 뜻하는 순수한 전치사로, 뒤에는 전치사의 목적어, 즉 명사나 명사 역할을 하는 -ing를 씁니다. 물론, to부정사도 명사 역할을 할 수는 있지만 그렇게 되면 'to to 동사원형'이 돼 버려 모양이 이상해지기 때문에 명사나 -ing형만 쓰는 거죠.

◆ **look forward to -ing** ~을 기대하다

I **look forward to** <u>meeting</u> you soon. 널 곧 만나길 고대하고 있어.

We **look forward to** <u>doing</u> business with you. 귀사와의 거래를 기대합니다.

Give me one reason why I should **look forward to** <u>Valentine's Day</u>.
내가 왜 발렌타인데이를 고대해야 하는지 이유 한 가지만 대봐.

◆ **be used[accustomed] to -ing** ~에 익숙하다

He **is used to** <u>waiting</u>, but I **am** not **used to** <u>waiting</u>. She **is used to** not <u>waiting</u>. 그는 기다리는 것에 익숙하지만 난 기다리는 것에 익숙지 않아. 그 여자는 안 기다리는 것에 익숙하지.

She **is** not **accustomed to** <u>wearing</u> makeup. 그녀는 화장에 익숙지 않아.

◆ **be committed to -ing** ~을 위해 열심히/최선을 다해 노력하다

'~를 향해 열심히 노력하겠다'는 의지와 자세가 되어 있는 상태를 가리킬 때 굉장히 잘 쓰는 표현입니다.

We **are committed to** <u>providing</u> you with quality service.
여러분께 양질의 서비스를 제공해 드릴 것을 약속 드립니다.

They **are committed to** <u>creating</u> better learning environments.
그들은 더 좋은 학습 환경 조성을 목표로 열심히 일한다는 각오다.

The government says it **is committed to** <u>more tax cuts</u>.
정부는 세금을 좀 더 내리기 위해 최선을 다하겠다고 말한다.

• tax cut 감세

잠깐만요!

be used to 뒤에 부정사를 쓰면 '~하는 데 이용되다', used to 하면 '과거에 ~하곤 했다'란 의미가 되니 주의하세요.

A lot of fuel **is used to fly** a plane. 항공기 운항하는 데 많은 연료가 사용된다.

I **used to fly** paper airplanes. 옛날에 종이비행기를 날리곤 했지.

◆ object to -ing ~에 반대하다

We **object to** <u>working</u> overtime. 우린 시간외 근무에 반대한다.

I **object to** <u>his joining</u> our study group. 난 그 애가 우리 스터디 그룹에 들어오는 거 반대야.

He strongly **objected to** <u>their decision</u>. 그는 그들의 결정에 강력하게 반대했어.

 **도전! 1분 영작 002**

① 나 너한테서 소식 듣길 고대하고 있어. _____

② 그 여자는 시간외 근무에 익숙지 않아. 🖉 _____

질문 있어요~

Q '소식을 듣다'라는 표현의 hear from과 hear about은 어떤 차이가 있나요?

A 그 사람으로부터 직접 소식을 들었을 땐 hear from, 남에게서 그 사람에 대한 소식을 전해 들었을 땐 hear about으로 표현합니다.

I haven't **heard from** him. 걔한테서 소식 못 들었어.
I **heard about** him from his friend. 걔 친구를 통해서 걔 소식 들었어.

STEP 1 빈칸에 들어갈 수 <u>없는</u> 말을 고르세요.

❶ I can't ＿＿＿＿＿＿＿ you.

ⓐ stop loving　ⓑ help loving　ⓒ stop to love　ⓓ but love

❷ I've ＿＿＿＿＿＿＿ checking my email.

ⓐ been having trouble　　　　ⓑ had trouble

ⓒ had difficulty　　　　　　ⓓ been difficult

STEP 2 괄호 안에 주어진 동사를 알맞은 형태로 바꿔 빈칸을 채워 보세요.

❸ I'm looking forward ＿＿＿＿＿＿＿ with you soon! (work)

❹ We are committed ＿＿＿＿＿＿＿ the environment. (protect)

❺ She kept ＿＿＿＿＿＿＿. (laugh)

❻ They object ＿＿＿＿＿＿＿ English their official language. (make)

STEP 3 괄호 안의 표현 중 맞는 것을 고르세요.

❼ His music is (worth / worthy) listening to.

❽ It's (no good / never good) crying over spilt milk.

❾ I felt (sadly / like) crying at the end of the movie.

★정답 및 해설은 423쪽에

3단계
영문법 총정리

[중간점검] **다섯째 마디:**
동명사

Unit 23~25에서 배운 문법을 제대로 이해하고
활용할 수 있는지 확인해 보세요.

STEP 1 다음 글을 읽고 질문에 답하세요.

Learning to communicate in English is a challenging job, but here are some tips to help you as you learn English.

1. Read a book with a lot of dialogue: Reading is the basis for understanding a language, so you need extensive reading to improve your overall English skills. Reading a book with a lot of dialogue is particularly a good way of learning everyday words and expressions. Also, it's relatively easy to understand.

2. Listen to speech: This includes listening to news, movies, interviews, lectures, etc. The Internet is a rich source of listening material.

3. Write an English diary or blog: Writing a diary or blog helps you learn and practice everyday words and improve your thinking skills. It also makes you think about ways to avoid grammatical mistakes.

4. Find a friend who speaks English and practice your conversations. If you cannot find an English speaker, watch TV shows or movies with subtitles in English. Write useful expressions in a notebook and review them frequently.

❶ 이 글의 제목으로 가장 적절한 것을 골라 보세요.

ⓐ English as a communication tool

ⓑ Ways to improve your English skills

ⓒ Efforts to learn English

❷ 이 글에서 말한 대화가 많은 책 읽기의 장점이 <u>아닌</u> 것을 찾아보세요.

ⓐ You can pick up everyday words and expressions.

ⓑ It's relatively easy to understand.

ⓒ It teaches you English grammar.

우리말에 어울리도록 괄호 안에 주어진 표현을 이용해 대화문을 완성해 보세요.

❸ A Why isn't he answering his phone?

B 일하느라 바쁜 것 같아. (busy)

🎤 I think he _____.

❹ A What's your plan for the new year?

B 여행을 더 자주 다닐 계획이야. (plan)

🎤 I _____ more often.

❺ A 나 매일 울고 싶어. (feel like)

🎤 I _____.

B 난 네가 의사랑 상담하는 걸 고려해 봐야 한다고 생각해. (consult a doctor)

🎤 I think you should _____.

❻ A 잠들기가 힘들어요. (fall asleep)

🎤 I have _____.

B 수면제는 써 보셨나요? (pill)

🎤 Have you tried _____?

STEP 3 괄호 안의 표현 중 맞는 것을 고르세요.

❼ Do you (wish / mind) waiting for a few minutes?

❽ I spent the whole night (to watch / watching / on watch) movies.

❾ We couldn't help but (laugh / laughing) at his comment.

❿ I look forward (to chat / to a beer / chatting) with you.

★정답 및 해설은 424쪽에

음성강의_마디 06.mp3

여섯째 마디

●

조동사

동사를
도와주다

26

조동사의 의미

조동사, 이래서 쓴다

강의 및 예문듣기

🎧 26.mp3   ▶ 동영상 11강

꼭 알아야 할
영문법의 기본 개념을
정리하세요.

① 조동사는 말하는 사람의 태도를 표현할 수 있게 도와준다

can, may 같은 말을 조동사라고 하죠. 즉 '동사를 도와주는 품사'라는 건데요. 여기서 돕는다는 말은 동사로는 드러낼 수 없는 말하는 사람의 태도, 즉 확신에 차서 하는 말인지, 잘 몰라서 조심하고 싶은 건지 등을 나타내 준다는 뜻이에요. 우리말로도 '사귄다'와 '사귈걸' 사이에는 큰 차이가 있죠? 영어에선 조동사로 그런 차이를 표현한다고 보면 됩니다. 예문을 보면서 차이점을 살펴볼까요?

❶ They are seeing each other.   걔들 사귀고 있어.

❷ They **must** be seeing each other.   걔들 분명 사귀고 있을 거야.

❸ They **may** be seeing each other.   걔들 아마 사귀고 있을걸. (아니면 말고)

❶은 그들이 사귀고 있다는 객관적 사실을 말하고 있습니다. 반면, ❷는 정말 사귀는지는 알 수 없지만 말하는 사람이 그렇다고 확신을 갖고 말하고 있는 경우죠. ❸은 둘이 같이 있는 모습을 보고 사귀고 있을지도 모른다며 추측만 하고 있는 겁니다. ❷에 비해 확신이 없는 경우죠.

조동사를 공부할 땐 must는 확신, may는 추측, 이런 식으로 무작정 외우지 말고 어떤 태도와 생각을 갖고 말한 건지 그 의미와 뉘앙스를 잘 파악해 보세요.

⏱ **도전! 1분 영작 001**

❶ 그 남자는 분명 독일 사람일 거야. (German)

✐ _____

❷ 그 남자는 독일 사람일지도 몰라. ✐ _____

| 정답 |

도전! 1분 영작 001

❶ He must be German.

❷ He may be German.

② 과거형 조동사의 세 가지 역할

과거형 조동사는 크게 세 가지로 쓰입니다.

◆ 과거형만의 고유한 의미

could, would, might, should는 '과거'가 아닌 독자적인 의미를 가질 때가 많습니다. 자세한 건 뒤에서 살펴볼게요.

| It **can happen** to you. | 그거 너한테 일어날 수 있는 일이야. ···› 단정 |
| It **could happen** to you. | 그거 너한테 일어날 수 있을지도 모를 일이야. ···› 추측(과거 아님) |

| I **won't do** such things. | 난 그런 일은 안 할 거야. ···› 단정 |
| I **wouldn't do** such things. | 나 같으면 그런 일 안 할걸. ···› 추측(과거 아님) |

◆ 시제 일치를 위해

주절이 과거일 때 종속절은 평소 습관이나 일반적인 사실, 역사적 사건을 제외하고는 늘 주절과 시제를 일치시켜야 하죠. 이렇게 시제를 일치시킬 때도 과거형 조동사를 씁니다.

| He said, "You **will** regret this." | 그는 "너 이거 후회할 거야."라고 말했어. |
| → He said I **would** regret that. | 그는 내가 그걸 후회할 거라고 말했어. |

| She said, "I **can't** hear you." | 걔는 "네 목소리가 안 들려."라고 말했어. |
| → She said she **couldn't** hear me. | 걔는 내 목소리가 안 들린다고 말했어. |

◆ 공손한 태도를 보이기 위해

상대방에게 공손한 느낌을 주고 싶을 때도 과거형 조동사를 씁니다. 흔히 영어엔 존댓말 개념이 없다고 생각하지만 과거형 조동사가 그 역할을 해요. 한 가지 주의할 점은, 우리말에선 상대방이 자신보다 나이가 많으면 친한 사이라도 공손한 말(존댓말)을 쓰는 반면, 영어에선 상대방의 나이와는 상관없이 자신과 가깝지 않은 사이일 때 공손한 말(과거형 조동사)을 쓴다는 겁니다. 우리와는 '공손함', '존대'의 개념이 다르죠.

Could I ask you something?

뭐 좀 물어봐도 되겠습니까?

…→ 상대방이 자신보다 어리더라도 편한 사이가 아닐 때

Can I ask you something?

뭐 물어봐도 돼? …→ 상대방이 나이가 많더라도 가깝고 편한 사이일 때

Will you do me a favor?

나 부탁 좀 들어주라.

Would you do me a favor?

저 부탁 좀 들어주시겠어요?

잠깐만요!

'~해줄래?'라며 부탁하는 말인 Will you ~?의 경우에도 '~해 주시겠습니까?'라고 예의를 갖춰 말할 땐 Would you ~?로 표현합니다.

아래는 대표 조동사의 뉘앙스를 정리해 놓은 겁니다. 한번 읽어 보세요.

조동사	뉘앙스	조동사	뉘앙스
can	가능해. 할 수 있어	could	가능할지도… 장담은 못해
may	아마 그럴지도. 아닐 수도 있지만	might	어쩌면 그럴지도 모르지만 정말 자신 없으니 조심해서 말해야지
must	반드시 그래야만 해! 기필코!	should [ought to]	당연히 그래야지
will	❶ (주어의 의지와 상관없이) 그렇게 될 거야 ❷ (주어의 의지 때문에) 그렇게 될 거야	would	❶ (실제 사실) 과거에 그러곤 했지 ❷ (상상, 추측) 그러겠지. 그럴 거 같아

⏱ 도전! 1분 영작 002

❶ 질문 하나 해도 돼? ✏ _____

❷ 그 앤(남자) 수영을 못한다고 (말)했어. ✏ _____

❸ **조동사가 있는 문장의 부정문과 의문문**

조동사가 있는 문장을 부정문으로 만들 땐 〈주어 + 조동사 + 부정어(not, never, hardly, …) + 동사원형〉으로 쓰고, 의문문으로 만들 땐 조동사와 주어의 순서만 바꿔 〈조동사 + 주어 + 동사원형〉 순으로 씁니다.

| 정답 |
도전! 1분 영작 002

❶ Can I ask you a question?

❷ He said he couldn't swim.

You must not break copyright laws.

저작권법을 어기면 안 돼.

She may not remember your name.

그 여자 네 이름 기억 못할지도 몰라.

He won't be back soon.

그 사람 금방 돌아오진 않을 거야.

• copyright law 저작권법

Can it happen to us?

그거 우리한테도 일어날 수 있는 일이야?

What should I do?

내가 뭘 해야 하지?

Why shouldn't I eat junk food?

정크푸드를 왜 먹지 말아야 하는 거지?

⋯→ 의문사 + 조동사 + 주어 + 동사원형: 기존 의문문 앞에 의문사만 덧붙이면 됨.

🕐 도전! 1분 영작 003

❶ 그는 금방 돌아오지 않을지도 몰라.   ✎

❷ 나 어디로 가야 하지?   ✎

STEP 1 빈칸에 어울리는 말을 고르세요.

❶ The weather forecast said it _____ rain in the afternoon.

ⓐ does　　　　ⓑ might　　　　ⓒ is　　　　ⓓ may

❷ Would you please _____ down?

ⓐ to　　　　ⓑ to sit　　　　ⓒ sit　　　　ⓓ sitting

❸ I _____ access that site.

ⓐ need　　　　ⓑ don't have　　　　ⓒ cannot　　　　ⓓ am

STEP 2 주어진 단어를 알맞은 순서로 나열해 문장을 완성해 보세요.

❹ You _____ .

(the, rules, must, explained, below, follow)

❺ How _____ ?

(you, this, to, do, me, could)

❻ Why _____ ?

(terrorists, should, not, we, negotiate, with)

STEP 3 괄호 안에 주어진 표현을 이용해 영작해 보세요.

❼ 그 사람(남자)이 너 서류 작성하는 거 도와줄지도 몰라. (may, form, fill out)

✎ _____

❽ 나 네 전화 좀 써도 돼? (use)

✎ _____

★정답 및 해설은 424쪽에

27 can, could

가능성을 말할 때

강의 및 예문듣기

🎧 27.mp3 ▶ 동영상 11강

1단계
핵심문법 익히기

꼭 알아야 할
영문법의 기본 개념을
정리하세요.

❶ can의 기본 의미는 '가능'

can은 일단 '가능하다'는 의미로 해석해 보세요. 우리말로는 문맥에 따라 조금씩 다르게 해석되지만 뭔가가 가능하다는 기본 뉘앙스는 같습니다. 주어가 사람일 경우에 적용해 보면 '뭔가를 하는 게 가능하다'에서 '~할 능력이 있다, ~할 수 있다'는 의미도 나오죠.

Lightning **can** strike the same place twice.

번개는 같은 곳을 두 번 칠 수 있다.
⋯› 같은 곳을 두 번 칠 수 있다는 가능성

Can he speak any foreign languages?

그 사람 외국어 할 수 있어?
⋯› 외국어를 할 수 있는지 능력을 묻는 것

때로는 Can I ~?로 내 행동의 가능 여부를 상대방에게 물어보는 형식을 취합니다. 이땐 정말 자기 능력을 몰라서 묻는 게 아니라 물어보는 척하면서 상대방에게 허가를 구하는 거예요.

Can I ask you something?

뭐 물어봐도 돼?

Can I have a bite?

나 한 입 먹어도 돼?

I want to ask you something., I want to have a bite.처럼 직설적으로 말하는 것보다 이렇게 돌려 말하면 훨씬 부드럽게 들립니다. 그래서 회화할 때 자주 접하게 되는 패턴이죠.

You can ~도 말하는 사람이 상대방의 행동을 허가하는 뜻일 수 있는데 문맥을 보고 판단합니다.

You **can** ask anything.

뭐든 물어봐도 돼. ···→ 허가

You **can't** get rich on a salary alone.

월급만으론 부자가 될 수 없어.

···→ 부자가 되는 게 허가하고 안 하고의 문제는 아니니 '가능/능력'으로 해석

 이것도 알아 두세요!

can과 be able to

이 둘은 거의 같은 의미로 보면 되는데요. can은 주로 이론적으로 가능한지 여부만 따질 때, be able to는 좀 더 구체적으로 뭔가를 실행할 수 있는지를 따질 때 쓴다는 차이가 있습니다. 하지만 설명이나 예문 몇 개만으론 구별하기 힘든 미묘한 차이죠. 그러니 be able to는 can과 비슷한 의미인데 can과 달리 to부정사와 결합할 수 있고(to be able to) 미래시제에 쓸 수 있되(will be able to), '허가'의 의미로는 쓰지 못한다 정도로만 알아 두세요.

Can I ask you something?   ···→ 질문해도 괜찮냐며 허가를 구하는 일반적인 표현

Am I able to ask you something?   ···→ '내가 너에게 질문할 수 있는 능력이 있는가?'라며 실제 질문할 수 있는 능력에 초점을 맞추기 때문에 '질문해도 괜찮냐'는 의미로 쓰기엔 어색

I've always wanted to **be able to** speak English fluently.

늘 영어를 유창하게 할 수 있게 되길 원했다. ···→ can으로는 wanted to와 결합할 수 없음.

⏱ **도전! 1분 영작 001**

❶ 너 불어 할 수 있어?   ✏ _____

❷ 너 나에 대해 무슨 말이든 해도 돼.   ✏ _____

---

❷ 강한 확신을 갖고 추측할 땐 can't, can't have p.p.

can't는 '~가 가능하지 않다'에서 출발해 '~일 리가 없다'는 의미로 확장됩니다. 현재 일에 대해 가능성을 부정하는 건데, 가능성조차 없다고 말하려면 굉장한 확신이 있어야겠죠?

It's very cheap. It **can't** cost more than 10,000 won.

그건 아주 싼 거야. 그게 만 원 이상 할 리 없다고. ···→ 만 원 이상 나가는 것에 대해 강한 확신을 갖고 부정

She **can't** be his mother. She's only 15 years older than him.

그 여자가 걔 엄마일 리가 없어. 걔보다 겨우 15살 위인걸. ···→ 강한 부정

과거 일의 가능성을 확신을 갖고 부정할 땐 can't have p.p.를 쓸 수 있습니다. 과거라고 해서 could not을 쓰면 의미가 달라지니 헷갈리지 마세요.

| 정답 |

도전! 1분 영작 001

❶ Can you speak French?

❷ You can say anything about me.

He **can't have seen** me last week because I was not in Korea.

그가 지난주 날 봤을 리가 없어. 난 한국에 없었으니까. ⋯→ 과거 일에 대해 강한 확신을 갖고 부정 (사실이 아니라 추측)

He **could not see** me last week because I was not in Korea.

그는 지난주 날 볼 수 없었어. 내가 한국에 없었으니까. ⋯→ 과거 사실을 그냥 서술한 것

⏱ **도전! 1분 영작 002**

❶ 그가 그녀의 남자친구일 리 없어.　　✏ _____

❷ 그들이 전에 그를 만났을 리 없어.　　✏ _____

---

❸ 확신 없이 추측할 땐 could, could have p.p., couldn't have p.p.

가장 헷갈리기 쉬운 건 could예요. could는 크게 두 가지로 쓰입니다.

◆ **실제 있었던 과거의 일을 나타낼 때**

can의 과거형으로 쓰이는 경우입니다. '과거에는 ~할 수 있었다' 식으로 지난 일을 말할 때나 시제 일치를 위해 쓰게 되죠.

I **could** not sleep last night.　　　　　　　난 어젯밤 잠을 잘 수 없었다. ⋯→ 과거

He said, "I can't sleep here."　　　　　　　그는 "나 여기서 잘 수 없어."라고 말했다.

→ He said he **could** not sleep there.　　그는 거기서 잘 수 없다고 말했다. ⋯→ 시제 일치

◆ **실제 없는 현재의 가능성에 대한 추측을 나타낼 때**

추측의 의미로 쓰는 〈could + 동사〉는 '과거' 얘기가 아니니 헷갈리지 마세요. 우리말의 '~일 수 있을 거 같아, ~일지도 몰라'와 비슷한 표현입니다.

I <u>can die</u> for a cup of coffee.　　　　　난 커피 한 잔을 마시기 위해 죽을 수 있다.

⋯→ 커피 한 잔에 목숨을 바칠 수 있다는 식으로 단정적으로 얘기하다니 굉장한 커피 중독자

I <u>could die</u> for a cup of coffee.　　　　　커피 마시고 싶어 죽겠네.

⋯→ 너무 마시고 싶어 죽을 수도 있겠다고 추측하는 식으로 표현함으로써 지금의 마음 상태를 효과적으로 표현

could가 '과거'를 나타내는지, 추측만 해보는 의미인지는 문맥을 보고 판단하세요.

While I was there, I **could** meet people from different countries.

거기 있는 동안 여러 나라 사람들을 만날 수 있었어. ···→ 과거

Why don't you go there? You **could** meet a lot of people there.

거기 가보지 그래? 거기서 사람들 많이 만날 수 있을걸. ···→ 추측

과거 일의 가능성에 대해 추측해 볼 땐 could have p.p., couldn't have p.p.를 씁니다. can't have p.p.는 강력한 확신이 있을 때 쓰지만, could로 넘어가면 일단 확신이 없다는 뜻이에요.

His performance today was disappointing. He **could have done** better.

오늘 그의 경기는 실망스러웠어. 더 잘할 수 있었을 텐데.

You **could have bought** the ticket online.　　　인터넷으로 표를 살 수 있었을 텐데.

We **couldn't have done** it without your support.

여러분 성원 없이는 우리가 그 일을 하지 못했을 겁니다.

⏱ 도전! 1분 영작 003

❶ 네가 옳을 수도 있을 거야.　　🖊 _____

❷ 그가 네 도움 없이 그걸 할 수도 있었겠지.　🖊 _____

STEP 1 빈칸에 들어갈 수 <u>없는</u> 말을 고르세요.

❶ I _____ find his blog.

ⓐ could　　　ⓑ was able to　ⓒ can be able　ⓓ can't

❷ You _____ choose to give up.

ⓐ can　　　　ⓑ could　　　　ⓒ can't　　　　ⓓ can't have

❸ Sleep problems _____ lead to health problems.

ⓐ will　　　　ⓑ is　　　　　ⓒ can　　　　　ⓓ could

STEP 2 괄호 안의 표현 중 맞는 것을 고르세요.

❹ (Will / Can) I get you something to drink?

❺ You (can be / can't be / can't have been) 25! You look like a 18-year-old girl!

❻ He was with me at the time of the murder. He (can't have killed / can't kill) the woman.

❼ It was perfect. We (could make / couldn't have made) a better choice.

❽ I don't know how to install this software. Maybe you (could help / could have helped) me.

★정답 및 해설은 425쪽에

28 may, might

조심스럽게 추측할 때

강의 및 예문듣기

🎧 28.mp3 ▶ 동영상 11강

1단계
핵심문법 익히기

꼭 알아야 할
영문법의 기본 개념을
정리하세요.

❶ may는 추측과 허가의 의미

may는 말하는 사람이 '주어가 ~일지 모른다'며 추측할 때 씁니다. 단정적으로 말하지 않고 조심하려는 태도가 엿보이는 말이죠.

She **is** Chinese. 그 여자 중국인이야. ⋯ 단정적

She **may be** Chinese. 그 여자 중국인일지도 몰라. (아닐 수도 있고) ⋯ 자신 없는 추측

또 may에는 '~해도 된다'란 허가의 의미도 있습니다. can에도 허가의 의미가 있죠? 차이가 있다면, may가 can보다 좀 더 조심스러운 표현이라 가깝지 않은 사이에 쓰기 적당합니다. 특히, You may ~는 허가와 관련된 안내문 같은 데서 많이 쓰이죠.

You **may** submit your application online. 지원서를 인터넷으로 제출하셔도 됩니다.

You **may** not leave the room until the test is over. 시험이 끝날 때까지 퇴실하실 수 없습니다.

• application 지원서 • be over 끝나다

추측의 의미인지 허가의 의미인지는 문맥을 보고 상식에 맞게 판단하면 됩니다.

Notice: You **may** not take more than 24 credits per semester.

주의: 학기당 24학점을 초과하여 이수할 수 없습니다.
⋯ 이수할 수 없다고 정해 놓은 것이므로 추측으로 해석하면 어색

If you tell him the class will be difficult, he **may** not take it.

걔한테 그 수업 어렵다고 얘기하면 걔 그거 안 들을지도 몰라. ⋯ 허가로 해석하면 어색

• credit 학점 • semester 학기

May I ~?와 May you ~

가깝지 않은 상대에게 예의를 갖춰 말할 때 May I ~?를 쓰면 좋습니다. 예컨대 매장에 들어온 손님에게 점원이 이렇게 말할 수 있죠.

May I help you?　　　　제가 도와드려도 될까요? ⋯ 도와주겠다는 말을 손님에게 '도와줘도 되느냐'며
　　　　　　　　　　　　　　허가를 구하는 식으로 돌려 말함으로써 손님에게 부담감을 안 느끼게 해줌.

또 May you ~라는 표현도 있는데요. 이건 기원문에 씁니다. 지극히 공손하고 예스러운 표현으로,
의문문이 아닌데도 주어와 도치돼 May로 문장이 시작되죠.

May you be blessed!　　　　　　　　　　　　　　　　당신에게 축복이 내리길!

🕐 **도전! 1분 영작 001**

① 여기 주목 좀 해주시겠습니까? (attention)

✎ _____

② 숙제는 인터넷으로 제출해도 됩니다.　✎ _____

---

② may보다 더 자신 없는 추측엔 might

might는 시제 일치를 위해 may의 과거형으로 쓰이기도 하지만, may보다 더
자신감이 떨어지는 추측에 쓸 수도 있습니다.

He said, "My wife **may** be home."　　　　　그는 "아내가 집에 있을지도 몰라." 하고 말했다.

He said his wife **might** be home.　　　　　그는 아내가 집에 있을지도 모른다고 말했다.
　　　　　　　　　　　　　　　　　　　　⋯ 시제 일치를 위해 may의 과거형으로 쓰인 경우

Ask him. He **may** tell you the truth.　　　　그에게 물어봐. 사실대로 얘기해 줄지도 몰라.
　　　　　　　　　　　　　　　　　　　⋯ 말해 줄 가능성을 50% 정도로 보는 추측

Who knows? He **might** tell you the truth.　누가 알아? 그 사람이 혹시라도 사실대로 얘기해 줄지.
　　　　　　　　　　　　　　　　　　　　⋯ 자신감이 더 떨어진 추측

He **might** be gay.　　　　　　　　　　　　그 사람 혹시 게이일지도 몰라.

I **might** be wrong.　　　　　　　　　　　어쩌면 내가 틀릴지도 몰라.

| 정답 |
도전! 1분 영작 001

① May I have your
attention (please)?

② You may submit
your homework
online.

186

잘 모르겠다며 조심해서 말하는 느낌이라 예의를 갖춰야 할 때도 쓰기 좋습니다.

You **might** want to check out this site.

이 사이트에 가보고 싶으실지도 모르겠네요. (이 사이트에 한번 가보시지 그러세요?) ···› 공손한 제안이나 권유

It **might** be a good idea to do some research.

(자료) 조사를 해보는 것도 좋은 생각일 거예요. (조사를 해보면 좋을 것 같네요)

 이것도 알아 두세요!

may[might] well과 may[might] as well

may well은 '충분히 ~일 수 있다', '당연히 ~일 수 있다'란 뜻이고, may as well은 '~하는 게 낫다'는 뜻의 표현이에요. 더 완곡하게 돌려 말할 땐 may 대신 might를 쓰죠.

You **may well** think it's a joke. 　　　　　　　　　　그게 농담이라고 생각할 만도 해.
You **might well** be right, but I'm not sure. 　　　　네가 옳을 수 있어. 근데 난 잘 모르겠다.
It's only 200 meters away. You **may as well** walk. 　거기 200미터밖에 안 돼. 걷는 게 나아.
If you're going to be thinking anyway, you **might as well** think big.

어차피 생각을 할 거면 크게 생각하는 게 낫다(야심을 품는 게 낫다).

⏱ **도전! 1분 영작 002**

❶ 이걸 읽어 보고 싶으실지도 모르겠네요. (한번 읽어 보세요.) ✎

❷ 네가 충분히 그렇게 생각할 만해. ✎

❸ **과거 일에 대한 자신 없는 추측엔 may have p.p., might have p.p.**

과거 일에 대해 잘 몰라서 추측할 때 may have p.p.와 might have p.p.를 쓸 수 있습니다. may have p.p.가 might have p.p.보다 약간 더 가능성 있는 추측이지만 둘 다 몰라서 추측하긴 마찬가지라 큰 차이는 없다고 봐도 돼요.

I don't remember, but I **may have borrowed** some money from you.

기억은 안 나는데 내가 너한테 돈을 좀 꿨을지도 몰라. ···› 가능성 있는 추측

She **may not have been** angry. Perhaps she was just disappointed.

그녀는 화가 났던 게 아니었을지도 몰라. 그냥 실망했던 걸 수도 있어. ···› 가능성 있는 추측

I think I **might have made** a mistake.　　　내가 혹시 실수했을지도 모르겠다. ⋯→ 자신감 없는 추측

It's a good thing I'm very patient. Otherwise, I **might have gone** crazy.

내가 인내심 많은 사람이라 다행이지. 안 그랬으면 돌아버렸을지도 몰라.

⋯→ 과거에 실제 일어나진 않은 일이라 자신감 없이 추측

• make a mistake 실수하다　　• go crazy 미치다

⏱ 도전! 1분 영작 003

① 내가 너한테 돈을 빌려 줬을지도 몰라.　✎ ....

② 너 어쩌면 그 남자를 TV에서 봤을지도 모르겠다.

✎ ....

STEP 1 빈칸에 어울리는 말을 고르세요.

❶ _____ I take your order, sir?

ⓐ Will   ⓑ Do   ⓒ May   ⓓ Would

❷ You _____ it a try; you have nothing to lose.

ⓐ can't have given   ⓑ may as well give

ⓒ may have given   ⓓ might give

❸ _____ you have a great year!

ⓐ Can   ⓑ Will   ⓒ Does   ⓓ May

❹ It's lunchtime, so he _____ not be in his office.

ⓐ may as well   ⓑ may well   ⓒ may have   ⓓ might have

STEP 2 괄호 안의 표현 중 맞는 것을 고르세요.

❺ It's just my opinion, so I (am / may be) right or wrong.

❻ If you buy this, you (can / might) want to read the manual.

❼ He seems to be involved in the conspiracy, so he (may not tell / will not have told) you the truth.

❽ The president was wearing a bullet-proof vest. Otherwise, he (may have / might have been) killed.

★정답 및 해설은 425쪽에

29 should, must

해야 한다고 말할 때

강의 및 예문듣기

🎧 29.mp3 ▶ 동영상 11강

1단계
핵심문법 익히기

꼭 알아야 할
영문법의 기본 개념을
정리하세요.

❶ 당연하다고 느낄 땐 should, 안타깝다고 느낄 땐 should have p.p.

should는 말하는 사람이 속으로 '(도리상, 혹은 기타 이유로) 당연히 ~여야 한다', '~인 게 당연하다'는 느낌을 갖고 말할 때 씁니다. should를 무조건 우리 말로 '~해야 한다'로만 생각하지 마세요. 예외가 많아집니다. '당연한 것으로 생각한다'는 느낌으로 해석해야 다양한 문맥에 적용할 수 있어요.

I think you **should** forgive him.　　난 네가 그 사람을 용서해야 한다고 봐. ⋯ 용서하는 게 당연하다는 생각

He's having an affair. **Should** I tell his wife?
그 사람 바람 피우고 있는데 내가 그 사람 와이프한테 얘기를 해야 하나 말아야 하나? ⋯ 어느 쪽이 당연히 해야 될 일인지

I told you to get it done by this morning. It **should** be done by now.
내가 오늘 아침까지 해놓으라고 했지. 지금쯤이면 다 돼 있어야 하는데. ⋯ 지금쯤이면 당연히 다 돼 있을 것으로 생각

She **should** be happy because her nasty roommate has moved out.
그녀는 못된 룸메이트가 이사 나갔으니 기뻐하고 있을 거야. ⋯ 당연히 기뻐하고 있을 걸로 생각

• nasty 못된, 심술궂은　• move out 이사 나가다

should have p.p.는 과거 일에 대해 '그때 당연히 ~였어야 했는데 … (그렇게 되지 않았다)'란 뜻이 됩니다. 당연한 건데 안 됐으니 아쉽고 후회되고 안타깝고 원망스럽다는 감정 등을 느낄 수 있는 표현이죠.

She **shouldn't have trusted** him.　　　　　갠 그 사람을 믿지 말았어야 했는데.

I **should have known** better.　　　　　　　내가 더 잘 알았어야 했는데.

You **should have seen** her before she got a nose job.
너 그 여자 코 성형수술하기 전에 봤어야 하는 건데.

I **should have recharged** the batteries.　　　배터리를 충전했어야 했는데.

• get a nose job 코 성형수술을 받다　• recharge 재충전하다

190

❶ 내가 그에게 사실을 말해 줘야 하나? ✎ ....

❷ 너 그 파티에 왔어야 하는 건데. ✎ ....

❷ 주장, 명령, 요구, 제안, 권유를 할 때 should를 쓰거나 생략할 수 있다.

'주장, 명령, 요구, 제안을 뜻하는 동사의 목적어인 that절에는 should를 쓰거나 should를 생략하고 동사원형만 쓴다.' 문법책에 으레 나오는 규칙이죠. 그런데 왜 그런 걸까요?

이것도 should의 '당연하다'는 뉘앙스와 관련이 있습니다. '당연히 돼야 한다'고 생각하기 때문에 주장(insist), 명령(order), 요구(demand)를 할 수 있는 것이고, '당연히 돼야 하지 않겠냐'는 생각에 제안(propose, suggest), 권유(recommend)를 하는 거죠. 그래서 이런 동사의 목적어인 that절에는 '당연하다'는 느낌의 should가 들어갑니다. 이때 should가 생략될 수도 있어서 마치 that he be ~처럼 문법적으로 잘못된 문장처럼 보일 수 있으니 유의하세요. 또 목적어인 that절에서 that은 생략할 수 있습니다.

The doctor **insisted** that the patient **(should) be** hospitalized
immediately.　　의사는 환자를 즉시 입원시켜야 한다고 주장했다. ┈→ 환자를 즉시 입원시키는 게 당연하다는 생각

The court **ordered** that he **be** paid $1,000 in damages.
　　　　법원은 그가 1,000달러의 배상금을 지급받아야 한다고 명령했다. ┈→ 피해 규모로 보아 그 정도 받는 게 당연하다는 생각

The police officer **demanded** that she **show** him her driver's license.
　　　　　　경찰관은 그녀에게 운전면허증을 보여 달라고 요구했다. ┈→ 당연히 보여 줘야 한다는 생각

The city council **proposed[suggested]** that the bus-only lanes **be**
introduced.　　그 시의회는 버스전용차선을 도입할 것을 제의했다. ┈→ 버스전용차선의 도입이 당연하다는 생각

It's strongly **recommended** that each student **have** some kind of insurance
in case of unforeseen accidents.　　각 학생은 불의의 사고에 대비해 보험을 들 것을 적극 권한다.
　　　┈→ 보험에 드는 게 당연하다는 생각. each student는 3인칭 단수지만 should가 생략됐기 때문에 have

· be hospitalized 입원시키다　· unforeseen 예기치 않은

191

It is + 형용사 + that ~

이 구문의 형용사 자리에 important, imperative, essential, necessary 같은 말이 오면 that절에 should를 쓰거나 생략할 수 있습니다. 모두 '중요하다', '꼭 해야 한다'는 의미를 가진 형용사죠? '중요하고 꼭 필요하니 당연히 해야 한다'란 느낌에서 should를 쓰는 겁니다. 이 사실만 기억해 두면 이 형용사들을 일일이 외울 필요가 없어요. should를 생략하고 일반 시제로 쓰는 경우도 많으니까요. 이것 역시 should가 생략되고 동사원형만 남았을 때 '틀린 문장 아냐?' 하고 고개를 갸우뚱하는 일만 없으면 됩니다.

It's **important** that you (**should**) **eat** well. 잘 먹는 게 중요하다.

⋯→ 직역하면 '~하는 것이 중요하다'지만 결국 '잘 먹어야 한다'는 의미

It's **imperative** that we (**should**) **invest** our hard-earned money wisely.

힘들게 번 돈이니 현명하게 투자해야 한다.

It's **essential** that every student **understand** the subject well.

모든 학생이 그 과목을 잘 이해해야 한다.

It's **necessary** that she **know** the truth. 그녀가 진실을 알아야 한다.

⏱ **도전! 1분 영작 002**

① 나는 그가 사임해야 한다고 주장했다. (resign)

✏

② 법원은 그녀가 2,000달러의 배상금을 내야 한다고 명령했다.

✏

③ **반드시 그래야 한다는 느낌일 땐 must,
반드시 그랬을 거라고 확신할 땐 must have p.p.**

should와 must 둘 다 우리말로는 '~해야 한다'지만, must는 좀 더 강제성이 느껴지는 말입니다. 예컨대 운전 중 핸드폰을 쓰면 법에 걸리니 좋든 싫든 그 규정에 반드시 따라야 하죠? 이런 압박을 느낄 때 쓰는 게 must입니다. 반면, 공공장소에서 핸드폰을 진동으로 해놓는 건 벨소리가 울리면 처벌받아서가 아니라 '당연히 그래야 한다'는 생각이 있기 때문인데요. 그럴 땐 should가 어울립니다.

You **must** not use a cellphone while driving.

운전 중에 핸드폰 사용하면 안 돼. (그럼 큰일 나, 법에 걸린다구)

You **should** put your cellphone on vibrate when you're in the subway.

지하철 안에 있을 땐 핸드폰을 진동으로 해놔야 돼. (공공장소니까 당연한 거지)

| 정답 |

도전! 1분 영작 002

① I insisted that he (should) resign.

② The court ordered that she (should) pay $2,000 in damages.

그래도 구분이 좀 모호하게 느껴진다고요? 그건 '말하는 사람의 느낌'에 좌우되는 주관적인 선택의 문제이기 때문에 그렇습니다. 다른 사람들이 must에 해당된다고 생각해도 나는 should로 느낀다면 should를 쓸 수 있거든요. 즉 말하는 사람이 강제성을 어느 정도로 느끼느냐에 따라 must와 should 중 골라 쓴다고 보면 됩니다.

It's a great movie. You **must** see it.   아주 좋은 영화야. 꼭 봐야 된다니까. (필수야 필수!)

It's a great movie. You **should** see it.   아주 좋은 영화야. 당연히 봐야지.

must는 '꼭 그래야만 한다'는 강한 어감 때문에 '~임에 틀림없다, 분명 ~일 것이다'라고 강한 확신을 갖고 추측하는 의미로도 쓰이는데요. 이 정도 강한 확신이 들 정도면 뭔가 이유가 있겠죠? 그래서 주로 어떤 논리적 근거나 이유가 있을 때 씁니다. '반드시 ~해야 한다'와 '틀림없이 ~일 거다' 중 어떤 쪽인지는 역시 문맥을 보고 판단하세요.

You **must** not violate copyright laws.   저작권법은 위반하면 안 된다. ···→ 강제성

You **must** be tired after the journey.   여행 갔다 왔으니 피곤하겠다.
···→ 여행 갔다 왔다는 게 근거. 확신을 갖고 추측

• **violate** 위반하다   • **copyright law** 자작권법

과거 일에 대해 '분명 ~였을 거야'라고 자신 있게 추측할 땐 must have p.p.를 씁니다.

I **must have been** out of my mind to buy this.   이런 걸 사다니 내가 제정신이 아니었던 게지.

If she's mad at you, you **must have done** something wrong.
그 애가 너한테 화가 나 있다면 네가 뭔가 잘못한 게 틀림없어.

⏱ **도전! 1분 영작 003**

① 규칙은 반드시 따라야 해.   🖉

② 그녀가 내 생일을 까먹었던 게 틀림없어.

🖉

STEP 1 빈칸에 어울리는 말을 고르세요.

① We proposed that the contract .... extended for another year.

  ⓐ must   ⓑ might   ⓒ should   ⓓ be

② You should .... worn a blue tie.

  ⓐ be   ⓑ have   ⓒ have been   ⓓ has

③ He .... that the video file be removed from his computer.

  ⓐ insisted   ⓑ told   ⓒ said   ⓓ wanted

④ A woman smiled at me. She .... mistaken me for someone else because I don't know her.

  ⓐ must   ⓑ must have   ⓒ should   ⓓ should be

STEP 2 괄호 안의 표현 중 맞는 것을 고르세요.

⑤ According to the law, you (may / should / must) be over 18 to purchase this item.

⑥ To earn a bachelor's degree, a student (may / can / must) complete 120 credits with a GPA of at least 2.0.

⑦ It is required that an employee (discuss / must be discussing) his concerns first with his immediate supervisor.

⑧ You (must have / should have / may have) asked me before buying it. It was a waste of money.

★정답 및 해설은 426쪽에

30 will, would

주어의 의지를 따져볼 때

강의 및 예문듣기

🎧 30.mp3 　▶ 동영상 11강

1단계
핵심문법 익히기

꼭 알아야 할
영문법의 기본 개념을
정리하세요.

① will은 주어의 의지로, 또는 의지와 상관없이 일어나는 일에 쓴다

will 하면 미래부터 떠오르지만 더 중요한 기본 의미는 '의지'입니다. 주어의 의지로 인해 앞으로 일어날 일인지, 아니면 주어의 의지와 상관없이 시간이 지나면 일어날 일인지를 따지는 거죠. 그에 따라 의지, 고집, 습관 등 여러 가지 뉘앙스가 나오는데, '의지'가 있느냐 없느냐의 차이가 있다는 것만 정확히 기억하면 문맥을 보고 충분히 알 수 있습니다.

She's 19. She will be 20 next year.

그 여자애는 지금 19살이야. 내년이면 20살이지.
⋯→ She의 의지와 무관

He will be remembered as a legend.

그는 전설로 기억될 것이다. ⋯→ He의 의지와 무관

This year will see more mergers and takeovers.

올해는 더 많은 합병과 인수를 볼 거야. (합병, 인수가 더 많아질 거다) ⋯→ This year의 의지가 아님.

The door will not open.

문이 안 열리네. ⋯→ The door의 의지

Some rumors just won't go away.

어떤 소문들은 없어지질 않아.
⋯→ 가버리려(go away) 하지 않고 끈질기게 남아 있으려는 Some rumors의 의지

Children will sit for hours watching TV.

애들은 몇 시간이고 앉아 TV를 보려고 하지.
⋯→ Children의 의지

이것도 알아 두세요!

명령문에 부가의문문을 붙일 때나 대답할 때도 will

명령문에 부가의문문을 붙일 때도 will을 쓰는데요. 명령문이 앞으로 하라고 시키는 거라 미래와 관련이 있기 때문이죠. 명령문에 대한 대답 역시 미래라는 의미에 맞춰 will을 씁니다.

Stop it, will you?

그만 좀 할래? ⋯→ 너 그럴 의지가 있는 거지?

A Keep in touch!
B I will!

연락해!
그럴게! ⋯→ 나 그럴 의지가 있어.

195

① 그는 영 말을 들으려 하질 않는다. ✏

② 오늘밤에 너한테 전화할게. ✏

② would는 시제를 일치시킬 때와 추측할 때 쓴다

would는 크게 시제를 일치시킬 때와 실제 일어나지 않은 일을 추측할 때의 두 가지 경우에 쓸 수 있습니다.

◆ 시제를 일치시킬 때

She said she **would** bring her sunscreen and a hat.

그녀는 썬크림과 모자를 가져오겠다고 말했다.
⋯▸ 시제 일치로 쓴 will의 과거형 (She said, "I will bring my sunscreen and a hat.")

When he was a kid, he **would** sit for hours watching TV.

그는 어렸을 때 몇 시간이고 앉아서 TV를 보려 했었다.
⋯▸ 주어의 의지가 들어 있는 경우. 과거 일이니까 시제에 맞게 would

◆ 실제 일어나지 않은 일을 추측할 때

would는 실제 일어나지 않은 일을 상상하거나 추측할 때도 쓸 수 있습니다. 우리말의 '앓느니 죽겠다', '나라면 그렇게 안 할걸'에서 '~겠다' '~할걸' 등과 같은 역할을 하죠.

I **would** rather die than marry him.   그와 결혼하느니 차라리 죽고 말지.

⋯▸ 주어의 의지가 담긴 비현실적인 추측 (would rather A than B: B하느니 차라리 A하겠다)

She **would** do anything to look younger.   그 여자 더 어려 보이려고 무슨 짓이든 할걸.

⋯▸ 실제 그렇게 하고 있다는 게 아니라 그런 의지로 행동할 거라고 추측해 본 것

You want to kiss him? I **wouldn't** do that because I can't stand his bad breath.

그 사람이랑 키스하고 싶다고? 나라면 안 할걸. 그 사람 입 냄새 못 참겠거든.
⋯▸ 실제 내가 한다는 게 아니라 내가 그 입장이면 할 것인지 추측해 본 것

· bad breath 입 냄새

| 정답 |

도전! 1분 영작 001

① He won't listen.

② I'll call you tonight.

⏱ **도전! 1분 영작 002**

❶ 그는 담배를 끊을 거라고 (말)했어. ✎

❷ 나 그런 말 안 했어. 내가 왜 그런 말을 하겠어?

✎

❸ 과거에 없었던 일에 대해 추측할 땐 would have p.p.

앞서 배웠던 would는 실제 일어나지 않은 일을 추측해 보는 거라고 했는데요.
would have p.p.가 되면 실제 없었던 '과거'의 일을 추측하는 표현이 됩니다.

Ben was wearing a green suit. He **would have looked** better in a black
suit. 벤은 녹색 정장을 입고 있었다. 검정색 정장을 입었으면 더 멋있었을 텐데.

⋯→ 과거 실제 있었던 사실은 녹색 옷을 입은 것. 검정색 옷을 입은 모습을 상상해 보며 더 멋있었을 거라고 추측한 경우

I **wouldn't let** her drive my car because she's a terrible driver.

나라면 걔한테 내 차 운전 안 맡길걸. 운전 실력이 형편없거든. ⋯→ 현재와 관련된 추측

I didn't know she was such a terrible driver. Otherwise, I **wouldn't have
let** her drive my car. 난 걔가 그렇게 운전 못하는지 몰랐어. 안 그랬으면(알았다면) 내 차 운전 안 맡겼을걸.

⋯→ 과거와 관련된 추측

⏱ **도전! 1분 영작 003**

❶ 너 청바지 입었더라면 멋있게 보였을 텐데. ✎

❷ 난 네가 자고 있다고 생각했어. 안 그럼 너한테 전화했겠지.

✎

STEP 1 빈칸에 **will**과 **would** 중 알맞은 것을 넣으세요.

❶ My sister in law is pregnant. I _____ be an aunt soon.

❷ Good evening, _____ you like something to drink, sir?

❸ I thought he _____ accept my offer.

❹ _____ you marry me?

❺ Why _____ I marry that idiot?

STEP 2 괄호 안의 표현 중 가장 어울리는 것을 고르세요.

❻ The window got stuck. It (can / may / must / will) not open.

❼ He did a stupid thing. I (won't have / wouldn't / wouldn't have) done that.

❽ When he was younger, he (will / would / should) stay up surfing the net or watching TV.

❾ According to a study, many people (will / would / must / may) rather die than go to the dentist.

★정답 및 해설은 426쪽에

31

조동사 효과 내는 to부정사 표현

때로는 to부정사도 조동사 역할을 한다

강의 및 예문듣기

🎧 31.mp3　▶ 동영상 11강

1단계
핵심문법 익히기

꼭 알아야 할
영문법의 기본 개념을
정리하세요.

❶ used to: 과거에 ~하곤 했다

used to는 과거에 늘 하던 일, 혹은 과거 늘 그랬던 상태를 말할 때 쓰는 조동사입니다. '예전엔 늘 그랬는데 지금은 아니다'란 뉘앙스까지 포함한 말이에요. would도 과거 일에 쓰지만 주어의 의지에 초점을 두기 때문에 used to와 달리 규칙적으로 했다는 보장은 없습니다.

When I was a kid, I would take a nap in the afternoon.

어렸을 땐 오후에 낮잠을 자려고 했어. ···▶ 늘 그렇게 했다기보다는 그럴 의지를 갖고 있었다는 얘기

I used to take a nap in the afternoon.　　　　오후면 낮잠을 자곤 했다.

···▶ 오후면 규칙적으로 낮잠을 자는 습관이 있었다는 얘기

* take a nap 낮잠을 자다

There used to be a big tree here.　　　여기 예전엔 커다란 나무가 있었는데.

We used to go to the beach every summer.　　우린 여름마다 바닷가에 가곤 했지.

부정문은 never used to, didn't use(d) to로 표현합니다.

He never used to drink coffee, but now he drinks at least two cups a day.

갠 예전엔 커피를 마시지 않았는데 지금은 하루에 적어도 두 잔은 마셔.

She didn't use(d) to worry about weight but now she weighs herself every day.　　　갠 예전엔 체중 걱정을 안 했는데 지금은 매일 몸무게를 재.

⏱ 도전! 1분 영작 001

❶ 난 예전엔 아침에 샤워를 하곤 했어.　✐ ....

❷ 난 점심식사 후 낮잠 자는 거에 익숙지 않아.　✐ ....

| 정답 |
도전! 1분 영작 001

❶ I used to take a shower in the morning.

❷ I'm not used to taking a nap after lunch.

② have to, need to: ~해야 한다

should가 '당연히 ~해야 한다', must가 '좋든 싫든 반드시 ~해야 한다'며 말하는 사람의 태도를 담은 말이라면, have to, need to는 주어가 뭔가를 해야하는 상황이라는 객관적인 사실에 초점을 둔 말입니다. 아래 예문으로 그 차이를 느껴 보세요.

You **should** see the movie first and then read the book.
영화를 먼저 보고 나서 책을 읽어야 돼. ⋯ 그러는 게 당연하다고 생각하는 말하는 사람의 태도

This movie is one of the best comedies ever. You **must** see it.
이 영화는 역대 최고 코미디 영화야. 반드시 봐야 해. ⋯ 강제로라도 보게 하고 싶은 말하는 사람의 마음

To understand the movie, you **have[need] to** see it several times.
그 영화 이해하려면 여러 번 봐야 해. ⋯ 말하는 사람의 태도를 뺀 객관적인 사실

'(과거에) ~했어야 했다'는 의미를 나타낼 땐 have to의 과거인 had to를 씁니다. 미래에 해야 한다면 will have to, will need to가 되고요.

We **had to** postpone the meeting. 우리는 회의를 연기해야 했다.

We **will have[need] to** reconsider the decision. 우리는 그 결정을 재고해야 할 것이다.

또한 must not은 '~하지 말아야 한다'지만 don't have to, don't need to는 '반드시 ~해야 하는 건 아니다'로 전혀 다른 의미가 되니 주의하세요.

You **must not** delete the file. 그 파일 삭제하면 안 돼.

You **don't have to** delete the file. 그 파일 꼭 삭제해야 하는 건 아냐 (안 해도 돼).

⏱ 도전! 1분 영작 002

❶ 난 그 책을 여러 번 읽어야 했어. 🖉 _____

❷ 너 결혼식 연기하지 않아도 돼. 🖉 _____

| 정답 |
도전! 1분 영작 002

❶ I had to read the book several times.

❷ You don't have[need] to postpone your wedding.

③ be required to, be supposed to, be allowed to: 꼭 ~해야 한다, ~해야 한다, ~해도 된다

조동사는 말하는 사람의 태도가 들어가 있는 말이라고 했는데요. 조동사 의미는 그대로 살리면서 주관적 태도는 배제하고 싶을 때도 있겠죠? 그래서 잘 쓰는 말이 be required to, be supposed to, be allowed to, be able to 같은 표현들입니다. 이 말들은 조동사 대신 잘 쓰기 때문에 알아 두면 여러 모로 유용해요. 문제는, 모두 당하는 입장인 p.p.로 썼기 때문에 해석할 때 좀 복잡하게 느껴진다는 건데, 그냥 통째로 be required to는 '꼭 ~해야 한다'(must에 상응), be supposed to는 '~해야 한다'(should에 상응), be allowed to는 '~해도 된다'(허가의 may/can에 상응)라고 생각하고 써도 됩니다.

◆ **be required to** 꼭 ~해야 한다

This course requires students to give one oral presentation.

이 수업은 학생들에게 1회의 구두 발표를 요구한다. (의무적으로 발표를 해야 한다)

→ Students **are required to** give one oral presentation in this course.

학생들은 이 수업에서 1회 구두 발표를 해야 한다. ⋯ to 이하를 하라는 강한 요구를 받는 입장

→ Students **must** give one oral presentation in this course.

◆ **be supposed to** ~해야 한다

The hotel supposes us to check out by 11 am.

그 호텔은 우리가 오전 11시까지 체크아웃 할 거라고 생각한다.

→ We **are supposed to** check out by 11 am. 우리는 오전 11시까지 체크아웃 해야 한다.

⋯ to 이하를 할 거라는 타인의 예상, 기대를 받고 있는 상태

→ We **should** check out by 11 am.

◆ **be allowed to** ~해도 된다

They don't allow children to enter this website.

그들은 어린이가 이 웹사이트에 들어오는 걸 허락하지 않는다.

→ Children **are not allowed to** enter this website.

어린이는 이 웹사이트에 들어갈 수 없다. ⋯ to 이하를 하는 것에 대해 허가를 못 받는 상태

→ Children **may not** enter this website.

All of us **are required to** pay tax on our income.

우리 모두 소득에 대해 의무적으로 세금을 내야 한다.

You're **supposed to** have your ID card at all times.　항상 신분증을 휴대해야 한다.

You're **allowed to** comment on my blog.　제 블로그에 덧글을 달아도 됩니다.

⏱ **도전! 1분 영작 003**

① 그들은 지침을 따를 의무가 있다. (guideline)
　✎

② 너 그 파일 열어 봐도 돼.
　✎

STEP 1 빈칸에 어울리는 말을 고르세요.

❶ You will _____ contact the office to restore your password.

ⓐ require to   ⓑ suppose to   ⓒ need to   ⓓ likely

❷ The law _____ you to wear a seatbelt.

ⓐ requires   ⓑ is required to

ⓒ is required by   ⓓ makes

❸ You _____ report any change of address to the school office.

ⓐ are supposed   ⓑ suppose

ⓒ supposed to   ⓓ are supposed to

STEP 2 괄호 안의 표현 중 맞지 <u>않는</u> 것을 고르세요.

❹ Don't panic. We (should / must / have to / require to) stay calm.

❺ You should not borrow too much money, because you (should / have to / allow to) pay it back later.

❻ I (suppose to / should / need to) meet someone tonight.

STEP 3 **work**과 **use**를 활용해 문장을 완성해 보세요.

❼ 그의 누나는 간호사라 야근에 익숙해.

✏ His sister is a nurse, so she _____ night shifts.

❽ 그녀는 예전에 이 병원에서 근무했었대.

✏ She _____ at this hospital.

★정답 및 해설은 426쪽에

3단계
영문법 총정리

[중간점검] **여섯째 마디:**
조동사

Unit 26~31에서 배운 문법을 제대로 이해하고
활용할 수 있는지 확인해 보세요.

STEP 1 다음 글을 읽고 질문에 답하세요.

Applicants must submit TOEFL scores. Qualifying students without a TOEFL IBT score may submit other comparable test scores (computer-based TOEFL or IELTS), but will be scheduled for a telephone proficiency interview with our staff. You may choose to submit standardized test scores such as the SAT if you feel that it may support your application, but these are not required.

❶ 글과 일치하는 내용을 고르세요.

ⓐ Applicants are required to submit IELTS scores to qualify.

ⓑ After the applicants have submitted their TOEFL IBT scores, they will interview the staff.

ⓒ Applicant do not have to submit their SAT scores.

STEP 2 다음 대화문을 읽고 질문에 답하세요.

John   Freedom of choice is a basic principle of our society. If parents can afford to send their children to a private school and wish to do so, they should be allowed to do that. We are allowed to buy the best car if we have the money, and the same can be said about private schools.

Jane   Freedom of choice should be available to everyone. If a choice is available only to rich people, you can't say it's a "choice." Education is necessary for everyone and should be freely available. You can't compare it with a car.

❷ 대화문과 일치하지 <u>않는</u> 내용을 고르세요.

ⓐ John recognizes the need for private schools.

ⓑ John and Jane are debating on choice of cars.

ⓒ Jane is against private schools.

❸ It takes only 10 minutes to get there. He ⎯⎯⎯⎯⎯⎯⎯⎯⎯ be there by now.

ⓐ could   ⓑ might   ⓒ should   ⓓ would

❹ I was late for school because I overslept. I ⎯⎯⎯⎯⎯⎯⎯⎯⎯ set my alarm clock.

ⓐ should have   ⓑ would   ⓒ could   ⓓ must have

❺ We can't take a break. We ⎯⎯⎯⎯⎯⎯⎯⎯⎯ to get this done as soon as possible.

ⓐ must   ⓑ should   ⓒ are allowed   ⓓ are supposed

❻ What? The dinner cost $300? You ⎯⎯⎯⎯⎯⎯⎯⎯⎯ kidding!

ⓐ are allowed to ⓑ must be   ⓒ might   ⓓ are to be

STEP 4 우리말에 어울리도록 알맞은 조동사와 주어진 표현을 이용해 대화문을 완성해 보세요.

❼ A He didn't send me an invitation to his wedding.

B 분명히 실수였을 거야. (mistake)

🎤 It ⎯⎯⎯⎯⎯⎯⎯⎯⎯⎯⎯⎯⎯⎯⎯⎯⎯⎯⎯ .

❽ A I ordered the same product twice. And that's three days ago.

B 곧바로 취소했어야지! (immediately, cancel)

🎤 You ⎯⎯⎯⎯⎯⎯⎯⎯⎯⎯⎯⎯⎯⎯⎯⎯ !

❾ A He says the stock market will go up.

B 이번엔 걔가 맞을지도 몰라. (this time)

🎤 He ⎯⎯⎯⎯⎯⎯⎯⎯⎯⎯⎯⎯⎯⎯⎯⎯ .

❿ A What should I wear?

B **Anything.** 잘 차려 입을 필요 없어. (dress up)

🎤 You ⎯⎯⎯⎯⎯⎯⎯⎯⎯⎯⎯⎯⎯⎯⎯⎯ .

★정답 및 해설은 427쪽에

일곱째 마디

●

가정법

실제와 다른 상황을
가정해 보다

32 if와 whether

조건 달고 말할 때

강의 및 예문듣기

🎧 32.mp3　▶ 동영상 12강

1단계
핵심문법 익히기

꼭 알아야 할
영문법의 기본 개념을
정리하세요.

❶ if의 기본 의미는 '만약 ~라면'

if는 '만약 ~라면'처럼 주절에 조건을 달 때 씁니다. 이때 if절은 부사절로, 주절 앞뒤에 올 수 있어요. 나중에 가정법에서 중요한 역할을 하게 되죠.

He was lying **if** he said so.

걘 거짓말하고 있었던 거야. 그렇게 말했다면.

If he said so, he was lying.

걔가 그렇게 말했다면 거짓말하고 있었던 거야.

'만약 ~라면'이라는 의미로 if절이 쓰였을 땐 미래 일을 현재시제로 나타냅니다. 시간의 부사절에서도 그랬던 거 기억나죠?

If it **rains** tomorrow, I'll just stay home and surf the Internet.

내일 비 오면 집에서 인터넷이나 할래. ··→ 내일 일이지만 현재시제

If he **doesn't play** well this season, his career could be ended.

이번 시즌에 잘하지 못하면 그의 선수 생활이 끝날 수도 있어. ··→ 미래지만 현재시제

• surf 인터넷 상의 정보를 찾아다니다

하지만 if절에도 will이 쓰이는 경우가 있어요. 이땐 미래시제를 나타내는 게 아니라 '주어의 의지'를 강조한 겁니다.

If you **will** not listen to me, why should I listen to you?

네가 내 말을 안 들으려 하는데 내가 왜 네 말을 들어야 해? ··→ 안 듣겠다는 주어의 의지

207

도전! 1분 영작 001

❶ 내일 존을 보면 나한테 전화하라고 얘기해.

❷ 그가 내년에 졸업한다면 그건 기적일 거다. (graduate)

---

❷ if절이 목적어로 쓰였을 땐 '~인지 아닌지(를)'

if절이 동사나 전치사의 목적어, 즉 명사절로 쓰이면 '~인지 아닌지(를)'란 뜻이 됩니다.

Can anyone tell me if this is a virus?

이거 바이러스인지 아닌지 아는 사람?

⋯→ tell의 목적어

Please show me if I'm wrong.

제가 잘못하고 있는 건지 알려 주세요. ⋯→ show의 목적어

I didn't worry about if I was going to win or lose.

내가 이길지 질지에 대해선 걱정하지 않았다. ⋯→ about의 목적어

목적어로 쓰일 땐 '만약 ~'의 의미로 쓰일 때와 두 가지 차이점이 있습니다.

◆ 타동사 뒤에 위치

〈타동사 + 목적어〉가 원래 정해진 순서이기 때문에 if절이 목적어로 쓰일 땐 타동사 뒤에 옵니다. '~인지 아닌지'로 해석했을 때 자연스러운지 확인해 보세요.

I don't know if my answer is correct.

만약 내 답이 맞다면 나는 모른다. (×) → 내 답이 맞는지 모르겠다. ⋯→ know의 목적어

≠ If my answer is correct, I don't know.

| 정답 |

도전! 1분 영작 001

❶ If you see John tomorrow, tell him to call me.

❷ If he graduates next year, it will be a miracle.

I wonder **if** I can cancel my order.

만약 내 주문을 취소할 수 있다면 궁금하다. (×) → 내 주문을 취소할 수 있는지 궁금하다. ···→ wonder의 목적어

◆ 미래는 미래시제로

if가 '만약 ~라면'이라는 의미로 쓰일 때 시간의 부사절처럼 미래의 일이라도 현재시제로 바꾸지만, '~인지 아닌지'란 뜻인 경우엔 그냥 미래시제를 씁니다.

He still hasn't decided **if he will** apply for the job.

걔 그 일자리에 지원할지 아직 결정 못했대. ···→ 목적어로 쓰인 경우

The interviewers may ask you **if you will** take the job **if you are** offered it.

면접관들은 네게 일자리를 주겠다고 하면 네가 맡을 건지 물어볼지도 몰라.

···→ 밑줄 친 부분은 ask의 목적어로 모두 미래의 일이지만, 첫 번째 if는

'~인지 아닌지'이니까 미래시제, 두 번째 if는 '만약 ~라면'이니까 현재시제

⏱ 도전! 1분 영작 002

❶ 그가 옳은 건지 난 모르겠어. ✎ _____

❷ 그들이 날 채용할지 궁금해. (hire) ✎ _____

❸ whether ~ (or not)은 '~인지 아닌지/~든 아니든'

'~인지 아닌지'란 의미로 if 대신 whether ~ (or not)을 쓸 수도 있습니다. 'A 인지 B인지'일 때는 whether A or B로 쓰는데, A, B 자리엔 절이 들어갈 수 도 있고 to부정사가 들어갈 수도 있어요.

They will meet to decide **whether** they will go on strike **(or not)**.

그들은 파업에 들어갈지 말지를 결정하기 위해 만날 것이다.

We couldn't decide **whether** to eat out **or** to eat at home.

우린 밖에서 먹을지 집에서 먹을지 정하지 못했어.

I don't know **whether** it's better to exercise in the morning **or** in the evening.

아침에 운동을 하는 게 더 나은지 저녁에 하는 게 더 나은지 모르겠어.

· go on strike 파업하다

whether절이 명사 역할(= 명사절)을 할 때 주어, 목적어, 보어로 쓸 수 있습니다.

| 정답 |

도전! 1분 영작 002

❶ I don't know if he's right.

❷ I wonder if they will hire me.

Whether he will play the entire 45 minutes will be decided tomorrow.

그가 45분 내내 뛰게 될지 여부는 내일 결정될 거다. ⋯ 주어

How do I know **whether** I qualify?

내가 자격이 되는지 어떻게 알죠? ⋯ 목적어

My question is **whether** it's true.

내 질문은 그게 사실이냐 아니냐다. ⋯ 보어

• qualify 자격을 얻다

whether ~ or not은 '~든 아니든'이란 의미의 부사절로도 쓰입니다. 이땐 or not을 생략하지 않아요.

Whether it's true **or not**, I trust him.

그게 사실이든 아니든 난 그를 믿는다.

I will go **whether** you like it **or not**.

난 갈 거야, 네가 좋든 싫든.

명사절로 쓰일 때와 생김새가 같아 헷갈리기 쉬운데요. 명사절일 경우 whether절을 떼어내면 문장에서 중요한 뼈대(주어, 목적어, 보어)가 빠지는 거라 의미가 이상해지는데 비해, 부사절일 땐 수식어이기 때문에 떼어내도 주절 자체의 의미가 훼손되지 않는다는 차이가 있습니다. 또 문장 맨 앞에 오면 쉼표를 찍어 한 번 쉬고 주절로 넘 어간다는 것도 명사절과 구분해 주는 힌트가 되죠.

질문 있어요~

Q if나 whether 둘 다 '~인지 아닌지'란 의미가 있는데 if절은 주어나 보어로는 쓸 수 없나요?

A if는 일단 '만약 ~'부터 떠올리게 되는 단어라, 문장 맨 앞에 쓰면 '만약 ~'이란 뜻으로 오해하기 쉽기 때문에 주어로는 쓰지 않고 거의 대부분 목적어로 씁니다.

If it is true is not important. (✕)

⋯ 듣는 사람은 '만약 그게 사실이라면 ~'으로 생각했다가 뒤늦게 당황할 수 있음.

보어로 쓰는 게 불가능한 건 아니지만, 거의 대부분 '만약 ~'이란 의미로 사용됩니다.

My question is **if it's true**.

⋯ 가능하지만 아래 문장처럼 '만약 ~'으로 읽기기 쉽기 때문에 whether 선호

My question is [**if it's true**, does that mean he lied?]

내 질문은, 만약 그게 사실이라면 그가 거짓말을 했다는 뜻이냐는 거야.
⋯ if ~ lied까지 두 절을 합친 것이 보어(명사절), if it's true 부분은 부사절(만약 ~라면)

⏱ 도전! 1분 영작 003

❶ 그게 좋은 생각인지 난 모르겠어. ✎ _____

❷ 네가 그를 좋아하든 안 좋아하든 그는 아이들 사이에서 인기가 많아. (among)

✎ _____

| 정답 |

도전! 1분 영작 003

❶ I don't know whether it's a good idea.

❷ Whether you like him or not, he's very popular among children.

STEP 1 괄호 안의 표현 중 맞지 <u>않는</u> 것을 고르세요.

❶ (If / Whether) he will show up doesn't matter.

❷ I wasn't sure (if / whether / where) to stay.

❸ I wondered (if / whether / that) my reservation had been confirmed.

STEP 2 빈칸에 어울리는 말을 고르세요.

❹ _____ you agree or not, it was a democratic election.

ⓐ If   ⓑ When   ⓒ Whether   ⓓ As

❺ What should I do if he _____ he loves me?

ⓐ will tell   ⓑ tells   ⓒ will say   ⓓ says

❻ Why don't you ask him if he _____ your email?

ⓐ has received   ⓑ receive

ⓒ will have received   ⓓ receives

❼ If this _____ again, you will lose your license.

ⓐ happen   ⓑ happens

ⓒ will have happened   ⓓ happened

❽ The lawmakers will decide whether _____ the new proposals.

ⓐ supporting   ⓑ supported   ⓒ to support   ⓓ will support

★정답 및 해설은 427쪽에

211

33 직설법과 가정법

사실 그대로냐, 아니냐의 차이

강의 및 예문듣기

🎧 33.mp3 ▶ 동영상 12강

꼭 알아야 할
영문법의 기본 개념을
정리하세요.

① 사실 그대로 말하면 직설법, 사실과 반대인 상황을 가정하여 말하면 가정법

우리가 평소 하는 말의 대부분은 직설법입니다. 사실을 있는 그대로 표현하는
방식이죠.

영수증이 없어서 환불 못 받아.
핸드폰을 집에 두고 와서 그 전화 못 받았어.

두 경우 모두 안타깝고 답답한 심정이겠죠? 이런 감정을 더 잘 살리고 싶을 때
쓰는 게 가정법입니다. 일부러 현실과 반대되는 상황을 가정해 보는 거죠.

영수증이 있다면 환불받을 수 있을 텐데!
핸드폰을 집에 두고 오지 않았다면 그 전화 받을 수 있었을 텐데!

즉 현실과 다른 상황을 가정해 보고 어땠을지 추측해 봄으로써 현실에 대해 느
끼는 감정을 효과적으로 드러내려는 게 바로 가정법입니다. 결국 말하려는 내
용은 똑같은데 표현 방식만 다른 거죠.

I can't get a refund because I don't have the receipt.

영수증이 없어서 환불 못 받아. ···▸ 직설법

If I had the receipt, I could get a refund.

영수증이 있다면 환불받을 수 있을 텐데! ···▸ 가정법

I couldn't get the call because I left my phone at home.

핸드폰을 집에 두고 와서 그 전화 못 받았어. ···▸ 직설법

If I hadn't left my phone at home, I could have gotten the call.

핸드폰을 집에 두고 오지 않았다면 그 전화 받을 수 있었을 텐데! ···▸ 가정법

⏱ 도전! 1분 영작 001

❶ 그는 경력이 없어서 직장을 구할 수가 없다. (experience, get a job)

✏

❷ 그가 충분한 경력이 있다면 직장을 구할 수 있을 텐데. (enough)

✏

② 가정법은 직설법보다 시제가 한 단계씩 과거로 당겨진다

가정법은 〈if절 + 주절〉이 일반적입니다. 그런데 상대방이 현실과 상상을 혼동하면 큰일이죠? 그래서 가정법은 쉽게 구분하라고 직설법과 다른 형식을 취합니다. 다음 예문의 동사들을 잘 보세요.

If I **were** you, I **would**n't do that.   내가 너라면 그렇게 안 할걸. ⋯ 현실: I'm not you.

If Michael Jackson **were** alive, what **would** he be doing?

마이클 잭슨이 살아 있다면 뭘 하고 있을까? ⋯ 현실: Michael Jackson is not alive.

If I **had known** about this, I **could have saved** a lot of time.

이것에 대해 알았다면 시간을 많이 절약할 수 있었을 텐데. ⋯ 현실: I didn't know about it.

If she **had listened** to my advice, she **might have made** fewer mistakes.

그녀가 내 충고를 귀담아 들었다면 실수를 덜 했을지도 모르는데. ⋯ 현실: She didn't pay enough attention.

If they **had been given** any support, they **should have won** the game.

그들이 지원을 받았다면 경기에서 당연히 이겼을 텐데. ⋯ 현실: They were not given any support.

이 예문들을 통해 가정법 문장의 두 가지 특징을 알 수 있습니다.

◆ **if절의 시제가 현실의 시제보다 과거로 한 단계씩 당겨져 있다**
(현재 → 과거, 과거 → 과거완료)

시제를 당겨 쓰는 이유는 뭘까요? 잠시 여러분이 돈 많은 갑부라고 상상해 보세요. 뭘 하고 싶으세요? 다시 현실로 돌아와 보세요. 지금 여러분은 갑부가 아니고 방금 상상했던 장면은 벌써 과거로 느껴지죠? 그래서 '현재'와 관련이 있지만 형식은 '과거'로 쓴다고 보면 됩니다. 이때 be동사는 주어가 뭐든 무조건 were를 쓴다는 것도 기억해 두세요.

If I **were** rich ~   내가 부자라면… ⋯ 현재 상황은 I'm not rich.로 현실과 반대를 가정

| 정답 |

도전! 1분 영작 001

❶ He can't get a job because he has no experience.

❷ If he had enough experiences, he could get a job.

213

◆ 주절에는 과거형 조동사 would, could, might, should가 온다

그렇다면 왜 주절에 과거형 조동사를 쓰는 걸까요? 세상에 정말 확실한 건 실제 일어난 일뿐입니다. 가정법은 어디까지나 현실과 반대인 상황을 가정해 보고 어떨지 '추측'해 보는 것일 뿐, 시간을 거꾸로 돌리기 전엔 어땠을지 아무도 모르죠. 앞서 조동사를 배울 때 조동사 과거형은 현실이 아닌 일에 대해 추측할 때 쓴다고 했죠? 그게 바로 가정법에 조동사 과거형이 쓰이는 이유입니다.

If I were rich, I would travel the world.

내가 부자라면 세계를 여행하고 다닐 텐데.

⋯› 내가 부자일 경우 뭘 할 것 같은지 추측

⏱ 도전! 1분 영작 002

❶ 내가 너라면 그를 도와줄 텐데.

❷ 그가 돈이 충분히 있었다면 그 차를 살 수 있었을 텐데.

STEP 1 다음 각 문장이 직설법인지 가정법인지 구분해 보세요.

❶ What would you be doing if you were the president?

❷ If you knew it back then, why didn't you tell anyone?

❸ If he had done anything wrong, his license would have been suspended.

❹ If you have had flu before, you don't need to be vaccinated.

STEP 2 빈칸에 어울리는 말을 고르세요.

❺ If she were younger, he ＿＿＿＿＿＿ her out.

ⓐ might ask　　ⓑ asks　　　ⓒ asked　　　ⓓ had asked

❻ If you were stranded on a deserted island, what ＿＿＿＿＿＿ you want to bring?

ⓐ will　　　　ⓑ would　　　ⓒ may　　　　ⓓ do

❼ ＿＿＿＿＿＿ more politicians like him, the world would be a better place.

ⓐ When there are　　　　　ⓑ Whether there are
ⓒ If there were　　　　　　ⓓ Whether there would be

❽ If you ＿＿＿＿＿＿ offended, I apologize.

ⓐ had been　　ⓑ had　　　　ⓒ will be　　　ⓓ were

★정답 및 해설은 428쪽에

34

가정법 과거와 가정법 과거완료

현재, 아니면 과거에 없었던 가짜 상황

강의 및 예문듣기

🎧 34.mp3　▶ 동영상 12강

1단계

핵심문법 익히기

꼭 알아야 할
영문법의 기본 개념을
정리하세요.

❶ 가정법 과거: 현재 사실의 반대 상황을 가정할 때

가정법 과거는 '현재'에 대해 느끼는 불만이나 아쉬움 같은 감정을 표현하기 위해 현재 사실의 반대 상황을 가정하고 그 결과를 추측해 보는 표현법입니다. if절은 과거로, 주절은 〈과거형 조동사(would/could/should/might) + 동사원형〉으로 쓰는데, if절의 be동사는 주어와 상관없이 were를 씁니다.

If I **had** the receipt, I **could get** a refund.　　　영수증이 있다면 환불받을 수 있을 텐데!

⋯→ 영수증이 없어 환불을 못 받는 현재 상황에 대한 안타까움 표현

If I **were** the boss, I **would give** everyone a pay raise.

내가 사장이면 모두에게 월급을 올려 줄 텐데. ⋯→ 실제론 지금 사장이 아니라 불가능

If I **won** the lottery, I **would travel** the world.

로또 당첨이 되면 세계 여행을 다닐 텐데. ⋯→ 지금 당첨된 게 아니라 세계 여행은 꿈도 못 꿈

I **could tell** you the whole story if I **had** enough time.

내가 시간만 충분하다면 네게 몽땅 얘기해 줄 수 있을 텐데. ⋯→ 실제론 시간이 부족해 대충 얘기하다 끝낼 수밖에 없는 상황

If I **were** a man, I **should be** in love with her.

내가 남자라면 당연히 그녀와 사랑에 빠져 있을 거다. ⋯→ 실제론 I가 여자. 그만큼 her가 같은 여자가 보기에도 매력적이란 뜻

If I **lived** in another country, I **might have** a different opinion.

내가 다른 나라에 살고 있다면 생각이 다를지도 몰라. ⋯→ 실제가 아니라 추측만 해본 것

if절 안에도 의미상 필요하면 과거형 조동사가 들어갈 수 있습니다.

What **would** you do if you **could** reverse time?　　시간을 되돌릴 수 있다면 어떻게 할래?

⋯→ if절을 과거로 써야 하니 can을 could로 바꾼 것

If you **would** act responsibly, I **wouldn't** have to nag you.

네가 책임감 있게 행동할 의지가 있다면 내가 잔소리할 필요가 있겠냐. ⋯→ 의지의 will을 과거형 would로 바꾼 것

⏱ **도전! 1분 영작 001**

❶ 내가 그 답을 안다면 네게 말해 줄 텐데. ✎ ....

❷ 내가 너라면 그렇게 안 할 거다. ✎ ....

② 가정법 과거완료: 과거 사실의 반대 상황을 가정할 때

가정법 과거완료는 '과거'에 실제로는 없었던 상황을 가정하며 말할 때 사용합니다. if절은 had p.p., 주절은 〈과거형 조동사(would/could/should/might) + have p.p.〉로 나타내죠.

If you **hadn't been** late, you **would have had** enough time to eat.

> 네가 그때 늦지만 않았어도 충분히 밥 먹을 시간이 있었을 거라고.
> ⋯ 가정법 과거완료: '과거'의 일, 실제론 늦어서 먹을 시간이 없었음.

If you **weren't** late, you **would have** enough time to eat.

> 네가 안 늦었다면 밥 먹을 시간이 충분히 있을 텐데. ⋯ 가정법 과거: '현재'의 일, 실제론 늦어서 제대로 밥 먹을 시간이 없음.

If I **hadn't stayed** up late, I **wouldn't have slept** through the classes.

> 늦게까지 안 자고 있지만 않았어도 수업 내내 졸지는 않았을 텐데. ⋯ 실제론 밤늦게까지 안 자서 수업 내내 졸았음.

If I **hadn't forgotten** the camera, I **could have taken** more pictures.

> 카메라를 깜박하지 않았더라면 사진을 더 많이 찍을 수 있었을 텐데. ⋯ 실제론 깜박 잊고 가서 많이 못 찍었음.

If I **hadn't checked** the bill, I **would have been overcharged** and **might not have noticed** it.

> 계산서를 확인하지 않았더라면 과다 청구된 걸 모르고 지나갔을 거다.
> ⋯ 실제론 확인해서 알아차리고 많이 내지 않았음.

If he **had done** anything wrong, he **should have been punished**.

> 그가 뭐든 잘못을 했다면 당연히 처벌받았을 텐데. ⋯ 실제론 잘못을 안 해서 처벌받지 않았음.

> • **overcharge** 부당한 값을 요구하다, 바가지 씌우다

| 정답 |

도전! 1분 영작 001

❶ If I knew the answer, I would tell you.

❷ If I were you, I wouldn't do that.

도전! 1분 영작 002

❶ If I had the coupon, I could get a discount.

❷ If I had had the receipt, I could have gotten[got] a refund.

⏱ **도전! 1분 영작 002**

❶ 나 그 쿠폰 있으면 할인받을 수 있을 텐데. (get a discount)

✎ ....

❷ 그 영수증 있었다면 환불받을 수 있었을 텐데.

✎ ....

미래 사실의 반대 상황은 어떤 가정법을 쓰냐고요? 그냥 직설법으로 표현하면 됩니다. 미래란 아무도 모르는 일인데 알지도 못하면서 그 반대 상황을 가정할 순 없으니까요. 어차피 모르는 일이라 굳이 가정법으로 말할 필요가 없습니다.

If it **rains** tomorrow, **I'll** stay home and watch TV. 내일 비 오면 집에서 TV나 볼래.

❸ 혼합가정법: 과거에 없던 일을 가정해 보고 그 경우 현재 어떨지 상상해 볼 때

혼합가정법은 '만약 그때 ~였다면, 지금쯤 …할 텐데'라며 과거 사실의 반대를 가정해 보고, 그 경우 현재가 어떻게 달라졌을지 상상해 보는 표현법입니다. if절엔 가정법 과거완료, 주절엔 가정법 과거를 써요.

If I **hadn't met** him then, my life **would be** empty now.

> 그때 그이를 못 만났다면 지금 내 인생은 허무할 거야. … 실제론 만났고 그래서 지금 허무하지 않다는 얘기

If he **hadn't been** elected, things **might be** different now.

> 그가 선출되지 않았다면 지금 세상은 다른 모습일지도 몰라.

⏱ 도전! 1분 영작 003

❶ 그 일을 맡았더라면 나 지금쯤 백만장자가 돼 있을 거야. (take, millionaire)

_____

❷ 그가 결혼하지 않았다면 지금 상황은 달라져 있을지도 몰라. (things)

_____

| 정답 |
도전! 1분 영작 003

❶ If I had taken the job, I would be a millionaire now.

❷ If he hadn't married, things might be different now.
  ▶ things는 막연하게 여러 가지 것들을 싸잡아 가리키는 말이라 '주변 상황', '세상' 등으로 해석 가능

STEP 1 괄호 안의 표현 중 맞는 것을 고르세요.

❶ There was a big fire in the office building. If the workers (didn't leave / hadn't left) work early, they (may be / might have been) killed in the fire.

❷ If you (meet / met) Jesus at a bar, what (will / would / can) you say?

❸ If she (had caught / catch) you cheating on her, you (should be / are) dead by now.

❹ If I (had / had had) the information, I would have shared it with you.

STEP 2 괄호 안 동사를 알맞은 형태로 바꿔 우리말에 어울리는 가정법 문장을 완성해 보세요.

❺ 내가 10년만 젊어도 걔들이랑 경쟁할 수 있을 텐데!

🖉 If I ＿＿＿＿＿ only 10 years younger, I ＿＿＿＿＿ with them! (be, can compete)

❻ 그땐 그걸 몰랐어. 그때 알았다면 너한테 말해 줬겠지.

🖉 I didn't know it at the time. If I ＿＿＿＿＿ it then, I ＿＿＿＿＿ you. (know, tell)

❼ 그녀가 연습을 더 많이 했더라면 더 잘할 수 있었을지도 몰라.

🖉 If she ＿＿＿＿＿ more, she ＿＿＿＿＿ better. (practice, may perform)

❽ 그 회의가 대도시에서 열렸더라면 더 많은 사람들이 관심을 가졌을 거야.

🖉 If the conference ＿＿＿＿＿ in a big city, more people ＿＿＿＿＿ interested. (hold, will)

★정답 및 해설은 428쪽에

35 가정법의 다양한 형식

if의 기본 형식에 반기를 들다

강의 및 예문듣기

🎧 35.mp3 ▶ 동영상 13강

1단계
핵심문법 익히기

꼭 알아야 할
영문법의 기본 개념을
정리하세요.

① 가능성이 희박하다고 느끼는 일을 가정할 땐: If ~ were to, If ~ should

가정법으로 쓴 if절에 'were to부정사'를 넣는 경우도 있습니다. 주로 불가능한 일이나 말하는 사람이 가능성을 그만큼 아주 희박하게 느끼는 경우에 쓰죠.

If the world **were to** end tomorrow, how **would** you spend your
remaining time?

내일 세상이 종말을 맞는다면 남은 시간을 어떻게 보낼래?

┈→ 설마 그럴 일은 없을 거란 가정으로 말한 경우

If I **were to** live my life again, I **would** do exactly the same thing.

다시 태어난다 해도 난 똑같이 할 거야. ┈→ 그럴 일 없다고 생각하고 말한 경우

If you **were to** move elsewhere in this country, where **would** it be?

네가 우리나라 안에서 다른 데로 이사 간다면 어디가 될까? ┈→ 이사 갈 일이 없을 거라는 생각에서 가정한 경우

if절에 should를 넣어도 가능성을 희박하게 보는 표현이 되는데, 이때 말하는 사람이 가능성을 어느 정도로 생각하느냐에 따라 주절의 형태와 가정법 여부가 결정됩니다.

My aunt is very healthy. If she **should** die, I'**d** be really sad.

숙모는 아주 건강하셔. 혹시라도 돌아가신다면 난 정말 슬플 거야. ┈→ 그럴 리 없다는 생각에서 주절에 would

If I **should** hear from him, I **will** let you know.

혹시 걔한테서 소식 듣게 되면 알려 줄게. ┈→ 가능성이 그렇게 없진 않다고 보고 주절에 will

Who becomes President of the United States **if** the president **should** die?

대통령이 혹시라도 사망할 경우엔 누가 미국 대통령이 되는가? ┈→ 가능성이 없진 않다고 본 경우

문맥에 따라서는 if ~ should가 정말 가능성이 없다기보다는 공손한 느낌을 주기 위해 쓴 것일 수도 있습니다. '혹시라도 ~'처럼 가능성이 별로 없는 것처

럼 말하면 그만큼 자신을 낮추고 조심스럽게 말하는 효과가 나기 때문이죠. 그래서 예의나 격식을 차리게 되는 안내문 등에서 많이 사용됩니다.

If you **should** be interested, please contact us.

관심 있으시면 연락 주세요. ⋯ 정말 관심이 없을 거라고 생각해서가 아니라 조심스럽게 돌려 말하기 위한 것

If you **should** have any comments, please send an email to xxx@xxx.com.

혹시 하실 말씀 있으시면 xxx@xxx.com으로 이메일 보내 주세요. ⋯ 조심스럽게 예의를 갖춘 경우

⏱ 도전! 1분 영작 001

① 내일 세상이 종말을 맞는다면 넌 오늘 뭘 할래? (end)

✏

② 너 혹시라도 존한테서 소식 들으면 내게 즉시 전화해. (immediately)

✏

② **if가 생략될 때**

가정법에서 if가 사라지는 경우도 있습니다. if절의 주어와 동사가 자리를 바꾸면서 if가 생략되는 거죠. 이럴 땐 Should you ~처럼 조동사가 주어 앞에 오기 때문에 의문문으로 착각하기 쉬운데, 문장 끝에 물음표가 없고 주절에도 과거형 조동사가 나오니 거기서 힌트를 얻으면 됩니다. if를 넣고 도치된 말을 원래대로 돌렸을 때 말이 통하는지 확인해 보세요.

Had they reviewed the report more carefully, they would have found the errors.

그들이 그 보고서를 좀 더 신중히 검토했더라면 오류를 찾아냈을 텐데.
⋯ If they had reviewed the report more carefully, ~

My boss would have fired me **had I been** late again.

내가 또 지각했다면 사장이 날 해고했을 거야. ⋯ ~, if I had been late again.

Should I hear from him, I'll let you know.

혹시 걔한테 소식 들으면 알려 줄게.
⋯ If I should hear from him, ~

Don't hesitate to contact us **should you have** any question(s).

혹시 궁금한 점 있으시면 주저 마시고 언제든 연락 주세요. ⋯ ~, if you should have any question(s).

잠깐만요!

과거형 조동사는 공손한 느낌을 주고 싶을 때 잘 쓰기 때문에 if절에 should 외에 would, could, might도 쓸 수 있습니다.

I would appreciate it if you **would** help me. 도와주신다면 감사하겠습니다.
▶ 주어의 의지

I'd appreciate it if you **could** answer my question. 제 질문에 답해 주실 수 있으면 감사하겠습니다.
▶ 주어의 가능성, 능력

Please let me know if you **might** be interested. 혹시 관심 있으시면 알려 주세요.
▶ 말하는 사람의 추측

| 정답 |

도전! 1분 영작 001

① If the world were to end tomorrow, what would you do today?

② If you should hear from John, call me immediately.

Were he a younger man, he would be able to try again.

그가 더 젊었다면 다시 시도해 볼 수 있을 텐데. ⋯ If he were a younger man, ~

I would vote for him **were he to** run again.

그가 다시 출마한다면 그를 뽑을 거야.

⋯ ~, if he were to run again.

⏱ **도전! 1분 영작 002**

① 내가 부자라면 세계 일주를 할 텐데. (travel around the world)

✎

② 혹시 질문이 있으시면 저희에게 이메일을 보내 주십시오.

✎

③ **if절 없이 가정하기**

'가정법' 하면 if절부터 떠올리게 되는데요. 사실, if절은 '만약 ~'이라며 조건을 다는 역할일 뿐, 진짜 중요한 의미는 주절에 있습니다. 그래서 아예 if절 없이 주절만으로 가정법 문장을 만들 때도 많죠. 단, 반드시 과거형 조동사로 써서 그게 사실이 아니라 추측에 불과한 내용임을 표시해 줘야 합니다. 즉 과거형 조동사가 있으면 if가 없어도 일단 가정법으로 의심해 봐야 한다는 뜻이에요.

If I had broken my leg, **I would have spent** the whole weekend lying on the bed.

다리가 부러졌더라면 주말 내내 침대에 누워 있었겠지.

I almost broke my leg. **I would have spent** the whole weekend lying on the bed.

나 다리 부러질 뻔했어. 그랬으면 주말 내내 침대에 누워 있었겠지. ⋯ if절 없이 같은 내용 표현

현재시제로 흘러가던 글에서 느닷없이 과거형 조동사가 튀어나오면 말하는 사람이 잠시나마 뭔가를 가정해 보고 추측한 내용을 말하고 있는 것일 수 있습니다. 아래 해석 괄호 부분은 if절로 들어갈 만한 내용의 한 예입니다. 문맥에 따라 달라질 수 있으니 참고만 하세요.

You **could** rent a bidet, but I **wouldn't** do that.

비데를 렌탈할 수도 있겠지. 하지만 나 같으면 그렇게 안 하겠다. (내가 너라면)

| 정답 |

도전! 1분 영작 002

① Were I rich, I would travel around the world.

② Should you have any question(s), please send us an email[send an email to us/send us emails].

Am I conservative? You **could** say so.

내가 보수적이라고? 그렇게 말할 수도 있겠지. (네가 그렇게 말하겠다면)

That's strange. He **should** be here by now.

그거 이상하네. 걔 지금쯤 여기 왔어야 하는데. (제때 출발했다면)

You **might** think I'm foolish.

넌 내가 바보 같다고 생각하겠지. (네가 나 하는 짓을 보면)

• bidet 비데 • conservative 보수적인

⏱ 도전! 1분 영작 003

① 점잖은 사람이라면 그런 짓 안 할 거야. (gentleman)

🖉 _____

② 너 차를 렌트할 수 있을 텐데.

🖉 _____

STEP 1 빈칸에 어울리는 말을 고르세요.

❶ .... you be interested, please email us at aaa@bbb.com.

     ⓐ If   ⓑ Had   ⓒ Were   ⓓ Should

❷ .... I been you, I wouldn't have let that happen.

     ⓐ If   ⓑ Had   ⓒ Have   ⓓ Should

STEP 2 괄호 안의 표현 중 맞지 <u>않는</u> 것을 고르세요.

❸ If you (were to become / became / have become) the President, what would you do?

❹ If the earthquake (were to occur / should occur / occur) in my city, it would be very frightening.

STEP 3 괄호 안의 말을 알맞은 형태로 바꿔 문장을 완성해 보세요.

❺ He asked me how much I weighed on our first date. A real gentleman .... a lady her weight. (didn't ask)

❻ They were there to help you. You .... ! (could just ask)

❼ Had we not made the changes to the plan, the cost .... 50%. (will go up)

❽ .... you to be born again, what .... you like to be? (be, will)

★ 정답 및 해설은 429쪽에

224

36

가정법 응용 표현

if절을 대신해 활약하는
가정법 표현

강의 및 예문듣기

🎧 36.mp3 ▶ 동영상 13강

1단계

핵심문법 익히기

꼭 알아야 할
영문법의 기본 개념을
정리하세요.

① **가정법 응용 표현**

일반적인 가정법 공식과는 다른 형태로 응용된 가정법 표현들이 있습니다.

◆ I wish ~, If only ~ ~라면 얼마나 좋을까!

둘 다 '~라면 얼마나 좋을까!'라는 뜻의 가정법 표현으로, if가 들어간 가정법과 마찬가지로 현재와 반대되는 일이면 가정법 과거, 과거와 반대되는 일이면 가정법 과거완료를 씁니다.

I wish the world <u>were</u> filled with people like you.

세상이 너 같은 사람들로 가득하면 좋을 텐데. ···→ 현재에 대한 아쉬움

I wish the government <u>had reacted</u> differently.

정부가 다르게 대응했다면 좋았을 텐데. ···→ 과거 일에 대한 아쉬움

• react 반응하다

If only you <u>were</u> here!

네가 여기 있다면!

If only I <u>had known</u> it then!

내가 그때 그걸 알고 있었더라면!

⏱ **도전! 1분 영작 001**

① 내가 더 젊다면 좋겠다.   🖊

② 널 볼 수만 있다면!   🖊

| 정답 |

도전! 1분 영작 001

① I wish I were
   younger.

② If only I could see
   you!

It's (high/about) time (that) ~

'이제 ~할 때다'라는 의미의 일종의 가정법으로, '지금쯤이면 당연히 ~해야 하는데 현재는 그렇지 않아 유감'이라는 뉘앙스가 담겨 있는 표현입니다. 따라서 현실과 반대되기 때문에 that 이하는 아래 예문과 같이 가정법 과거로 써요.

It's about time (that) you <u>went</u> to bed.　　　이제 자야지. ···→ 당연히 자러 갔어야 하는데 안 자고 있음.

It's high time (that) he <u>received</u> the credit for our success.
　　　　　　　　　우리의 성공에 대한 그의 공로를 마땅히 인정해 줘야 할 때다. ···→ 실제론 인정받지 못하고 있다는 뜻

It's time (that) we <u>had</u> a truly free press in this country.
　　　이제는 우리나라도 진정한 언론의 자유를 누려야 할 때다. ···→ 현재 그렇지 못한 현실에 대해 답답한 마음을 표현한 것

그런데 '당연하다'라고 하면 should가 떠오르죠? 현재 그렇지 않다는 뉘앙스를 빼고 그냥 '당연히 그래야 한다'는 데 초점을 맞추려면 should를 쓰거나 생략할 수도 있습니다.

It's time (that) we <u>should</u> work together to build a better nation.
　　　　　　　　더 좋은 나라를 만들기 위해 함께 노력해야 할 때다. ···→ 당연히 그래야 한다는 뜻이 담겨 있음.

It's time (that) he <u>(should)</u> start thinking about his future.
　　　　　　　　　　　이제 개도 자기 장래에 대해 생각해 보기 시작할 때가 됐지.

---

②　가정법과 단순 조건문 모두에 쓸 수 있는 표현 ①: if를 이용한 표현

◆ **What if ~?** 만약 ~라면 어떻게 될까/됐을까?

What if I <u>were</u> dead?　　　　　　내가 죽었다면 어떨까? ···→ 현실이 아닌 일을 상상해 본 가정법

What if 9/11 <u>hadn't</u> occurred?　　　　　9.11 사태가 일어나지 않았다면 어떻게 됐을까?
　　　　　　　　　···→ 9.11은 과거에 일어났던 일. 그 반대 상황을 가정해 본 가정법

What if I'<u>m</u> wrong?　　　　　　내가 틀린 거면? ···→ 가능성이 충분하다고 본 단순 조건문

What if he <u>contacts</u> me again?　　　　그 사람한테서 또 연락 오면 어떡하지?
　　　　　　　　···→ 이미 있었던 일이라 '또' 그럴 가능성이 있다고 생각한 단순 조건문

◆ **as if[as though]** ~ 마치 ~인 것처럼

He talks **as if** he <u>would help</u> me.　　　　그는 마치 날 도와줄 것처럼 말해.
　　　　　　　　　　　···→ 사실이 아님을 알고 말해 보는 가정법

She looked **as if** she <u>had been</u> crying all day.
　　　　　　그녀는 마치 하루 종일 울고 있었던 것 같은 표정이었다. ···→ 가정법. 그만큼 슬픈 표정이었음을 나타낸 것

I remember **as though** it <u>were</u> just yesterday.　　　바로 어제 일처럼 기억나.
　　　　　　　　　···→ 어제 일이 아닌데 그만큼 가깝게 느껴짐을 표현한 가정법

She talks **as if** she <u>will</u> do anything to help me.

그 여자는 어떻게든 날 도와줄 것 같은 말투야. ⋯→ 가능성이 없지는 않다고 보고 표현한 경우라 가정법 아님.

The buddhist monk nodded and smiled **as if** <u>to show</u> he understood.

그 스님은 이해했다는 듯이 끄덕이며 미소 지었다.

⋯→ 정말 이해했을 가능성도 있다고 본 경우로, 'as if to부정사' 형태로 잘 씀.

• buddhist monk 불교 승려 · nod 끄덕이다

◆ even if ~ 아무리 ~라도

She wouldn't marry him **even if** he <u>were</u> a prince.

그 여자는 그가 왕자라고 해도 결혼 안 할걸. ⋯→ 왕자라는 비현실적인 상황을 가정

I wouldn't have changed my mind **even if** he <u>had begged</u> me.

난 그가 싹싹 빌어도 마음을 바꾸지 않았을 거다. ⋯→ 가정

Even if he <u>survives</u>, he'll never fully recover.   그가 살아난다 해도 완전히 회복되진 못할 거다.

⋯→ 생존 가능성이 없는 건 아니라고 생각해 가정하지 않음.

Q even though ~와 even if ~는 어떻게 다른가요?

A even if는 위에서 살펴봤듯이 가상의 상황을 전제로 말할 때 쓰는 반면, even though는 though를 강조해 '~인데도, ~지만'이란 뜻으로 실제 있는 일에 씁니다.

He continued to smoke **even though** he knew it was bad for his health.

그는 건강에 나쁘다는 것을 알면서도 계속 담배를 피웠다.

Even though lifting weights helps muscles grow, it doesn't help you lose weight.

무거운 것 들어올리기가 근육을 키우는 데 도움은 되지만 살을 빼게 도와주지는 않는다.

⏱ 도전! 1분 영작 002

① 지구가 폭발해 모두가 죽는다면 어떻게 될까? (explode)

✎ ....

② 그는 학생이지만 마치 자기가 교수인 것처럼 말한다.

✎ ....

| 정답 |

도전! 1분 영작 002

① What if the earth exploded and everyone died?

② He is a student, but talks as if he were a professor.

227

❸ 가정법과 단순 조건문 모두에 쓸 수 있는 표현 ②: *if*가 없는 표현

◆ With ~ ~가 있다면　Without ~ ~가 없다면(= But for ~)

　Otherwise ~ ~가 아니라면

우리말 뜻에서도 알 수 있듯이 모두 조건의 의미를 담고 있는 표현들로, 가정법은 물론 직설법에도 잘 쓰입니다.

With your help, we <u>could accomplish</u> many things.

　　　　　　　　네 도움만 있으면 우리는 많은 일을 해낼 수 있을 텐데. ⋯→ 안 도와주려는 사람에 대해 할 수 있는 가정

Without the scholarship, his daughter <u>would not have been</u> able to go to college.　　　　　　　장학금이 없었다면 그의 딸은 대학에 가지 못했을 거다. ⋯→ 가정

Your nose must be stuffed up; **otherwise** you <u>wouldn't want</u> to kiss him.

　　　　　　　　너 코 막힌 게 틀림없어. 안 그럼 걔랑 키스하고 싶진 않을 텐데. ⋯→ 가정

　　　　　　　• accomplish 이루다, 성취하다　• scholarship 장학금　• stuff up ~을 꽉 막다

With your support, we <u>can</u> win the war.

　　　　　　　　여러분의 성원이 있으면 우리는 전쟁을 이길 수 있습니다. ⋯→ 단순 조건

Without her, he <u>can't</u> do anything.　　　그녀가 없으면 그는 아무것도 못한다. ⋯→ 단순 조건

Make sure you bring your passport; **otherwise** you <u>won't</u> be allowed to leave the country.　　　　　　여권 꼭 가져와. 안 그럼 출국 못해. ⋯→ 단순 조건

⏱ 도전! 1분 영작 003

① 네 도움이 없었다면 난 성공하지 못했을 거야.

　🖉 ....

② 난 일찍 출발했어. 안 그랬음 수업에 지각했을 거야.

　🖉 ....

| 정답 |

도전! 1분 영작 003

① Without your help, I wouldn't[couldn't] have succeeded.

② I left early. Otherwise I would have been late for class.

2단계
문법 실력 다지기

문제를 풀면서
배운 내용을 확실한
내 것으로 만드세요.

STEP 1 주어진 문장과 같은 뜻이 되도록 빈칸을 채워 문장을 완성해 보세요.

➊ If only you could read my mind!

= I _____ .

➋ Without her help, he couldn't have finished the assignment on time.

= _____ her help, he could finish the assignment on

time.

STEP 2 괄호 안의 표현 중 맞는 것을 고르세요.

➌ What if Korea (is / were / was) still under the Japanese colonial rule?

➍ They made me feel (even if / as if / even though) it were my fault.

➎ (Even if / If only / What if) you drink coffee, you are still likely to get

sleepy.

➏ He found his passport at the last minute. (Otherwise / If) he

couldn't have left the country.

STEP 3 문맥상 빈칸에 알맞은 말을 넣어 보세요.

➐ He looked _____ he had seen a ghost.

➑ Thank you. _____ your help, I could not have come this far.

➒ It's time that something _____ done

about this problem.

★정답 및 해설은 429쪽에

3단계
영문법 총정리

[중간점검] 일곱째 마디:
가정법

Unit 32~36에서 배운 문법을 제대로 이해하고
활용할 수 있는지 확인해 보세요.

STEP 1 다음 글을 읽고 질문에 답하세요.

If you had a million dollars, what would you do with it? Would you invest it, take a trip, quit your job, or give it to charity? Many people say they would spend the money on vacations and shopping and invest the rest of it. They would quit their job and just enjoy life. But one important thing is that they would have to use it wisely. Otherwise, they might end up one of those lottery winners who <u>went broke</u>. In fact, there are a lot of cases where a man wins lottery, becomes a millionaire overnight, and ends up with no money left.

❶ 밑줄 친 "went broke"의 의미를 추측해 보세요.

ⓐ became penniless   ⓑ got hurt   ⓒ lost health

There have been a lot of rumors ever since Princess Diana died in the car crash. Many people say that it was no ordinary car crash. Some even say that the queen was behind her death. But no one knows exactly what happened that night. If she and her boyfriend hadn't left the hotel, they could have avoided the accident. If the driver hadn't been drunk, the crash might not have happened. The driver was killed immediately, but she might have survived had she been taken to the hospital sooner. Or what if the car hadn't entered that tunnel? <u>There have been a lot of "ifs"</u> without concrete evidence.

❷ 글과 일치하는 내용을 고르세요.

ⓐ The queen gave secret orders to get Diana killed.

ⓑ Princess Diana wasn't transferred to the hospital.

ⓒ The car entered the tunnel before the accident.

❸ 밑줄 친 "There have been a lot of "ifs""의 의미는 무엇일까요?

ⓐ There have been a lot of uncertainties.

ⓑ There have been a lot of such accidents.

ⓒ There have been a lot of criticism.

STEP 2 괄호 안에 주어진 표현을 이용해 영작해 보세요.

④ The good old days are over. 이제 우리는 앞으로 나아가야 할 때다. (now, move on)

✎ _____

⑤ 그는 마치 내가 무슨 말을 하려는지 알고 있다는 듯 내게 미소 지었다.

(smile at, what I was going to say)

✎ _____

STEP 3 우리말에 어울리도록 괄호 안에 주어진 표현을 이용해 대화문을 완성해 보세요.

⑥ A Why are you looking for her?

B 내 친구한테 관심 있나 물어봐야 하거든. (interest)

🎤 I need to ask her _____.

⑦ A I can't stand him any more.

B 하지만 좋든 싫든 그는 너네 사장이잖아. (like)

🎤 But _____, he's your boss.

⑧ A I'm going to invite Jim and his girlfriend to my housewarming party.

B 근데 걔네 헤어졌으면 어떡해? (break up)

🎤 But _____?

⑨ A They give you a 10% discount on anything you buy in the shop.

B 나한테 어제 얘기해 줬으면 돈 좀 아낄 수 있었는데. (save)

🎤 If you _____ some money.

⑩ A I'm glad he quit. He was always late to work and always made excuses.

B 걔 그만두지 않았다 해도 어차피 잘렸을 거야. (fire)

🎤 _____ anyway.

★정답 및 해설은 429쪽에

영어 문장의 뼈대에
살을 붙여주는 문법

여덟째 마디

•

한정사

명사의 범위를
한정하다

37

셀 수 있는 명사, 셀 수 없는 명사

셀 수 있는 명사인지부터 확인하자

강의 및 예문듣기

🎧 37.mp3

1단계
핵심문법 익히기

꼭 알아야 할
영문법의 기본 개념을
정리하세요.

❶ 명사는 셀 수 있는 명사와 셀 수 없는 명사로 나뉜다

영어의 명사에서 가장 큰 특징은 '셀 수 있느냐 없느냐'를 구분한다는 겁니다. 이게 중요한 이유는 그걸 알아야 단/복수형으로 쓸지, a를 붙일지, many나 much 같은 말 중 어느 걸 쓸지, 동사 형태는 어떻게 바꿀지 등 많은 게 결정되기 때문이에요.

명사를 아래 다섯 가지로 구분하는 거 문법책에서 많이 보셨을 텐데요. 실제로는 이런 구분이 무색할 정도로 변화가 많기 때문에 어떤 명사를 봤을 때 주어진 문맥에서 셀 수 있는지 여부만 가려낼 수 있으면 됩니다.

셀 수 있는 명사	▪ **보통명사**: 형체가 있어 하나, 둘 셀 수 있는 명사 (phone, card, apple, ...) ▪ **집합명사**: 단체/집합을 가리키는 말로, 그 집합을 하나의 덩어리로 생각하면 단수 취급, 개별 구성원들로 보면 복수 취급 (class, team, committee, ...) The **committee is** a small group of experts. 위원회는 전문가들로 이뤄진 작은 집단이다. The **committee are** happy with the result. 위원회는 결과에 즐거워하고 있다.
셀 수 없는 명사	▪ **물질명사**: 액체나 기체처럼 형체가 일정치 않은 물질이라 센다는 게 불가능한 명사 (air, sugar, water, ...) ▪ **추상명사**: 머릿속에 존재하는 추상적인 개념이라 형체도 없고 센다는 것도 불가능한 명사 (happiness, peace, education, ...) ▪ **고유명사**: 세상에 하나뿐인 고유한 이름이라 센다는 것 자체가 무의미한 명사 (Korea, Barack Obama, Paris, ...)

◆ 셀 수 있는 명사: 단/복수형으로 모두 쓸 수 있으며, 명사의 수에 따라 동사를 일치시키면 된다.

a(n)/the + 셀 수 있는 명사의 단수형 + 동사 (주어 단수 취급)
(the) + 셀 수 있는 명사의 복수형 + 동사 (주어 복수 취급)

Many people are not sure what to do when **a credit card is** lost or stolen.

많은 사람들은 신용카드를 분실, 혹은 도난당했을 때 어떻게 해야 하는지 잘 모른다.

The battery is dead.

배터리가 나갔어.

Some batteries have a longer life than others.

어떤 배터리들은 다른 배터리들보다 수명이 길다.

Credit cards are not accepted for tuition payment.

등록금 납부에는 신용카드를 받지 않는다.

◆ 셀 수 없는 명사: a(n)은 쓸 수 없으며, 늘 단수형으로 쓰고, 동사 역시 단수형으로 쓴다.

(the) + 셀 수 없는 명사의 단수형 + 동사 (주어 단수 취급)

Education is the best investment.

교육은 가장 좋은 투자다.

Peace is more than just the absence of war.

평화란 단순히 전쟁이 없는 상태가 아니다. (그 이상을 의미한다.)

⏱ 도전! 1분 영작 001

❶ 이 방 안 공기가 차갑네.   🖉

❷ 한국에서는 쌀이 단순한 음식 이상의 의미가 있어.

🖉

❷ 셀 수 없는 명사는 상황과 문맥에 따라 셀 수 있는 명사처럼 쓸 수 있다

예컨대 coffee는 형체가 일정치 않아 원칙적으론 셀 수 없는 명사지만 카페나 음식점에선 컵에 담긴 커피를 떠올리기 때문에 a coffee, two coffees라고 셀 수 있죠. 같은 원리로 아래 예문들을 비교해 보세요.

Is dark **chocolate** good for your health?

다크 초콜릿이 몸에 좋아?

→ 초콜릿이라는 막연한 덩어리

I've had many different dark **chocolates**.

다크 초콜릿 이것저것 많이 먹어 봤어.

→ 낱개 포장된 초콜릿 제품 여러 개

Friendship lasts longer than love.

우정은 사랑보다 오래 간다. → 추상적 개념

There are many kinds of **friendships**.

우정엔 여러 종류가 있다.

→ 이성간, 국가간 우정 등 여러 종류의 우정이 있다고 생각

I met **Jiyun**.

난 지윤이를 만났어. → 고유명사

We have two **Jiyuns** in our class.

우리 반엔 지윤이가 두 명 있어.

→ 그 이름을 가진 사람 두 명을 가리키는 보통명사로 생각

셀 수 없는 명사 중 일부는 다음처럼 셀 수 있는 명사로 쓰일 경우 의미가 달라지기도 합니다. 그리 많지는 않으니 나올 때마다 잘 익혀 두세요.

paper 종이	vs.	a paper/papers 신문, 신문사, 리포트, 논문
glass 유리	vs.	a glass/glasses 유리잔, glasses 안경(늘 복수형)
iron 철	vs.	an iron/irons 다리미

They collect **paper** for recycling every week.

그들은 재활용을 하기 위해 매주 종이를 수거해.

Bring a piece[sheet] of **paper**.

종이 한 장 가져와.

→ 셀 수 없어 a piece[sheet] of 같은 말로 수량 표시

What are the three major daily **papers** in Korea?

한국의 3대 일간지가 뭐야?

I have two **papers** to write for this class.

이 수업에서는 리포트를 두 개 써야 돼.

The bottle is made of **glass**.

그 병 유리로 만든 거야.

If you can read this, you don't need **glasses**.

이거 읽을 수 있으면 안경 필요 없어.

Raise your **glasses** to toast the happy couple!

잔을 들어 이 행복한 한 쌍을 위해 건배합시다!

• toast ~을 위해 축배를 들다

⏱ **도전! 1분 영작 002**

❶ 유리잔은 유리로 만든다. 🖉

❷ 너 그거 프린트하려면 종이 20장 필요해. 🖉

❸ 셀 수 있을 것 같은데 못 세는 명사들

◆ 형체 없는 정보 (단수 취급)

news 소식, 뉴스　information 정보　advice 조언, 충고　evidence 증거

I have good **news** and bad **news**. Which do you want to hear first?

좋은 소식이랑 나쁜 소식이 있는데 어느 거 먼저 들을래? ⋯→ a good news로 쓰지 않음.

More **information** is available at his website. 더 많은 정보는 그의 홈페이지에서 얻을 수 있어.

⋯→ an information처럼 세지 못함.

Can I give you a piece of **advice**? 충고 하나 해줄까?

⋯→ 셀 수 있는 명사처럼 쓰려면 a piece of처럼 단위를 표현하는 다른 말을 붙여 씀.

Do you have **evidence** that there is no god? 신이 없다는 증거 있어?

⋯→ an evidence로 쓰지 않음. 셀 수 있는 명사와 셀 수 없는 명사 모두에 쓸 수 있는 a lot of는 가능

(예: We have **a lot of evidence** to support his theory. 우리에겐 그의 이론을 뒷받침할 증거가 많다.)

◆ 여러 개를 한꺼번에 싸잡아 말하기 때문에 전체로 봐서는 형체를 가릴 수 없는 경우 (단수 취급)

luggage/baggage 짐, 수화물　equipment 장비, 설비　machinery 기계류
furniture 가구　　　　　　　　clothing 의류

Did you bring **luggage**? 너 짐 가져왔니? ⋯→ 짐이 한 개라도 a luggage로 안 씀.

All arriving passengers' **baggage** is claimed here. 모든 입국 승객들의 짐은 이곳에서 찾는다.

The government is encouraging companies to invest in **equipment**.

정부는 기업들의 설비 투자를 장려하고 있다. ⋯→ 여러 시설, 장비들을 합쳐 가리키는 말이라 an equipment 불가

The company manufactures agricultural **machinery**. 그 회사는 농기계를 제조한다.

I don't need a lot of **furniture**. 가구는 많이 필요하지 않아.

Bike riders must wear protective **clothing**. 자전거 타는 사람들은 보호복을 입어야 한다.

· claim 요구하다, 청구하다　· agricultural 농업의

⏱ 도전! 1분 영작 003

❶ 내가 조언 하나 해줄게. (let) 🖊 _____

❷ 더 많은 정보가 필요해. 🖊 _____

STEP 1 괄호 안의 표현 중 맞는 것을 고르세요.

① No news (is / are) good news.

② I've had a lot of (advice / advices) from many different people.

③ There (remain / is) a lot of questions.

④ Don't carry too much (baggages / luggage).

⑤ Glass (break / breaks) easily.

STEP 2 각 문장에서 틀린 부분을 찾아보고, 있으면 알맞게 고치세요.

⑥ Using credit card is actually borrowing a money.

⑦ Do you have any evidences to prove that?

⑧ Exercise improves health.

⑨ She got job at Internet company.

⑩ She no longer wears glass; she got the Lasik surgery a few weeks ago.

★정답 및 해설은 430쪽에

38 대명사

명사의 자리를 대신하다

강의 및 예문듣기

🎧 38.mp3 ▶ 동영상 14강

1단계
핵심문법 익히기

꼭 알아야 할
영문법의 기본 개념을
정리하세요.

① 대명사는 명사 대신 쓰는 말이다

대명사는 명사나 명사구 자리에 대신 들어갈 수 있는 말입니다. 아래와 같이
여러 종류가 있는데, 학창시절 영문법 공부하면서 한 번씩은 외웠던 내용일 거
예요.

인칭/소유/재귀대명사: I/mine/myself, you/yours/yourself,
　　　　　　　　　　　　 they/theirs/themselves, ...
지시대명사: this, that, ...
의문대명사: who(m), what, which
부정대명사: one, some, any, other, another, ...
관계대명사: who(m), which, that

용어는 까먹어도 상관없는데, 인칭/소유/재귀대명사의 격에 따른 형태는 꼭
기억해 둬야 합니다.

			주격 (주어 자리)	**소유격** (명사 앞)	**목적격** (동사/전치사의 목적어)	**소유대명사** (주어, 목적어, 보어 자리)	**재귀대명사** (목적어, 보어 자리)
1인칭 (말하는 사람)	단수		I	my	me	mine	myself
	복수		we	our	us	ours	ourselves
2인칭 (듣는 상대방)	단수		you	your	you	yours	yourself
	복수		you	your	you	yours	yourselves
3인칭 (말하는 사람과 상대방을 제외 한 나머지 모두)	단수	남	he	his	him	his	himself
		여	she	her	her	hers	herself
		중성	it	its	it	*	itself
	복수		they	their	them	theirs	themselves
의문대명사			who	whose	whom	whose	*

① 자신에 대해 말해 보게.　　　🖉 _____

② 이거 누구 전화기지?　　　🖉 _____

② 대명사도 명사처럼 주어, 목적어, 보어 역할을 한다

대명사는 명사를 대신하는 말이라 명사처럼 주어, 목적어, 보어로도 쓰입니다.
목적어에는 동사의 목적어와 전치사의 목적어, 이렇게 두 가지가 있다는 거 기억하시죠?

It happened early in the morning.　　　그 일은 이른 아침에 일어났다. ⋯ 주어

We didn't expect **it** to happen.　　　우리는 그 일이 일어날 줄은 예상 못했다. ⋯ 동사의 목적어

He wouldn't talk about **it**.　　　그는 그것에 대해 얘기를 안 하려 한다. ⋯ 전치사의 목적어

That's **it** for today.　　　오늘은 여기까지. ⋯ 보어

의문사 중에서도 who(m), what, which는 명사처럼 쓰는데, who의 목적격은 whom이지만 그냥 who로 많이 쓴다는 것도 알아 두세요.

Who's joining you for lunch?　　　너 누구랑 점심 먹어? ⋯ 주어

What's his problem?　　　그 사람 문제가 뭐야? ⋯ 보어

Which do you prefer, Chinese food or pizza?　　　중국 음식이랑 피자 중 어느 게 더 좋아?
　　　⋯ 동사의 목적어

Who(m) do you want to talk about?　　　누구에 대해 얘기하고 싶어? ⋯ 전치사의 목적어

나머지 의문사 when, where, how, why는 동작이 '언제', '어디서', '어떻게',
'왜' 일어나는지 설명하는, 즉 동사를 꾸미는 부사입니다.

Where and **how** did he first meet his girlfriend?
　　　걔는 여자친구를 어디서 어떻게 처음 만났대? ⋯ meet을 꾸미는 부사

When and **why** did they break up?　　　걔네들 언제 왜 헤어졌대?
　　　• break up 헤어지다

의문사는 특히 〈who, what, which, … + 주어 + 동사〉처럼 절 속에 들어가 통째로 주어, 목적어, 보어로 쓰일 수 있습니다. 명사절이 되는 거죠. 이 경우 주의할 점은 의문사 뒤에 〈주어 + 동사〉 순으로 써야 한다는 거예요.

Who they are and **which** country they are from is not my concern.

그들이 누군지, 어느 나라 출신인지는 내 관심사가 아냐. … 의문사절이 주어로 쓰인 경우

I don't know **when** and **why** they broke up.
난 걔네들이 언제 왜 헤어졌는지 몰라.
… 동사의 목적어로 쓰인 경우

I have no idea of **where** and **how** he first met her.
난 걔가 그 여자를 처음에 어디서 어떻게 만났는지 전혀 몰라. … 전치사의 목적어로 쓰인 경우

The question is **what** happened to them.
문제는 그들에게 무슨 일이 있었는가이다.
… 보어로 쓰인 경우 (여기서는 what이 주어로 쓰였으므로 바로 뒤에 동사가 온 것)

⏱ 도전! 1분 영작 002

❶ 커피랑 차 중 어느 걸 더 좋아해? ✏️

❷ 나는 그에게 무슨 일이 일어났는지 몰라. ✏️

❸ 주어가 한 행동의 목적어가 주어 자신일 땐 재귀대명사를 쓴다

대개의 행동은 남한테 영향을 주는 법인데 자신에게 다시('재') 돌아왔다('귀')고 해서 특별히 만들어 쓰는 말입니다.

I asked **myself** this question.   난 내 자신에게 이 질문을 던졌다. … 주어가 자신에게 한 행동

They congratulated **themselves** on their success.   그들은 성공을 자축했다.

재귀대명사는 문장에 꼭 필요한 경우와 생략해도 되는 경우의 두 가지로 쓰이는데요. 동사나 전치사의 목적어로 쓰일 땐 문장에 꼭 필요한 요소이기 때문에 생략하면 안 됩니다.

She calls **herself** a feminist.   그 여자는 자칭 페미니스트다.

She calls a feminist. (×)
… call은 call A B(A를 B라고 부르다)로 써야 하는 동사인데 call의 목적어가 빠져 있어 의미가 통하지 않음.

| 정답 |
도전! 1분 영작 002

❶ Which do you prefer, coffee or tea?
▶ 선택의 범위를 주고 '어느 것'으로 선택할 땐 which, 그냥 막연히 '무엇'일 땐 what

❷ I don't know what happened to him.

242

Take good care of **yourself**!

건강 잘 챙겨!

Take good care of! (×)

⸺⸺▸ 전치사 of의 목적어 필요

강조하기 위해 쓸 때도 있는데, 의미만 강조할 뿐 뺀다고 내용 자체가 달라지거나 문법적으로 틀리는 건 아니므로 이 경우엔 생략해도 상관없습니다.

I did it (**myself**).

그거 내가 (직접) 했어. ⸺⸺▸ myself를 생략해도 내가 했다는 사실 자체는 달라지지 않음.

I'm a stranger here (**myself**).

저 (자신)도 여기서는 낯선 사람(여기가 처음)이라 잘 모릅니다.

또 강조를 위해 쓸 경우, 위치는 주어 뒤나 아예 문장 뒤에 둡니다. 자칫 엉뚱한 목적어로 해석될 위험이 있기 때문이에요.

The president **himself** gave the order.

대통령 자신이 그 명령을 내렸다.

The president gave the order **himself**.

The president gave *himself* the order. (△)

⸺⸺▸ 문법적으론 맞지만 대통령이 자신에게 명령을 내렸다는 의미가 돼 어색

⏱️ **도전! 1분 영작 003**

❶ 그 여자는 자칭 휴머니스트다. (humanist) ✏️ ....

❷ 그거 내가 직접 주문했어. ✏️ ....

❹ **막연히 명사 하나를 가리킬 땐 one을 쓴다**

숫자로 익숙한 one은 대명사로도 사용됩니다. 막연히 어느 하나를 가리킬 때 쓰죠.

If you don't have a pressure cooker, you should get **one**.

압력솥 없으면 하나 구해 놔. ⸺⸺▸ 압력솥 중에서 막연히 하나(one = a pressure cooker)

A We have three bags here. Which is yours?

여기 가방이 세 개 있어. 어느 게 네 거야?

B The yellow **one**.

그 노란 거. ⸺⸺▸ one = bag

딱히 정해지지 않았다는 점이 특징이기 때문에 주어를 다짜고짜 one으로 쓰면 막연한 일반인을 가리키게 됩니다.

One may ask, "Where's God?" 혹자는 "신은 어딨는가?"라고 물을지 모른다.

One should never judge a person by appearance. 외모로 사람을 평가해서는 안 된다.

⋯⋯ 주어 one은 일반인 모두에 해당

⏱ 도전! 1분 영작 004

① 카메라 없으면 하나 사. 📎 ....

② 그 까만 거 보여 주세요. 📎 ....

244

STEP 1 빈칸에 들어갈 수 <u>없는</u> 말을 고르세요.

❶ The company released _____ monthly report.

ⓐ the   ⓑ a   ⓒ its   ⓓ it's

❷ I met a friend of _____.

ⓐ you   ⓑ mine   ⓒ my mother's   ⓓ his

STEP 2 괄호 안의 표현 중 맞는 것을 고르세요.

❸ (How / Who / Why) do you admire most?

❹ (How / What / Why) are friends for?

STEP 3 잘못된 부분을 찾아 알맞게 고치세요.

❺ The actress looked at her in the mirror to make sure she looked good.

❻ She did it for, not for anyone else.

❼ We had no idea of he came from.

❽ I don't care who are you and which way are you going.

❾ This is too small. I need a bigger it.

★정답 및 해설은 431쪽에

245

39

관사 a와 the

상대방이 아는/모르는 것을 가리킬 때

강의 및 예문듣기

🎧 39.mp3

꼭 알아야 할
영문법의 기본 개념을
정리하세요.

❶ 상대방이 알아들을 것 같으면 the, 못 알아들을 것 같으면 a

관사 a/the는 문법적으로는 '한정사'의 일종인데요. 한정사란 명사의 범위를 구체적으로 한정해 주는 말을 가리킵니다. a/the, some/any/no, all/most, every/each 같은 말들이 이에 해당되죠. '한정사'란 용어는 몰라도 되지만 그 특징은 알고 있어야 합니다. 쓰이는 위치만 보면 형용사 같지만, 형용사는 명사의 의미와 어울리기만 하면 셀 수 있든 없든 다 붙일 수 있는 데 비해(a beautiful girl, beautiful music) 한정사는 셀 수 있는지 여부를 까다롭게 따진다는 차이가 있어요. 관사가 대표적입니다.

There was *a beautiful girls.* (×)　　　　　　　　　⋯→ a는 단수 명사를 한정

He makes *a beautiful music.* (×)　　　　　　　　　⋯→ a는 셀 수 없는 명사에 쓰지 못함

셀 수 있는 명사가 단수면 반드시 a, the, 기타 한정사 중 하나는 붙여야 합니다. '나 책 샀어'라는 말을 I bought book.이라고 표현하면 틀리는 이유는, 영어에서는 세상에 책이 한두 개도 아니고 범위가 너무 넓다고 생각하기 때문이에요. 구체적으로 '어떤 하나의(a) book'으로 범위를 좁혀 줘야 대화가 통한다고 보는 거죠. 관사 없는 book은 사전 속 단어에 불과한 것으로 보는 겁니다.

관사를 공부할 때 흔히 '명사 뒤에 of ~ 같은 수식어구가 붙으면 the를 붙인다'는 식으로 리스트를 외우는데, 원리를 이해하지 못한 채 외우면 실제 활용할 때 무수한 예외에 부딪치게 됩니다. 그보다는 원리를 아는 게 중요해요.

a와 the를 구분하는 원리는 바로 '상대방이 알아들을 수 있는가?'입니다. 앞에서 한 번 말했거나, 처음 말하더라도 상대방이 뭘 가리키는지 알아들을 것 같으면 the를 붙이고, 못 알아들을 것 같으면 a를 붙이는 거죠. 다음 대화들을 비교해 보면서 a/the가 대화를 이어나가는 데 얼마나 중요한 역할을 하는지 한번 보세요.

❶ 방금 전까지 다른 주제로 대화 중이었던 A와 B

A What did you do yesterday? 어제 뭐 했어?

B I saw **a** movie. 영화 봤어. ('무슨 영화인지 모를 테니 a movie라고 하자.')

A Really? What was it about? 정말? 무슨 내용이었는데? (··· 소통 성공!)

❷ C에게 영화표를 사 주고 까맣게 잊은 D의 대화

D What did you do yesterday? 어제 뭐 했어?

C I saw **the** movie. 그 영화 봤지. ('자기가 표까지 사 줬는데 알아듣겠지.')

D What movie? 뭔 영화? (··· 소통 실패)

❸ 책과 담 쌓고 사는 E가 지겹도록 추천한 영화를 보고 난 F

E What did you do yesterday? 어제 뭐 했어?

F I saw **the** movie. 그 영화 봤어. ('자기가 그렇게 보라고 했던 영화니 알아듣겠지.')

E Oh, you did? How did you like it? 아, 그래? 어땠어?
('내가 추천한 영화 얘기구나.' ··· 소통 성공!)

F It was good, but **the** book was much better.
괜찮았어. 근데 책이 훨씬 낫더라. ('원작이 유명한 소설인데 당연히 알겠지.')

E What book? 뭔 책? (··· 소통 실패)

F **The** movie is based on **a** best-selling novel. 그 영화 베스트셀러 소설을 토대로
한 거야.
('못 알아듣는 걸 보니 처음부터 설명해야겠군. 우선 a를 붙이자.')

E Really? I didn't know that. 정말? 그런 줄은 몰랐네. (··· 소통 성공)

⏱ **도전! 1분 영작 001**

❶ 지구는 둥글다. 📎 _____

❷ 나 어젯밤에 이상한 꿈 꿨어. (have) 📎 _____

② 〈a + 단수〉와 〈무관사 + 복수〉가 일반적인 전체를 의미할 수 있다

'나 영화 좋아해'처럼 막연하게 일반적인 전체를 말할 땐 하나를 가리키는 것도 아니고, 딱히 '그 ~'라고 꼬집어 말할 수도 없어서 그냥 관사 없이 복수형을 씁니다.

I saw **a movie**.   나 영화 한 편 봤어. ⋯ 상대방은 모를 어떤 영화 한 편

I like **movies**.   난 영화를 좋아해. ⋯ 영화 '전체'

〈a + 단수〉는 문맥에 따라 그 명사 전체를 대표하는 역할을 하기도 합니다.

❶ **A movie** was being filmed on the street.   거리에서 영화를 찍고 있었다. ⋯ 어떤 한 영화

❷ **A movie** is a series of images.   영화란 영상이 연속 이어진 것이다. ⋯ 모든 영화에 해당

• film v. 영화를 제작하다

❶처럼 어떤 영화 하나에만 해당되는 게 아니라 ❷처럼 '~란', '모든 ~'으로 영화 전체를 의미하는 것으로 해석했을 때 자연스러우면 이를 '대표 단수'로 쓰였다고 표현합니다. 용어는 모르셔도 돼요.

A dog is a good pet.   개란 좋은 애완동물이다. ⋯ 모든 개에 해당되니 대표 단수

A dog was barking last night.   지난밤에 어떤 개가 짖고 있었다.
                                                 ⋯ 모든 개가 짖고 있던 게 아니니 어떤 개 한 마리를 표현하는 a

셀 수 있는 명사의 복수형을 the 없이 써도(a는 단수에만 쓰니 어차피 불가능) 막연한 전체를 의미합니다. 만약 the를 쓰면 특정 사람/사물로 범위가 좁혀지죠.

I like **action movies**.   난 액션영화를 좋아해. ⋯ 일반적인 액션영화

Here's the list of **the action movies** made in the 1990s.
                        이거 1990년대에 만들어진 액션 영화들 목록이야. ⋯ 90년대 액션영화로 범위가 좁혀짐.

Companies exist to make money.   기업들이란 돈을 벌기 위해 존재한다. ⋯ 막연한 기업들 전체

The companies were ranked according to the overall number of employees.
            그 기업들은 전체 직원 수에 따라 순위가 매겨졌다. ⋯ 일반적인 기업 전체가 아니라 특정 기업들로 범위가 좁혀짐.

• rank 등급을 매기다, 평가하다 • overall 전부의, 전체에 걸친

대표 단수는 주로 주어일 때 해당되지만 항상 문맥이 우선입니다.

A dog is **a pet**.   개는 애완동물이다. ⋯→ 모든 애완동물을 가리킨다기보다는 '개'의 특징을 설명하는 역할

I have **a dog**.   난 개가 한 마리 있어. ⋯→ 어떤 개 한 마리

I like **a dog**.   ⋯→ 이론적으론 전체를 나타낼 수 있지만 실제로는 거의 대부분 I like dogs.로 씀.

도전! 1분 영작 002

❶ 난 장미꽃 안 좋아해.   🖉 _____

❷ 빨간 장미는 사랑을 뜻한다.   🖉 _____

STEP 1 괄호 안의 표현 중 맞는 것을 고르세요.

① Where can I pick up (a baggage / my baggage / the baggages)?

② I think everybody knows that Neil Armstrong landed on (the / a) moon in 1969.

③ Do you know that (an / the) American astronomer has found (a / the) new moon of Saturn?

④ (A password / Passwords) is a string of characters used to access information.

⑤ When I asked him, "Where is (a / the) hairbrush?", he pointed to the trash can.

⑥ A penguin is (a bird / the bird / birds / bird).

STEP 2 괄호 안에 주어진 표현을 이용해 영작해 보세요.

⑦ 그는 자기 차례를 기다리는 동안 잡지를 읽었다. (turn, magazine, while)

🖉 _____

⑧ 전기란 어떤 한 인물의 일생에 대한 이야기다. (biography, person's, life, story)

🖉 _____

⑨ 난 전화 거는 거 싫어해. (hate, make, phone call)

🖉 _____

★정답 및 해설은 431쪽에

40 some, any, no

명사의 막연한 수량을 나타낼 때

강의 및 예문듣기

🎧 40.mp3

1단계
핵심문법 익히기

꼭 알아야 할
영문법의 기본 개념을
정리하세요.

1 some: 수량은 모르지만 분명히 '있다'는 느낌일 때

some은 어떤 ~, 몇몇 ~, 일부 ~ 등 수량이 정확히 얼마인지 모르거나 드러
나지 않았을 때 잘 쓰는 말입니다. '얼마인지는 모르지만 분명히 있다'는 생각
으로 쓰기 때문에 주로 긍정문에 쓰죠. 셀 수 있는 명사에도 쓰고 셀 수 없는
명사에도 쓸 수 있습니다. 〈some + 명사〉가 주어일 땐 동사를 명사의 수에 맞
추면 돼요.

I have **some** questions.
물어볼 게 있는데요.

We have **some** work to do.
우리는 할 일이 있어.

Do you want **some** cookies?
과자 먹을래? ⋯› 먹을 거라고 생각함.

We should get together for lunch **some** time!
우리 언제 같이 점심 먹자!

If our policy changes at **some** time in the future, the changes will be
posted on this website.
향후 저희 정책이 변경될 경우, 변경 내용은 본 사이트에 게시될 겁니다.

• post 게시하다

Some water is too polluted to use.
어떤 물은 너무 오염돼 사용할 수 없다.

Some concepts are too difficult to explain.
어떤 개념들은 너무 어려워 설명할 수 없다.

• pollute 오염시키다　• concept 개념

some은 대명사로도 씁니다. 뭘 가리키는지는 앞뒤 문맥을 보면 알 수 있는데,
일반인을 가리킬 때도 있으니 가장 자연스러운 의미로 해석하세요.

I've just made some fresh coffee. Would you like **some**?
금방 커피 새로 끓였는데 좀 마실래? ⋯› some = some coffee (권할 땐 상대방이 마실 거라고 생각하는 게 자연스러움.)

Some say the Internet needs to be censored.

어떤 이들은 인터넷을 검열할 필요가 있다고 말한다. ⋯→ Some = Some people

· censor 검열하다

⏱ **도전! 1분 영작 001**

① 차 좀 드시겠어요?
✏ _____

② 어떤 설명들은 너무 복잡해서 이해할 수 없다. (complicate)
✏ _____

② any: '조금'이라도 있는 건지 의심할 때

any는 조금이라도 있는지 의심을 품고 말할 때 씁니다. 그래서 주로 의문문 (조금이라도 있는가?)이나 부정문(조금도 없다)에 사용하죠. 단, 긍정문에 쓰게 되면 '어떤 ~든지'라고 열심히 긍정하는 의미로 바뀝니다. any 역시 뒤에 단/복수 명사 모두 올 수 있어서 주어로 쓸 때 동사는 any 뒤에 오는 명사의 수에 맞춰요.

Do you have **any** question(s)?
혹시 질문 있어요? ⋯→ 질문이 없을지도 모른다고 생각함.

Do you have **any** objection(s) to sharing a room?
방 같이 쓰는 데 반대 의견 있어? ⋯→ 없을 거라고 생각함.

We don't have **any** reason to believe that he did it on purpose.
우리는 그가 일부러 그랬다고 믿을 이유가 전혀 없다. ⋯→ not + any: 조금도 없다

Any idea is welcome.
어떤 아이디어든 환영합니다.

I would appreciate **any** help.
어떤 도움이라도 감사히 받겠습니다.

· on purpose 일부러, 고의로

any 역시 대명사로 쓸 수 있는데 긍정문에서 주어로 쓰면 '어떤 ~든지'가 되고, 의문문의 주어나 부정문에서는 '조금이라도 있는지'란 느낌으로 해석하면 됩니다.

Any of you are welcome.
너네들 중 누구든 환영이야.

Do **any** of you know how to extract these files?
이 파일들 압축 푸는 법 아는 사람?

| 정답 |
도전! 1분 영작 001

① Would you like some tea?

② Some explanations are too complicated to understand.

I don't think **any** of us know what the answer is. 우리 중 답이 뭔지 아는 사람 없는 거 같아.

· **extract** ~을 뽑다, 추출하다

any를 부정문에 쓸 때 주의할 점은 any 다음에 not이 나오는 순서로는 쓰지 않는다는 거예요. 아래 예문에서도 알 수 있듯이 의미가 모호해지거든요. any와 not을 함께 쓰고 싶을 땐 not 다음에 any가 오도록 하거나 그냥 No ~로 바꿔 씁니다.

Any child would believe it. 어떤 아이든 다 그걸 믿을 거다. ⋯→ 누구나 다 믿는다. (강한 긍정)

Any child would *not* believe it. (×)

⋯→ 다 안 믿는 건지, 일부만 믿는 건지 모호해지기 때문에 이런 식으론 쓰지 않음.

No child would believe it. 어떤 아이든 그걸 믿지 않을 거다. ⋯→ 어떤 아이도 안 믿는다.

Not any child would believe it. 어떤 아이든 그걸 믿지 않을 거다.

⋯→ not any의 순으로 쓰면 '조금도 아니다'라는 의미가 금방 와 닿으므로 가능

⏱ **도전! 1분 영작 002**

① 너 그 남자가 실수했다고 믿는 이유라도 있어? (make a mistake)

✎ _____

② 어떤 질문이든 환영이다. ✎ _____

③ no: '아예 없다'는 부정어로 쓸 때

no는 〈not + any〉와 같은 뜻으로, '전혀 없다'는 의미가 됩니다. some이나 any와 달리 명사 앞에서 한정사로만 쓸 뿐, 대명사로는 쓰지 못해요. 또한 부정어라 다른 부정어와 함께 쓰지 못합니다.

I have **no** objection(s) to sharing a room. 방 같이 쓰는 데 불만 없어요.

There's **no** excuse for such behavior. 그런 행동에는 변명의 여지가 없어.

I *don't* see *no* problem. (×)

→ I see **no** problem. / I don't see **any** problem. 내가 보기엔 문제 없는데.

만약 no를 대명사로 쓰고 싶으면 none이나 nothing을 씁니다. nothing은 단수 취급하지만, none은 셀 수 없는 명사나 단수 명사를 가리킬 땐 단수 취급하고, 복수 명사를 가리킬 땐 단/복수 모두 가능해요. none, nothing 역시 부정어라 다른 부정어와 함께 쓰지 않습니다.

Nothing is going to stop us.   우리는 아무도 못 말려.

None of the news is good.   뉴스 중 좋은 게 하나도 없군.

None of my friends is/are interested in these kinds of things.

내 친구 중 이런 것들에 관심 있는 애들은 없어.

I don't know *nothing*. (×)

→ I know **nothing**. / I don't know **anything**.   나 아무것도 몰라.

⏱ **도전! 1분 영작 003**

❶ 난 선택의 여지가 없어.   ✎ _____

❷ 그 어린이들 중 아무도 다치지 않았다. (hurt)

✎ _____

STEP 1 빈칸에 들어갈 수 <u>없는</u> 말을 고르세요.

① _____ believe 9/11 was a government conspiracy.

ⓐ Some　　　ⓑ Many　　　ⓒ None of them　　　ⓓ No one

② There must be _____ reason.

ⓐ some　　　ⓑ a　　　ⓒ no　　　ⓓ none

STEP 2 괄호 안의 표현 중 맞는 것을 고르세요.

③ If (any / no) of you have had the experience, please read this carefully.

④ We (have no / have none) reason not to believe him.

⑤ They don't have (any / no) desire to change.

⑥ (No one would / Any one would not) tolerate such behavior.

STEP 3 괄호 안에 주어진 표현을 이용해 영작해 보세요.

⑦ 우리 언제 꼭 점심 같이 하자. (should, get together, day)

　　🖉 _____

⑧ 어떤 제안이든 감사히 받겠습니다. (suggestion, appreciate)

　　🖉 _____

★정답 및 해설은 431쪽에

41

other, the other, another와 both, either, neither

명사의 범위를 구체적으로 가리킬 때

강의 및 예문듣기

🎧 41.mp3 ▶ 동영상 14강

1단계
핵심문법 익히기

꼭 알아야 할
영문법의 기본 개념을
정리하세요.

❶ 막연히 '다른 ~'은 other, 범위가 정해진 '다른 ~은'은 the other

우리말로 '다른 사람들'이라는 표현을 영어에서는 두 종류로 생각합니다. ❶ 그 냥 막연하게 다른 사람들, ❷ 정해진 범위 안에 있는 다른 사람들(예: 우리 동네 에 사는 다른 사람들). 그래서 ❶처럼 막연히 '다른 ~'에는 other를, ❷처럼 범위 가 정해진 '다른 ~'에는 the other를 써요.

He's different from **other** guys in a good way.
걔는 다른 남자들과는 좋은 의미에서 달라.
⋯→ 막연히 '일반적인 다른 남자들'

He's not like **the other** guys at my school.
걔는 우리 학교 다른 남자애들과는 달라.
⋯→ '학교에 있는 남자들'로 범위가 정해짐.

other, the other 뒤에는 단/복수 명사가 모두 올 수 있고, 주어로 쓰였을 경 우 동사는 그 명사의 수에 맞춥니다. 셀 수 있는 명사와 셀 수 없는 명사가 모 두 올 수 있어요.

I wonder what **other people** think of me.
다른 사람들이 날 어떻게 생각하는지 궁금해.
⋯→ people이 복수, think도 복수 취급

I recently had an accident. **The other driver** was 100% at fault.
나 얼마 전에 차 사고 났어. 100% 상대편 운전자 잘못이었지.

In some countries driver's education is required, while in **other** countries it's optional.
어떤 나라들에선 운전자 교육이 의무지만, (그 밖의) 또 어떤 나라들에선 선택이다.
(운전자 교육이 의무인 나라도 있고 선택인 나라도 있다.) ⋯→ 운전자 교육이 아예 없는 나라도 있을 테니 the를 쓰지 않음.

• optional 선택의, 마음대로의

the other는 문맥에서 알 수 있는 '다른 사물/사람'을 가리키는 대명사로도 쓸 수 있고 복수형은 the others가 됩니다. 그리고 other는 대명사로는 복수형인 others를 쓰고, 단수일 땐 an other 대신 another를 써요.

I got two emails—one from my friend and the other from my school.

이메일이 두 개 왔어. 하나는 친구한테서, 다른 하나는 학교에서 왔어. ⋯ the other = the other email

There were about 20 passengers on the bus. Twelve of them were male and the others were female.

버스에는 승객이 20명 정도 있었어. 그 사람들 중 12명은 남자였고, 나머지는 여자였어.

⋯ the others = the other passengers

Some say he was a genius; others say he was just crazy.

어떤 이들은 그가 천재였다고 하고, 또 어떤 이들은 그가 그냥 미쳤다고 말하지.

⋯ others = other people: 이 세상에 그가 천재였다고 하는 사람과 미쳤다고 하는 사람 딱 두 부류만 있는 건 아닐 테니 the를 붙이지 않음.

⏱ 도전! 1분 영작 001

❶ 난 다른 사람들이 너에 대해 하는 말 안 믿어. (what, say)

✏

❷ 우리 집에 컴퓨터가 두 대 있어. 하나는 내 거, 나머지 하나는 남동생 거.

✏

❷ another는 '(같은 종류로) 하나 더'

'(같은 종류로) 하나 더'라고 할 땐 another를 씁니다. 이미 '하나'란 의미가 들어 있기 때문에 앞에 a를 붙이지 않고, 딱히 정해 놓은 대상이 있는 게 아니라 the 도 붙이지 않죠.

Can I have another glass of wine?   와인 한 잔 더 마셔도 되나요?

Can I have an another glass of wine? (×)

I took another day off.   나 하루 더 쉬었어.

It's late. Let's do that another time.   시간이 늦었다. 나중에 하자.

I'm busy right now. Can you come back another time?   나 지금 바빠. 나중에 올래?

257

If you miss this opportunity, you'll have to wait **another** 365 days.

너 이번 기회 놓치면 365일을 또 기다려야 할 거야. ···→ 365일을 한 묶음으로 생각

another도 other처럼 대명사로 쓸 수 있습니다.

Buy one and get **another** free. 하나 사시고 공짜로 하나 더 얻어 가세요.

This one is too big for me. Show me **another**. 이거 저한테 너무 커요. 다른 거 보여 주세요.

We had a beer party and it was great. I hope we have **another** soon.

우리 맥주 파티를 벌였는데 괜찮았어. 조만간 또 했으면 좋겠다.

다음은 another가 들어간 유용한 구문들입니다. 예문을 통해 잘 익혀 두세요. 덩어리 표현으로 익혀야 제대로 써먹을 수 있습니다.

Many companies went bankrupt **one after another**. 많은 회사들이 줄 도산했다.

···→ 하나씩 차례로, 줄줄이

The Internet helps people communicate with **one another**.

인터넷은 사람들 간의 의사소통을 돕는다. ···→ 여럿이 서로 (둘도 가능하지만 주로 셋 이상)

It's one thing to talk about change; it's **another (thing)** to actually do something. 변화를 얘기하는 것과 실제 행동에 나서는 건 별개의 문제다. ···→ 서로 별개의 문제

One thing led to another and I got her phone number.

여차여차해서 그 여자 전화번호를 얻었지. ···→ one thing이 another thing으로 이어지다 (lead - led - led - leading)

⏱ 도전! 1분 영작 002

① 하나 더 보여 주세요. ✎ _____

② 이걸 사시면 공짜로 하나 더 받으실 수 있습니다.
✎ _____

| 정답 |

도전! 1분 영작 002

① Show me another.

② If you buy this, you can get another free.

③ 둘만 놓고 말할 땐 **both, either, neither**

both는 둘 다 가리키니까 복수 취급, either는 둘 중 어느 쪽이든 하나를 가리키니까 단수 취급, neither는 둘 다 아닐 때 쓰니까 역시 단수 취급합니다. neither는 〈not + either〉의 뜻이라 다른 부정어와 함께 쓰지 않는다는 점

에 주의하세요. both도 any와 마찬가지로 뒤쪽에 부정어를 쓰면 둘 다 아닌지, 둘 다 그런 건 아니라 하나만 해당된다는 건지 헷갈릴 수 있기 때문에 Not both처럼 앞에 씁니다. either 역시 not either 순으로 쓰든가 아예 neither로 쓰죠.

Both rooms are occupied.	두 방 모두 찼다.
You can choose **either** room.	둘 중 어느 방이든 하나 고르면 돼.
Neither room was very clean.	두 방 모두 별로 깨끗하지 않았다.

both, either, neither 모두 대명사로도 쓸 수 있습니다.

Can **both** of you speak Chinese?	너네 둘 다 중국어 하니?
Can **either** of you speak Chinese?	너네 둘 중 중국어 할 수 있는 사람?
Can **neither** of you speak Chinese?	너네 둘 다 중국어 못해?

either가 명사를 한정할 땐 '둘 중 하나'만 해당된다며 골라내는 의미가 아니라 '둘 중 어느 쪽이든'이란 뜻에서 양쪽을 하나씩 쳐다보는 의미입니다. 따라서 형태상으론 단수 취급하지만 의미상으론 둘 다 해당되죠. 특히, either side, either end는 양쪽 모두를 의미하니 헷갈리지 마세요.

Oil prices could go **either way**.	유가는 어느 쪽으로든 갈 수 있을 거다.
	···→ 상승, 또는 하락 둘 중 어느 쪽도 가능
There were trees on **either side** of the road.	길 양쪽으로 가로수가 있었다.
	···→ both의 의미, 왼쪽, 오른쪽, 어느 쪽을 봐도 가로수
There are shops at **either end** of the street.	거리 양끝에 가게들이 있다.
	···→ both의 의미, 한쪽 끝, 다른 쪽 끝, 어느 쪽을 봐도 가게들

⏱️ **도전! 1분 영작 003**

❶ 우리 둘 다 싱글이야. 🖉 _____

❷ 우리 둘 다 결혼 안 했어. 🖉 _____

| 정답 |

도전! 1분 영작 003

❶ Both of us are single.

❷ Neither of us is married.

259

STEP 1 빈칸에 어울리는 말을 고르세요.

❶ He's different from _____ guys; he likes cooking and cleaning.

ⓐ other   ⓑ the other   ⓒ another   ⓓ both

❷ We use only 10% of our brain's potential. What does _____ 90% do?

ⓐ other   ⓑ another   ⓒ the other   ⓓ some

❸ Some people admire him. _____ can't stand him.

ⓐ Anyone   ⓑ Another   ⓒ Other   ⓓ Others

❹ Hold one end of the string and ask a friend to hold _____ end.

ⓐ both   ⓑ another   ⓒ the other   ⓓ an

❺ How did you make this soup? It's so good. Can I have _____ bowl?

ⓐ other   ⓑ another   ⓒ a   ⓓ both

STEP 2 괄호 안의 표현 중 맞는 것을 고르세요.

❻ Last week I had an interview with two companies. I liked (some / both / another) of them, but I haven't heard from (another / either / neither) of them.

❼ The universities are being asked to compete (with / one / for) another.

❽ It's one thing to know the rules and quite (other / another / the) thing to play the game.

▲ 정답 및 해설은 432쪽에

42

many와 much, few와 little

많은지 적은지, 명사의 수량을 알려 줄 때

강의 및 예문듣기

🎧 42.mp3 ▶ 동영상 14강

1단계

핵심문법 익히기

꼭 알아야 할
영문법의 기본 개념을
정리하세요.

❶ many + 셀 수 있는 명사 복수, much + 셀 수 없는 명사 단수

수량이 많음을 나타낼 땐 many나 much를 쓸 수 있습니다. 주의할 건 many
뒤에는 셀 수 있는 명사 복수형이 오고, much 뒤에는 셀 수 없는 명사 단수형
이 온다는 거예요. 명사의 수량을 나타내는 말들은 '셀 수 있느냐 없느냐'에 따
라 구분해 쓰기 때문에 헷갈리지 않게 잘 익혀 둬야 합니다.

Many politicians have disappointed us.   많은 정치인들이 우리를 실망시켰다.

Much attention has been paid to global warming.

지구온난화에 지금껏 많은 관심이 쏟아졌다.

• pay attention to ~에 주의를 기울이다   • global warming 지구온난화

How **many days** are left until the final exam?   기말시험까지 며칠 남았지?

How **much time** is left?   시간이 얼마나 남았지?

He spent **many years** in the US.   그 사람은 미국에 오래 살았어.

We don't have **much information** on him.   우리에겐 그 사람에 관한 정보가 많지 않아.

그런데 셀 수 있는지 없는지 가릴 필요 없이 두루 쓸 수 있는 표현들도 있습니
다. 바로 a lot of, lots of, plenty of가 그래요. 셋 사이에 별 차이는 없으니
뒤에 오는 명사의 수와 동사를 일치시키는 것만 주의하면 됩니다.

A lot of politicians are corrupt.   많은 정치인들이 부패했다.

A lot of attention has been paid to education.   교육에 많은 관심이 쏟아져 왔다.

She has **lots of friends** living in LA. 그녀는 LA에 사는 친구가 많다.

He has lost **lots of money** in the stock market. 그는 주식시장에서 많은 돈을 잃었다.

Plenty of people use cars to make short trips. 짧은 거리에도 차를 이용하는 사람들이 많다.

Take it easy. We have **plenty of time**. 천천히 해. 우리 시간 많아.

🕐 도전! 1분 영작 001

❶ 크리스마스까지 며칠 남았지? (until) 🖉 ....

❷ 돈이 얼마나 남았지? 🖉 ....

❷ (a) few + 셀 수 있는 명사 복수, (a) little + 셀 수 없는 명사 단수

수량이 적음을 나타낼 땐 (a) few나 (a) little을 씁니다. many, much의 경우처럼 (a) few 뒤에는 셀 수 있는 명사 복수형이 오고, (a) little 뒤에는 셀 수 없는 명사 단수형이 온다는 거 잘 기억해 두세요.

Like the marines, we need **a few good men**. 우리도 해병대처럼 소수 정예여야 해.

I need **a little help** with something. 나 도움이 조금 필요한데.

* a few good men 소수 정예

There are **few** Italian **restaurants** around here. 이 근처엔 이탈리아 음식점이 거의 없다.

We have **little time** and lots to do. 시간은 별로 없고 할 일은 많다. ···› lots는 명사

(a) few, (a) little 자체가 대명사로 쓰이기도 합니다.

Few believe he's innocent. 그가 무죄라고 믿는 사람은 거의 없다.

Little has been said about his family. 그의 가족에 대해 나온 말은 별로 없다.

* innocent 죄 없는, 결백한

a few, a little은 적지만 '있다'는 의미인 한편, few, little은 '거의 없다'는 의미이니 not 같은 부정어와 함께 쓰지 않도록 조심하세요.

My boss speaks **a little** English.

My boss speaks **little** English.

My boss does*n't* speak *little* English. (×)

Few people think that way.

Few people do*n't* think that way. (×)

우리 사장은 영어 약간 해.

우리 사장은 영어 거의 못해.

그런 식으로 생각하는 사람은 별로 없어.

Q the few도 본 것 같은데 a few와 어떻게 다른가요?

A 범위가 정해져 있는 경우 the few가 쓰이기도 하는데 a few처럼 긍정의 뜻을 나타냅니다.

I've spent **the past few** weeks preparing for the test.
난 지난 몇 주를 시험 준비하며 보냈다.

Lincoln was one of **the few** great leaders in history.
링컨은 역사적으로 몇 안 되는 위대한 지도자 중 한 명이었다.

little도 the를 붙이면 구체적으로 '그 ～'라며 범위가 정해진다는 차이만 있습니다.

We enjoyed **the little** time with him.
우린 그와 보낸 얼마 안 되는 시간이 즐거웠다.

(a) few, (a) little은 다음과 같이 관용적인 표현으로도 자주 쓰입니다. 예문을 통해 잘 익혀 두세요.

not a few, not a little	적지 않은 = 꽤 많은
very few, very little	거의 없는(부정어 few, little을 강조)
quite a few, quite a little	꽤 많은

There are **not a few** Catholics living in this village.
이 마을에는 제법 많은 천주교 신자들이 산다.

There are **very few** Buddhists in China.
중국에는 불교 신자가 거의 없다.

There are **quite a few** Muslims working for the company.
그 회사에서 일하는 이슬람교 신자가 꽤 많다.

❶ 도서관에 학생이 별로 없다. ✎ _____

❷ 나 돈 거의 없어. ✎ _____

❸ several, a number of + 셀 수 있는 명사 복수, an amount of + 셀 수 없는 명사 단수

셀 수 있는 명사에는 a couple of, several도 쓸 수 있는데, 대략 a couple of(2~3개) 〈 a few 〈 several 순으로 생각하면 됩니다. a few는 '적다'는 느낌이고, several은 '많지는 않아도 꽤 있다'는 느낌이죠.

I've been to the bar **a couple of** times. 그 술집 두어 번 가봤어.

I've been to the bar **a few** times. 그 술집 몇 번 가보긴 했어.

I've been to the bar **several** times. 그 술집 몇 번 가봤어.

a number of ~는 many와 같은 뜻인데 number 앞에 다양한 형용사를 넣어 의미를 바꿀 수 있습니다.

A number of companies <u>are</u> investing in China. 많은 기업들이 중국에 투자하고 있다.

A growing number of students <u>are</u> applying to law school.
로스쿨에 지원하는 학생들이 늘고 있다.

Only **a small number of them** <u>get</u> admission. 그들 중 적은 수만이 입학 허가를 받는다.

셀 수 없는 명사에는 an amount of를 쓰는데, a number of와 달리 an amount of는 많다는 의미 없이 그냥 '~라는 양'의 뜻을 나타냅니다. 그래서 '다량의 ~'라고 할 땐 a large amount of, '소량의 ~'라고 할 땐 a small amount of로 수식어를 넣어 표현해요.

You have to pay **an amount of** $10 per month as the maintenance fee.
매달 유지비로 10달러씩을 내야 돼. ··· 10달러라는 양

| 정답 |
도전! 1분 영작 002

❶ There are few students in the library.

❷ I have little money.
▶ I don't have a little money.라고 하면 '약간의 돈을 가진 게 아니다'란 모호한 의미가 되므로 어색. '거의 없다'는 의미로는 few/little로 부정문을 만드는 게 일반적

A large amount of money is spent on advertising. 광고에 거액이 지출되고 있다.

High blood pressure can be reduced with only a small amount of exercise.

고혈압은 약간의 운동만으로도 낮출 수 있다.

• maintenance fee 유지비, 관리비   • high blood pressure 고혈압

number 앞에 정관사가 붙어 The number of ~가 되면 많다는 느낌 없이 '~의 수'를 가리키기 때문에 단수 취급합니다. 마찬가지로, The amount of ~도 '~의 양'을 가리키지만 어차피 셀 수 없는 명사에 쓰기 때문에 단수 취급해요.

The number of foreign companies investing in China is increasing.

중국에 투자하고 있는 외국 기업들의 수가 늘고 있다. ⋯ the number가 주어

The amount of sleep is directly related to the amount of energy we have the next day. 수면의 양은 우리가 다음날 갖게 되는 에너지량과 직접 관련돼 있다.

⏱ 도전! 1분 영작 003

❶ 나 그 음식점 몇 번 가봤어. 🖉 ....

❷ 참가자들 수는 적었다. (participant) 🖉 ....

STEP 1 괄호 안의 표현 중 맞는 것을 고르세요.

① How (many / much) potatoes do you need?

② We don't have (many / much) time.

③ I know her well because I've met her (a few time / several times).

④ (A / The) growing number of foreigners are coming to Korea.

⑤ There (is / are) little doubt that he was under pressure to resign.

⑥ He was ordered to pay (an amount of / a number of) 900 dollars to his employee.

STEP 2 우리말에 어울리도록 알맞은 한정사를 이용해 문장을 완성해 보세요.

⑦ 나 며칠 전에 주문 취소했어.

✐ I cancelled my order _____ ago.

⑧ 난 그 책에 대해선 아는 게 거의 없어.

✐ I know _____ about the book.

⑨ 많은 학생들이 그 시험을 몇 번은 보고 나야 합격한다.

✐ Many students take the exam _____ before passing it.

★정답 및 해설은 432쪽에

43

all, most & every, each

전부냐, 대부분이냐, 각각이냐

강의 및 예문듣기

🎧 43.mp3 ▶ 동영상 14강

1단계
핵심문법 익히기

꼭 알아야 할
영문법의 기본 개념을
정리하세요.

❶ 전체는 all, 대부분은 most

'모든'의 all과 '대부분'이란 뜻의 most는 셀 수 있는 명사와 셀 수 없는 명사 모두와 쓸 수 있는데, 셀 수 있는 명사면 복수형을 씁니다. 단, 동사는 명사의 수에 맞춰 써요.

The hotel has 30 rooms. **All rooms** <u>are</u> available.

그 호텔은 객실이 30개다. 모든 방이 이용 가능하다.

Most rooms <u>are</u> empty.
대부분의 방이 비어 있다.

All furniture <u>is</u> handmade.
모든 가구가 수제품이다. ···→ furniture는 셀 수 없는 명사라 단수

Most furniture <u>is</u> made from natural wood.
대부분의 가구가 원목으로 만들어졌다.

• **handmade** 수제의, 손으로 만든   • **natural wood** 원목

둘 다 대명사로도 쓸 수 있어요.

All are air-conditioned.
모두 냉방이 된다.

Most of the rooms have a view of the ocean.
객실 대부분에서 바다를 볼 수 있다.

단, most는 한정사로 쓸 때와 대명사로 쓸 때 가리키는 대상이 약간 달라집니다. 〈most + 명사〉는 막연히 '대부분의 ~'란 뜻이지만, 〈most of + 명사〉는 '~ 중에서 대부분'이란 뜻이 되거든요. 특히, most를 the와 같이 쓸 땐 위치에 주의하세요.

<u>Most</u> restaurants are open on Friday.
대부분의 음식점은 금요일에 영업을 한다.
···→ 일반적인 음식점들 대부분을 가리킴

almost

생긴 건 most와 비슷하지만 almost는 '거의'란 뜻의 부사라 명사를 꾸밀 수 없습니다. almost all of the restaurants나 almost all restaurants와 같이 써 줘야 해요.

Almost restaurants are closed for holiday. (×)
→ **Almost all of the** restaurants are closed for holiday. 휴일이라 거의 모든 음식점이 문을 닫았다.

<u>Most of the</u> restaurants in this city are open until midnight.

이 도시에 있는 음식점 대부분이 자정까지 영업한다. ┅→ 이 도시에 있는 음식점들 중 대부분

The most of the restaurants are open until midnight. (×)

┅→ the most로 쓰면 '가장 많은'이란 뜻이 됨.

Most the restaurants are open until midnight. (×)

┅→ most the, most my처럼 다른 한정사와 붙여 쓰지 못함.

all은 특이하게 the 앞에 쓰는 게 자연스럽습니다. 다른 한정사 앞에도 쓸 수 있고요.

<u>All the</u> rooms are well decorated. 방들이 다 장식이 잘돼 있다.

He lived in poverty <u>all his</u> life. 그는 평생 가난하게 살았다.

Make sure you take <u>all your</u> belongings with you when you leave the train.

하차할 때 잊으신 물건이 없는지 확인하세요.

• belongings 소지품, 개인 물건

⏱ **도전! 1분 영작 001**

❶ 모든 아이디어를 환영합니다. 🖉 _____

❷ 그의 아이디어 대부분이 받아들여졌다. (accept)

🖉 _____

2 **전체를 한 덩어리로 보면 all, 낱개로 보면 every, each**

호텔 방을 예로 들자면, all rooms 하면 호텔에 있는 방들을 모두 싸잡아 말하는 것이 되고, every room, each room 하면 방 하나하나에 초점을 맞춰 말하는 것이 됩니다. 그래서 every, each 다음에는 늘 단수 명사가 와요.

All rooms are air-conditioned. 전 객실이 냉방이 된다.

Every <u>room</u> is air-conditioned. 모든 객실이 냉방이 된다. (객실마다 냉방이 된다.)

Each <u>room</u> is air-conditioned. 각 객실은 냉방이 된다.

Every *rooms are* air-conditioned. (×)

Each *rooms are* air-conditioned. (×)

| 정답 |
도전! 1분 영작 001

❶ All ideas are welcome.

❷ Most of his ideas were accepted.

All moments were great. 모든 순간들이 멋있었다.

Each moment was so special to me. 매 순간순간이 내겐 아주 특별했다.

Every moment was filled with surprises. 모든 순간마다 놀라움으로 가득했다.

• be filled with ~로 가득하다

each와 every가 서로 다른 점도 있는데요. each는 대명사로도 쓰지만 every 는 대명사로 쓸 수 없습니다.

The hotel has 30 rooms. Each has a balcony.

그 호텔은 방이 30개 있다. 각 방에는 발코니가 있다.

The hotel has 30 rooms. *Every* has a balcony. (×)

The hotel has 30 rooms. Every room has a balcony.

그 호텔은 방이 30개 있다. 모든 방에 발코니가 있다.

Each of the rooms is unique. 그 방들 각각이 독특하다. (각 방마다 개성이 있다)

Every of the rooms is unique. (×)

⏱ 도전! 1분 영작 002

① 이 회사의 모든 직원들은 유니폼을 입는다. (employee)

✎

② 각 직원은 배지를 단다. (badge, wear)

✎

③ '모두'는 every, '각, 하나씩'은 each

every와 each는 대부분 같은 뜻으로 씁니다. 약간의 차이는 있는데 설명이나 예문 몇 개만으론 쉽게 구별되지 않는 게 정상이니 당장 이해되지 않아도 걱정 말고 일단 읽고 넘어가세요.

Every student receives a certificate at the end of this course.

모든 학생이 이 코스 끝날 때 수료증을 받는다. ⋯→ 한 명도 예외 없이 '전부'

He had an interview with each candidate. 그는 각 후보와 인터뷰를 했다. ⋯→ 한 명씩 개별적으로

• certificate 증명서, 자격증

I work out **every** day. 난 매일 운동해. ···→ 하루도 안 빼고

I feel younger **each** day. 하루하루 더 젊어지는 느낌이야. ···→ 하루하루

I worked out **all** day. 나 하루 종일 운동했어. ···→ 아침부터 밤까지 하루 전체

each는 '하나씩' 따지니 아무래도 2처럼 적은 수에도 쓰는 반면, every는 좀 많은 수에 쓰는 게 자연스럽습니다.

She had a can of beer in **each** hand. 그녀는 양손에 맥주 캔 하나씩을 들었다.

We went from "a phone in **every** home" to "a phone in **every** hand."

'집집마다 전화기가 있는 시대'에서 '개인마다 전화기를 가진' 시대로 바뀌었다.

every는 명사 앞에만 쓰지만, each는 명사 뒤나 문장 뒤에도 올 수 있어요. 이렇게 자잘한 법칙들은 간단한 문장으로 익히는 편이 낫습니다.

Every conversation is recorded in this room. 이 방에서는 모든 대화가 녹음된다.

We **each** introduced ourselves. 우리는 각자 자기 소개를 했다.

The books cost $20 **each**. 그 책들은 권당 20달러씩이야. ···→ per each로도 잘 씀.

You'll get two tickets **each**. 한 사람당 표 두 장씩 받게 됩니다.

⏱ **도전! 1분 영작 003**

❶ 하루 종일 뭐 했어? ✎ ....

❷ 매일 뭐 했어? ✎ ....

STEP 1 괄호 안의 표현 중 맞는 것을 고르세요.

① (All / Every / Each) shops in this street accept credit cards.

② Each of the buildings (have / has) its own name.

③ I pay my electricity bill (all / every) month.

④ Grill the steak on (both / each / all) side.

⑤ Don't carry (all / most / every) your valuables with you.

STEP 2 우리말에 어울리도록 문장을 완성해 보세요.

⑥ 내 친구들 대부분이 한국에 살고 있어.

✎ _____ are living in Korea.

⑦ 호텔 근처에는 음식점이 많아요. 대부분이 걸어서 갈 수 있는 거리에 있죠.

✎ There are many restaurants around the hotel. _____

_____ within walking distance.

⑧ 그의 학생들 모두 시험에 합격했어요.

✎ _____ passed the exam.

STEP 3 다음 질문의 답이 되는 숫자를 말해 보세요.

⑨ John has two children and each of them has three children. How
many grandchildren does John have?

✎

★정답 및 해설은 433쪽에

3단계
영문법 총정리

[중간점검] **여덟째 마디:**
한정사

Unit 37~43에서 배운 문법을 제대로 이해하고
활용할 수 있는지 확인해 보세요.

STEP 1 다음 글을 읽고 질문에 답하세요.

Every culture has its own way of saying "no." In some cultures it's rude to say "no"; in others, it's no big deal. When you have to say no to someone in a different culture, there is always a possibility of offending them because you don't have a full understanding of their culture. In Arab culture, saying "No, thank you" can be offensive even if it is said in a very polite way. In some cultures people go to great lengths to avoid offending people. For example, a Japanese may say "maybe" and mean "no."

❶ 글과 일치하는 내용을 고르세요.

ⓐ There are two ways of saying "no" across cultures.

ⓑ A complete cultural understanding may help prevent offending someone from other culture.

ⓒ In some cultures people keep a certain distance to avoid offending each other.

Sugar has been blamed for the rise in diabetes and heart disease, not to mention tooth decay. Some say it fuels the growth of cancer. In addition, there is growing evidence that sugar accelerates the ageing process. However, some researchers say that there is little evidence that sugar is a significant cause of weight gain compared to other factors.

❷ 글과 일치하지 <u>않는</u> 내용을 고르세요.

ⓐ Sugar is believed to cause teeth to decay.

ⓑ Sugar consumption may be linked to ageing.

ⓒ Sugar is a significant factor for weight gain compared to other factors.

괄호 안에 주어진 표현을 이용해 영작해 보세요.

③ 너 생일까지 며칠 남았지? (leave, until)

　🖊 ....

④ 더 많은 정보는 저희 웹사이트에서 보실 수 있습니다. (more, available)

　🖊 ....

STEP 3 괄호 안의 표현 중 맞는 것을 고르세요.

⑤ Why are (almost / most) vegetarians women?

⑥ Do I have to answer (all / every) question?

⑦ Can I have (a / the / 무관사) small latte, please?

STEP 4 우리말에 어울리도록 괄호 안에 주어진 표현을 이용해 대화문을 완성해 보세요.

⑧ A 다른 사람들이 나에 대해 뭐래? (say)

　🎤 ....

　B I honestly don't know.

⑨ A Which team do you think will win?

　B 모르겠어. 양 팀 다 잘하잖아. (good)

　🎤 ....

⑩ A This is so yummy! 한 입 더 먹어도 돼? (have, bite)

　🎤 ....

　B Sure.

★정답 및 해설은 433쪽에

아홉째 마디

•

형용사와
관계사

명사를
꾸며 주다

44

형용사

명사를 꾸미는 데는 최고!

강의 및 예문듣기

🎙 44.mp3　▶ 동영상 15강

1단계
핵심문법 익히기

꼭 알아야 할
영문법의 기본 개념을
정리하세요.

① 형용사의 첫째 목표는 명사의 특징을 자세히 표현하는 것

책 하면 '큰 책', '재미있는 책' 등 여러 가지 특징이 있을 수 있죠? 그런 특징을 표현하는 말이 바로 형용사입니다. 영어에선 book처럼 명사만 달랑 쓰면 너무 범위가 넓고 막연해서 a book처럼 한정해 주는 말을 쓴다고 했었는데요. a book보다는 a big book, an interesting book이라고 해야 머릿속에 좀 더 구체적인 그림이 그려지죠? 형용사를 씀으로써 명사의 범위가 더 좁혀진 겁니다. 이런 걸 문법에서는 형용사가 명사를 '한정한다', '수식한다', '꾸며 준다' 등 다양한 말로 표현합니다. 대부분 명사 앞에 오죠.

I read a **difficult** book.　　　　　　　　　　　　　난 어려운 책을 읽었어.

We need a **strong** and **safe** country.　　　　우리에겐 강하고 안전한 나라가 필요해.

형용사가 명사 뒤에서 그 특징을 설명해 주기도 하는데 이땐 be동사나 become, get, 그리고 감각과 관련된 look/sound/smell/feel 같은 동사와 잘 쓰입니다.

The book is **difficult** and **boring**.　　　　그 책은 어렵고 따분해. ⋯▸ be + 형용사

She became **famous** for her blog.　　그 여자는 블로그로 유명해졌어. ⋯▸ become + 형용사

He got **nervous**.　　　　　　　　　　　　그는 초조해졌다. ⋯▸ get + 형용사

This shampoo smells **great**.　　　　　이 샴푸 향기 좋은데. ⋯▸ smell + 형용사

〈the + 형용사〉가 명사 역할을 할 때도 있습니다. 이런 경우 형용사가 보통명사처럼 쓰일 땐 복수로, 추상명사처럼 쓰일 땐 단수로 취급해요. 의미는 문맥을 보고 파악합니다.

They say **the young** <u>are</u> not interested in politics. 젊은이들은 정치에 관심이 없다고들 한다.

The unknown <u>is</u> often scary. 알려지지 않은 것은 무서울 때가 많다.

· scary 무서운, 겁나는

⏱ **도전! 1분 영작 001**

① 인생은 짧고 예술은 길다. 🖉 ....

② 커피는 향기가 좋다. 🖉 ....

② 위치가 정해져 있는 형용사

대부분의 형용사는 명사 앞에서 명사를 꾸며 줄 수도 있고, 명사 뒤에서 명사를 설명해 줄 수도 있는데 앞, 혹은 뒤 어느 한쪽으로만 쓸 수 있는 형용사가 있어요. 이건 예외적인 거니까 따로 익혀 두세요.

◆ 명사 앞에서 수식만 할 수 있는 형용사

  only 유일한   **mere** 그저 ~에 불과한   **live** 살아 있는, 녹화가 아닌

She was their **only** <u>child</u>. 그녀는 그들의 하나밖에 없는 자식이었다. (무남독녀 외동딸이었다.)

Their child was *only*. (×)

He's a **mere** <u>amateur</u>. 그는 그저 아마추어일 뿐이다.

The amateur is *mere*. (×)

We went to a **live** <u>concert</u>. 우린 라이브 콘서트에 갔다.

The concert was *live*. (×)

◆ 명사 뒤에서 서술만 할 수 있는 형용사

  a-로 시작되는 형용사들 – afraid 두려운   alone 혼자인
                aware 알고 있는   alive 살아 있는

| 정답 |

도전! 1분 영작 001

① Life is short and art is long.

② Coffee smells good.

276

The girl was **afraid** of dogs.

그 여자아이는 개를 무서워했다.

She was an *afraid girl*. (×)

Are <u>you</u> **aware** of the dangers from second-hand smoke?

간접흡연의 위험을 알고 있어?

We have a lot of *aware people*. (×)

• second-hand 간접적인

Bring <u>him</u> **alive**.

그를 산 채로 데려와.

He's an *alive person*. (×)

The prince found <u>the princess</u> **asleep**.

왕자는 공주가 잠들어 있는 걸 발견했다.

The prince found an *asleep princess*. (×)

⏱ **도전! 1분 영작 002**

① 그는 그녀의 외아들이었어.　　🖉 _____

② 그 사자는 잠들어 있었다.　　🖉 _____

---

③ **형용사 역할을 하는 분사나 부정사, 형용사구도 명사를 꾸미거나 서술할 수 있다**

명사를 꾸미고 서술하는 일은 형용사 고유의 권한입니다. 그런데 형용사만 명사를 꾸밀 수 있는 건 아니에요. 앞서 배웠던 분사도 있죠. 원래 동사인데 형용사처럼 쓰기 위해 형태를 바꿨다고 했죠? 형용사처럼 쓸 수 있다고 했으니 당연히 명사 앞이나 뒤에서 명사를 꾸밀 수 있습니다.

This is an absolutely **exciting** <u>game</u>.

이건 완전 흥미진진한 게임이야.

The game made <u>him</u> absolutely **excited**.

그 게임은 그를 완전 흥분시켰다.

동사를 형용사나 명사처럼 쓰기 위해 만들었던 부정사 역시 명사 뒤에서 형용사 노릇을 하기도 합니다.

Would you like <u>something</u> to drink? 마실 것 좀 드릴까요?

Get <u>a chair</u> to sit on. 앉을 의자를 구해 와.

또 여러 단어가 모인 구가 형용사 노릇을 할 수도 있어요. 형용사구가 되는 거죠.

Saudi Arabia is <u>the country</u> with the largest land area in the Middle East.

사우디 아라비아는 중동에서 가장 큰 땅덩어리를 가진 나라다.

It's <u>a book</u> for every girl with an independent spirit.

그건 독립심 강한 모든 소녀들을 위한 책이다.

• independent spirit 독립심

단, 명사 뒤에 오는 어구를 무조건 형용사구라고 생각하진 마세요. 명사를 꾸미는 의미로 해석했을 때 의미가 자연스러운 경우에만 형용사구입니다. 다음 두 예문을 비교해 보세요.

I saw a star with a telescope. 나는 망원경을 가지고 별을 봤다.

⋯› 별이 망원경을 갖고 있다고 하기엔 어색함. 뭘 가지고 봤는지 방법을 설명한 부사구

I saw an astronomer with a telescope.

나는 망원경을 갖고 있는 천문학자를 봤다. ⋯› 어떤 천문학자인지 알려 주는 형용사구
나는 망원경으로 천문학자를 봤다. ⋯› 어떻게 봤는지 알려 주는 부사구
(둘 다 가능하지만 천문학자가 멀리 있는 게 아니라면 '망원경을 갖고 있는 천문학자'를 봤다고 해석하는 게 자연스러움.)

• telescope 망원경 • astronomer 천문학자

'단어 → 구 → 절' 순으로 확장되니 형용사절이 명사를 꾸미는 것도 가능하겠죠? 그게 바로 다음 단원에서 자세히 배울 관계사절입니다. 여기선 잠깐 예문으로 구경만 하고 넘어가세요.

Paul is <u>a guy</u> who likes to cook. 폴은 요리하기를 좋아하는 남자다.

My sister was eating <u>something</u> that smelled like a pizza.

내 여동생이 뭔가 피자 냄새 같은 게 나는 걸 먹고 있었다.

⏱ **도전! 1분 영작 003**

① 그건 욕실에서 읽을 잡지야. 🖉

② 나는 검은 정장 차림의 남자를 만났어. (suit) 🖉

STEP 1 괄호 안의 표현 중 맞는 것을 고르세요.

① The professor gave a (lively / surprisingly) lecture on the origin of species.

② It was hard to tell whether it was (a live / an alive) broadcast or had been pre-recorded.

③ The (frightened / afraid) girl didn't move.

STEP 2 주어진 단어들을 알맞은 순서로 배열해 문장을 만들어 보세요.

④ asleep, we, her, a, found, chair, on

🖉 _____

⑤ in, talked, I, the, to, blue, man, jeans

🖉 _____

⑥ got, she, a(n), ugly, to, married, man

🖉 _____

STEP 3 각 문장에서 틀린 부분을 찾아보고, 있으면 알맞게 고치세요.

⑦ He was an alone man; he had no family and no friends.

⑧ For them, the way only to survive was to eat the dead.

⑨ The young are better learners and the old are better teachers.

★정답 및 해설은 434쪽에

45 관계대명사

명사를 꾸미는 형용사절을 만들 때

강의 및 예문듣기

🎧 45.mp3 ▶ 동영상 15강

① 관계대명사는 명사 뒤에 형용사절이 나올 거라는 힌트

관계대명사는 명사 뒤에 그 명사를 꾸밀 형용사절인 〈주어 + 동사〉가 나올 거라는 힌트를 주는 말이라고 보면 됩니다. 명사와 형용사절 사이에 넣어 마치 접속사 같은 역할을 하는 who, that, which 등을 가리키죠.

Paul is a good guy.   폴은 괜찮은 남자야. … 명사 guy를 형용사로 꾸민 경우

Paul is a guy <u>who</u> likes to cook.   폴은 요리하길 좋아하는 남자야. … 형용사절로 꾸민 경우

이때 관계대명사로 시작되는 형용사절을 '관계사절'이라 부르고, a guy처럼 관계사절이 꾸미려는 명사는 관계사절보다 앞서(先) 간다(行)고 해서 '선행사'라고 합니다. who는 선행사가 뒤의 형용사절과 '관계'가 있음을 나타내 주기 때문에 '관계대명사'라고 불러요.

> a guy <u>who</u> likes to cook
> 　선행사　　← 관계사절

우리말은 '요리하길 좋아하는 남자'처럼 명사를 꾸미는 말이 아무리 길어도 전부 명사 앞에 쓰지만 영어에서는 꾸미는 말이 〈주어 + 동사〉처럼 길어지면 명사 뒤에 붙입니다. 즉 '아직 이 명사에 대해 할 말 더 있으니까 집중해 주세요!'라는 신호를 보내는 게 관계대명사의 역할이에요.

He was sitting on a sofa which looked like a box.   그는 상자처럼 생긴 소파에 앉아 있었다.

She was eating something that smelled like curry.

그녀는 뭔가 카레 냄새 같은 게 나는 걸 먹고 있었다.

❶ 컴퓨터 게임하길 좋아하는 친구가 한 명 있어.

✎ _____

❷ 그는 늑대처럼 생긴 개를 데리고 걷고 있었다. (wolf)

✎ _____

❷ 관계대명사는 〈주어 + 동사〉인 형용사절 맨 앞에 온다

관계대명사를 쓰는 이유는 '문장의 진짜 주어와 동사는 하나씩'이라는 기본 원칙 때문이에요. 관계대명사가 없으면 형용사절에 들어 있는 주어/동사와 그 문장 전체의 진짜 주어/동사를 구별하기가 어렵습니다.

She knows a guy **who** likes to surf the Internet.

그녀는 인터넷 서핑하길 좋아하는 남자를 안다.

She knows a guy *likes to surf the Internet.* (×) ⋯→ likes의 주어가 뭔지 헷갈림.

관계대명사가 들어간 문장을 해석할 땐 관계대명사를 접속사처럼 생각하고 주어진 순서대로 해석하면 됩니다. 명사 뒤에 〈주어 + 동사〉인 형용사절이 이어진다는 힌트를 주는 거지 그 자체에 특별한 의미는 없거든요.

I met a guy **who** likes to cook. 나 어떤 남자를 만났는데 그 사람은 요리하길 좋아해.

She has a small dog **which** looks like a toy.

그녀는 자그마한 개를 키우는데 그 개는 장난감 같이 생겼어.

관계사절은 아무리 길고 복잡해도 결국 명사를 꾸미기 위해 살짝 붙인 말에 불과해요. 따라서 그 명사만 찾아내면 긴 문장도 간단한 구조로 정리할 수 있습니다.

Her ex-boyfriend [**who** liked to cook for guests] was handsome.

손님들에게 요리해 주기를 좋아하던 그녀의 옛 남자친구는 미남이었다. ⋯→ 결론: Her ex-boyfriend was handsome.

She met a guy [**who** looked like her ex-boyfriend and had a deep voice].

그녀는 옛 남자친구를 닮고 목소리가 굵은 남자를 만났다. ⋯→ 결론: She met a guy.

| 정답 |
도전! 1분 영작 001

❶ I have a friend who likes to play computer games.

❷ He was walking with a dog which[that] looked like a wolf.

281

같은 내용이라도 문장의 뼈대(주절)와 명사를 꾸미는 말(관계사절)을 각각 무엇으로 하느냐에 따라 주된 의미가 달라질 수 있습니다.

Chris always wears perfume. + Chris likes to cook.

크리스는 맨날 향수를 뿌려. + 크리스는 요리하길 좋아해.

→ Chris [who always wears perfume] likes to cook.

크리스는 맨날 향수를 뿌리는데 말이지, 요리하길 좋아해. ···› 요리를 좋아한다는 게 결론

→ Chris [who likes to cook] always wears perfume.

크리스는 요리를 좋아하는데 말이지, 맨날 향수를 뿌리고 다닌다니까. ···› 늘 향수를 뿌린다는 게 결론

⏱ 도전! 1분 영작 002

❶ 우리는 일본어를 가르칠 수 있는 선생님을 찾고 있어요. (look for)

❷ 여자처럼 생긴 그 남자는 유명한 배우야.

❸ 관계대명사에는 주격, 목적격, 소유격이 있다

대명사에 주격(I), 소유격(my), 목적격(me)이 있듯이 관계대명사에도 주격(who), 소유격(whose), 목적격(whom)이 있습니다. 선행사가 사람이면 who나 that을 쓰고, 사물이면 which, 사람과 사물이 함께 있으면 that을 쓰죠. 대명사 배울 때 I, my, me, ...하고 외웠던 것처럼, 여기서도 아래 내용은 꼭 외우고 넘어 가세요.

	주격	목적격	소유격
사람, 의인화한 사물	who, that	who/whom, that	whose
사물	which, that	which, that	whose
사람 + 사물	that	that	whose

주격, 목적격, 소유격 사용법은 다음 단원에서 자세히 살펴보기로 하고, 우선은 이 표의 내용과 사람과 사물을 구별해 쓰는 법을 잘 익혀 두세요.

| 정답 |
도전! 1분 영작 002

❶ We are looking for a teacher who can teach Japanese.

❷ The man who looks like a woman is a famous actor.
▶ 뼈대는 '그 남자는 유명한 배우다'이고, '그 남자'를 꾸며 주는 말이 '여자처럼 생겼다'니까 the man에 관계사절을 붙임.

Anyone who can sing is welcome. 노래할 수 있는 사람이면 누구든 환영입니다.

I read the email which came this morning. 오늘 아침에 온 이메일을 읽었어.

Tell me about people and things that are important to you.

자네한테 중요한 사람과 물건에 대해 말해 보게.

A widow is a woman whose husband is dead. 미망인이란 남편이 죽은 여자를 말한다.

⏱ 도전! 1분 영작 003

❶ 영어로 말할 수 있는 사람은 누구든 환영입니다.

✎ ....

❷ 나는 어제 도착한 소포를 열어 봤다. (package)

✎ ....

STEP 1   괄호 안의 표현 중 맞는 것을 고르세요.

① How can I trust someone (who / which) always lies?

② The students (which / who) signed up for the class must read this.

③ There were a lot of people (and / who / they / 없음) waiting for the train.

④ Are you looking for a job (who / that / 없음) gives you opportunities to grow?

STEP 2   알맞은 관계대명사를 활용해 두 문장을 한 문장으로 만들어 보세요.

⑤ The name of the woman is J.K. Rowling. She wrote the Harry Potter series.

⋯▸The name _____ .

⑥ The earthquake caused a lot of damage. It occurred in Japan.

⋯▸ The earthquake _____ .

⑦ The company produces hybrid cars. They run on electricity and gas.

⋯▸ The company _____ .

STEP 3   다음 문장을 해석해 보세요.

⑧ Recent studies show almost half of all women who marry for the second time marry a man who is younger and has never been married before.

★정답 및 해설은 434쪽에

284

46

관계대명사에도 격이 있다

강의 및 예문듣기

🎧 46.mp3　▶ 동영상 15강

1단계
핵심문법 익히기

꼭 알아야 할
영문법의 기본 개념을
정리하세요.

❶ 선행사가 관계사절에서 주어에 해당되면 주격 관계대명사를 쓴다

선행사가 관계사절에서 주어에 해당되면 관계대명사 역시 주격을 씁니다. 아래 예문을 보면 금방 이해하실 거예요. 선행사가 관계사절의 주어 역할을 하고 있으니까 주격 who를 쓴 겁니다. 두 번째 예문처럼 소유격이나 목적격을 쓰면 이상한 문장이 되는 거죠.

Paul is dating a girl. + She likes to take selfies.

폴이 여자를 사귀고 있어. + 그 여자는 셀카 찍기를 좋아해.

→ Paul is dating a girl <u>who</u> likes to take selfies.

폴이 셀카 찍기 좋아하는 여자랑 사귀고 있어.

→ Paul is dating a girl *whom/whose* likes to take selfies. (×)

이때 관계사절의 동사(like)는 선행사(a girl)의 수에 일치시킵니다. 선행사가 단수면 동사도 단수 취급하고 선행사가 복수면 동사도 복수 취급한다는 뜻이에요.

I have a friend <u>who</u> <u>likes</u> to take selfies.　　셀카 찍는 걸 좋아하는 친구가 한 명 있어.

⋯ a friend가 3인칭 단수니까 likes

The pictures <u>which</u> <u>were</u> taken yesterday are deleted.

어제 찍은 사진들이 지워졌어. ⋯ the pictures가 복수니까 were

We have to find a solution <u>that</u> <u>works</u> for everyone.

우린 모두에게 효과가 있는 해결책을 찾아야 해. ⋯ a solution이 단수니까 works

〈주격 관계대명사 + be동사〉는 별 의미가 없기 때문에 생략할 때가 많습니다.

The photos <u>(which were)</u> taken long ago have faded.

오래 전에 찍은 사진들이 바랬다.

I asked a man <u>(who was)</u> standing near me for directions to the subway station.

나는 가까이 서 있던 남자에게 지하철역 가는 길을 물었다.

• fade (색깔이) 바래다

⏱ 도전! 1분 영작 001

❶ 나 일본에 사는 친구한테 이메일 보냈어. ✏

❷ 어제 다운 받은 파일이 지워졌어. (delete) ✏

❷ 선행사가 관계사절에서 목적어에 해당되면 목적격 관계대명사를 쓴다

선행사가 관계사절에서 목적어일 경우엔 관계대명사도 목적격을 씁니다. 다음 문장을 보세요. a girl이 관계사절에서 목적어(her)에 해당되니까 관계대명사도 목적격을 쓰는데, 목적격이라고 해서 목적어 자리에 쓰는 게 아니라 관계사절의 맨 앞으로 빠져 나옵니다. 선행사가 사람이고 목적격이니까 whom도 되는데 대개는 그냥 who를 써요.

Paul is dating a girl. + He met her at work.

폴이 여자랑 사귀고 있어. + 그는 그녀를 일하다 만났지.

→ Paul is dating a girl [that/who(m)] he met [   ] at work.

폴이 일하면서 만난 여자랑 사귀고 있어.

그런데 목적격 관계대명사는 대부분 생략된다는 특징이 있습니다. 주격 관계대명사일 경우엔 관계사절의 〈주어 + 동사〉에서 중요한 주어가 없어져 버리니 생략할 수 없지만, 목적격은 생략해도 〈주어 + 동사〉가 유지되기 때문이죠. 생략하면 선행사 – 주어 부분이 마치 명사만 두 개 연달아 나온 것처럼 보이는데 그게 관계사절이라는 힌트가 될 수 있어요.

She works with a guy **(that)** she doesn't like.

그 여자는 맘에 안 드는 남자랑 같이 일한다. → 목적격 생략 가능

She works with a guy *(who)* smokes a lot. (×)

그 여자는 골초랑 같이 일한다.

→ who를 생략하면 smokes의 주어가 확실치 않기 때문에 주격은 생략 불가

You are the best friend <u>I've ever had.</u>

넌 내 평생 가장 좋은 친구야.

→ the best friend 뒤에 that 생략

Did you get the text message <u>I sent to you?</u>

내가 보낸 문자 메시지 받았어?

→ the text message 뒤에 that 생략

⏱ 도전! 1분 영작 002

❶ 내가 보낸 이메일 받았어? (get) ✏️

❷ 그는 일하면서 만난 여자와 결혼했어. ✏️

😎 이것도 알아 두세요!

동사가 연이어 2개가 나올 때

다음 문장들처럼 〈관계대명사 + [주어 + 동사] + 동사〉로 동사가 연이어 두 개가 나오는 경우가 있어요. 이럴 땐 he says가 삽입됐다고 보시면 됩니다. 말하는 사람의 생각이 아니라 he가 한 말임을 밝힘으로써 내용의 사실 여부에 대해 책임을 회피하고 싶을 때 쓰는 용법이죠. 주로 다른 사람의 말, 생각, 믿음 등에 관련된 동사가 이런 식으로 삽입되는데, 〈관계대명사 + 주어 + say/think/find/believe + 선행사의 동사〉 형태로 쓰입니다.

This is the site **that** he says provides useful information.

이건 유용한 정보를 제공해 준다고 그가 말하는 사이트야.

Scientists have developed a new drug **which** they believe will prevent the disease.

과학자들이 신약을 개발했는데 그들은 이 약이 그 질병을 예방할 거라고 믿는다.

---

❸ 선행사가 관계사절에서 소유격에 해당되면 소유격 관계대명사를 쓴다

선행사가 관계사절에서 소유격일 경우엔 관계대명사도 소유격을 써요. 소유격 관계대명사 whose는 늘 〈whose + 명사〉로 씁니다. 소유격 뒤에는 항상 소유하고 있는 명사가 오는 것과 같은 원리죠.

Paul is dating a girl. + **Her** brother is a gangster.

폴이 여자랑 사귀고 있어. + 그 여자 오빠는 조폭이래.

→ Paul is dating a girl **whose** brother is a gangster.

폴이 여자를 사귀고 있는데 오빠가 조폭이래.

• gangster 조폭, 갱 단원

위 예문처럼 whose brother가 관계사절에서 주어에 해당될 땐 동사를 소유격 관계대명사 뒤에 오는 명사(brother)의 수에 맞춥니다. 조폭은 그 여자가 아니라 그 여자의 오빠(her brother)니까요. 〈whose + 명사〉가 관계사절의 목적어에 해당될 때와 비교해 보세요.

The book is for children **whose age is** between 5 and 7.

그 책은 5~7세인 어린이용이다.

They were beaten by a man **whose face they were** unable to see.

걔네들 웬 남자한테 맞았는데 그 사람 얼굴을 보지는 못했대. ···→ whose face가 see의 목적어에 해당

⏱ 도전! 1분 영작 003

① 걘(남자) 가족들이 캐나다에 사는 친구가 한 명 있어.

② 어떤 남자를 만났는데 이름을 까먹었어.

STEP 1 빈칸에 어울리는 말을 고르세요.

① The movie is about a man _____ in love with his best friend's wife.

ⓐ which falls ⓑ who falls ⓒ whose falls ⓓ that fall

② He's going out with a girl _____ plastic surgery last year.

ⓐ that gets ⓑ who gets ⓒ whom got ⓓ who got

STEP 2 각 문장에 빠진 말을 넣어 보세요.

③ Click the button says "Next."

④ He is an experienced politician has shown strong leadership.

⑤ Do you know anyone name begins with Q?

STEP 3 알맞은 관계대명사를 활용해 두 문장을 한 문장으로 만들어 보세요.

⑥ I opened the file. I downloaded it from a website.

⋯▸ I opened the file _____ .

⑦ The taxi driver was an old man. He took me to the airport.

⋯▸ The taxi driver _____ .

⑧ Students will be asked to leave. Their phones ring in class.

⋯▸ Students _____ .

★정답 및 해설은 434쪽에

47

전치사 + 관계대명사

관계대명사 앞에 전치사가 올 때

강의 및 예문듣기

🔊 47.mp3　▶ 동영상 15강

꼭 알아야 할
영문법의 기본 개념을
정리하세요.

① 관계대명사 앞에 전치사가 붙는 경우

관계대명사 앞에 for whom, of which처럼 전치사가 붙은 거 보신 적 있죠?
이 전치사가 요주의 대상입니다. 전치사가 붙으면 아래와 같이 여러 가지 문장
이 가능하거든요.

This is **the school**. I spent three years of my life **in the school**.

이곳은 학교야. 나는 이 학교에서 내 인생의 3년을 보냈어.

This is the school **(which)** I spent three years of my life **in**.

이곳은 내 인생에서 3년이란 시간을 보냈던 학교야.

This is the school **in which** I spent three years of my life.

두 번째 문장은 전치사 in의 목적어인 the school이 관계대명사 which가 되
어 앞으로 나갔습니다. 이 경우 which는 목적격 관계대명사이므로 생략할 수
있죠. 하지만 세 번째 문장처럼 전치사까지 관계대명사와 함께 앞으로 내보낼
때가 많아요. 영어에선 두 번째 문장처럼 전치사(in)로 끝나면 썰렁하니 보기
안 좋다고 생각하거든요. 이렇게 전치사와 목적격 관계대명사가 함께 앞으로
나간 경우에는 목적격이라고 해도 관계대명사를 생략하지 않습니다.

This is the bed **on which** I sleep.　　이건 내가 자는 침대야. ⋯ on the bed ⋯ on which

He left the village **in which** he had lived most of his life.

그는 거의 평생을 살아 온 마을을 떠났다. ⋯ in the village ⋯ in which

〈전치사 + 관계대명사〉를 쓸 땐 두 가지만 주의하세요. 첫째, 일단 전치사를
앞에 내보내면 관계대명사는 생략하지 못합니다. 생략해 버리면 뜬금없이 전
치사 하나가 툭 튀어나온 것처럼 보이니까요.

This is the school *in* I spent three years of my life. (×)

This is the bed *on* I sleep. (×)

둘째, that 앞에는 전치사를 쓰지 못합니다. that은 '바로 저것'이라며 선행사를 곧바로 한정하는 말이기 때문에 전치사나 쉼표 같은 장애물이 사이에 끼어들면 안 되거든요.

This is the school *in that* I spent three years of my life. (×)

This is the bed *on that* I sleep. (×)

in which, on which처럼 쓰면 전치사를 보며 뒤의 관계사절 내용이 '아, in이니까 the school의 공간 안(in)에서 일어나는 일과 관련이 있겠구나', 'on이니까 the bed와 접촉한 면(on)과 관련된 얘기가 나오겠구나'라는 힌트를 얻을 수 있습니다.

He mentioned the topic **about which** I planned to write.

그는 내가 쓰려고 계획하던 주제를 언급했다.
⋯▸ about which = about the topic: 그 주제에 관해서 일어나는 일이라는 힌트

Tell me about the project **on which** they've been working.

그들이 하고 있는 프로젝트에 대해 얘기해 줘.
⋯▸ on which = on the project: 그 프로젝트에 대해 일어나는 일이라는 힌트

The speed **at which** the virus spreads seems to be slow.

바이러스가 퍼지는 속도는 느린 듯하다.
⋯▸ at which = at the speed: 그 속도를 가지고(= 그 속도로) 일어나는 일이라는 힌트 (속도는 대개 at 60km/h처럼 표시)

이렇게 〈전치사 + 관계대명사〉가 들어간 문장을 쉽게 이해하려면 평소 work on something, be familiar with something 등 전치사가 들어간 다양한 표현을 많이 알아야 합니다. 문법처럼 범위가 정해져 있는 게 아니니 차근차근 익혀 나가세요.

The man was speaking in a language **with which** I was not familiar.

그 남자는 내가 잘 모르는 언어로 말하고 있었다. ⋯▸ be familiar with: ~에 익숙하다

The events **on which** the novel is based took place during the Japanese colonial period. 그 소설의 토대가 된 사건들은 일제 강점기에 일어났다. ⋯▸ be based on: ~를 기반으로 하다

• colonial 식민(지)의

관계대명사에 전치사까지 들어가면서 문장이 복잡해지면 마음만 조급해지고 집중력이 흐트러져 해석이 잘 안 되죠. 그럴 땐 다음과 같이 의미를 갖춘 덩어리 단위로 끊어서 보세요. 문장이 한결 쉽게 눈에 들어옵니다. 가장 먼저 찾아야 할 건 문장의 뼈대인 주어와 동사예요. 그리고 나서 목적어나 보어 순으로 찾습니다.

The human cloning project on which some scientists have been working for several years raises many concerns and questions.

→ **The human cloning project** [on which some scientists have been working / for several years] **raises** many concerns and questions.

인간 복제 프로젝트는(주어) [일부 과학자들이 그에 대해 연구해 왔다 / 수년간 (여기까지가 주어를 꾸며 주는 관계사절)] **많은 우려와 의문을**(목적어) **제기한다**(동사, 주어가 3인칭 단수라 raises)

· cloning 복제 · raise (문제 등을) 제기하다

🕐 도전! 1분 영작 001

① 이곳은 우리가 묵었던 호텔이다. ✏️

② 그건 내가 잘 모르는(익숙하지 않은) 브랜드네. ✏️

② 전치사 앞에 most, some 등이 붙는 경우

이번엔 한술 더 떠서 most of whom, some of which처럼 of 앞에 다른 말까지 나오는 경우를 살펴보겠습니다. 이런 말이 나오면 관계대명사는 앞뒤를 연결하는 일종의 접속사로, most, some 같은 말은 주어로 생각하고 순서대로 읽어 나가면 돼요. most나 some 앞에는 주절과 헷갈리지 않도록 쉼표를 찍습니다.

The company has a lot of foreigners. Most of them are from Pakistan.

그 회사에는 외국인이 많다. 그들 중 대부분이 파키스탄 사람이다.

→ The company has a lot of foreigners, **most of whom** are from Pakistan.

그 회사에는 외국인이 많은데 대부분이 파키스탄 사람이다. ⋯→ most of whom이 통째로 관계사절의 주어 역할

The department consists of **several teams**. **Each of them** has 4 to 5 members.

그 부서는 여러 팀으로 구성돼 있다. 각 팀은 4∼5명씩이다.

→ The department consists of several teams, **each of which** has 4 to 5 members.

그 부서는 여러 팀으로 구성돼 있는데 각 팀은 4∼5명씩이다.
⋯ each of which가 통째로 주어 역할. each는 단수 취급이라 has

There were **many people** in the bar. I knew **some of them** from work.

술집에 사람들이 많았다. 나는 그들 중 몇몇을 업무상 알고 있었다.

→ There were many people in the bar, **some of whom** I knew from work.

술집에 사람들이 많았는데 그들 중 몇몇은 내가 업무상 아는 사람들이었다.
⋯ some of whom이 통째로 knew의 목적어 역할

I went to see **a movie**. I forgot **the title of it**.

나는 영화를 보러 갔다. 나는 영화 제목이 생각나지 않았다.

→ I went to see a movie, **the title of which** I forgot.

나는 영화를 보러 갔는데 제목이 생각나지 않았다. ⋯ the title of which가 통째로 forgot의 목적어 역할

⏱ 도전! 1분 영작 002

① 그는 친구가 많은데 대부분이 결혼했다. (a lot of)

🖉 _____

② 내 친구가 나한테 책을 줬는데 제목을 까먹었어.

🖉 _____

STEP 1 빈칸에 어울리는 말을 고르세요.

❶ The speed of light is the speed _____ light travels in a vacuum.

ⓐ for   ⓑ of   ⓒ from which   ⓓ at which

❷ The Internet has changed the way _____ which public opinions are formed.

ⓐ at   ⓑ in   ⓒ of   ⓓ from

❸ There is a problem _____ which I'm responsible.

ⓐ in   ⓑ for   ⓒ from   ⓓ with

STEP 2 빈칸에 알맞은 말을 넣어 주어진 두 문장을 한 문장으로 만들어 보세요.

❹ In Terminator 2, there is a scene. Arnold Schwarzenegger appears naked in it.

⋯▸ In Terminator 2, there is a scene _____ Arnold Schwarzenegger appears naked.

❺ Here is the answer. You've been looking for it.

⋯▸ Here is the answer _____ _____ you've been looking.

❻ He read a book. The title of the book was The Da Vinci Code.

⋯▸ He read a book, _____ _____ was The Da Vinci Code.

❼ I have a lot of friends. Some of them are married with children.

⋯▸ I have a lot of friends, _____ _____ are married with children.

❽ She wrote many books. Most of them are about psychology.

⋯▸ She wrote many books, _____ _____ are about psychology.

★정답 및 해설은 435쪽에

48 관계대명사의 제한적 용법과 계속적 용법

which를 써야 하나,
that을 써야 하나

강의 및 예문듣기

🎧 48.mp3 ▶ 동영상 16강

❶ 제한적 용법 vs. 계속적 용법

관계사절은 절이 형용사 역할을 하는 거라고 했죠? 따라서 형용사가 어떻게 쓰이는지 살펴보면 관계대명사 쓰는 요령을 더 잘 알 수 있습니다. 우선, 형용사는 아래 예문과 같이 크게 두 가지로 쓸 수 있어요.

❶ She is a beautiful and intelligent girl.   그녀는 예쁘고 지적인 여자야.

❷ The girl is beautiful and intelligent.   그 여자는 예쁘고 지적이야.

❶은 형용사가 명사를 한정/제한한 경우로, 명사 girl을 beautiful과 intelligent라는 두 가지 특징으로 제한하고 있습니다. 한편, ❷는 형용사가 명사를 서술한 경우로, girl의 특징으로 어떤 게 더 있을지는 알 수 없죠. the girl이 어떤 사람인지 설명할 말을 원하면 The girl is beautiful, intelligent, funny ...처럼 계속 이어나갈 수 있어요.

이런 형용사의 특징이 관계사절에서도 그대로 나타납니다.

❶ He had a daughter who became a lawyer.   그는 변호사가 된 딸이 한 명 있어.

❷ He had a daughter, who became a lawyer.   그는 딸이 한 명 있는데 그 딸이 변호사가 됐어.

❶에서는 a daughter를 '변호사가 된 딸 한 명'이란 뜻으로 제한하고 있어요. 즉 딸이 몇 명인지는 모르지만 어쨌든 변호사가 된 딸 한 명은 있다는 의미가 되는 거죠. 한편, ❷처럼 쉼표를 찍으면 딸이 한 명인데, 그 딸이 변호사가 됐다는 뜻이 됩니다.

여기서 이 쉼표가 중요한데요. 쉼표란 쉬어가라는 표시죠. '딸이 한 명이었다네, 그런데 걔가 변호사가 됐다네~'처럼 계속 이야기를 전개해 나갈 거라 일단 숨이나 한번 쉬고 가자고 찍는 겁니다. 따라서 쉼표가 있으면 뒤의 관계사절은 앞 내용과 관련된 새로운 문장이라는 생각으로 읽어 나가세요. 반대로 쉼표가 없으면 선행사를 관계사절의 의미로만 한정하는 거니까 뒤에 어떤 내용이 나올지 약간은 더 긴장해야겠죠.

⏱ **도전! 1분 영작 001**

① 그녀는 언니가 한 명인데 호주에 산다. ✎

② 그에게는 미국에 사는 사촌 한 명이 있어. (cousin)
✎

② 관계사절이 꼭 있어야만 의미가 제대로 통할 땐 that을 쓴다

제한적 용법과 계속적 용법의 구분이 중요해지는 건 이제부터예요. 그 동안은 which와 that을 구별 없이 썼죠? 하지만 의미에 따라 which만 쓰거나 that만 써야 하는 경우가 있어요. 이 두 가지 용법을 구분해야 which와 that 중 어느 걸 쓸지가 결정됩니다.

which는 관계사절이 빠져도 선행사의 의미를 설명하는 데 지장이 없을 때, that은 관계사절이 빠지면 선행사의 의미를 설명하는 데 문제가 생길 때 쓰는데요. 아래 예문으로 한번 비교해 보죠.

❶ I saw a movie, **which** was about World War II.

❷ I saw the movie **that** you told me to see.

❶번은 which 이하 없이 I saw a movie.만으로도 문장을 이해하는 데 충분하지만, ❷의 경우 that 이하가 없으면 '나 그 영화 봤어'에서 the movie가 뭔지 의미가 통하지 않기 때문에 that 이하가 필요합니다.

여기서 유의할 점은 that 앞에는 쉼표를 찍지 못한다는 거예요. that은 '바로 저것'이라며 콕 집어 가리키는 말이라 자신이 가리키는 선행사 옆에 찰싹 붙어 있고 싶어 하거든요. 반면, which는 that만큼 끈끈한 관계는 아니어서 앞에 쉼표가 끼어들 수 있습니다. 선행사와 관련된 새로운 스토리 전개로 생각하면 쉼표를 찍는 거고, 간단히 한정하고 끝내려면 안 찍는 거죠. 문법 용어로 말하면, which는 제한적 용법과 계속적 용법 모두에 쓸 수 있지만, that은 제한적 용법에만 씁니다.

이 원리만 잘 이해하고 있으면 which와 that 중 that을 써야 하는 경우를 어렵지 않게 구분할 수 있어요. 예컨대 선행사에 the best 같은 최상급이나 the same 등이 오면 that을 씁니다. 이 말들의 공통점은 '어디에서' 최고인지, '무엇'과 똑같다는 건지 한정해 주는 말이 있어야 의미가 제대로 통한다는 점이죠. 즉 관계사절 부분이 추가 설명이 아니라 꼭 필요한 내용이므로 that을 씁니다. 단, that이 가리키는 게 사람일 땐 주격이면 who, 목적격이면 whom을 쓸 수도 있는데, 구어체에선 목적격에 whom 대신 that을 써요. 또 목적격이면 생략할 때가 많죠.

He's the best candidate who[that] can represent our country.

그는 우리나라를 대표할 수 있는 가장 뛰어난 후보다.

You're the best driver (whom[that]) I've ever seen.　　넌 내가 본 사람 중 운전을 제일 잘해.

I know someone who had exactly the same symptoms (that) you have.

나 너랑 똑같은 증상 있었던 사람 알아.

아래 예문들을 보면서 왜 that이 들어갔는지 생각해 보세요.

Everything (that) he said was true.　　　　　　그가 말한 건 모두 사실이었어.
⋯ 세상 모든 게 아니라 '그가 말한' 모든 거니까 빠지면 안 돼서 that

It's the best/worst movie (that) I've ever seen.

그건 여지껏 내가 본 영화 중 최고의/최악의 영화야. ⋯ '내가 본 것 중에서 최고/최악'이라는 기준이 중요해서 that

Obama is the first black man that[who] became President of the United States of America.　　　　　　오바마는 미 합중국 대통령이 된 최초의 흑인이다.
⋯ 어떤 면에서 최초인지 중요해서 that[who]

This is basically the same idea (that) I said in my last email to you.

이건 기본적으로 내가 지난번 너한테 보낸 이메일에서 말한 거랑 같은 생각이야. ⋯ 뭐랑 똑같은지 설명이 필요하니까 that

All (that) you have to do is (to) download the files.　　넌 파일들만 다운 받으면 돼.
⋯ 그냥 all만으로는 막연하니까 구체적인 설명이 필요해서 that

Only the companies **that** understand the importance of customer satisfaction will survive.

고객 만족의 중요성을 이해하는 회사만이 살아남을 것이다.
⋯→ 어떤 회사들만 해당되는지 설명이 필요하니까 that

There's **no** one **that** can match our skills.

우리 기술을 따라올 자는 없어.
⋯→ 세상에 아무도 없는 게 아니라 '우리 기술을 따라올' 사람이 없는 거니까 that

You're doing **the very** thing **(that)** you loathe!

넌 네가 혐오하던 바로 그 짓을 하고 있어!
⋯→ 여기서 very는 '바로 그 ~'로 명사를 꾸미는 형용사. '바로 그 짓'이라고 강조하려면 그게 뭔지 설명이 필요하니까 that

• loathe 혐오하다

⏱ 도전! 1분 영작 002

① 내가 본 모든 것은 실제였다. (real) ✎

② 넌 이 버튼을 클릭하기만 하면 돼.

✎

---

❸ 관계대명사가 앞 절 전체를 가리킬 땐 〈쉼표(,) + which〉를 쓴다

관계대명사가 앞 절 전체를 가리킬 때도 있어요. 그럴 땐 앞에 쉼표를 찍고 which를 씁니다. that이나 who에는 없는 용법이죠.

He's seeing someone, **which** explains why he looks so happy these days.

걔 만나는 사람 있어. 그게 왜 걔가 요즘 그렇게 기분이 좋아 보이는지 설명해 주지.
⋯→ which가 He's seeing someone이란 사실을 가리킴.

그럼, which가 선행사를 가리키는지, 앞 절 내용 전체를 가리키는지는 어떻게 구분하냐고요? 특별한 방법은 없습니다. 그냥 문맥을 보면서 상식적으로 판단해 볼 때 가장 자연스러운 쪽으로 해석하면 됩니다.

Grandpa ordered <u>a pizza</u>, **which** arrived 30 minutes later.

할아버지가 피자를 주문하셨는데 그 피자는 30분 후에 도착했어.

<u>Grandpa ordered a pizza</u>, **which** was a surprise to us.

할아버지가 피자를 주문하셨는데 그 사실이 우리에겐 놀라운 일이었어.

| 정답 |

도전! 1분 영작 002

① Everything (that) I saw was real.

② All (that) you have to do is (to) click this button.

298

He will give a <u>presentation</u> **which** explains the objectives of the new project. 그는 새 프로젝트의 목적을 설명하는 프레젠테이션을 할 거야.

<u>He will give a presentation</u>, **which** explains why he had to stay up late last night. 그는 프레젠테이션을 할 거야. 그게 왜 그가 어젯밤 늦게까지 자지 못했는지 설명해 주지.

· objective 목적, 목표 · stay up 자지 않고 있다

⏱ 도전! 1분 영작 003

① 난 스테이크를 주문했는데 맛있었어. ✐ _____

② 그 사람(남자)이 담배를 끊었어, 모두 놀랄 일이지. (a surprise)
✐ _____

STEP 1 괄호 안의 표현 중 맞는 것을 고르세요.

① It was the most exciting experiences (that / which) I've ever had.

② They have reached the same conclusion about the suspect (that / which / who) we have.

③ He's a hopeless romantic, (which / who) explains why he's still single.

④ I don't like foods (that / which) are too sweet, greasy or fried.

⑤ All I had to do was give him back the ticket, (that / which) I couldn't find.

STEP 2 굵게 표시한 관계대명사가 어떤 말을 가리키는지 밑줄을 그어 보세요.

⑥ She attended the meeting, **which** lasted only 10 minutes.

⑦ The vet told the kids that some foods **which** are safe for humans can be poisonous for dogs.

⑧ The store was closed for a holiday, **which** means I have to make another trip next week.

★정답 및 해설은 435쪽에

49

시간, 장소, 방법, 이유를 나타내며 명사를 꾸미는 절

강의 및 예문듣기

🔊 49.mp3 ▶ 동영상 16강

꼭 알아야 할
영문법의 기본 개념을
정리하세요.

❶ 관계부사 = 전치사 + 관계대명사

관계부사는 관계대명사처럼 명사에 형용사절을 이어 붙일 때 쓰는 말입니다. 차이가 있다면 관계대명사는 관계사절 안에서 주어나 목적어, 소유격 같은 대명사로 쓰이는 데 비해 관계부사는 부사 역할을 한다는 점이에요. 부사란 동사의 움직임이 언제(when), 어디서(where), 어떻게(how), 왜(why) 일어나는지 꾸며 주는 말이죠?

이 when, where, how, why가 관계부사로 쓰입니다. 아래 예문을 보세요.

❶ This is the school in which I spent three years of my life.

❷ This is the school where I spent three years of my life.

이곳은 내 인생에서 3년이란 시간을 보냈던 학교야.

❶에서 in which의 in은 in the school을 뜻합니다. 즉 관계사절에 학교라는 공간에서(in) 일어난 이야기가 나온다는 힌트가 되는 거죠. 그런데 ❷에서는 아예 노골적으로 '장소'란 의미를 가진 관계부사 where를 썼습니다. 즉 관계부사는 〈전치사 + 관계대명사〉로 풀어 쓸 수 있어요.

The police searched the house where the suspect was hiding.

→ The police searched the house in which the suspect was hiding.

경찰은 용의자가 숨어 있는 집을 수색했다.

· suspect 용의자

관계부사 when, where, how, why 중 어떤 걸 쓸지는 선행사의 의미에 따라 결정됩니다.

301

I remember the day in which I met you.
〈널 만났던 날이 기억나.〉

→ I remember the day when I met you.
··→ 시간

I remember the cafe in which I met you.
〈널 만났던 카페가 기억나.〉

→ I remember the cafe where I met you.
··→ 장소

I remember the reason for which I met you.
〈널 만났던 이유가 기억나.〉

→ I remember the reason why I met you.
··→ 이유

I remember the way in which I met you.
〈널 어떻게 만났는지 기억나.〉

→ I remember *the way how* I met you. (×)   ··→ 방법. how만은 the way how로 쓰지 않음

→ I remember the way (that) I met you.
··→ that은 생략 가능

→ I remember how I met you.

⏱ **도전! 1분 영작 001**

❶ 너 나한테 사랑한다고 말했던 날 기억해? 🖉 ....

❷ 난 그의 걸음걸이가 맘에 든다. 🖉 ....

❷ 선행사와 관계부사 중 하나를 생략할 수 있다

the place where, the time when, the reason why, the way that처럼 선행사의 의미가 너무 뻔해서 빠져도 이해하는 데 지장이 없을 땐 선행사나 관계부사 둘 중 하나를 생략할 수 있습니다.

Do you remember the place where you parked?
〈어디에 주차했는지 기억나?〉

→ Do you remember the place you parked?
··→ 관계부사 where 생략

→ Do you remember where you parked?
··→ 선행사 the place 생략

I remember the time I was in kindergarten.
〈유치원 다닐 때가 기억나.〉

I remember when I was in kindergarten.

I can't see **the reason** he has so many fans.

그가 왜 그리 팬이 많은지 이유를 모르겠어.

I can't see **why** he has so many fans.

The Internet has changed **the way (that)** we communicate.

인터넷은 우리가 의사소통하는 방식을 바꿔 놨다.

The Internet has changed **how** we communicate.

단, 아래처럼 〈선행사 + 전치사 + 관계대명사〉일 때 선행사를 생략할 수 없으니 주의하세요.

I can't see **the reason for which** he has so many fans.

The Internet has changed **the way in which** we communicate.

Why don't you take it back to **the store in which** you bought it?

그걸 샀던 가게에 다시 가져가지 그러니?

🕐 도전! 1분 영작 002

① 그거 어디서 샀는지 기억나?　　🖊 _____

② 왜 화가 나 있는지 이유를 말해 봐.　　🖊 _____

잠깐만요!

관계대명사 앞에 쉼표가 있으면 스토리가 계속 이어지는 느낌을 준다고 했죠? 관계부사도 마찬가지입니다. 쉼표가 없으면 선행사를 한정하는 의미가 되고, 쉼표를 찍으면 새로운 스토리가 시작되는 느낌을 주죠. 하지만 대부분 의미상 큰 차이가 없기 때문에 독해할 땐 두 경우 모두 그냥 앞에서부터 순서대로 해석해 나가도 괜찮습니다.

He immigrated to Canada **where** he studied business administration.
그는 캐나다로 이민을 갔어. 그가 경영학 공부를 했던 곳이지.

He immigrated to Canada, **where** he studied business administration.
그는 캐나다로 이민 갔는데 거기서 경영학을 공부했지.

| 정답 |
도전! 1분 영작 002

① Do you remember (the place) where you bought it?

② Tell me (the reason) why you are angry.

STEP 1 괄호 안의 표현 중 맞는 것을 고르세요.

❶ I don't like the way (how / which / 없음) he dresses.

❷ I know a lot of people here. That's (how / why / when) I like this place.

❸ That was (in which / when / that) I realized something went wrong.

STEP 2 각 문장을 알맞은 관계부사가 들어간 문장으로 바꿔 보세요.

❹ Do you remember the place in which you had your first kiss?

⋯▸

❺ The way in which the employees are treated is exactly the way in which they will treat the customers.

⋯▸

❻ Can you guess the year in which I was born?

⋯▸

STEP 3 밑줄 친 부분 중 어색한 것을 찾아 알맞게 고치세요.

❼ Moses **was born** at a time **where** the Egyptians had ordered that all Hebrew newborn boys **be drowned**.

❽ According to a research **carrying** out by sociologists, there is a direct connection between race and gender and **the way** politicians speak.

★정답 및 해설은 435쪽에

50 의문사와 관계사

의문사의 기본 의미를 느껴 봐!

강의 및 예문듣기

🎧 50.mp3 ▶ 동영상 16강

❶ 의문사가 이끄는 절은 명사, 부사, 형용사 역할을 할 수 있다

똑같이 생긴 애들인데 어떤 때는 의문사라고 부르고 어떤 때는 관계사라고 하니 헷갈리기 시작하죠? 하지만 둘을 억지로 구별할 필요는 없어요. 의문사의 기본 의미인 '?(누구?. 언제?, …)'를 느낄 수 있으면 됩니다. 다음 예문들을 보며 '?'의 느낌을 파악하는 연습을 해보세요.

Who you are doesn't matter to me.

> 네가 누구인지?는 중요하지 않아. ⋯ who절이 명사 역할 (주어)

I need to know **what** color she likes and **which** hairstyle she prefers.

> 난 그녀가 무슨 색을 좋아하는지? 어떤 헤어스타일을 선호하는지? 알아야겠어.
> ⋯ what, which절이 명사 역할 (know의 목적어)

My questions are **when** he can start working, **where** he lives now, **how** he likes his job, and **why** he wants to work here.

> 내 질문은 그가 언제 일을 시작할 수 있는지? 지금 어디에 사는지? 일은 맘에 드는지? 왜 여기서 일하고 싶은지? 등이다.
> ⋯ when, where, how, why절이 명사 역할 (My questions를 설명하는 보어)

Give me a call **when** you arrive tomorrow.   전화해, 언제? 내일 도착하면.

> ⋯ when절이 '언제' 전화하는지 알려 주는 부사 역할 (시간의 부사절)

This is the cafe **where** we met for the first time.

> 여기가 그 카페야, 어디? 우리가 처음으로 만났던. ⋯ where절이 어떤 카페인지 알려 주는 형용사 역할 (관계사절)

Please specify the date **when** you were born and the reason **why** you want to join.   태어난 날짜와 가입하려는 이유를 구체적으로 밝혀 주세요.

> ⋯ when, why절이 각각 어떤 날짜, 무슨 이유인지 알려 주는 형용사 역할 (관계사절)

① 그가 어디서 일하는지는 중요하지 않아. 🖉

② 난 네가 왜 그만두고 싶어 하는지 알아야겠어.

🖉

② what = 선행사 + 관계대명사

what을 '무엇?' 하고 묻는 의미로 해석하면 잘 안 통하는 것처럼 느껴지는 경우가 있습니다. 바로 〈선행사 + 관계대명사〉로 쓰일 때인데요. 이때 what은 the thing that (~인 것)이라고 생각하세요.

I drank **what** was left in the bottle.　　　　나는 마셨다. 병에 남아 있던 것을.

= I drank the thing that was left in the bottle.

I asked **what** was left in the bottle.　　　　나는 물었다. 무엇이 병에 남아 있는지.

≠ I asked the thing that was left in the bottle.

what으로 시작되는 절이 주어면 동사를 잘 찾으세요.

What is good for your health **is** usually good for your skin.

건강에 좋은 건 대체로 피부에도 좋다. ⋯▸ 주어는 What is good for your health, 동사는 두 번째 is

= The thing that is good for your health is usually good for your skin.

What I don't understand **is** why he changed his mind at the last minute.

내가 이해되지 않는 건 그가 왜 막판에 마음을 바꿨느냐는 것이다. ⋯▸ 주어는 What I don't understand, 동사는 is

⏱ **도전! 1분 영작 002**

① 내가 알고 싶은 건 그 애가 어떻게 그 문제를 풀었느냐는 거야.

🖉

② 그 여자애를 행복하게 하는 건 그 애의 가족과 친구들이야.

🖉

| 정답 |

도전! 1분 영작 001

① Where he works doesn't matter.

② I need to know why you want to quit.

도전! 1분 영작 002

① What I want to know is how he solved the problem.

② What makes her happy is her family and friends.

③ 복합관계사 = 관계사 + ever

whoever, whatever …처럼 〈관계사 + ever〉로 복합적인 형태를 가진 관계사를 '복합관계사'라고 부릅니다. 용어는 몰라도 상관없어요. 〈의문사 고유의 의미 + ~든지〉로 해석할 수 있으면 됩니다. 단, whyever란 말은 쓰지 않아요. 아래 예문들을 보면서 해석하는 연습을 해보세요.

Don't give out any information to **whoever** calls from this number.

누구든 이 번호로 전화를 걸어오면 아무 정보도 주지 마.

⋯→ whoever는 calls의 주어, whoever절은 to의 목적어 (명사 역할)

You can give this to **whomever** you like.

네가 좋아하는 사람이면 누구든 이거 줘도 돼.

⋯→ whomever는 like의 목적어, whomever절은 to의 목적어 (명사 역할)

You can pick **whichever** you want.

어느 쪽이든 네가 원하는 걸 고르면 돼.

⋯→ whichever는 want의 목적어, whichever절은 pick의 목적어 (명사 역할)

Let me know **whatever** I can do to help you.

널 돕기 위해 내가 할 수 있는 거라면 뭐든지 알려줘.

⋯→ whatever는 do의 목적어, whatever절은 know의 목적어 (명사 역할)

We will stand by him **whatever** happens.

우리는 무슨 일이 있어도 그의 편이다.

⋯→ whatever는 happens의 주어, whatever절은 어떤 식으로 stand by him하는지 꾸미는 부사 역할

Call me **whenever/wherever** you need help.

언제든/어디서든 도움이 필요하면 전화해.

⋯→ whenever/wherever는 need를 꾸미는 부사, whenever/wherever절은 call을 꾸미는 부사 역할

You should report any incident, **however** minor it is.

어떤 사건이든 보고해야 돼. 그게 아무리 사소한 것이든 말이야.

⋯→ however는 형용사 minor를 꾸미는 부사, however절은 부사 역할

• stand by 지지하다, 편들다

부사 역할을 할 땐 〈no matter + 의문사〉로 바꿔 쓸 수도 있습니다.

We will stand by him **no matter what** happens.

You should report any incident **no matter how** minor it is.

⏱ 도전! 1분 영작 003

❶ 질문 있을 땐 언제든 전화해. ✏ ....

❷ 무슨 일이 있어도 포기하지 마. ✏ ....

STEP 1 괄호 안의 표현 중 맞는 것을 고르세요.

❶ He asked me (what / how / when) time it is.

❷ The time (how / when / where) music could change the world has passed.

❸ (Whatever / Whenever) you say may be used against you.

❹ You can't marry her (how / no matter how / when) rich you are.

❺ The meeting has been cancelled (the way / how / because) some members couldn't attend.

STEP 2 빈칸에 알맞은 의문사를 넣으세요.

❻ No matter _____ hard he tried, he couldn't get her off his mind.

❼ That's _____ friends are for.

STEP 3 잘못된 부분을 찾아 알맞게 고치세요.

❽ That we usually fail to notice is that news coverage of terrorism is often subjective.

❾ I trust you no matter how happens.

★정답 및 해설은 436쪽에

[중간점검] 아홉째 마디:
형용사와 관계사

Unit 44~50에서 배운 문법을 제대로 이해하고
활용할 수 있는지 확인해 보세요.

STEP 1 다음 글을 읽고 질문에 답하세요.

He was a Jewish man who lived a long time ago in the region of Palestine, which is now Israel. He spent his whole life teaching and preaching until his brutal death. Some say that what makes him different from other great spiritual leaders is that he is the only one who died and rose again.

❶ 이 글에 언급된 "He"는 누구일까요?

ⓐ Mohammed   ⓑ Jesus   ⓒ Allah

STEP 2 다음 대화문을 읽고 질문에 답하세요.

The word stress can be used to mean two different things. Sometimes it means a stressor, which is something that people perceive as a threat and attempt to cope with. It includes situations where you feel uncertainty or a lack of control. At other times it means the reactions which occur in response to the stress such as thoughts, feelings, and behaviors. Therefore, stress can be seen as an interaction between a person's coping skills and what his/her environment demands.

❷ 글과 일치하는 내용을 고르세요.

ⓐ Stress comes when you are in control of your feelings.

ⓑ Thoughts, feelings and behaviors are a type of stress.

ⓒ Stress is related to situations in which external demands are perceived by an individual.

❸ 밑줄 친 "cope with" 대신 사용할 수 있는 가장 적당한 표현을 고르세요.

ⓐ get their mind off   ⓑ deal with   ⓒ get rid of

우리말에 어울리도록 빈칸을 채워 문장을 완성해 보세요.

④ 걔 자기 남자친구랑 같이 왔는데 그 사람 이름이 생각 안 나네.

✎ She came with her boyfriend .... I forgot.

⑤ 걘 자기가 말하는 건 모두 사실이라고 내게 말했어.

✎ She told me everything .... was true.

⑥ 난 그가 말하는 건 뭐든 안 믿을 거야.

✎ I'm not going to believe ....

우리말에 어울리도록 괄호 안에 주어진 표현을 이용해 대화문을 완성해 보세요.

❼ A Are you aware of your rights?

B 응, 내 권리가 뭔지 알아. (know)

🎤 Yes, ...

❽ A How was her presentation?

B 내가 본 것 중 최고였어. (it, best)

🎤 ....

❾ A We're having a party tonight.

B What's the occasion?

A 케빈을 위한 송별회야. 다음주에 캐나다로 떠나거든. (farewell party, leave for)

🎤 ....

❿ A What's your goal?

B 우리 목표는 모두가 존중받는 환경을 만드는 겁니다. (environment, respect, create)

🎤 ....

★정답 및 해설은 436쪽에

열째 마디

●

접속사

문장에
논리를 더하다

51

하지만 뭐?

강의 및 예문듣기

🎧 51.mp3   ▶ 동영상 17강

1단계

핵심문법 익히기

꼭 알아야 할
영문법의 기본 개념을
정리하세요.

❶ 반전의 접속사 but, (al)though, while

but과 though는 '그러나/하지만'으로 내용의 흐름을 반전시키는 접속사입니다. 단, 우리말로는 둘 다 '~지만'으로 해석되지만 둘 사이엔 분명한 뉘앙스의 차이가 있어요. 그걸 알아야 내용의 흐름을 정확히 파악할 수 있고, 독해할 때 요지나 결론도 쉽게 찾을 수 있습니다.

그 차이란, A but B에선 A, B 둘 다 중요한 의미가 되지만, Though A, B(또는 B though A)는 '비록 A이긴 하지만 중요한 건 B'라며 주절인 B를 부각시키고 싶을 때 쓴다는 겁니다. though절이 B한테 중요한 역할을 양보하면서 B를 위한 들러리가 된 셈이죠. 그래서 이런 걸 문법 용어로 '양보'라고 부릅니다.

I don't want to do this, **but** I have no choice.

이러기 싫진 않지만 선택의 여지가 없다. ···▶ 양쪽 다 중요

Though she was smiling, she was not happy.

그녀는 미소 짓고 있긴 했지만 기쁜 건 아니었다. ···▶ she was not happy가 더 중요

• **have no choice** 선택의 여지가 없다

이 둘은 문장 내 위치도 다릅니다. 다음을 비교해 보세요.

She had a lot of interest in history, **but** chose medicine as her major.

그 애는 역사에 관심이 많았으나 의학을 전공으로 택했다. ···▶ but으로 두 절을 연결할 땐 뒤쪽 절에 씀

But she had a lot of interest in history, she chose medicine as her major. (×)

She had a lot of interest in history. *But* she chose medicine as her major. (△)

···▶ 가능하지만 접속사이기 때문에 원래는 두 절을 연결할 때 사용하는 게 원칙

• **have an interest in** ~에 관심이 있다

Though we don't know each other yet, I hope we will become good friends.

우린 아직 서로를 잘 모르지만 좋은 친구가 됐으면 좋겠다.

I hope we will become good friends **though** we don't know each other yet.

We don't know each other yet. *Though* I hope we will become good friends. (×)

→ But은 절이 하나인 문장(단문)에 쓰기도 하지만 though는 불가능

while은 though처럼 '~이긴 하지만'(양보)이란 뜻으로 쓰지만, '~하는 동안'(시간), '~인 데 비해/~하는 반면'(비교/대조)이란 뜻으로도 쓰기 때문에 문맥을 보고 자연스러운 쪽으로 해석합니다.

While they don't have any evidence, they suspect he is the killer.

증거는 없지만 그들은 그가 살해범이라고 의심하고 있다.

While he was sleeping, I fixed dinner. 그 사람이 자고 있는 동안, 나는 저녁식사를 준비했다.

While she likes jazz, I prefer rock music. 그 여자는 재즈를 좋아하는 반면, 나는 록 음악을 선호한다.

• fix dinner 저녁식사를 준비하다

🕐 도전! 1분 영작 001

① 그 남자는 비록 울고 있긴 했지만 슬픈 게 아니었다.

✎ ⁣

② 그 여자는 떠나고 싶지 않았지만 선택의 여지가 없었다.

✎ ⁣

② 반전의 부사 however, still, nevertheless

의미로는 접속사지만 문법적으로 엄밀히 따지자면 부사이기 때문에 원칙적으로 A but B처럼 두 절을 연결하지는 못합니다.

Most people separate garbage for recycling. Some people, **however**, just throw it away. 대부분의 사람들이 재활용을 위해 쓰레기를 분리 수거한다. 그러나 그냥 갖다 버리는 사람들도 있다.

→ Most people separate garbage for recycling. **However**, some people just throw it away.

→ *However* some people just throw it away, most people separate garbage for recycling. (×)

· separate 분리하다　· garbage 쓰레기　· throw away 버리다

We checked everything. **Still**, the machine didn't work.
우린 모든 걸 확인해 봤다. 그런데도 기계가 작동하지 않았다.

→ We checked everything, but **still** the machine didn't work.
⋯ 부사라 but과 같이 쓸 수 있음.

→ *Still* the machine didn't work, we checked everything. (×)

Their solution seemed very complicated. **Nevertheless**, we decided to give it a try.　그들이 내놓은 해결책은 매우 복잡해 보였다. 그럼에도 불구하고 우린 그걸 한번 시도해 보기로 했다.

→ *Nevertheless*, we decided to give it a try, their solution seemed very complicated. (×)

접속사는 아니지만 많이 쓰고 또 많이 틀리는 표현으로 despite이 있습니다. despite은 '~에도 불구하고(= in spite of)'란 뜻의 전치사라 뒤에 명사(구)만 올 수 있어요.

<u>Despite</u> my protest, they kept sending me spam.
내가 항의했는데도 불구하고 그들은 내게 계속 스팸 메일을 보냈다.

→ <u>Despite</u> the fact that I protested, they kept sending me spam.

→ *Despite I protested*, they kept sending me spam. (×)

 **이것도 알아 두세요!**

접속사 쓸 때 주의할 점

접속사는 and but처럼 한 번에 두 개를 같이 쓰지 못합니다. 논리가 충돌하니까요. 하지만 yet과 still은 '아직', '여전히'란 뜻 외에 '그런데도'라는 뜻의 부사로도 쓰이기 때문에 and yet, and still 처럼 쓰는 게 가능합니다. 접속사와 부사 구분이 중요한 건 아니니 개별 단어의 용법이라 생각하고 익히세요.

He didn't speak our language, **yet** he seemed to understand what we said.
그 남자는 우리말을 못했지만 우리가 한 말을 이해하는 듯했다.
→ He didn't speak our language. **Yet** he seemed to understand what we said.
→ He didn't speak our language, **and yet[still]** he seemed to understand what we said.
→ *Yet* he seemed to understand what we said, he didn't speak our language. (×)

❶ 난 모든 걸 확인해 봤다. 그런데도 프린터가 작동하지 않았다.

🖉 _____

❷ 그의 해결책은 너무 단순해 보였다. 그럼에도 불구하고 난 한번 해보기로 했다.

(simple, give it a try) 🖉 _____

| 정답 |

도전! 1분 영작 002

❶ I checked everything. Still, the printer didn't work. 또는 I checked everything, and yet [still] the printer didn't work.

❷ His solution seemed too simple. Nevertheless, I decided to give it a try.
▶ despite을 쓰려면 뒤에 명사(구)가 와야 하기 때문에 Despite the fact that his solution seemed too simple, I decided to give it a try.처럼 써야 함.

STEP 1 괄호 안의 표현 중 맞는 것을 고르세요.

① (But / Although) many men want their relationship to be the first, women want their relationship to be the last.

② (However / While) I like to travel abroad, I don't want to live abroad.

③ (Though / Despite) her absence, the trial continued.

④ He thinks he's a good catch, and (but / yet / though) he hasn't had a date in years.

⑤ It was almost impossible to win. (Still / Despite / While) I decided to give it a try.

⑥ (While / But) some people enjoy jazz, others prefer rock music.

STEP 2 우리말을 보고 주어진 단어들을 알맞은 순서로 배열해 문장을 만들어 보세요.

⑦ 그녀는 이해한다고 말하지만 난 걔가 진심이라고 생각하지 않는다.

🖉 _____

(she, but, she, says, understands, I, she, don't, think, really, it, means)

⑧ 그는 미국에 3년째 살고 있어. 그런데도 아직 영어를 한 마디도 못한대.

🖉 _____

(yet, lived, and, in America, has, can't, he, a word of English, for, 3 years, still, speak, he)

★정답 및 해설은 437쪽에

52 이유/원인의 접속사

무슨 이유로 왜?

강의 및 예문듣기

🎧 52.mp3 ▶ 동영상 17강

1단계

핵심문법 익히기

꼭 알아야 할
영문법의 기본 개념을
정리하세요.

❶ because: 왜냐하면

because는 이유나 원인을 설명할 때 가장 자주 쓰는 접속사죠. because가 붙는 절이 주절의 원인이나 이유가 됩니다. 회화에서 질문에 답할 땐 because절만으로 문장을 끝내기도 해요.

◆ because

A lot of people prefer paying with a credit card because it is more convenient.
많은 사람들이 신용카드 결제를 선호한다. 그게 더 편리하니까.

A Why do you want to work here?
왜 여기서 일하고 싶어 하지?

B Because I think I have the skills necessary to do the job well.
왜냐하면 그 일을 잘 하는 데 필요한 능력을 갖췄다고 생각하니까.

because of의 경우는 전치사로 끝났으니 반드시 뒤에 명사가 와야 합니다.

They went to bed early because of tiredness.
그들은 피곤해서 일찍 잠자리에 들었다.

◆ not ~ because

not B, because A	A 때문에 B가 아니다 (B가 아닌 이유 설명)
not B because A	A 때문에 B인 건 아니다 (A 말고 다른 이유가 있다)

Do you know why she didn't leave you? She didn't leave you, because she loves you.
너 왜 그녀가 안 떠났는지 알아? 널 사랑하기 때문에 안 떠난 거야.

She didn't leave you **because** she didn't love you. She left you because she couldn't see a future with you.

그녀가 널 사랑하지 않아서 떠난 게 아냐. 널 떠난 건 너랑 미래가 안 보여서라고.

He didn't join the army, **because** he got a back injury.

그는 허리를 다치는 바람에 입대하지 않았다.

He didn't join the army **because** he couldn't find a job.

그가 직장을 못 구했다는 이유로 입대한 건 아니었다.

하지만 가장 중요한 건 문맥입니다. 너무 쉼표에 얽매이지 말고 문맥으로 판단하세요.

I couldn't post the image **because** I wasn't connected to the Internet.

인터넷에 연결된 상태가 아니라서 그 이미지를 올릴 수 없었다.

♦ not과 just because

not A just because B	B란 이유만으로 A인 건 아니다 (A를 비롯해 다른 이유도 있다)
just because A doesn't mean B	단순히 A라고 해서 (무조건) B를 의미하는 건 아니다 (관용표현)

Don't trust him **just because** you once knew him.

예전에 알았던 사이란 이유만으로 그를 믿지는 마.

Just because you once knew him **doesn't mean** you can trust him.

단순히 예전에 알았던 사이라고 해서 그를 믿어도 된다는 뜻은 아니야.

🕐 도전! 1분 영작 001

① 난 신용카드 사용을 선호해, 그게 편리하니까.

✏️ ....

② 단순히 그녀가 널 안다고 해서 널 사랑하는 건 아니야.

✏️ ....

| 정답 |
도전! 1분 영작 001

① I prefer using credit cards because it's convenient.
  ▶ I prefer to use ~ 도 가능

② Just because she knows you doesn't mean she loves you.

② since, for: ~니까

since와 for는 쓰임새가 though와 but의 관계와 비슷하다고 보면 됩니다. 둘 다 접속사지만 since는 주절의 이유를 설명하는 종속절에 붙고, for는 대등한 두 절 사이를 연결할 때 쓰죠. because도 종속절에 붙지만, since는 because에 비해 상대방도 뻔히 알 수 있게 드러난 이유에 쓴다는 미묘한 차이가 있어요. since절이 문장 앞에 오면 주절 직전에 쉼표를 찍고, since절이 뒤에 올 경우엔 찍어도 되고 안 찍어도 됩니다.

◆ since

since는 상대방도 알 수 있는 이유라고 생각할 때 씁니다. 주절이 완료시제일 땐 '~ 이후로'란 뜻일 수도 있으니 문맥을 보고 판단하세요.

Since you asked, I'll try to explain why.
네가 물었으니 이유를 설명해 볼게.

I can't argue, **since** I'm not an expert.
내가 전문가가 아니니 왈가왈부할 순 없지.

He has worked at the same place **since** he was 23.
그는 23살 이후로 죽 같은 곳에서 일해 왔다.

Since you asked the question, I've been trying to find the answer.
네가 그 질문을 한 이후로 죽 답을 찾으려 노력해 왔어.

◆ for

for는 문어체에 사용하며, 위치는 but과 같습니다.

She never gave up hope, **for** she knew that freedom would come.
그녀는 자유가 올 것임을 알고 있었기에 희망을 포기하지 않았다.

For she knew that freedom would come, she never gave up hope. (×)

⏱ 도전! 1분 영작 002

❶ 네가 물었으니 답해 줄게. 🖉

❷ 그는 내가 옳다는 걸 알고 있었기에 아무 말도 안 했다.
🖉

❸ as, that

as와 that도 주절의 이유를 설명하는 절(종속절)에 붙이는데 의미가 여러 가지라 문맥을 잘 봐야 합니다.

◆ as

as는 이유뿐 아니라 여러 가지 뜻으로 쓰이니 문맥을 보고 판단합니다.

They had a hard time finding jobs **as** the economy slowed down.

경기가 둔화되자 그들은 일자리 찾는 데 어려움을 겪었다. ⋯→ ~니까(because)

She had a hard time holding back tears **as** she spoke.

그녀는 말하면서 눈물을 참느라 힘들었다. ⋯→ ~할 때(when), ~하는 동안(while)

As I said earlier, we had a hard time understanding their English.

앞서 말했듯이, 우린 그들의 영어를 이해하느라 고생했다. ⋯→ ~듯이, ~처럼

・hold back 억제하다

◆ that

that은 I'm happy that ~처럼 주어의 감정을 표현하는 형용사 뒤에서 이유를 설명하는 의미로 쓰입니다.

I'm glad **that** you enjoyed what I wrote.　　　　내가 쓴 글을 재미있게 봤다니 기분 좋구나.

He's relieved **that** he passed the test.　　　　시험에 붙었으니 걔 한시름 덜었어.

문장 앞에선 Now that ~을 써서 '~이니까'란 뜻으로 이유를 나타낼 수 있어요.

Now that you mention it, I don't think I've ever heard him say anything nice about her.　　네가 그 얘길 하니까 생각났는데, 난 걔가 그녀에 대해 좋은 말 하는 걸 한 번도 들어 본 적이 없었던 것 같아.

Now that the semester is over, I can finally relax.

학기가 끝났으니 드디어 한숨 돌릴 수 있게 됐다.

⏱ 도전! 1분 영작 003

❶ 그 사람들이 중국어로 말하는 바람에 우리는 그 사람들을 이해하는 데 애를 먹었어.

🖉

❷ 네가 그 얘길 하니까 말인데, 난 그게 가능하다고 생각지 않아.

🖉

STEP 1 빈칸에 어울리지 <u>않는</u> 말을 고르세요.

① I saw her _____ I was getting off the bus.

ⓐ when ⓑ while ⓒ as ⓓ since

② He bought some flowers _____ he knew his girlfriend was angry.

ⓐ for ⓑ because ⓒ as ⓓ that

STEP 2 괄호 안의 표현 중 맞는 것을 고르세요.

③ (Since / For) we spend so much time online, we might as well do something productive.

④ (Because / Since / For) the service was launched in May, thousands of users have signed up.

⑤ I'm excited (that / though / but) you're coming to Korea.

⑥ (That / Now that / For) the school is over, what will you do for the winter?

STEP 3 우리말에 어울리도록 괄호 안에 주어진 표현을 이용해 문장을 완성해 보세요.

⑦ 우리는 그들을 다시는 보지 못할 것임을 알고 있었기에 슬펐다. (never, would)

⋯→ We were sad, _____ .

⑧ 이미 주문했다고 해서 메뉴판을 못 보는 건 아냐. (order)

⋯→ _____ you can't look at the menu.

★정답 및 해설은 437쪽에

53 결과/목적의 접속사

그래서 결과는? 무슨 목적으로?

강의 및 예문듣기

🎧 53.mp3 ▶ 동영상 17강

❶ 결과의 접속사: so, so A (that) B, such A (that)B

이 접속사들은 '그래서 ~', '그 이유로 인해 ~', '그 결과로 ~'라며 결과를 설명하는 절에 붙습니다. 흔히 '너무 ~해서 …하다'라고 하면 곧잘 too ~ to나 so ~ that을 떠올리는데 우리말을 살짝 바꿔 '어찌나 ~한지 …하다'라고 하면 금방 떠오르질 않죠? 그러니 우리말이 아닌 '논리'를 익히세요. 그게 중요합니다.

◆ so 그래서 ~

구어체에서 잘 쓰며, 문장 내 위치는 but, for와 동일합니다.

I knew how mom would react to the news, **so** I pretended nothing had happened.
　　　　　　엄마가 그 소식에 어떤 반응을 보일지 알고 있었어. 그래서 아무 일도 없었던 척했지.

I have an early day tomorrow, **so** I'd better go to bed now.
　　　　　　　　　　　　　　　　　내일 일찍 일어나야 되니까 이제 자야겠다.

· react (자극 등에) 반응하다　· pretend ~인 체하다

◆ so A (that) B 너무 A해서 (그 결과) B하다, 어찌나 A한지 B하다

The children were **so** rude and mean **that** I wanted to throw them out the window.
　　　　　　　　　애들이 어찌나 버릇없고 못됐던지 창 밖으로 집어 던지고 싶었어.

He was **so** angry **(that)** he couldn't talk.　　그 남자는 얼마나 화가 났던지 말을 못하더라고.

· mean 못된, 심술궂은

◆ such A (that) B so A (that) B와 같은 의미

The novel was **such** a great hit **(that)** it was made into a movie.
　　　　　　　　　　　　　　　그 소설은 너무나 크게 히트 쳐서 영화로 만들어졌지.

such that ~으로 붙어 나올 때도 많은데 그럴 땐 '정도가 어찌나 심한지 ~하다'로 생각하면 됩니다.

The children's rudeness was such that I wanted to throw them out the window.
애들 버릇없기가 어찌나 심하던지 창 밖으로 집어 던지고 싶었다.

・ rudeness 무례함

so ~ that과 such ~ that에서 형용사와 관사의 위치가 헷갈리실 텐데요. 이렇게 생각해 보세요. 영어에선 의미로 봤을 때 서로 가까운 관계인 말끼리 붙어 다닙니다. 예컨대 〈부사 – 형용사 (so - big)〉가 〈부사 – 명사(so - book)〉보다 가까운 사이죠. 부사는 형용사를 꾸미는 말이고, 명사는 형용사가 꾸며야 하니까요. 그래서 부사인 so(그렇게 ~)가 a big book에 붙을 땐 so a big book이 아니라 so big a book처럼 형용사 big을 억지로 끄집어내 자기 옆에 붙입니다. 반면, 한정사인 such(그러한 ~)는 관사 옆에도 잘 쓰기 때문에 그대로 such a big book으로 써요.

It's such a big book that I can't carry it.   그거 너무 무거운 책이라 들고 다닐 수가 없어.
= It's so big a book that I can't carry it.

🧑 **이것도 알아 두세요!**

so + 조동사 + I

so는 〈so + 조동사 + I〉 패턴으로도 잘 쓰입니다. 앞에서 한 말에 대해 나도 그렇다며 맞장구 치는 의미예요. 단, 긍정문만 이렇게 쓰고 부정문에 대해 맞장구 칠 땐 〈Neither + be/do/have/조동사 + I〉로 씁니다.

A I love pizza.   B **So do I.**   나 피자 너무 좋아해. / 나도.
A I was very frustrated.   B **So was I.**   나 되게 짜증났었어. / 나도.
A I haven't finished the report yet.   보고서 아직 못 끝냈어.
B *So haven't I.* (×) → **Neither have I.**   나도 마찬가지야.

| 정답 |

도전! 1분 영작 001

❶ I knew how he would react, so I didn't say anything.

❷ This book is so difficult that children can't understand it. 또는 This is such a difficult book that ~.

⏱ **도전! 1분 영작 001**

❶ 난 그 남자가 어떻게 반응할지 알고 있었어. 그래서 아무 말도 하지 않았지. (react)

✏

❷ 이 책은 너무 어려워서 아이들은 이해할 수 없어.

✏

❷ 목적의 접속사: so that ~, in order that ~

둘 다 '그렇게 해서 ~하려고, ~하기 위해서'라며 목적을 설명할 때 쓰는데, in order that ~이 so that ~보다 더 딱딱한 표현입니다. so that ~은 구어체에서 that이 생략돼 결과를 나타내는 so(그래서)와 혼동하기 쉬우니 문맥을 보고 판단하세요.

I asked him to move over a little **so that** I could sit there.

난 그에게 조금만 비키라고 했다. 그래서 내가 거기 앉을 수 있게.

I'm trying to delete a folder **so** I can reinstall the program.

나 폴더를 지우려고 하는 중이야. 그렇게 해서 그 프로그램 다시 깔려고. ⋯⟩ 구어체에서 that은 자주 생략

The referee counts to eight **so that** he can determine if the boxer is able to continue.

심판은 8까지 센다. 복서가 경기를 계속할 수 있는지 판정하기 위해서.

• move over 비키다　• delete 삭제하다, 지우다
• reinstall 재설치하다　• referee 심판

We ask for your email address **in order that** we may respond to your inquiry.

귀하의 이메일 주소를 요청합니다. 문의에 답해드릴 수 있게.

In order that you can access our services, we may collect personal information from you.

저희는 여러분이 저희 서비스를 이용할 수 있도록 하기 위해 여러분의 개인 정보를 수집할 수도 있습니다.

• ask for ~을 요청하다　• inquiry 문의

방금 살펴본 것처럼 두 절의 주어가 다를 경우엔 in order that을 쓰는데, 주어가 같으면 in order to부정사를 쓸 수 있습니다. 또 주어는 다른데 절 하나로 합쳐 문장을 만들고 싶을 땐 〈in order for + 의미상 주어 + to부정사〉 형태로 써요.

We open a bank account **in order to** transfer money.

우리는 돈을 이체하기 위해서 은행 계좌를 만든다. ⋯⟩ we - open, we - transfer (주어가 같음)

You must maintain a 3.0 GPA **in order to** graduate.

졸업하려면 평점 3.0을 유지해야 한다. ⋯⟩ you - maintain, you - graduate

• open a bank account 은행 계좌를 트다　• transfer (돈을) 이체하다
• GPA 평점(= grade point average)

I know how much an athlete and his family have to sacrifice **in order for him** to succeed. 나는 선수가 성공하도록 선수와 그 가족들이 얼마나 많은 희생을 해야 하는지 알고 있다.

⋯→ I - know, an athlete and his family - have to, he - succeed (주어가 다름)

In order for muscles **to** work, you need a supply of oxygen.

근육이 일하려면 산소 공급이 필요하다. ⋯→ muscles - work, you - need

·athlete 운동 선수

⏱ 도전! 1분 영작 002

❶ 컴퓨터 화면 보게 조금만 비켜 봐. 🖉 _____

❷ 사람들이 널 알아볼 수 있게 실명을 사용해. (real name)

🖉 _____

STEP 1 다음 중 빈칸에 넣었을 때 나머지 셋과 의미가 달라지는 말을 고르세요.

❶ I'm telling you this _____ you won't make the same mistake.

ⓐ because   ⓑ so   ⓒ so that   ⓓ in order that

❷ A I laughed so hard I almost had tears in my eyes.

   B _____

ⓐ So did I.   ⓑ Same here.   ⓒ Me too.   ⓓ Neither did I.

❸ I will leave the lights on _____ you can read.

ⓐ so that   ⓑ so   ⓒ for   ⓓ in order that

STEP 2 괄호 안의 표현 중 맞는 것을 고르세요.

❹ Please leave your phone number (in order that / in order to) we can contact you.

❺ He was told to study (so that / in order to) he could pass the exam.

❻ Her condition was (such / so) that she had to be taken to hospital.

STEP 3 우리말에 어울리도록 괄호 안에 주어진 표현을 이용해 문장을 완성해 보세요.

❼ 그녀는 너무 충격을 받은 나머지 거의 쓰러질 뻔했다. (nearly fall down)

   ✎ She _____.

❽ 그 영화는 워낙 크게 히트 쳐서 속편이 만들어졌다. (great, sequel)

   ✎ The movie _____.

★정답 및 해설은 438쪽에

54

시간/비교/조건의 접속사

언제? 어떻게? 어떤 경우에?

강의 및 예문듣기

🎧 54.mp3 ▶ 동영상 17강

1단계
핵심문법 익히기

꼭 알아야 할
영문법의 기본 개념을
정리하세요.

❶ 시간 관계를 표현하는 접속사

◆ when ~일 때

What came to your mind **when** you saw the commercial?

그 광고 봤을 때 무슨 생각이 들었어?

◆ while ~하는 동안

While my mom was reading a magazine, I broke her favorite dish.

엄마가 잡지 보고 계시는 동안 난 엄마가 제일 아끼는 접시를 깨먹었어.

◆ as ~하는 동안, ~함에 따라

My hands shook **as** I filled out the application.

지원서를 작성하는 데 손이 떨렸어.

• **fill out** ~을 작성하다　• **application** 지원서

◆ before/after ~하기 전에/~한 뒤

Look **before** you leap.

뛰기 전에 살펴라. ···→ '돌다리도 두드려 보고 건너라'는 속담

His health improved **after** he stopped smoking.

그는 담배를 끊은 뒤 건강이 좋아졌어.

• **leap** 껑충 뛰다, 뛰어오르다

◆ until ~할 때까지

The store will remain closed **until** the renovation is completed.

그 상점은 보수 공사가 끝날 때까지 계속 문을 닫습니다.

• **renovation** 수리, 개혁, 혁신

◆ since ~이후로 죽

He's been with us **since** we started this business.

그는 우리가 이 사업을 시작한 이후로 죽 우리와 함께 해왔어.

♦ **once** 일단 ~하고 나면

Once you make up your mind, do it without hesitation.

일단 마음을 먹었으면 망설이지 말고 해.

♦ **as soon as** ~하자마자

I'll let you know **as soon as** I find out.

알아내는 즉시 알려 줄게.

♦ **as long as** ~하는 한, ~인 동안만큼은

Keep it **as long as** you want.

원하는 기간만큼 갖고 있어. (원하면 계속 갖고 있어.)

 이것도 알아 두세요!

접속사처럼 잘 쓰는 표현들

다음 표현들은 접속사로 분류되진 않지만 접속사처럼 잘 쓰니 알아 두세요.

The first[last] time 처음[지난번] ~했을 때 / The next time ~ 다음 번 ~할 때

The first time I saw these pictures, they brought tears to my eyes.

내가 이 사진들을 처음 봤을 때 눈물이 났어.

Every time 매번 ~할 때마다

Every time I try to log in, it says a system error has occurred.

로그인하려고 할 때마다 매번 시스템 오류가 났다고 나와.

The moment ~한 순간, 즉시

The moment I clicked the link, a window popped out. 그 링크를 클릭한 순간, 팝업창이 떴어.

• bring tears to one's eyes 눈물이 나게 하다   • pop out 갑자기 나타나다

⏱ **도전! 1분 영작 001**

❶ 난 일단 결심하고 나면 절대 바꾸지 않아. 🖉

❷ 돌아오는 즉시 너한테 전화할게. (get back)

🖉

| 정답 |

도전! 1분 영작 001

❶ Once I make up
my mind, I never
change it.

❷ I'll call you as soon
as I get back.

❷ 둘을 비교하여 말할 때 쓰는 접속사

둘씩 비교하니까 A, B가 등장하는데, 주의할 점은 A, B가 같은 형식, 즉 〈명사 – 명사〉, 〈절 – 절〉로 대칭이 돼야 한다는 겁니다. A, B 형식에 주목하면서 각 예문들을 보세요.

◆ **A as B** B처럼 A

When in Rome, do **as** Romans do. 로마에선 로마법을 따라야 한다.

◆ **A like B** B처럼 A ⋯→ 구어체에서 as/as if와 같은 뜻으로 사용

You can overcome shyness **like** I did. 너도 나처럼 수줍음을 이겨낼 수 있어. ⋯→ like = as

She looked **like** she was going to cry. 그 여자는 울려는 듯한 표정이었다. ⋯→ like = as if

◆ **A or B** A 혹은 B

If she didn't say anything and left, she was very angry, **or** she was in a

hurry. 그녀가 아무 말도 없이 가버렸다면 광장히 화가 났든지, 아니면 급한 일이 있었던 거야.

◆ **either A or B** A나 B 둘 중 하나

Either he's in a bad mood, **or** he's an unfriendly person.

그 사람 지금 기분이 안 좋든가, 아니면 원래 쌀쌀맞은 사람이든가 둘 중 하나야.

◆ **neither A nor B** A도 아니고 B도 아니다

They **neither** smiled **nor** frowned. 그들은 웃지도, 찡그리지도 않았다. ⋯→ A or B의 부정문 버전

· frown 얼굴을 찡그리다

◆ **not A nor B** A도 아니고 B도 아니다 (nor = not + or)

I do **not** want to take it, **nor** do I want to give it away.

내가 갖기도 싫지만 남 주기도 아깝다.

◆ **both A and B** A와 B 둘 다

He **both** produced **and** directed the movie. 그는 그 영화를 제작 및 감독했다.

◆ **not A but B** A가 아니라 B

It's **not** that I don't want to do it, **but** that I don't have enough time for it.

하기 싫은 게 아니라 할 시간이 없어서 그래.

◆ **not only A but (also) B** A뿐 아니라 B도

She **not only** learned about other cultures, **but (also)** became knowledgeable

about world politics. 그 여자는 다른 문화에 대해 배웠을 뿐 아니라 세계 정치에 대해서도 많은 지식을 쌓게 됐다.

· knowledgeable 아는 것이 많은. 식견이 있는

♦ while, whereas, on the one hand ~ on the other hand

둘의 차이를 대조해 비교 설명할 때

While I like bland food, she enjoys spicy food.

난 담백한 음식을 좋아하는데 갠 매운 음식을 잘 먹어.

He's very shy and quiet **whereas** his wife is very outgoing and talkative.

그는 아주 내성적이고 조용한 데 비해 그의 아내는 아주 외향적이고 수다스러워.

On the one hand, it's convenient. **On the other hand**, it's risky.

한편으론 편리하지만 다른 한편으론 위험하지.

· bland 담백한

⏱ 도전! 1분 영작 002

❶ 그녀는 노래만 하는 게 아니라 춤도 춘다. ✎ ....

❷ 나는 이탈리아 음식을 좋아하는데, 그 사람(남자)은 중국 음식을 즐겨 먹어.

✎ ....

❸ 특이한 조건을 달 때 쓰는 접속사

♦ If ~라면

If you are unhappy with your purchase, please contact us ASAP.

구입한 물건이 마음에 안 드시면 속히 연락 주세요.

♦ In case ~일 경우에 대비해, 혹시 몰라서

In case you don't know, ASAP means "as soon as possible."

혹시 모를까 봐 그러는데 ASAP는 '가능한 한 빨리'란 뜻이야.

♦ unless ~가 아닌 한

You have to attend all classes **unless** you are ill.   아픈 게 아닌 한 모든 수업에 출석해야 합니다.

♦ otherwise ~가 아니라면

I'd better stop here; **otherwise** you might fall asleep.

여기서 그만해야겠다. 안 그럼 너 잠들겠어.

◆ no matter + 의문사(why제외) ~든간에, 아무리 ~라도

No matter who you are and **(no matter) where** you come from, you're welcome to join this club.　　네가 누구고 어디서 온 사람이든 간에 이 클럽에 들어오는 것을 환영한다.

Bring a warm jacket **no matter when** you're visiting.　　언제 방문하든 따뜻한 재킷을 가져와.

I love you **no matter what** they say.　　　　　　　사람들이 뭐라 하건 난 널 사랑해.

= I love you **no matter what**.　　　　　　　⋯ no matter what만 쓰기도 함.

= I love you **whatever** they say.　　　　⋯ no matter + 의문사 = 의문사 + ever

No matter how simple it may look, many people will find it hard to understand.　　아무리 간단해 보여도 이해하기 어려워하는 사람들이 많을 거야.

= **However** simple it may look, many people will find it hard to understand.

도전! 1분 영작 003

❶ 혹시 너 모를까 봐 그러는데 내일 그 애(여자) 생일이야.

✏ _____

❷ 사람들이 뭐라 하든 난 널 믿어.　　✏ _____

331

STEP 1 빈칸에 들어갈 수 <u>없는</u> 말을 고르세요.

① She's a Christian _____ I'm an atheist.

    ⓐ but   ⓑ while   ⓒ whereas   ⓓ however

② You can't argue _____ we're just estimating.

    ⓐ since   ⓑ because   ⓒ in order   ⓓ as

STEP 2 괄호 안의 표현 중 어울리는 것을 고르세요.

③ (Though / As soon as / Until) I knocked on the door, he pulled it open.

④ The parcel arrived on time (or / as / unless) they promised.

⑤ (Unless / In case / No matter) you don't know me, let me introduce myself.

⑥ Do (as / otherwise / if) you're told.

STEP 3 우리말에 어울리도록 빈칸에 알맞은 말을 넣어 보세요.

⑦ 난 5년 전 처음 읽은 이후 그 책을 계속 추천해 왔어.

   ⋯ I've been recommending the book _____ I first read it five years ago.

⑧ 걘 맨날 자기가 뭐든지 다 아는 것처럼 말해.

   ⋯ He always talks _____ he knows it all.

★정답 및 해설은 438쪽에

[중간점검] 열째 마디: 접속사

STEP 1 다음 글을 읽고 질문에 답하세요.

Although much of your time may be spent managing the daily work of those who work for you, part of your duties include working with people outside of your department. Make sure you maintain good relationships with them. You also need to be successful in your customer relations. As a supervisor your performance is judged on many elements, but the productivity of your team is the most important.

❶ 이 글에 언급된 "supervisor"에 대한 설명 중 옳은 것을 고르세요.

ⓐ He may spend a lot of time with his people.

ⓑ His major duty is to work with customers.

ⓒ His performance will be evaluated based on his own productivity.

While it is true that suicide is not illegal, assisting suicide is against the law in many countries. People have mixed feelings about helping someone die. Some say it's simply murder, while others see it as an act of mercy. When a very sick patient says, "It's so painful that I don't want to live," and requests <u>euthanasia</u>, it's hard to argue against it.

❷ 밑줄 친 "euthanasia"의 의미는 무엇일까요?

ⓐ Killing oneself

ⓑ Helping someone die

ⓒ Acting with mercy

❸ 글과 일치하는 내용을 고르세요.

ⓐ Euthanasia is illegal in many countries.

ⓑ When someone doesn't want to live, it causes physical pain.

ⓒ It's difficult to fight with a very sick patient.

④ I can't check my email ＿＿＿＿＿＿＿ I forgot my password.

⑤ ＿＿＿＿＿＿＿＿＿＿＿ you mention him, I remember I once had a crush on him.

⑥ The soup was ＿＿＿＿＿ hot that I couldn't eat it.

STEP 3 우리말에 어울리도록 괄호 안에 주어진 표현을 이용해 대화문을 완성해 보세요.

⑦ A We're having a birthday party for Linda tonight. Do you want to come?

    B 가고 싶은데 내일 시험 있어. (love, have)

    🎤 I'd ＿＿＿＿＿＿＿＿＿＿＿＿＿＿＿＿.

⑧ A What are you doing Thursday night?

    B 금요일에 쉬게 일할 거야. (rest)

    🎤 I'm going ＿＿＿＿＿＿＿＿＿＿＿＿＿.

⑨ A Do you work here?

    B 네, 대학 졸업한 이후로 계속 여기서 일해 왔어요. (graduate from college)

    🎤 Yes, ＿＿＿＿＿＿＿＿＿＿＿＿＿＿.

⑩ A What should I do?

    B 그냥 내가 시킨 대로 해. (just, tell)

    🎤 ＿＿＿＿＿＿＿＿＿＿＿＿＿＿＿＿＿＿＿＿

★정답 및 해설은 438쪽에

열한째 마디

•

비교

비교하여
정확하게 알려 주다

55

비교급

비교하며 말할 때

강의 및 예문듣기

🎧 55.mp3　▶ 동영상 18강

1단계
핵심문법 익히기

꼭 알아야 할
영문법의 기본 개념을
정리하세요.

① 비교급 만들기: 형용사/부사 + -er, more + 형용사/부사

'A가 B보다 더 크다/더 빨리 달린다'처럼 둘을 비교할 때 우리말은 '~보다 더'
란 말을 붙이지만, 영어에서는 형용사나 부사를 '비교급'이란 형태로 바꿉니
다. 짧은 단어면 끝에 -er을 붙이고(taller/faster), 긴 단어면 '더'에 해당하는
more를 붙이는데(more beautiful/more carefully) 규칙이 좀 복잡하기도 하
고 예외도 적지 않으니 되도록 완성된 비교급 형태 위주로 자주 보고 익히세
요. 다음 표에서 '원급'이란 비교급(taller/more carefully)이 되기 전 원래 모
습의 형용사나 부사(tall/carefully)를 말합니다.

◆ 형용사일 때

	원급 – 비교급
1음절 단어: 원급 + -er	tall 키가 큰 - taller long 긴 - longer quiet 조용한 – quieter
〈단모음+단자음〉인 1음절: -(자음 중복)er	hot 뜨거운 - hotter　big 큰 - bigger
-y로 끝나는 2음절 단어: -ier	happy 즐거운 마음인 - happier early 이른 - earlier friendly 친절한 - friendlier
3음절 이상이거나 -y로 끝나지 않는 2음절 단어: more ~	pleasant 즐거운 - more pleasant important 중요한 - more important

◆ 부사일 때

	원급 – 비교급
형용사와 형태가 같은 부사: 끝에 -(i)er	fast 빨리 - faster high 높게 - higher early 일찍 - earlier
-ly로 끝나면 앞에 more	happily 즐거운 마음으로 - more happily carefully 주의 깊게 - more carefully

늘 그렇지만 예외가 있습니다. 많지는 않으니 이 정도는 외워 두세요.

형용사	good 즐거운 - better well 건강한 - better 건강이 좋아진 bad 나쁜 - worse many/much 많은 - more little 적은 - less	late 순서상 늦은 - latter 나중의 (↔ former) late 시간상 늦은 - later far 거리상 많이 나간 - farther 더 멀리 far 정도가 많이 나간 - further 더 깊이
부사	well 잘 - better 더 잘	badly 나쁘게 - worse 더 나쁘게

⏱ 도전! 1분 영작 001

① 나 더 잘할 수 있어. ✎ ....

② 세상이 더 위험해 보여. (seem) ✎ ....

② 비교하기: A 비교급 than B, more ~ than, less ~ than

'A가 B보다 더 ~다'는 〈A 비교급 than B〉로 씁니다. than은 '~보다'에 해당되는 말이죠.

She is **taller than** you.　　　　　그 여자는 너보다 커. ⋯⋯▶ 비교급 형용사

She works **harder than** you.　　　그 여자가 너보다 더 열심히 일해. ⋯⋯▶ 비교급 부사

여기서 첫 번째 문장은 She is taller than you are tall.을 줄인 말이에요. than 다음에 직접적인 비교 대상(여기선 you)을 제외한 말은 반복을 피하기 위해 대부분 생략되죠. be동사는 대개 생략되고 일반동사는 생략하거나 do로 받을 때가 많습니다.

337

My left eye is smaller than my right eye (is). 내 왼쪽 눈은 오른쪽 눈보다 작아.

Water melons are bigger than melons (are). 수박이 멜론보다 크지.

Light travels faster than sound (does). 빛은 소리보다 빠르게 이동한다.

Black men can jump higher than white men (can).
흑인은 백인보다 더 높이 점프할 수 있다. ⋯→ can 같은 조동사를 썼을 경우, than 뒤에도 can을 쓰거나 생략

'~보다 덜'은 〈less 원급 than〉을 씁니다. less는 more의 반대말이죠. 즉 '더 ~하다'는 more ~ than을, '덜 ~하다'는 less ~ than으로 표현할 수 있습니다.

Cars are more expensive than bikes. 차는 자전거보다 비싸다.

Cars are less expensive than houses. 차는 집보다 덜 비싸다.

He has more hair than his father has. 그는 자기 아버지보다 머리 숱이 많아.

He has less hair than his sister has. 그는 자기 여동생보다 머리 숱이 적어.

She drives more carefully than I do. 그녀는 나보다 더 조심해서 운전해.

She drives less carefully than you do. 그녀는 너보다는 덜 조심해서 운전하지.

-or로 끝나는 superior(우월한)/inferior(열등한), senior(손위/선배인)/junior(손아래/후배인) 같은 형용사는 라틴어에서 온 말로, '~보다'에 해당하는 표현을 특이하게 than 대신 to로 써요. '~보다 우월한/열등한/손위인/손아래인/⋯'이란 의미가 됩니다.

The new drug is superior to existing drugs. 신약이 기존 약보다 우월하지.

The latter is inferior to the former. 후자가 전자보다 열등해.

By age and by experience, she's senior/junior to me.
나이로 보나 경력으로 보나 그녀가 나보다 선배/후배야.

| 정답 |

도전! 1분 영작 002

❶ I can run faster than you.

❷ This product is superior to others [other products].

⏱ 도전! 1분 영작 002

❶ 나 너보다 더 빨리 달릴 수 있어. ✎

❷ 이 제품이 다른 제품들보다 우월하다. ✎

STEP 1 비교급 문장이 되도록 괄호 안의 단어를 알맞은 형태로 바꿔 빈칸을 채워 보세요.

❶ China is _____ than India. (big)

❷ She was _____ than you. (angry)

❸ I skipped classes _____ than you. (often)

❹ Young children may think _____ and _____ than adults. (slowly, accurately)

STEP 2 빈칸에 들어갈 수 <u>없는</u> 말을 고르세요.

❺ This game _____ that one in every way.

ⓐ is better than ⓑ seems superior to

ⓒ is inferior than ⓓ surpasses

❻ The government plans to _____ taxes.

ⓐ increase ⓑ lower ⓒ more ⓓ lessen

STEP 3 두 문장이 모순되지 않도록 빈칸에 알맞은 말을 넣어 보세요.

❼ Speaking is more difficult than reading.

⋯▸ Reading is _____ difficult than speaking.

❽ This product is better than other lotions.

⋯▸ This product is _____ to other lotions.

★정답 및 해설은 439쪽에

56

비교 대상

비교 대상을 정확하게 맞춰야

강의 및 예문듣기

🎧 56.mp3　▶ 동영상 18강

1단계
핵심문법 익히기

꼭 알아야 할
영문법의 기본 개념을
정리하세요.

❶ 비교 대상끼리 비교한다

비교급 문장을 만들 땐 무엇과 무엇을 비교하는 건지 정확히 짝을 맞춰 줘야 합니다. 당연한 말 같지만 실수하기 쉽죠. 아래 예문을 한번 보세요.

❶ **She** loves pizza more than **I**.　　　　그녀가 나보다 피자를 더 좋아한다.

❷ She loves **pizza** more than **me**.　　　　그녀는 나보다 피자를 더 좋아한다.

❶은 She loves pizza more than I (do).로 주어끼리 비교했습니다. 즉 나도 피자를 좋아하지만 그녀가 피자를 더 좋아한다는 뜻이죠. ❷는 She loves pizza more than (she loves) me.로 목적어(pizza, me)끼리 비교했으니까 그녀가 사람인 나보다 음식인 피자를 더 좋아한다는 말이 됩니다. 전혀 다른 의미가 되죠? 그래서 대개 ❶은 ~ than I do처럼 형식상 쓰는 do를 넣어 주는 게 일반적입니다.

그런데 목적어가 없는 문장에서는 얘기가 달라집니다. 다음 둘은 같은 의미가 되죠.

❸ He is taller than **I**.　　　　그는 나보다 크다.

❹ He is taller than **me**.　　　⋯▸ 어차피 목적어가 없어 me로 써도 오해할 염려가 없음.

문법적으로는 ❸이 맞지만, 특히 회화에서는 ❹처럼 than I 대신 than me로 잘 씁니다. than을 전치사로 보고 of me, from him처럼 목적격을 써야 자연스럽다고 느끼기 때문이죠. 하지만 작문 시험 등에선 ❸이 원칙입니다.

She looks younger than **I/me**.　　　　그 여잔 나보다 어려 보여.

She looks younger than **I** do.　　⋯▸ I로 끝내기 싫으면 〈주어 + 동사〉 형태를 갖추면 됨.

① 내가 너보다 더 많이 먹어. 🖊

② 그는 나보다 나이가 많아 보인다. 🖊

② 무엇을 비교하느냐에 따라 than 이하에 다양한 말이 올 수 있다

'비교급' 하면 She's taller than I/me. 나 She loves pizza more than me/I do. 같은 문형만 떠올리기 쉽지만 무엇과 비교하느냐에 따라 than 다음에 굉장히 다양한 말이 올 수 있습니다. 아래 예문과 같은 문장들이 나왔을 때 의미를 금방 파악할 수 있어야 비교급을 제대로 활용할 수 있어요.

Don't you think you have more clothes **than you need**?

옷이 필요 이상으로 많다는 생각 안 들어? ⋯ have와 need로 비교

He's smarter **than you think**.

그는 네가 생각하는 것보다 머리가 더 좋아.

⋯ 실제 그가 smart한 것과 '네가 생각하기에 그가 smart한 것'을 비교

I miss you more **than you can imagine**.

난 네가 상상할 수 있는 것보다 더 많이 널 그리워하고 있어. ⋯ you가 상상할 수 있는 그리움의 수준과 비교

Objects in the mirror may be closer **than they appear**.

거울에 비친 사물은 보이는 것보다 더 가까이 있을 수 있다. ⋯ 실제 가까운 정도와 거울에 appear하는 정도를 비교

The economy is recovering faster **than expected**.

경제가 예상보다 빠르게 회복되고 있다. ⋯ 실제 회복 속도와 예상됐던 회복 속도를 비교 (expected는 p.p.)

The study found the surgery safer **than thought**.

그 연구는 그 수술이 생각보다 안전하다는 사실을 밝혀냈다.

⋯ 연구로 밝혀진 실제 안전한 정도와 그 동안 생각됐던 안전한 정도를 비교

The update took longer **than usual**. 업데이트가 평소보다 더 오래 걸렸어. ⋯ 평소와 비교

Your temperature is higher **than normal**. 네 체온이 비정상적으로 높아. ⋯ 정상 수준과 비교

문맥으로 짐작이 가능할 땐 than 이하를 아예 생략하기도 합니다.

The weather is getting **worse**. 날씨가 더 고약해지고 있어. ⋯ 지금보다

Botox can make you look **younger**. 보톡스는 널 더 젊어 보이게 할 수 있지. ⋯ 실제보다

I've never been **happier**. 이보다 더 기쁜 적은 없었어. ···→ 지금보다

We have **fewer** protesters today. 오늘은 시위자 수가 적네. ···→ 어제보다, 또는 문맥에 따라

A How are you doing? 어떻게 지내?

B I couldn't be **better**. 너무 잘 지내지. (지금보다 더 좋을 순 없어.)

 이것도 알아 두세요!

still/much/even/far/a lot + 비교급: 훨씬 더 ~

'훨씬 더 ~'라며 강조할 때 비교급 앞에 still, much, even, far, a lot 같은 수식어들을 붙입니다.
단, very는 안 쓰니 혼동하지 마세요.

I feel *very better*. (×) → I feel **much[still/even/far/a lot] better**. 기분이 훨씬 좋아졌어.

Harm from smoking is **even greater** than previously thought.
흡연의 폐해는 그 동안 생각됐던 것보다 훨씬 크다.

He deserves **a lot more** attention than he currently receives.
그는 현재 받고 있는 것보다 훨씬 많은 관심을 받을 자격이 있다.

⏱ **도전! 1분 영작 002**

❶ 동물들은 우리가 생각하는 것보다 머리가 좋다.

✏

❷ 그는 예상보다 키가 작았다.

✏

❸ 비교 대상끼리는 같은 형식으로

무엇끼리 비교하는지 짝을 잘 맞췄으면 대구가 되게 같은 형식으로 일치시켜
야 합니다. 원어민들이 작문에서 특히 중요하게 여기는 부분이니 주의하세요.

There were more students **in the cafeteria** than **in the library**.
도서관보다 카페테리아에 더 많은 학생들이 있었다.

There were more students *in the cafeteria* than *the library*. (×)
···→ 장소끼리 비교하는 거니까 장소, 공간을 나타내는 전치사(in) 필요

Some people see dogs more **as food** than **as pets**.
어떤 사람들은 개를 애완동물보다는 음식으로 여긴다.

Some people see dogs more as *food* than *pets*. (×)
···→ see more as A than as B로 일치시켜야 함.

| 정답 |

도전! 1분 영작 002

❶ Animals are smarter
than we think.

❷ He was shorter than
expected.

I work more efficiently **when I'm alone** than **when I'm in a group**.

나는 그룹으로 있을 때보다 혼자 있을 때 일을 더 능률적으로 해.

I work more efficiently **alone** than **in a group**.

I work more efficiently *when I'm alone* than *a group*. (×)

⋯→ 비교 대상을 when절끼리 맞추든가 alone과 in a group이란 보어끼리 맞춰야 함.

⏱ **도전! 1분 영작 003**

❶ 미국보다 중국에 사람이 더 많다. 🖊

❷ 그녀는 그를 선생님보다는 친구로 여긴다. 🖊

---

④ 비교 대상을 정확히 가리기 위한 **that, those, one(s)**

우리말로 '중국의 경제 성장률은 유럽보다 높다'라고 하면 경제 성장률끼리 비교하는 것으로 알아듣지만, 영어에서는 '중국의 경제 성장률은 유럽의 경제 성장률보다 높다'라고 비교 대상끼리 정확히 짝 맞춰 말해야 제대로 알아듣습니다. 그런데 '경제 성장률'이란 말을 반복하는 게 거추장스럽죠? 이럴 때 요긴하게 쓰는 말이 바로 대명사 that(복수면 those)입니다. '앞에 나왔던 저거'라며 비교 대상을 정확히 가리키는 역할을 하죠.

The economic growth rate of China is higher than **that** of Europe.

중국의 경제 성장률은 유럽의 경우보다 높다. ⋯→ that = the economic growth rate

The divorce rate among second marriages is higher than **that** of first marriages.

초혼보다 재혼에서 이혼율이 높다. ⋯→ that = the divorce rate

The shoes made in China are cheaper than **those** produced in Korea.

중국산 신발이 한국에서 만든 신발보다 싸다. ⋯→ those = the shoes

Don't use higher <u>doses</u> than **those** recommended by your doctor.

의사가 권한 투여량보다 많은 양을 사용하지 마세요. ⋯→ those = doses

· dose (약의) 1회 복용량

그런데 that에 단점이 하나 있습니다. 형용사 같은 수식어가 앞에 오지 못한다는 거예요. 그래서 그럴 경우엔 대명사 one을 씁니다. 앞에 나온 것과 같은 종류인 사물이나 사람을 가리키는 말이죠.

My new phone is better than the old *that*. (×)

My new <u>phone</u> is better than the old **one**.

새 전화기가 먼저 것보다 좋아.

⋯→ the old one = the old phone

This <u>experiment</u> is less difficult than the previous **one**.

이번 실험이 지난번 실험보다 덜 어려워. ⋯→ one = experiment

The right <u>image</u> is slightly darker than the left **one**.

오른쪽 이미지가 왼쪽 것보다 약간 더 어두워. ⋯→ one = image

Larger <u>diamonds</u> are more expensive than smaller **ones** of the same

quality.

큰 다이아몬드가 같은 품질의 더 작은 것보다 더 비싸다. ⋯→ ones(복수) = diamonds

⏱ 도전! 1분 영작 004

① 일본의 GDP는 한국보다 높다.

② 새로운 계획이 예전 것보다 더 형편없어.

| 정답 |
도전! 1분 영작 004

① The GDP of Japan
is higher[greater/
larger] than that of
Korea.
▶ GDP 국내 총생산
(= Gross Domestic
Product)

② The new plan is
worse than the old
one.

STEP 1 주어진 문장을 참고해 비교급 문장을 만들어 보세요. (괄호 속 단어는 형태를 바꿔야 합니다.)

❶ He arrived at 9:15 am. I arrived at 10:00 am.

⋯▸ I arrived _____ .
       (late)

❷ It usually took 30 minutes to get home, but last night it took 50 minutes.

⋯▸ It took _____ to get home last night.
     (long)

STEP 2 빈칸에 어울리는 말을 고르세요.

❸ The economy is growing _____ expected.

  ⓐ slowly   ⓑ slower   ⓒ fast   ⓓ faster than

❹ Women tend to gain weight more easily _____ .

  ⓐ than men   ⓑ as men do   ⓒ than men are   ⓓ as men are

❺ The new version is worse than the old _____ .

  ⓐ that   ⓑ those   ⓒ one   ⓓ ones

STEP 3 개선할 곳을 찾아 알맞게 고치세요.

❻ Many children spend more hours playing computer games than do homework.

❼ Global warming is more about politics than science.

❽ State university tuition costs are generally lower than that of private universities.

★정답 및 해설은 439쪽에

345

57

최상급

타의 추종을 불허하는 지존임을 표현할 때

강의 및 예문듣기

🎧 57.mp3

1단계
핵심문법 익히기

꼭 알아야 할
영문법의 기본 개념을
정리하세요.

① 최상급 만들기: 형용/부사 + -est, most + 형용사/부사

앞서 배웠듯이 둘 중 우열을 가릴 땐 비교급을 썼는데요. 셋 이상일 때 그 중에서 '가장 ~한' 사물/사람을 뽑을 땐 최상급을 씁니다. 형용사나 부사에 -est나 most를 붙여 만들죠.

형용사	부사
tall 키가 큰 - taller - tallest hot 뜨거운 - hotter - hottest happy 즐거운 마음인 - happier - happiest important 중요한 - more important - most important	fast 빨리 - faster - fastest early 일찍 - earlier - earliest happily 즐거운 마음으로 - more happily - most happily

비교급에서 불규칙하게 변하던 말들은 최상급에서도 마찬가집니다.

형용사	good 즐거운/well 건강한 - better - best many/much 많은 - more - most late 순서상 늦은 - latter - last late 시간상 늦은 - later - last	bad 나쁜 - worse - worst little 적은 - less - least far 거리상 많이 나간 - farther - farthest far 정도가 많이 나간 - further - furthest
부사	well 잘 - better - best	badly 나쁘게 - worse - worst

형용사 최상급이 쓰이는 문장은 대부분 '…에서 가장 ~'이라는 의미로 〈the + 최상급 + 명사 + of/in/among ...〉의 형태를 띱니다.

He was **the greatest entertainer** of all times.

그는 전 시대를 통틀어 가장 뛰어난 연예인이었다.

What[When] was **the most embarrassing moment** in your life?

살면서 가장 창피했던 순간은?

What's **the most popular brand among teenagers**?

십대들 사이에서 가장 인기 있는 브랜드는?

부사의 최상급 앞에는 the를 쓰지 않습니다. the는 명사 앞에 쓰는 말이니까요.

Who came **last**?

누가 꼴찌로 왔어?

Which website do you visit **most frequently**?

가장 자주 방문하는 웹사이트는?

Who do you admire **most** in the world?

세계에서 가장 존경하는 인물은?

최상급의 의미를 강조하고 싶을 땐 very나 by far를 씁니다.

It's one of **the very best** songs of all time.

모든 시대를 통틀어 정말 최고의 명곡 중 하나다.

It was **by far the most amazing** experience I've ever had.

그건 지금까지 내가 겪어 본 것 중 단연 가장 놀라운 경험이었다.

⏱ 도전! 1분 영작 001

❶ 넌 살면서 가장 행복했던 순간이 언제였어? ✎

❷ 가장 최근에 무슨 책 읽었어? (recently) ✎

❷ the + 형용사 최상급 + 명사: 가장 ~한
a + 형용사 최상급 + 명사: 매우 ~한

명사를 꾸미는 형용사 최상급은 the를 쓸 때가 있고 a를 쓸 때가 있습니다. 아래 두 예문을 통해 한번 비교해 볼까요?

❶ Julie is **the most beautiful girl** in our school. 줄리는 우리 학교에서 가장 예쁜 여자애다.

❷ Julie is **a most beautiful girl**.

줄리는 굉장히 예쁜 여자애다.

❶은 '우리 학교에서 가장 예쁜 여자애'로 범위가 정해져 있어 상대방이 쉽게 알아들을 수 있기 때문에 the를 썼습니다. 하지만 ❷는 범위가 정해져 있지 않죠. 세상에 예쁜 여자애가 한두 명이 아닌데 무작정 '가장 예쁘다'고 단언할 순 없으니 a를 붙이고, 의미도 '가장 ~'이 아닌 '아주/매우(very)'로 바뀝니다. 다음 예문들을 보면서 이 두 경우의 차이를 느껴 보세요.

347

He's the most popular actor in Korea. 그는 한국에서 가장 인기 있는 배우다.

⋯ in Korea라는 범위가 정해져 있어 '최고'를 쉽게 알아볼 수 있으니까 the

She's the most beautiful (girl) of us all. 그 애가 우리들 중에서 제일 예뻐.

⋯ 명사는 의미 전달에 지장이 없을 경우 생략 가능. of us all로 범위가 정해졌으니까 the

You're a most attractive girl. 넌 정말 매력적인 여자야. ⋯ 범위가 없어 막연하니까 a

You're the my best friend. (×) → You're my best friend. 넌 내 단짝 친구야.

⋯ 소유격은 the와 같이 쓰지 않음.

Most girls are envious of her. 대부분의 여자애들이 그녀를 부러워한다.

⋯ 범위가 없어 '가장 많다'고 하기엔 막연해 the를 쓰지 못하며, 복수라 a도 못 붙임. Most + 명사 = 대부분의 ~

한 가지 주의할 건, 명사 없이 형용사를 쓴 경우엔 the를 쓰지 않습니다. 앞서 설명했듯이 the는 명사 앞에 쓰는 말이니까요. 즉 여럿 중 최고를 가리는 게 아니라 주어 하나만을 놓고 형용사로 그 '정도'를 비교할 땐 the를 쓰지 않습니다.

You're most beautiful when you smile. 넌 미소 지을 때가 제일 예뻐.

⋯ 다른 사람들과 비교해 가장 미인이란 뜻이 아니라 주어 나름대로는 웃을 때가 가장 예쁘다는 뜻. 형용사가 보여라 the가 필요 없음.

The lake is deepest at this point. 그 호수는 이 지점이 가장 깊다. ⋯ 다른 호수와 비교한 게 아님.

⏱ 도전! 1분 영작 002

❶ 그는 우리 반에서 가장 키가 큰 학생이다. 🖊

❷ 난 너랑 같이 있을 때가 가장 행복해. 🖊

STEP 1 빈칸에 어울리는 말을 고르세요.

❶ I've seen a lot of strange things, but this one is .... unusual of all.

ⓐ the most   ⓑ a most   ⓒ most   ⓓ much more

❷ He is .... strongest candidate in the upcoming election.

ⓐ the more   ⓑ by far the   ⓒ very   ⓓ the most

STEP 2 괄호 안에 주어진 단어의 형태를 바꿔 최상급 문장으로 만들어 보세요.

❸ She is .... of the family, which means she doesn't have any younger brothers or sisters. (young)

❹ January is usually .... month of the year. (cold)

❺ What type of shoes do you wear .... ? (often)

❻ What is .... sport in Korea? (popular)

STEP 3 우리말에 어울리도록 괄호 안에 주어진 표현을 이용해 문장을 완성해 보세요.

❼ 바이칼호는 세계에서 가장 깊은 호수다. (deep)

✎ Lake Baikal is ....

❽ 그는 굉장히 존경받는 정치인이었다. (respect)

✎ He was .... politician.

★정답 및 해설은 439쪽에

58 as ~ as 동급 비교와 비교급 응용 표현

고만고만한 것들을 비교할 때

강의 및 예문듣기

🎧 58.mp3 ▶ 동영상 18강

1단계
핵심문법 익히기

꼭 알아야 할
영문법의 기본 개념을
정리하세요.

① 비교 대상들이 막상막하일 땐 **as ~ as**를 쓴다

as에는 '~처럼, ~같이, ~만큼'이란 의미가 있기 때문에 비교할 때 잘 씁니다. 예컨대 He is as tall as you.는 '그는 너만큼 크다'가 되죠. 〈as + 형용사/부사 + as + 비교 대상〉으로 표현해요.

She's almost **as lazy as** I am.　　　　　　　　그 애는 거의 나만큼 게을러.

He skips classes **as often as** you do.　　　　　그 애는 너만큼 자주 수업을 빼먹지.

만약 막상막하를 넘어 둘이 '똑같다'고 할 경우엔 the same as를 씁니다.

His advice is **the same as** my doctor's.　　　그의 조언은 내 의사가 해준 조언과 똑같다.

Flour looks **the same as** starch.　　　　　　　밀가루는 전분과 똑같이 생겼다.

You look **the same as** (you did) 10 years ago.　　　넌 10년 전이랑 똑같아.

The actress looks **the same as** (she does) on the screen.

그 여배우는 화면에서 보이는 것과 실물이 똑같아.

• starch 전분, 녹말

not as[so] ~ as …처럼 not을 붙이면 '…만큼 그렇게 ~한 건 아니다', 즉 '그보 다는 덜 ~하다'라는 의미가 됩니다. 비교급을 쓰지 않고도 비교급 의미를 만들 수 있죠.

She's **not as lazy as** I am.　　　　　　　　　그 애는 나만큼 게으르진 않아.

→ She's less lazy than I am.

→ I am lazier than she is.

I don't have **as much money as** you do.

→ I have less money than you do.

→ You have more money than I do.

I don't watch TV **as often as** my mom does.

→ My mom watches TV more often than I do.

→ I watch TV less often than my mom does.

난 너만큼 돈이 많진 않아.

난 엄마만큼 TV를 자주 보진 않아.

⏱ 도전! 1분 영작 001

❶ 고양이는 개만큼 영리하지 못하다.　🖊

❷ 내 결론은 네 거와 같아. (conclusion)　🖊

② 수치로 비교하기

수치상으로 비교할 수 있을 경우엔 비교 표현 앞에 수치를 넣어 말합니다.

She's **three years** older than you.

We got 20% more profit than last year.

He came **one hour** later than usual.

그 여자는 너보다 세 살 위야.

작년보다 수익이 20% 늘었어.

그 사람은 평소보다 한 시간 늦게 왔어.

배수는 (two, three ...) times as ~ as, 또는 (two, three ...) times 비교급 than으로 표현해요. 또 two times의 경우 twice로도 잘 씁니다.

Women are **two times as likely as** men to suffer from depression.

= Women are **two times more likely than** men to suffer from depression.

= Women are **twice as likely as** men to suffer from depression.

여성은 남성보다 우울증에 걸릴 가능성이 두 배 높다.

The Japanese go to the doctor **three times as often as** Americans.

= The Japanese go to the doctor **three times more often than** Americans.

일본인은 미국인보다 병원을 세 배나 더 자주 간다.

European unemployment rates are two or even three times as high as those in the US.

= European unemployment rates are two or even three times higher than those in the US. 유럽의 실업률은 미국의 실업률보다 두 배, 또는 심지어 세 배 더 높다.

어떤 수치 이상, 이하, 초과, 미만 등을 나타낼 때는 다음과 같이 씁니다. 이런 식의 표현은 하나의 숙어처럼 통째로 익혀 두세요.

more than 1	1보다 많은, 즉 2 이상 (2, 3, 4 …)
no[not] more than 2	2보다 많지 않다, 즉 2 이하 (= 2 at most: 많아 봐야 2)
less than 2	2보다 적은, 즉 2 미만 (= under 2: 1, 0)
no[not] less than 2	2보다 적지 않다, 즉 2 이상 (= at least 2: 적어도/최소한 2)

He saved her life on more than one occasion. 그는 두 번 이상 그녀의 목숨을 구해 줬다.

Your bag must not weigh more than 40 pounds.

가방 무게는 40파운드를 넘으면 안 됩니다. ⋯→ 40파운드까지만 허용

How many children live in your household who are less than 18 years old? 댁에 사는 18세 미만의 자녀가 몇 명입니까? ⋯→ 18세가 안 된 자녀

Essays may be up to several thousand words, but should not be less than 1,500 words. 에세이는 수천 단어까지 써도 되지만 1,500단어보다 적으면 안 됩니다. ⋯→ 최소 1,500단어

The number of participants should be no less than five, and no more than ten. 참가자 수는 5명 이상, 10명 이하여야 한다.

이 원리를 이해하면 다른 〈no[not] 비교급 than〉에도 활용할 수 있습니다.

Application should be made no earlier than the first semester of the sophomore year and no later than the end of the first semester of the junior year. 지원서 제출은 2학년 1학기보다 빠르면 안 되고 3학년 1학기 말보다 늦으면 안 된다.
⋯→ 빠르면 2학년 1학기가 시작된 후부터 늦어도 3학년 1학기 말까지

Bring in a photo no smaller than 2″× 3″ and no larger than 5″× 7″.
가로 2인치, 세로 3인치 이상, 가로 5인치, 세로 7인치 이하인 사진을 가져오세요.
⋯→ 2×3, 2″×3″, 2 by 3는 모두 가로 2, 세로 3을 뜻하고, ″는 inch를 나타냄. 읽을 땐 two by three inches

⏱ **도전! 1분 영작 002**

① 내가 그녀보다 두 살 아래야. 🖊 _____

② 남성은 여성보다 흡연 가능성이 네 배 높다. 🖊 _____

③ **The 비교급 ~, the 비교급…: ~할수록 (더) …하다**

특정한 상황이 더 발생하면 할수록 이와 연관된 상황이 더 어떠해진다는 식의 표현을 할 때 〈The 비교급 ~, the 비교급 …〉으로 나타냅니다. 원칙적으로 비교급 앞에는 the를 붙이지 않지만 이 경우엔 the가 붙죠. 하나의 표현으로 익혀 두세요.

The more exercise you do, **the more** benefits you will receive.

운동을 많이 할수록 더 많은 이득을 얻는다.

The more popular his site (is), **the more** money he makes.

그의 사이트가 인기가 많을수록 그는 돈을 많이 번다. ⋯→ be동사는 생략 가능

The longer it takes, **the higher** the cost.

오래 걸릴수록 비용이 늘어난다.

The more often you see something, **the more** you like it.

자주 볼수록 더 좋아하게 된다.

The sooner, the better.

빠를수록 좋다.

⏱ **도전! 1분 영작 003**

① 웃을수록 오래 산다. 🖊 _____

② 사람들에 대해 더 많이 알게 될수록 편견도 줄어든다. (prejudice)

🖊 _____

④ **비교급으로도 최상급 의미를 나타낼 수 있다**

아래와 같은 비교급으로 의미상 최상급을 표현할 수 있습니다. 모두 유용한 패턴들이니 잘 익혀 두세요.

| 정답 |

도전! 1분 영작 002

① I'm two years younger than her[she].

② Men are four times more likely than women to smoke.
= Men are four times as likely as women to smoke.

도전! 1분 영작 003

① The more you laugh, the longer you live.

② The more you learn about people, the less prejudice you will have.

♦ 비교급 than any other 단/복수 명사 다른 어느 ~보다 더

China has **more** people **than any other** country in the world.

중국은 세계 다른 어느 나라보다 인구가 많다.

♦ 비교급 than all the other 복수 명사(불가산명사면 단수) 다른 모든 ~들보다 더

China has **more** people **than all the other** countries in the world.

중국은 세계 다른 모든 나라들보다 인구가 많다.

♦ No ~ + 비교급 than 그보다 더 ~한 건 없다

No (other) country in the world has **more** people **than** China (does).

세계 (다른) 어느 나라도 중국보다 인구가 많지는 않다.

무작정 외우지 말고 차근차근 의미를 따져 가며 이해하세요. 다음과 같이 조금 다른 형태의 문장으로 응용되기도 하니까요.

More Americans get their news from ABC **than** from **any other** source.

더 많은 미국인이 다른 어느 소스보다 ABC에서 뉴스를 얻는다. = 다른 언론사보다 ABC에서 뉴스를 얻는 미국인이 더 많다. = ABC가 가장 인기 있다. ⋯→ 최상급을 쓰지 않고도 최고라며 자화자찬한 경우

아래처럼 ever를 비교급과 함께 써도 '그 어느 때보다'라는 최상급 의미가 됩니다.

I'm **happier now than ever**.　　　　난 지금 그 어느 때보다도 행복해. ⋯→ 비교급 than ever

I've **never** been **happier** (than now). (이보다) 더 행복했던 적은 없어. ⋯→ never(not ever) 비교급

Women in Korea are having **fewer** children **than ever before**.

한국 여성들은 지금까지 그 어느 때보다도 아이를 적게 갖고 있다. (출산율이 가장 낮다) ⋯→ 비교급 than ever before

🕐 도전! 1분 영작 004

① 나일강은 세계 다른 어느 강보다 길다. (The Nile)

✎

② 나 이보다 바쁜 적은 없었어.

✎

| 정답 |

도전! 1분 영작 004

① The Nile is longer than any other river in the world.
= The Nile is longer than all the other rivers in the world.
= No river in the world is longer than the Nile.
= The Nile is the longest river in the world.

② I've never been busier (than now).

STEP 1 빈칸에 어울리지 <u>않는</u> 말을 고르세요.

❶ You look _____ in the picture.

ⓐ a most beautiful　　ⓑ happy　　　ⓒ younger　　ⓓ the same as

❷ The final results were _____ expected.

ⓐ the same as　　　　ⓑ worse than　　ⓒ as　　　ⓓ as well as

STEP 2 주어진 문장과 같은 뜻이 되도록 문장을 완성해 보세요.

❸ Smokers are four times more likely than non-smokers to get cancer.

⋯→ Smokers are _____ .

❹ China has the largest population in the world.

⋯→ China has a _____ country in the world.

❺ Children under 13 are not permitted to access this website.

⋯→ Children _____ years old are not allowed
to enter this website.

STEP 3 우리말에 어울리도록 빈칸에 알맞은 말을 넣어 보세요.

❻ 요즘 고객들은 그 어느 때보다 많은 선택을 할 수 있다.

✎ Customers today have _____ choices than _____

_____ .

❼ 우린 얘기를 더 많이 할수록 더 가까워지는 것 같았어.

✎ _____ we talked, _____ we

seemed to grow.

❽ 우린 모두가 생각하는 것만큼 나쁜 사람들은 아냐.

✎ We are not _____ bad _____ everyone else thinks we

are.

★정답 및 해설은 440쪽에

STEP 1 다음 대화문을 읽고 질문에 답하세요.

A The more jobs you can do around here, the more valuable you are to the company. If things don't go well and the company has to lay off people, who will they keep? Those who can do the most jobs.

B OK, I'll keep that in mind.

❶ 대화문과 일치하는 내용을 고르세요.

ⓐ A thinks B is a very valuable person to the company.

ⓑ A is trying to persuade B so B can do more jobs.

ⓒ A is telling B that B will be fired.

STEP 2 다음 글을 읽고 질문에 답하세요.

Today, more than ever, customer satisfaction is critical to a company's growth and success. Founded in 1995, we have more than 200,000 satisfied customers worldwide. Our support is of the highest quality. We also offer a 30-day no-questions-asked refund policy to every new customer. We are faster in the market and closer to our customers. We know what our customers want better than any other company.

❷ 이 글에 대한 설명 중 옳은 것을 고르세요.

ⓐ It is designed to promote a company.

ⓑ It is written as a newspaper article.

ⓒ "We" have high-class, supporting customers.

ⓓ "We" are faster than our customers in the market.

❸ 밑줄 친 "We are faster in the market"의 의미로 알맞은 것을 고르세요.

ⓐ We move faster than our customers in the market.

ⓑ We excel our competitors in the market.

ⓒ We know better than our customers.

괄호 안에 주어진 표현을 적절히 바꿔 비교급 문장으로 만들어 보세요.

④ This sentence sounds _____ than that one. (natural)

⑤ This cream will make your skin _____ . (smooth)

⑥ This product is much _____ expensive than that one. (more)

우리말에 어울리도록 대화문의 빈칸을 채워 보세요.

⑦ A I was surprised he has a kid!

　B 그 사람 네가 생각하는 것보다 나이 많아.

　　🎤 He is older _____ _____ _____ .

⑧ A Keep practicing it and it will get easier.

　B 알아, 하지만 더 노력할수록 더 어려워지는 거 같아.

　　🎤 I know, but it seems _____ I try,

　　_____ _____ it gets.

⑨ A How long can I stay in that country on a tourist visa?

　B 6개월 이하로 체류할 수 있어요.

　　🎤 You can stay _____ than six months.

⑩ A What did the study find?

　B 알코올 중독자의 자녀가 다른 아이들에 비해 알코올 중독자가 될 확률이 네 배 높대.

　　🎤 It found children of alcoholics are four times _____ likely

　　_____ other children to become alcoholics.

★정답 및 해설은 440쪽에

열두째 마디

●

전치사와 부사

세부 정보를
표현해 주다

59

전치사

위치와 방향을 알려 주는 말

🎧 59.mp3　▶ 동영상 19강

1단계

핵심문법 익히기

꼭 알아야 할
영문법의 기본 개념을
정리하세요.

❶ 전치사는 위치와 방향을 나타내기 위해 쓴다

'난 지하철역에서부터 걸었다'를 영어로 표현하려면, 우선, '나', '지하철역', 그리고 '걸었다'는 동사가 필요하죠. 그럼, '~에서부터'란 '방향'을 나타내려면? 이때 필요한 게 바로 전치사입니다. 동사나 명사로는 표현할 수 없는 위치나 방향을 나타내죠.

방향	지하철역에서부터 걸었어.	I walked **from** the subway station.
	지하철역으로 걸어갔어.	I walked **to** the subway station.
	지하철역 안으로 걸어갔어.	I walked **into** the subway station.
위치	우유는 냉장고 안에 있어.	The milk is **in** the refrigerator.
	우유는 탁자 위에 있어.	The milk is **on** the table.
	우유는 그 상자 뒤에 있어.	The milk is **behind** the box.

우리말은 '냉장고 안에', '지하철역으로'처럼 명사 뒤에 위치나 방향을 알려 주는 말을 붙이지만, 영어에서는 in the refrigerator, to the subway station 처럼 명사 앞(앞 前前)에 두기(둘 치置) 때문에 '전치사'라고 부릅니다. 뒤에 오는 (대)명사는 '전치사의 목적어'라고 부르는데 목적격을 쓴다는 뜻이에요.

What's the difference between *you* and *I*? (×)

What's the difference between **you** and **me**?　　　너랑 나랑 차이점이 뭐지?

전치사는 보기엔 별거 아닌 것 같아도 문장의 의미를 좌우하는 중요한 품사라 뜻을 정확히 알고 활용할 수 있어야 합니다. 먼저 전치사의 기본이 되는 '공간과 관련된 위치와 방향'을 나타내는 전치사부터 다음의 그림과 예문을 통해 그 의미를 이해해 보세요.

① One of the signs **on** the building is blown **off** the building.

② A man is running **along** the road.

③ There are two bridges **from** the road **to** the park.

④ A man is looking **through** the telescope to find what is **beyond** the lake.

❶ **off** 떨어져 분리된

❷ **along** ~를 따라 나란히

❸ **from** ~에서부터

❹ **through** ~를 관통하는

❼ **out of** ~에서 밖으로

❽ **behind** ~의 뒤

❾ **within** ~를 넘지 않고 그 안에서

❻ **in** ~의 안

⑤ A car is going **into** the tunnel.

⑥ There is another car **in** the tunnel.

⑦ The taxi is coming **out of** the tunnel.

① 빌딩에 붙어 있던 간판 중 한 개가 (바람에 날려) 건물에서 떨어져 나가 있다.
② 한 남자가 도로를 따라 달리고 있다.
③ 도로에서 공원까지 다리가 두 개 있다.
④ 한 남자가 망원경을 통해 호수 너머에 뭐가 있는지 보고 있다.

⑤ 차 한 대가 터널로 들어가고 있다.
⑥ 터널 안에는 차가 또 한 대 있다.
⑦ 택시가 터널에서 나오고 있다.

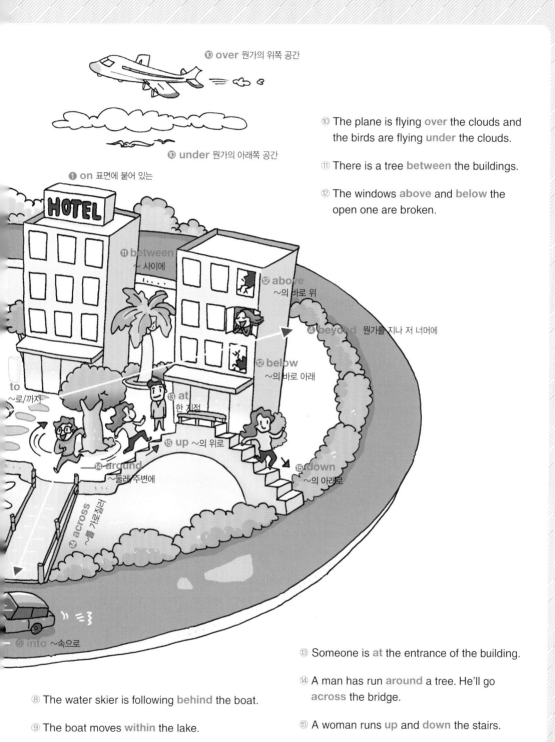

⑩ over 뭔가의 위쪽 공간

⑩ under 뭔가의 아래쪽 공간

① on 표면에 붙어 있는

HOTEL

⑪ between ~ 사이에

⑫ above ~의 바로 위

④ beyond 뭔가를 지나 저 너머에

⑫ below ~의 바로 아래

to ~로/까지

⑬ at 한 지점

⑮ up ~의 위로

⑭ around ~둘레/주변에

⑮ down ~의 아래로

~를 가로질러 across

② into ~속으로

⑩ The plane is flying **over** the clouds and the birds are flying **under** the clouds.

⑪ There is a tree **between** the buildings.

⑫ The windows **above** and **below** the open one are broken.

⑬ Someone is **at** the entrance of the building.

⑭ A man has run **around** a tree. He'll go **across** the bridge.

⑮ A woman runs **up** and **down** the stairs.

⑧ The water skier is following **behind** the boat.

⑨ The boat moves **within** the lake.

⑧ 수상스키 타는 사람이 배 뒤에서 따라가고 있다.
⑨ 보트가 호수 안에서 돌아다닌다.
⑩ 비행기가 구름 위로 날고 있고 새들은 구름 아래로 날고 있다.
⑪ 건물들 사이에 나무 한 그루가 있다.

⑫ 열린 창문 위아래 창문들은 깨져 있다.
⑬ 누가 건물 입구에 있다.
⑭ 한 남자가 나무 주위를 달렸다. 그는 다리를 건널 거다.
⑮ 한 여자가 계단을 뛰어서 오르내린다.

One of the signs **on** the building is blown **off** the building.

빌딩에 붙어 있던 간판 중 한 개가 (바람에 날려) 건물에서 떨어져 나가 있다. ⋯ on: 표면에 붙어 있는, off: 떨어져 분리된

A man is running **along** the road.

한 남자가 도로를 따라 달리고 있다.

⋯ along: ～를 따라 나란히

There are two bridges **from** the road **to** the park.

도로에서 공원까지 다리가 두 개 있다. ⋯ from: ～에서부터, to: ～로/까지

A man is looking **through** the telescope to find what is **beyond** the lake.

한 남자가 망원경을 통해 호수 너머에 뭐가 있는지 보고 있다. ⋯ through: ～를 관통하는, beyond: 뭔가를 지나 저
너머에. beyond our imagination(우리의 상상 너머에 있는 = 상상할 수 없는)처럼 추상적 공간으로 응용 가능

A car is going **into** the tunnel.

차 한 대가 터널로 들어가고 있다. ⋯ into: ～ 속으로

There is another car **in** the tunnel.

터널 안에는 차가 또 한 대 있다. ⋯ in: ～의 안

The taxi is coming **out of** the tunnel.

택시가 터널에서 나오고 있다. ⋯ out of: ～에서 밖으로

The water skier is following **behind** the boat.

수상스키 타는 사람이 배 뒤에서 따라가고 있다. ⋯ behind: ～의 뒤

The boat moves **within** the lake.

보트가 호수 안에서 돌아다닌다.

⋯ within ～를 넘지 않고 그 안에서

The plane is flying **over** the clouds and the birds are flying **under** the clouds.

비행기가 구름 위로 날고 있고 새들은 구름 아래로 날고 있다.

⋯ over: 뭔가의 위쪽 공간, under: 뭔가의 아래쪽 공간, under investigation(조사 중인)처럼 추상적 공간으로도 응용 가능

There is a tree **between** the buildings.

건물들 사이에 나무 한 그루가 있다.

⋯ between: ～ 사이에

The windows **above** and **below** the open one are broken.

열린 창문 위아래 창문들은 깨져 있다. ⋯ above: ～의 바로 위, below: ～의 바로 아래

Someone is **at** the entrance of the building.

누가 건물 입구에 있다. ⋯ at: 한 지점

A man has run **around** a tree. He'll go **across** the bridge.

한 남자가 나무 주위를 달렸다. 그는 다리를 건널 거다. ⋯ around: ～ 둘레/주변에, across: ～를 가로질러

A woman runs **up** and **down** the stairs.

한 여자가 계단을 뛰어서 오르내린다.

⋯ up: ～의 위로, down: ～의 아래로

◆ 시간과 관련된 위치와 방향

The class begins **at** 9 **in** the morning.
수업은 오전 9시에 시작한다.

⋯→ at은 어느 한 지점(시각), in은 좀 더 넓은 공간(시간)

She works **from** Monday **to** Friday.
그 여자는 월요일부터 금요일까지 일한다.

⋯→ 공간에서 쓰는 방향 개념을 시간에 응용

She has worked with us **since** two years ago. She will stay with us **until** next year.
그 여자는 2년 전부터 우리와 함께 일하고 있다. 그 여자는 내년까지 우리와 같이 일할 거다.

⋯→ 순수하게 시간에 사용되는 전치사

Before joining us, she was in the US **for** three years. **During** that time, she studied law.
그 여자는 우리 회사에 오기 전 3년 동안 미국에 있었다. 그 시간 동안 그 여자는 법을 공부했다.

⋯→ before/after는 시간상 앞/뒤, for와 during은 '기간'(단, for 3 years, during the period처럼 for 다음엔 〈숫자 + 시간 단위〉, during 다음엔 일반 명사가 옴)

🕐 도전! 1분 영작 001

❶ 그 남자와 나의 차이점이 뭐지?　　🖉 _____

❷ 그 남자는 3년 전부터 여기서 살았어.　　🖉 _____

❷ 전치사의 기본 의미에서 파생되는 논리적 의미

전치사는 앞서 배웠던 것처럼 공간이나 시간을 정확하게 표현하기 위해 개별 적으로 쓰이기도 하지만 동사와 결합해 동사 하나로는 표현할 수 없는 좀 더 다양한 의미를 만들기도 합니다. 이렇게 동사와 결합하는 전치사 역시 기본 의 미에서 출발하기 때문에 무작정 외우려 하기보다는 기본 의미를 잘 생각해 유 추하면 훨씬 쉽게 익힐 수 있어요.

Most back pain **results from** lack of exercise.
대부분의 요통은 운동 부족에 기인한다.

⋯→ result from: ~로부터 나온 결과다 = ~가 원인이다

Lack of exercise may **result in** constipation.
운동 부족은 변비를 일으킬 수 있다.

⋯→ result in: 결과가 ~ 속에 나타나다 = 결과가 ~가 되다 = ~를 일으키다

Constipation may **lead to** other problems.
변비는 다른 문제를 낳을 수 있다.

⋯→ lead to: ~로 이어지다 = ~를 야기하다

· constipation 변비

Family **comes before** work. 가족이 일 앞에 온다. (일보다 가족이 더 중요하다.)

⋯→ A comes before B: A가 B보다 앞에 온다 = A가 B보다 중요하다

They **put** profit **before** safety. 그들은 이익을 안전 앞에 둔다. (이익을 안전보다 우선시한다.)

⋯→ put A before B: A를 B 앞에 두다 = A를 B보다 우선시하다

Let's keep this **between you and me.** 이걸 계속 너와 나 사이에 두자. (너랑 나만 아는 걸로 하자.)

⋯→ between you and me, between ourselves: 우리끼리 얘긴데

Nothing can **come between** us.

우리 사이에 아무것도 올 수 없다. (아무것도 우리 사이를 갈라놓을 수 없다.)

⋯→ come between: ~ 사이를 갈라놓다 (문맥에 따라서는 순수하게 둘 사이에 온다는 의미도 됨)

다음 예문에 쓰인 전치사들은 접속사처럼 논리 관계(인과, 대조 등)를 나타낼 때 잘 쓰입니다.

A lot of marriages break up **due to** financial problems.

경제적인 문제 때문에 결혼생활이 깨지는 경우가 많다. ⋯→ 바닥부터 꼭대기까지 완전(up) 깨져버리다. ~ 때문에(due to)

He apologized to her for what she had to go through **because of** him.

그 남자는 그 여자가 자기 때문에 겪어야 했던 것에 대해 그 여자에게 사과했다.

⋯→ 그 여자에게(to) 사과하다. 어려움 등을 뚫고 거쳐(through) 가다. ~때문에(because of)

Many people showed up **despite** the heavy rain.

폭우에도 불구하고 많은 사람들이 나왔다. ⋯→ ~에도 불구하고(despite = in spite of)

⏱ **도전! 1분 영작 002**

❶ 양보다 질이 먼저야. (quantity, quality) ✎

❷ 폭우에도 불구하고 경기는 계속됐어. (continue)

✎

| 정답 |

도전! 1분 영작 002

❶ Quality comes before quantity.

❷ Despite the heavy rain, the game continued.

STEP 1 괄호 안의 표현 중 가장 어울리는 것을 고르세요.

① The students jumped (on / over / across) the wall and ran (from / with / across) the street.

② The remote was (on / at / between) the sofa cushions.

③ The temple was rebuilt (for / after / with) a fire.

④ What's happening (back / behind / from) the scenes?

⑤ The car was parked (out / off / above) the road.

⑥ We'll work on the project (across / over / under) the next two years.

STEP 2 빈칸에 어울리는 말을 고르세요.

⑦ The graduation ceremony was cancelled .... bad weather.

ⓐ because ⓑ due to ⓒ despite ⓓ to

⑧ Researchers say that smoking itself does not result .... weight loss, but quitting smoking may lead .... weight gain.

ⓐ to - to ⓑ in - for ⓒ for - for ⓓ in - to

⑨ Health comes .... money.

ⓐ before ⓑ back ⓒ up ⓓ since

⑩ How many deaths resulted .... the flood?

ⓐ by ⓑ in ⓒ for ⓓ from

★정답 및 해설은 441쪽에

60 전치사를 활용하는 구동사

동사와 전치사가 뭉쳤다!

강의 및 예문듣기

🎧 60.mp3　▶ 동영상 19강

1단계
핵심문법 익히기

꼭 알아야 할
영문법의 기본 개념을
정리하세요.

❶ 동사 + 전치사 = 구동사

동사 뒤에 전치사가 올 땐 두 가지 경우로 나눌 수 있어요. ❶ 전치사가 있든 없든 동사가 원래 자기 의미를 그대로 간직하는 경우, ❷ 〈동사 + 전치사〉가 통째로 또 하나의 동사 역할을 하고 의미도 변하는 경우입니다. ❷는 특이하니 까 문법에서 따로 '구동사(구phrase 역할을 하는 동사)'라고 불러요. 용어는 몰라도 괜찮지만 〈동사 + 전치사〉가 어떤 의미를 갖는지는 꼭 알아야 합니다. 구동사 는 특히 회화에서 유용하게 쓰여요(엄밀히 말해 여기서 부사인 경우도 있지만 구별 못 해도 문제 없고 오히려 헷갈릴 수 있어 '전치사'로 통일합니다).

아래는 ❶에 해당하는 경우입니다. 〈전치사 + 전치사의 목적어〉 순으로 쓰죠.

I walked **across** the street. 　　　　　　　　　　　　　　난 걸었다. 길을 건너.

I walked **into** the house. 　　　　　　　　　　　　　　난 걸었다. 집 안으로.

We talked **about** him. 　　　　　　　　　　　　　　우리는 얘기했다. 그 사람에 대해.

We talked **with** her. 　　　　　　　　　　　　　　우리는 얘기했다. 그 여자와.

다음은 ❷에 해당하는 경우예요. 이땐 목적어를 전치사 앞, 뒤 어느 쪽에 써도 괜찮습니다. 어차피 전치사까지 들어가야 또 하나의 동사로서 의미가 완성되 기 때문에 위치에 연연하지 않는 거죠.

He **took off** his shoes. 　　　　　　　　　　　　　　그는 신발을 벗었다.

He **took** his shoes **off**.

⋯▶ take off: 취해서(take) 붙어 있던 걸 분리시키다(off) ⋯▶ (옷 등을 몸에서) 떼어내다 = 벗다

He **took out** a knife.

그는 칼을 꺼냈다.

He **took** a knife **out**.

→ take out: 취해서(take) 밖으로(out) → 꺼내다

단, 구동사에서 목적어가 대명사일 땐 아래와 같이 동사와 전치사 사이에만 쓸 수 있으니 조심하세요.

He took off *them*. (×) → He **took** them **off**.

He took out *it*. (×) → He **took** it **out**.

⏱ 도전! 1분 영작 001

① 난 엄마를 오전 11시에 픽업했다.   🖉 ....

② 난 그녀의 눈을 들여다보았다.   🖉 ....

② 구동사 의미 파악하기

다음은 모두 활용도 높은 구동사들입니다. 전치사별로 기본 그림을 이해한 뒤 동사와 결합해 어떤 의미로 확장되는지 유추하는 연습을 해보세요. 잘 쓰는 구동사를 많이 알아야 실력이 빨리 늡니다.

◆ across: 건너가는 그림

I **came across** this photo a few days ago.

며칠 전에 우연히 이 사진을 발견했어.

→ 서로 교차해 오다 = 우연히 마주치다

It was hard to **get** my message **across**.

내 말뜻을 전달하기가 어려웠다.

→ my message가 상대방에게 건너가게 하다 = 말뜻을 전달하다, 의사 전달에 성공하다

◆ down: 밑으로 내려가는 그림

They **let** me **down**.   그들은 날 실망시켰다. → 내가 기운 빠져 가라앉게(down) 놔두다(let) = 실망시키다

He **turned down** our proposal.

그는 우리의 제안을 거절했다.

→ 올라온 제안을 돌려서(turn) 내려 버리다(down) = 거부하다, 거절하다

| 정답 |

도전! 1분 영작 001

① I picked up my mom at 11 am.
= I picked my mom up at 11 am.

② I looked into her eyes.

367

◆ **in**: 안에 있거나 안을 향한 그림

He finally **gave in** and accepted my decision. 　　　그는 결국 포기하고 내 결정을 받아들였다.

⋯→ 버티다 내주고(give) 굽히고 들어가다(in) = 포기[굴복]하다, 뜻을 굽히다

We have to **turn in** the paper by tonight. 　　　우리 오늘밤까지 리포트 내야 돼.

⋯→ 내 수중에 있던 과제물의 방향을 돌려(turn) 교수가 소유하는 공간 속에 있게(in) 하다 = 제출하다

◆ **into**: 속으로 들어가는 그림

Someone **broke into** the house last night. 　　　어젯밤 누군가 집에 침입했다.

⋯→ 막은 걸 굳이 깨고(break) 들어오다(into) = 침입하다

The company **ran into** financial difficulties. 　　　그 회사는 재정난에 부딪쳤다.

⋯→ 달리다(run) 재정난 속으로(into) 들어가다 = (어려움 등에) 부딪치다

◆ **on**: 뭔가에 접촉하는 그림

They **kept on** fighting until the police came. 　　　그들은 경찰이 올 때까지 계속 싸웠다.

⋯→ 싸우는 행동에 붙은 상태로(on) 유지되다(keep) = 계속 ~하다

Put on a mask when you go out. 　　　외출할 때 마스크 써.

⋯→ 마스크를 두다(put), 몸에 붙은 상태로(on) = (옷 등을) 입다

◆ **out**: 밖으로 향하는 그림

The Korean War **broke out** in 1950. 　　　한국 전쟁은 1950년에 발발했다.

⋯→ 평화롭던 상태를 깨고(break) 갑자기 밖으로 튀어나오다(out) = (갑자기) 발생하다, 발발하다

We can **work out** the problem. 　　　우리 그 문제 해결할 수 있어.

⋯→ 노력해서(work) 문제가 있던 자리에서 바깥으로(out) 흩어져 사라지게 하다 = 해결하다

◆ **up**: 위로 올라가는 그림

The doctor **covered up** the mistake for years. 　　　그 의사는 수년간 그 실수를 감췄다.

⋯→ 위까지 다(up) 덮어 버리는(cover) 그림 = 감추다, 은폐하다

It's not a true story. He **made it up**. 　　　그거 실화 아냐. 그 사람이 지어낸 거야.

⋯→ 없던 걸 만들어(make) 올려(up) 마치 진짜 있던 것처럼 속이다 = 지어내다, 날조하다

전치사가 2개 이상 들어간 구동사

How do I **get** the stains **out of** my pants?
바지에서 얼룩을 어떻게 빼지?
⋯→ get something out of: 뭔가를 ~에서 분리해(of) 밖으로(out) 나가게 하다

We **ran out of** money.
우리는 돈이 떨어졌다.
⋯→ run out of something: 있던 상태에서 분리돼(of) 밖으로(out), 즉 없는 상태로 흘러가다 = ~가 떨어지다

Stay away from me!
가까이 오지 마!
⋯→ stay away from: ~로부터(from) 떨어져 있는(away) 상태 그대로 있다(stay)

도전! 1분 영작 002

① 난 거리에서 우연히 그 남자와 마주쳤어. 🖉 ....

② 그 남자는 진실을 은폐했어. 🖉 ....

| 정답 |
도전! 1분 영작 002

① I came across him on the street.

② He covered up the truth.

문제를 풀면서
배운 내용을 확실한
내 것으로 만드세요.

STEP 1 우리말에 어울리도록 괄호 안에 주어진 동사를 이용해 문장을 완성해 보세요.

① 그녀는 빈털터리고 난 현금이 떨어져가고 있어. (run)

  ✎ She's broke, and I'm _____ cash.

② 서울에서 널 만나길 고대하고 있어. (look)

  ✎ I'm _____ meeting you in Seoul.

③ 난 세계사에 관심이 있어. (interest)

  ✎ I'm _____ world history.

④ 네 자신에 집중하도록 노력해 봐. (concentrate)

  ✎ Try to _____ yourself.

⑤ 나 잠 좀 자게 불 좀 꺼주라. (turn)

  ✎ Will you please _____ the light so I can get some
  sleep?

⑥ 어젯밤 우리 아파트에 도둑이 들어 내 노트북을 훔쳐갔다. (break)

  ✎ My apartment was _____ last night and my laptop
  was stolen.

STEP 2 잘못된 부분을 찾아 알맞게 고치세요.

⑦ My brother was offered a good job, but he turned down it.

⑧ How long can you stay away your computer from?

★정답 및 해설은 441쪽에

61

부사

언제? 어디서? 어떻게? 왜?

강의 및 예문듣기

🎧 61.mp3　▶ 동영상 19강

1단계

핵심문법 익히기

꼭 알아야 할
영문법의 기본 개념을
정리하세요.

❶ 부사는 '언제, 어디서, 어떻게, 왜'를 표현할 때 쓴다

부사는 '사과가 엄청 크다', '일찍 일어난다', '아주 느리게 걷는다'처럼 형용사(크다), 동사(일어난다), 부사(느리게)의 의미를 좀 더 구체적으로 만들어 주는 역할을 합니다. 문법에선 이걸 동사, 형용사, 부사를 꾸민다고 표현하죠. 부사는 각각 꾸밀 말과 가까운 자리에 쓰는 게 원칙입니다.

I had an **absolutely** amazing experience there.
거기서 완전 끝내주는 경험을 했지.
⋯ 형용사 amazing을 강조

He works hard to earn money.
그는 돈 벌기 위해 열심히 일한다.
⋯ 동사 work을 자세히 표현해 줌.

He doesn't check his emails **very** often.
그는 그렇게 자주 이메일을 확인하진 않아.
⋯ 부사 often을 강조

동사를 꾸밀 땐 동사 옆에 쓰는 게 좋지만, 여의치 않으면 아예 문장 맨 뒤나 맨 앞에 씁니다.

She **slowly** opened the box.
그 여자는 천천히 그 상자를 열었다.

She opened the box **slowly**.

Slowly she opened the box.

She opened the *slowly* box. (×)
⋯ 명사를 꾸미는 자리이므로 형용사나 분사가 들어갈 자리

부사의 위치는 별로 어렵지 않죠? 사실, 부사보다는 다른 품사 여러 개가 모여 통째로 부사 역할을 해주는 부사구나 부사절이 더 중요합니다. 이들을 합쳐 '부사어구'라고 부르기도 하죠. 세상 모든 일은 '누가, 언제, 어디서, 무엇을, 어떻게, 왜'로 설명이 되는데, 여기서 '누가/무엇이'와 '무엇을/누구를'은 명사의

묶이고 나머지 '언제, 어디서, 어떻게, 왜'가 모두 부사어구로 표현됩니다.

따라서 시험문제에서처럼 부사의 위치만 찾으면 될 때 '부사는 형용사, 동사, 부사를 꾸민다' 정도만 알아도 되지만, 자신이 직접 문장을 만들 땐 이 '언제, 어디서, 어떻게, 왜'에 해당하는 부사어구를 적절히 잘 끼워 넣을 수 있어야 해요. 아래 예문을 보면서 '언제, 어디서, 어떻게, 왜' 부분에 어떤 부사어구들이 들어갈 수 있는지 확인해 보세요.

I was eating **then**.   밥 먹고 있었어. (언제?) 그때.

I was eating **in the afternoon**.   밥 먹고 있었어. (언제?) 오후에. ⋯→ 시간적 위치를 나타내는 in 사용

I was eating **when you called me**.   밥 먹고 있었어. (언제?) 네가 전화했을 때.
                                          ⋯→ 시간을 나타내는 접속사 when 사용

I was eating **here**.   밥 먹고 있었어. (어디서?) 여기서.

I was eating **in the kitchen**.   밥 먹고 있었어. (어디서?) 부엌에서.
                                          ⋯→ 공간적 위치를 나타내는 in 사용

I was eating **at a restaurant where she worked**.
                        밥 먹고 있었어. (어디서?) 그녀가 일하는 음식점에서. ⋯→ 장소에 관련된 관계부사 where 사용

I was eating **hurriedly**.   밥 먹고 있었어. (어떻게?) 급하게.

I was eating **in a healthy way**.   밥 먹고 있었어. (어떻게?) 건강에 좋게.
                                          ⋯→ 방식을 나타내는 in a ~ way 사용

I was eating **as I always did**.   밥 먹고 있었어. (어떻게?) 늘 그랬던 것처럼.
                                          ⋯→ 같은 방식을 나타내는 접속사 as 사용

I was eating **for pleasure**.   밥 먹고 있었어. (왜?) 즐겁자고. ⋯→ for는 이유를 나타낼 때 잘 쓰는 전치사

I was eating **to put on weight**. 밥 먹고 있었어. (왜?) 살 좀 붙으라고. ⋯→ to부정사의 '부사적 용법'

I was eating **because I was hungry**.   밥 먹고 있었어. (왜?) 배고파서.
                                          ⋯→ 이유를 나타내는 접속사 because 사용

⏱ **도전! 1분 영작 001**

❶ 그 남자 급하게 걷고 있었어.   ✎ ....

❷ 그 남자 이상하게 걷고 있었어.   ✎ ....

❷ 특이한 부사

잘 쓰는 부사 중 특이하거나 헷갈리기 쉬운 것 몇 가지만 짚고 넘어가겠습니다. 잘 익혀 두세요.

◆ 형용사와 형태가 같은 부사

late 늦게	long 오래	slow 느리게	fast 빠르게
high 높게	low 낮게	better 더 잘	

I left **early**, but arrived **late**.
난 일찍 떠났지만 늦게 도착했다. ⋯ 부사

I left at an **early** hour, but arrived in the **late** evening.
난 이른 시간에 떠났지만 늦은 저녁에 도착했다. ⋯ 형용사

I can't believe it took so **long** to come back here.
여기 돌아오는 데 그렇게 오래 걸렸다니! ⋯ 부사

It took a **long** time to get back here.
여기 돌아오는 데 오랜 시간이 걸렸다. ⋯ 형용사

◆ -ly가 빠지면 의미가 달라지는 부사

부사는 대개 -ly로 끝나지만 ly가 빠지면 의미가 달라지는 부사도 있습니다.

hardly 거의 아니란 뜻의 부정어 - hard 심하게	lately 최근에 – late 늦게
highly 매우 - high 높게	justly 정당하게 – just 막, 방금

I laughed so **hard** that I could **hardly** breathe.
너무 심하게 웃어 숨을 쉴 수 없을 지경이었다. ⋯ hard는 강도를 나타내는 부사, hardly는 부정어

Lately she stays up **late**. 걔 요즘 늦게까지 안 자. ⋯ lately는 recently(최근에)와 같은 뜻, late은 '늦게'

friendly(친절한), lovely(사랑스런), lonely(외로운), elderly(나이 든), lively(생생한) 는 -ly로 끝나지만 형용사라는 것도 잘 기억해 두세요.

◆ 문장 부사

부사가 어느 한 단어를 꾸미는 게 아니라 전체 문장 내용에 대한 '말하는 사람의 생각'을 나타낼 때가 있습니다. 아래 두 예문을 한번 비교해 볼까요?

❶ **Sadly**, his dog died. 슬프게도 그의 개가 죽었다.

❷ He smiled **sadly**. 그는 슬프게 미소 지었다.

❶은 주어인 개가 슬퍼하며 죽은 게 아니라 개가 죽은 사실에 대해 '말하는 사람'이 슬프다고 생각한 경우로 sadly가 문장 부사로 쓰였습니다. 반면, ❷는 주어가 슬퍼하는 경우로 말하는 사람이 그 사실에 대해 어떻게 느끼는지는 알 수 없으므로 여기서 sadly는 일반 부사입니다.

다음은 모두 주어가 아닌 말하는 사람의 생각이나 판단이 반영된 문장 부사들입니다. 일반 부사와 구별되도록 문장 맨 앞에 오는 경우가 대부분이에요.

Unfortunately 불행히도, 안타깝게도	Fortunately/Luckily 다행히
Hopefully 바라건대, 내 바람이지만	Frankly 까놓고 말해서
Honestly 내 솔직한 생각은	Personally 내 개인적으론
Actually 사실	

Unfortunately, he underestimated her skills.
불행히도/아쉽게도/안타깝게도/딱하게도 그는 그 여자의 기술을 과소평가했다.

Fortunately/Luckily, others recognized her abilities.
다행히 다른 사람들은 그 여자의 능력을 알아봤다.

Hopefully, he'll get a job soon. 걔가 곧 취직이 되면 좋겠는데. ···→ 말하는 사람의 희망

Frankly, I don't care. 까놓고 말해서 난 신경 안 써.

• underestimate 과소평가하다

⏱ 도전! 1분 영작 002

❶ 올해는 여름이 늦게 왔다. ✎ ....

❷ 유감스럽게도 겨울이 일찍 왔다. ✎ ....

STEP 1 괄호 안의 표현 중 맞는 것을 고르세요.

① I knew I had worked (hard / hardly), but I could (hard / hardly) believe the results! I'm so proud of myself.

② Children need to learn to handle things with (care / careful / carefully).

③ They didn't know how to recruit (high / highly) qualified candidates.

④ Would you (kind / kindly) let me know where I can get a copy?

STEP 2 잘못된 부분이 있는지 찾아보고, 있으면 알맞게 고치세요.

⑤ The lovely girl who came late to the party smiled friendly.

⑥ If you don't aim high, you don't go very far.

⑦ Where have you been late?

STEP 3 다음 문장을 해석해 보세요.

⑧ The dog looked hopefully at the girl who was eating fried chicken.

⑨ Unfortunately, he forgot his password.

★정답 및 해설은 441쪽에

3단계
영문법 총정리

[중간점검] **열두째 마디:**
전치사와 부사

Unit 59~61에서 배운 문법을 제대로 이해하고
활용할 수 있는지 확인해 보세요.

STEP 1 다음 글을 읽고 질문에 답하세요.

Conflict happens when people disagree. It's a natural part of life because we all have different values and needs. Conflict can <u>come about</u> in relationships with family, friends, and coworkers. It can also arise within yourself when you learn something new that is different from what you always believed. The conflict inside yourself can make you want to stick to your old beliefs, but it can also lead you to change your beliefs. Conflict can result in changes, often for the better.

❶ 글과 일치하는 내용을 고르세요.

ⓐ Good changes can't come from conflict.

ⓑ Conflict can happen when people have different views on what's important.

ⓒ When conflict happens within yourself, you always want to give up old beliefs.

❷ 밑줄 친 "come about"의 의미를 추측해 보세요.

ⓐ happen   ⓑ attack   ⓒ arrive

STEP 2 다음 대화문을 읽고 질문에 답하세요.

A   Why did John get fired?

B   Because he tried to cover up his crime.

A   What crime did he commit?

B   He took office supplies home.

A   Is that a crime?

B   Unfortunately, yes.

❸ 대화문과 일치하지 <u>않는</u> 내용을 고르세요.

ⓐ John tried to keep his crime secret.

ⓑ A doesn't seem to know that taking office supplies home is a crime.

ⓒ B thinks that taking office supplies home should be a crime and is glad that John got punished for his crime.

문맥상 빈칸에 어울리는 말을 넣어 보세요.

④ Let's keep this _____ you and me.

⑤ I recently _____ across an article about 3D movies.

⑥ She told me to take my shoes _____ and wear these slippers.

STEP 4 우리말에 어울리도록 괄호 안에 주어진 표현을 이용해 대화문을 완성해 보세요.

❼ A Why is his wife angry with him?

　B 걔는 일을 가족보다 먼저라고 생각하거든. (put)

　🎤 Because he _____.

❽ A 미안, 가야 돼. 갑자기 일이 생겼어. (something, come)

　🎤 Sorry, I have to go. _____

　B Okay, I'll talk to you later. Bye.

❾ A How did you feel when you won the award?

　B 믿기지가 않았어. (could, it)

　🎤 I _____.

❿ A What do you think of him?

　B 솔직히 내 타입은 아냐. (type)

　🎤 _____

열셋째 마디

●

특수 구문

특별하게
쓰이다

62 도치

자리는 왜 바꾸는 거야?

강의 및 예문듣기

🎧 62.mp3　▶ 동영상 20강

① be동사의 도치 – 강조하거나 주어가 너무 길 때

'도치'란 문장의 순서가 〈동사 + 주어〉의 순으로 뒤집어진 걸 말합니다. 가장 흔한 예는 You are ready.에서 동사와 주어를 바꿔 Are you ready? 같은 의문문으로 만드는 것인데요. 의문문 외에 평서문에서도 도치가 일어납니다. 평서문을 도치하는 이유는 특이하게 만들어 주의를 끌려는 데 있어요. 영어는 문장 안에서 중요하거나 새로운 정보는 문장의 뒤쪽에 두려는 경향이 있습니다. 그래서 뒤에 있어야 할 말이 거꾸로 맨 앞에 나오면 이상해서라도 한 번 더 보게 되죠. 도치는 이렇게 상대방의 주의를 끌어 중요한 사실을 각인시키는 효과가 있습니다. 먼저 be동사를 사이에 두고 주어와 보어가 도치되는 경우를 볼까요?

❶ The file you requested is attached.　　　요청하신 파일이 첨부돼 있습니다.

❷ Attached is the file you requested.　　첨부돼 있습니다. 요청하신 파일이. … 도치

대개의 문장은 ❶처럼 명사로 시작되기 마련인데, ❷에선 엉뚱하게 attached 란 p.p.로 시작되니 이상해서 한 번 더 보게 되죠? 도치가 노리는 효과가 바로 그거예요. 첨부한 게 있다는(attached) 중요한 사실부터 빨리 알려 상대방이 잘 챙기게 하려는 거죠. 그래서 자료를 첨부한 이메일을 보낼 땐 ❷처럼 도치해서 쓰는 게 관행입니다.

다음처럼 be동사에 보어도 달랑 한 단어인데 주어는 엄청 길 때도 도치됩니다. 주어가 너무 길면 정작 중요한 술어가 나오기 전까지 머릿속에 담아 둬야 할 내용이 너무 많으니까 부담을 덜어 주려는 거예요.

[The days when the Internet was something you could access only by sitting in front of your desktop computer] are **gone**.

인터넷이란 게 데스크탑 컴퓨터 앞에 앉아야만 접속할 수 있는 것이던 시절은 이미 가버렸다.

Gone are the days when the Internet was something you could access only by sitting in front of your desktop computer.

이미 가버렸다, 인터넷이란 게 데스크탑 컴퓨터 앞에 앉아야만 접속할 수 있는 것이던 시절은.

⋯→ 주어가 the days ~ computer로 너무 길어 도치

주어 자리에는 (대)명사와 명사 역할을 할 수 있는 말(동명사, to부정사)만 올 수 있습니다. p.p.나 형용사, 부사, 조동사 등이 오면 뒤쪽 어딘가에서 주어를 찾으세요.

⏱ 도전! 1분 영작 001

① 제 사진이 첨부돼 있습니다.　🖉

② 핸드폰이 단순히 전화기였던 시절은 갔다.　🖉

---

② 부정어의 도치 – hardly, rarely, seldom 등 부정어를 문장 맨 앞에 둬 강조할 때

hardly, rarely, seldom 등은 '거의 아니다'란 뜻의 부사로, not, never와 마찬가지로 부정어입니다. 이 말들을 강조하려면 문장 맨 앞에 쓰는데 그럴 때도 주어와 동사가 도치돼요. 부사란 동사를 꾸미는 말이라 〈부사 – 주어 – 동사〉보다는 〈부사 – 동사 – 주어〉로 동사 옆에 붙어 있는 걸 좋아하기 때문입니다. 하지만 마구 뒤집으면 헷갈릴 수 있겠죠? 그래서 do의 도움을 받아 〈Never – do – 주어 – 동사원형〉으로 만들어 〈주어 – 동사〉라는 기본 순서는 살리고 시제나 수의 일치는 do에 맡깁니다.

I **never** dreamed I would work under him.　　그 사람 밑에서 일하게 될 줄은 꿈에도 몰랐어.

→ **Never did** I dream I would work under him.　　⋯→ 과거니까 did I dream

She **rarely** calls him at night.　　그 여자애가 밤에 그에게 전화하는 일은 거의 없다.

→ **Rarely does** she call him at night.

We had <u>hardly</u> <u>adapted</u> to the new system when a major change hit us.

새 시스템에 적응하기도 전에 엄청난 변화가 일어났다.

→ <u>Hardly</u> **had** <u>we adapted</u> to the new system when a major change hit

us.　　⋯→ 일반동사는 형식상 do를 넣어 도치하지만 여기선 형식상 넣어 준 had가 있으므로 had we로 도치

Jesus often spoke to the disciples in parables, but <u>they seldom</u>

<u>understood</u> what he really meant.

→ Jesus often spoke to the disciples in parables, but <u>seldom</u> **did** <u>they</u>

<u>understand</u> what he really meant.

예수는 사도들에게 우화로 이야기할 때가 많았지만, 그들이 예수의 말을 제대로 이해한 경우는 별로 없었다.

· disciple 신도, 제자　· parable 우화

He <u>**not only** directed</u> the movie, but he also starred in it.

→ <u>**Not only** did</u> <u>he direct</u> the movie, but he also starred in it.

그는 그 영화를 감독만 한 게 아니라 주인공으로 출연도 했다.

· star 주연을 맡다

부정어 때문에 도치되는 경우는 이 외에도 많습니다. 주어를 잘 찾으세요.

She didn't say it was her fault, **nor** did <u>she</u> blame me.

그녀는 자기 잘못이라고 말하지도 않았고 내 탓이라고 하지도 않았다.

Under **no** circumstances will <u>we</u> disclose your personal information.

어떠한 경우에도 귀하의 신상 정보를 공개하지 않겠습니다.

No sooner had <u>the news</u> come out than the site had to be shut down

due to hateful comments.

그 뉴스가 나오자마자 그 사이트는 악플 때문에 폐쇄돼야 했다. ⋯→ 비교급을 사용해 시간차 거의 없이 벌어졌음을 강조

= The news had no sooner come out than the site had to be shut down

due to hateful comments.

· disclose (비밀을) 폭로하다　· shut down 폐쇄하다　· hateful comment 악플

⏱ **도전! 1분 영작 002**

❶ 난 그런 일이 일어날 거라고는 상상도 못했어. (such, would)

✏️

❷ 우린 노래만 부른 게 아니라 춤도 췄어.　✏️

❸ if절에서 if가 생략되고 도치될 수 있다

가정법에서 배웠던 거라 기억나시죠? if절에서 if가 생략되면 의문문도 아닌데 Should you ~, Had I ~처럼 도치됩니다.

If I had known it earlier, I wouldn't have wasted my time.

→ **Had I known** it earlier, I wouldn't have wasted my time.

그걸 더 일찍 알았다면 시간 낭비 안 했을 텐데.

If I were a few years younger, I would give it a try.

→ **Were I** a few years younger, I would give it a try.

몇 년만 젊어도 한번 해볼 텐데.

He would have spent more time with his kids **if he had not been** so busy.

→ He would have spent more time with his kids **had he not been** so busy.

그가 그렇게 바쁘지만 않았다면 아이들과 더 많은 시간을 보냈을 텐데.

⋯→ 도치 후 생략된 if절이 뒤쪽에 올 땐 had 앞에 쉼표를 찍을 수도, 안 찍을 수도 있음.

If you should be interested, please email us.

→ **Should you be** interested, please email us.

관심 있으시면 이메일 주세요.

⏱️ **도전! 1분 영작 003**

❶ 내가 그걸 알았다면 널 도와줄 수 있었을 텐데.

🖊 _____

❷ 관심 있으시면 저희한테 연락주세요. (contact)

🖊 _____

| 정답 |

도전! 1분 영작 003

❶ Had I known it, I could have helped you.

❷ Should you be interested, please contact us.

STEP 1 주어를 찾아 동그라미를 쳐보세요.

❶ Among the guests were two foreigners.

❷ Little do you know how many people's lives you have changed.

❸ No sooner had the company launched its new product than its CEO resigned.

❹ To the south lies Switzerland.

STEP 2 주어진 문장을 도치 문장으로 바꿔 보세요.

❺ I never thought I would be doing this.

⋯→ Never _____ .

❻ She not only won the gold medal, but also broke the world record.

⋯→ Not only _____ .

❼ The war did not come to an end until 1953.

⋯→ Not until 1953 _____ .

STEP 3 밑줄 친 부분 중 잘못된 곳을 찾아보세요.

❽ Hardly ⓐ **had the ink** ⓑ **not** dried on the peace agreement when the opposition party began expressing doubts ⓒ **whether** the conflict ⓓ **would** end peacefully.

★정답 및 해설은 443쪽에

63 강조와 생략

평소와 다른 모습을 보여 주지

강의 및 예문듣기

🎧 63.mp3 ▶ 동영상 20강

1단계
핵심문법 익히기

꼭 알아야 할
영문법의 기본 개념을
정리하세요.

① **중요한 말은 강조 어구를 써서 강조할 수 있다**

◆ **동사나 명사를 강조할 때**

동사는 do, if ever, 명사는 very, -self, if any와 같은 특별한 강조 어구를 사
용해서 자신들을 강조합니다.

I **do** believe you. 널 믿어. ⋯› 동사(believe) 강조

He **did** show up. 그는 분명 나타났다. ⋯› 시제, 수 일치는 do로

Italians rarely, **if ever**, drink cappuccinos.
이탈리아 사람들은 카푸치노를 (마신다고 해도) 거의 안 마신다. ⋯› 동사(drink)의 빈도가 적음을 강조

What were you thinking at that **very** moment?
바로 그 순간 무슨 생각을 하고 있었어? ⋯› 여기서 very는 명사(moment)를 강조하는 형용사

She sensed something was wrong at the **very** beginning.
그 여자는 처음부터 뭔가 잘못됐음을 감지했다. ⋯› 명사(beginning) 강조

I'm a stranger here **myself**. 저도 여긴 처음이에요. ⋯› I를 강조

The file **itself** has been deleted. 그 파일 자체가 지워진 거야. ⋯› The file 강조

I have few, **if any**, regrets. 후회는 (있다고 해도) 별로 없다. ⋯› 명사(regret)의 수가 적음을 강조

The incident had little, **if any**, effect on their decision.
그 사건은 그들의 결정에 (설사 영향을 미쳤다고 해도) 거의 영향을 미치지 않았다. ⋯› 명사(effect)의 양이 적음을 강조

◆ **의문사를 강조할 때**

'(도)대체', '세상에' 등의 의미를 지닌 on earth, in the world, the hell/heck
등을 의문사 뒤에 붙여 강조합니다.

Who **on earth** would believe him?

세상에 누가 걜 믿겠어?

What **in the world** does this have to do with me?

대체 이게 나랑 무슨 관계가 있다는 거야?

What **the hell** are you talking about?

대체 무슨 소릴 하고 있는 거야?

···› 편하게 얘기해도 되는 자리에서만 사용. the heck도 마찬가지

What **the heck** is this guy looking at?

대체 이 남자가 뭘 보고 있는 거야?

◆ 특정 어구를 강조할 때 쓰는 It is ~ that

'네가 그렇게 말했잖아'를 순서를 살짝 바꿔 '그렇게 말한 건 너잖아'라고 하면 '너'를 강조할 수 있죠? 이때 유용한 표현이 It is ~ that입니다. 강조할 말을 '~' 부분에 넣는데, that은 '~' 부분에 들어가는 말에 어울리는 다른 관계사로도 바꿔 쓸 수 있어요. 또한 어떤 말을 강조하느냐에 따라 여러 문장이 나올 수 있습니다.

You said so.

네가 그렇게 말했어.

→ **It was** you **that[who]** said so.

그렇게 말한 건 바로 '너'였잖아.

···› 다짜고짜 It was you로 시작하면 상대방이 뭐가 you라는 건지 주의 깊게 듣게 되므로 강조하는 효과가 생김.

King Sejong created the Korean alphabet in the 15th century.

세종대왕이 15세기에 한글을 창제했다.

→ **It was** King Sejong **that[who]** created the Korean alphabet in the 15th century.

15세기에 한글을 창제한 사람은 바로 세종대왕이었다.

→ **It was** the Korean alphabet **that** King Sejong created in the 15th century.

세종대왕이 15세기에 창제한 것은 바로 한글이었다.

→ **It was** in the 15th century **that[when]** King Sejong created the Korean alphabet.

세종대왕이 한글을 창제한 것은 바로 15세기였다.

It is ~ that 용법은 명사, 또는 '언제, 어디서, 어떻게, 왜'를 설명하는 부사구를 강조할 때만 씁니다. 형용사/분사, 동사는 It is ~ that으로 강조할 수 없어요.

It is excited *that* I am. (×)

→ I'm **really[very, so, extremely, ...]** <u>excited</u>.   난 무지 신났다. ···› 형용사/분사는 부사로 강조

It is created *that* King Sejong the Korean alphabet. (×)

→ King Sejong **did** <u>create</u> the Korean alphabet.

세종대왕이 한글을 창제한 것이 사실이다. ···→ 동사는 do로 강조

⏱ 도전! 1분 영작 001

① 나 그 책 진짜 읽었다니까.　　　　　🖉

② 내가 그를 처음 만난 건 1월이었다.　🖉

② 중요하지 않거나 반복되는 말은 생략할 수 있다

우리말도 별로 중요하지 않거나 눈치로 알아들을 수 있는 말은 잘 생략하죠? 영어에선 be가 그런 말에 해당됩니다. 문장의 결론에 해당하는 주절의 be는 생략하지 못하지만, 보조 역할인 종속절의 be는 생략해 버려 〈접속사 + 보어〉만 남을 때가 많아요.

When young, he was a good swimmer.

그가 젊었을 땐 수영을 잘했지. ···→ When he was young

I fell asleep **while at work**.

난 근무 중에 잠이 들었어. ···→ while I was at work

You can always call ahead and cancel **if necessary**.

필요하면 언제든지 미리 전화해서 취소해도 돼. ···→ if it is necessary

If possible, avoid contact with anyone who has a viral infection.

가능하면 바이러스에 감염된 사람과의 접촉을 피하세요. ···→ If it is possible

If not happy with it, you may return it for a full refund.

맘에 안 드시면 반품해서 전액 환불 받으실 수 있습니다. ···→ If you are not happy with it

• viral 바이러스(성)의　• infection 감염

똑같은 말이 반복되어 그 말을 생략해도 이해하는 데 지장이 없을 때도 잘 생략됩니다.

Some left the party excited—others, disappointed.

어떤 사람들은 흥겨운 기분으로 파티를 떠났고, 또 어떤 사람들은 실망한 채 떠났다.

···→ others (left the party) disappointed

| 정답 |

도전! 1분 영작 001

① I did read the book.

② It was in January that I met him first.

You can keep it if you **want to.**

원하면 가져도 돼.

⋯→ if you want to (keep it). to부정사에서 중복되지 않는 to까지만 남김.

Jim, this is Monica. **Monica, Jim.**

짐, 이쪽은 모니카야. 모니카, 이쪽은 짐이야.

⋯→ Monica, (this is) Jim.

The government of the people, by the people, for the people shall not perish from the earth.

국민의, 국민에 의한, 국민을 위한 정부는 이 땅에서 영원히 사라지지 않을 것이다.

⋯→ The government of the people, (the government) by the people, (the government) for the people

· **perish** 사라지다, 소멸하다

⏱ 도전! 1분 영작 002

① 필요하면 나한테 전화해. ✎ _____

② 난 기다리는 동안 잡지를 읽었다. ✎ _____

STEP 1 각 문장에서 생략할 수 있는 말을 찾아보세요. (생략 후 남은 어구의 형태를 바꿔야
하는 경우도 있습니다.)

① Some of what he said did make sense.

② Who in the world would think of such a name?

③ I'm in love for the very first time.

④ Call an ambulance if it is necessary.

⑤ The report said that a police officer died while he was on duty.

STEP 2 빈칸에 어울리는 말을 고르세요.

⑥ There are few, _____ , signs of recovery in the economy.

ⓐ if necessary   ⓑ if ever   ⓒ if any   ⓓ if small

⑦ When _____ correctly, fire extinguishers can prevent small
fires from becoming large ones.

ⓐ they use   ⓑ they used   ⓒ used   ⓓ they are using

⑧ I stretched my legs as my yoga instructor told _____ .

ⓐ me   ⓑ me to   ⓒ to   ⓓ 없음

★정답 및 해설은 443쪽에

64

동격, 병렬 구조

눈치와 센스가 좀 필요해

강의 및 예문듣기

🎧 64.mp3

1단계
핵심문법 익히기

꼭 알아야 할
영문법의 기본 개념을
정리하세요.

1 서로 다른 말이 같은 대상을 가리킨다면 동격

'과학자이자 예술가였던 다빈치'에는 명사가 세 개(다빈치, 과학자, 예술가)지만 모두 같은 사람, 즉 다빈치 한 명을 가리키죠? 이런 관계가 '동격'입니다.

영어는 우리말과 반대로 da Vinci, a scientist and artist처럼 이름을 먼저 쓰는 게 일반적인데, 이때 동격으로 쓴 명사가 여러 개면 관사를 맨 앞에 한 번만 씁니다. 모든 명사에 다 관사를 붙이면 각기 다른 사람으로 알아들을 수 있으니 조심하세요.

Leonardo da Vinci, a scientist and artist, <u>was</u> born in Italy.

레오나르도 다빈치는 과학자이자 예술가로, 이탈리아에서 태어났다. ⋯ 동일 인물. 동사도 단수 취급

Leonardo da Vinci, a scientist and an artist <u>were</u> having a discussion.

다빈치와 어떤 과학자, 예술가가 토론을 하고 있었다. ⋯ 각기 다른 세 명. 복수 취급

Mel Gibson, an actor and director, is from Australia.

배우 겸 감독인 멜 깁슨은 호주 출신이다.

He is **a** well-known **novelist and translator.**

그는 유명한 소설가 겸 번역가다.

또 the fact[news/rumor/belief/idea/conclusion/proof/feeling/…] that ~으로 어떤 사실[뉴스/소문/믿음/생각/결론/증거/느낌/…] 등의 내용이 that 이하에 나오는 경우도 동격을 이룹니다. 여기서 that 앞의 명사들을 외우려고 애쓰지 마세요. that 이하의 내용을 '~라는 사실/소식/소문/…'처럼 해석했을 때 자연스럽게 느껴지면 동격인 겁니다.

He did a great job considering **the fact** <u>that</u> he was only a young boy.

그가 겨우 어린 소년이었다는 사실을 감안하면 굉장히 잘한 거다. ⋯ the fact = he was only a young boy

The news that he was defeated in the election was not surprising.

그가 선거에서 졌다는 소식은 놀랍지 않았다. ⋯ the news = he was defeated in the election

I heard a rumor that he's gay. 그가 게이라는 소문을 들었다. ⋯ a rumor = he's gay

He's against the idea that gay marriage should be illegal.

그는 동성애자간 결혼이 불법이어야 한다는 생각에 반대하는 입장이다.

⋯ the idea = gay marriage should be illegal

Is there any chance that she's a feminist? 그 여자가 페미니스트일 가능성이 있나?

⋯ any chance = she's a feminist

I had this feeling that something was wrong. 뭔가 잘못됐다는 느낌이 들었다.

⋯ this feeling = something was wrong

• defeat 패배시키다

위의 예문처럼 명사 다음에 that절이 오면 that이 관계대명사가 아닐까 하는
생각이 들 수 있는데 동격일 때와는 차이가 있어요. 동격인 that절에는 앞의
명사(the news 등)가 무슨 내용인지 다시 풀어서 설명하는 완전한 문장이 오지
만, 관계대명사 that일 경우엔 앞의 명사가 관계사절 속에서 주어나 목적어 역
할을 하기 때문에 that절이 완성된 문장이 아니라는 점입니다. 다음을 비교해
보세요.

❶ **The rumor that he's gay** has been circulating for months.

그가 게이라는 소문이 몇 달째 돌고 있다.

❷ **The rumor that we heard** was that he's gay. 우리가 들은 소문은 그가 게이라는 것이었다.

• circulate (소문이) 퍼지다, 돌다

❶은 '그가 게이라는 소문'으로 the rumor와 he's gay가 동격 관계입니다. 반
면, ❷에서 the rumor는 타동사 heard의 목적어에 해당되므로 여기서 that은
목적격 관계대명사로 쓰였어요.

| 정답 |

도전! 1분 영작 001

❶ She is an actress and singer.

❷ The news that he passed the exam[test] surprised everyone.

⏱ **도전! 1분 영작 001**

❶ 그 여자는 배우 겸 가수다. 🖉 ....

❷ 그가 시험에 합격했다는 소식은 모두를 놀라게 했다.

🖉 ....

❷ 같은 성분끼리 일관성 있게 나열하는 병렬 구조

뭔가 나열할 때 줄 맞춰서 가지런히 놓아야 보기가 좋죠? 문장도 마찬가지예요. 예컨대 '친절하고 상냥하고 부지런해서 좋다'처럼 형용사끼리만 나열하든가, '친절함과 상냥함과 부지런함이 좋다'로 명사끼리 나열해야 잘 쓴 문장으로 보입니다. 만약 이걸 '친절함과 상냥함과 부지런해서 좋다'라고 하면 의미는 통하지만 일관성 없게 느껴지죠.

이런 걸 문법에서 parallelism이라고 하는데, 평행한 걸 가리키는 parallel에서 나온 말이에요. '병치', '공통 관계', '병렬 구조' 등으로도 불리는데, 용어는 모르셔도 됩니다. 단, 나열하거나 비교할 때 같은 성분끼리, 즉 to부정사면 to부정사끼리, 명사면 명사끼리 짝을 맞춰 써야 한다는 점은 꼭 기억해 두세요.

이 원칙은 특히 작문에서 중요합니다. 내용은 충실히 잘 썼어도 형식 면에서 이 원칙을 지키지 못하면 내용만큼 좋은 점수를 받지 못하는 수가 있거든요.

My favorite sports are *baseball*, *tennis* and *playing* soccer. (×)

My favorite sports are baseball, tennis and soccer.

내가 제일 좋아하는 스포츠는 야구, 테니스, 축구다.

He *stood* up and *walking* toward the window. (×)

He stood up and walked toward the window.　그 남자는 일어나서 창문 쪽으로 걸어갔다.

There were more students *in the cafeteria* than the *library*. (×)

There were more students in the cafeteria than in the library.

도서관보다 카페테리아에 학생이 더 많았다.

It was both *an interesting lecture* and *informative*. (×)

It was both an interesting and an informative lecture.　재미있고도 유익한 강의였다.

The lecture was both interesting and informative.　그 강의는 재미있고 유익했다.

• informative 유익한, 정보를 주는

People read books not only *for knowledge* but also *pleasure*. (×)

People read books not only **for knowledge** but also **for pleasure**.

사람들은 지식뿐 아니라 기쁨을 얻기 위해 책을 읽는다.

⏱ 도전! 1분 영작 002

❶ 나는 세수를 하고 아침을 먹었다.　　✎ ....

❷ 그 여자는 자신뿐만 아니라 다른 사람들을 위해 기도한다. (pray)
　　　　　　　　　　　　　　　✎ ....

STEP 1 주어가 몇 명인지 맞혀 보세요.

❶ James Collins, a husband and father of two, was killed in the accident.

❷ My little brother Sam, his friend Brad, a designer and illustrator, and Jack work in the same building.

STEP 2 괄호 안의 표현 중 맞는 것을 고르세요.

❸ (Is / Are) the rumors that he and your ex-girlfriend are dating true?

❹ He pushed the idea (as / despite) the fact (of / that) he knew it had little chance of success.

STEP 3 잘못된 부분을 찾아 알맞게 고치세요.

❺ He was asked to stay and working overtime.

❻ His New Year's resolutions were to lose weight, stop smoking and exercising daily.

❼ The participants came not only from Europe, but also around the world.

❽ Internet banking is faster, easier and it has more convenience.

★정답 및 해설은 443쪽에

65 전체 부정, 부분 부정

부정을 하려면 제대로 해야지!

강의 및 예문듣기

🎧 65.mp3 ▶ 동영상 20강

① not + all/every/both = 부분 부정, no, neither = 전체 부정

'부분 부정'이란 '전체'를 뜻하는 all, every, both 같은 말이 부정어와 함께 쓰이면서 '전체가 그런 건 아니다, 일부는 아니다'로 부분만 부정하는 경우를 말합니다. 이때 부정어 not은 부정할 말 앞에 붙여요. not이 멀어지면 부정하는 부분이 어딘지 헷갈릴 수 있기 때문이죠.

All puppies are small.   강아지는 다 작다.

→ All puppies are not small. (△)   ···→ 모두가 not small인지, 일부가 not small인지 모호해짐.

→ **Not all** puppies are small.   강아지가 다 작은 건 아니다.
              ···→ 부정할 말 바로 옆에 붙여 '다 작은 건 아니다'라는 뜻이 명확해짐.

Everyone here is on the phone.   여기 있는 모두가 통화 중이다.

→ Everyone here is not on the phone. (△)

→ **Not everyone** here is on the phone.   여기 있는 모두가 다 통화 중인 건 아니다.

both의 부분 부정은 어차피 둘 중 하나란 뜻이니 either를 씁니다.

Both of them are made in China.   둘 다 중국산이다.

→ Both of them are not made in China. (△)

→ Not both of them are made in China. (△)

→ **Either** of them is made in China.   둘 중 하나는 중국산이다.

both A and B일 경우는 either A or B가 돼요.

not + ['전체'를 뜻하는 부사] = 부분 부정

'전체'를 뜻하는 부사도 부정어와 함께 쓰면 부분 부정이 되니 그 뉘앙스를 놓치지 마세요.

He did **not fully** understand the situation.
그는 그 상황을 완전히 이해하진 못했다.

We were **not completely** satisfied.
우리는 완전히 만족한 건 아니었다.

I'm **not entirely** against the idea.
그 생각에 전적으로 반대하는 건 아니다.

His explanation was **not wholly** convincing.
그의 설명은 완전히 설득력 있진 않았다.

Both the cup **and** the saucer are made in China.
컵과 컵 받침 모두 중국산이다.

Either the cup **or** the saucer is made in China.
컵이나 컵 받침 중 하나는 중국산이다.

• saucer 컵 받침

둘 다 아니라며 전체를 부정할 땐 neither를 씁니다. 그래서 either A or B에 대한 전체 부정은 neither A nor B(A도 아니고 B도 아니다)가 되죠.

Neither of them is made in China.
둘 다 중국산이 아니다.

Neither the cup **nor** the saucer is made in China.
컵도, 컵 받침도 모두 중국산이 아니다.

셋 이상을 전체 부정으로 만들 땐 no, nothing, none을 씁니다.

No one is on the phone.
통화 중인 사람은 아무도 없다.

I could hear **nothing**.
아무 소리도 들리지 않았다.

None of the 20 passengers were injured.
승객 20명 중 다친 사람은 아무도 없었다.

⏱ **도전! 1분 영작 001**

❶ 호주 사람들이라고 모두 인종차별주의자인 건 아니다. (Australian, racist)

✏ _____

❷ 그들 둘 다 한국 사람이 아니다.

✏ _____

② 한 문장 안에 부정어는 한 번만!

영어에서 이중 부정은 문법적으로 허용되지 않습니다. '이중 부정'이란 한 문장 안에 부정어를 두 번 쓴 걸 말해요. 구어체에선 이중 부정을 쓰기도 하지만 문법적으로는 틀린 것으로 간주하니 특히 작문을 할 때 주의해야 합니다.

I do**n't** have *no* idea. (×)

→ I have **no** idea. = I **don't** have **any** idea.
모르겠어. ⋯ no = not + any

I do**n't** know *nothing*. (×)

→ I know **nothing**. = I **don't** know **anything**.
아무것도 몰라.
⋯ nothing = not + anything

| 정답 |
도전! 1분 영작 001

❶ Not all Australians are racists.

❷ Neither of them is Korean.

395

She doesn't want to go *nowhere*. (×)

→ She **doesn't** want to go **anywhere**.　　　그녀는 어디에도 가고 싶어 하지 않는다.

단어 자체에 부정의 의미가 내포돼 있는 말 역시 다른 부정어와 함께 쓰지 않습니다. 수량 면에서 거의 없다는 뜻인 few, little과 빈도 면에서 거의 없다는 뜻인 seldom, hardly, rarely, barely, scarcely 등이 이에 해당되죠.

We don't have *few* options. (×)

→ We have **few** options.　　　우리에겐 대안이 별로 없어.

The ban will *not* have *little* effect on smokers. (×)

→ The ban will have **little** effect on smokers.　그 금지령은 흡연자들한테 별 영향을 안 미칠 거야.

• ban 금지, 금지령

He doesn't *seldom* watch TV. (×)

→ He **seldom** watches TV.　　　그는 TV를 거의 안 봐.

She couldn't *hardly* wait to come home. (×)

→ She could **hardly** wait to come home.　그녀는 집에 오고 싶어 잠시도 기다릴 수 없었다.

He does *not rarely* speak with his family. (×)

→ He **rarely** speaks with his family.　　　그는 가족들과 거의 대화를 안 한다.

I was so tired I could *not barely* keep my eyes open. (×)

→ I was so tired I could **barely** keep my eyes open.

난 너무 피곤해서 눈을 뜨고 있기 힘들었다.

The situation hasn't *scarcely* changed since the war. (×)

→ The situation has **scarcely** changed since the war.

전쟁 이후 상황은 별로 달라지지 않았다.

⏱ **도전! 1분 영작 002**

❶ 우린 그 남자에 대해 아무것도 몰라.　🖊

❷ 그 법은 학생들에게 별 영향을 안 미칠 거야.

🖊

STEP 1 괄호 안의 표현 중 맞는 것을 고르세요.

① (Both / Neither) of my parents is left-handed.

② I don't (seldom / normally) post this kind of thing on my blog.

③ They didn't offer (many / few) options.

④ I couldn't (hardly / quite) make up my mind.

STEP 2 부분 부정의 의미를 가진 다음 문장들을 전체 부정 문장으로 바꿔 보세요.

⑤ Not all files were deleted.

⋯▸ ....

⑥ Not all of us are lucky enough to be born with flawless skin.

⋯▸ ....

STEP 3 괄호 안의 표현을 이용해 주어진 문장과 같거나 비슷한 뜻이 되도록 문장을
완성해 보세요.

⑦ My husband rarely has interest in baseball. (little)

⋯▸ My husband ....

⑧ She tells me nothing about her friends. (anything)

⋯▸ She ....

⑨ It was extremely difficult for me to keep the house clean. (hardly)

⋯▸ I could ....

★정답 및 해설은 444쪽에

[중간점검] 열셋째 마디:
특수 구문

Unit 62~65에서 배운 문법을 제대로 이해하고
활용할 수 있는지 확인해 보세요.

STEP 1 다음 글을 읽고 질문에 답하세요.

I found <u>hospitality</u> is very important in Arab cultures. In many Arab countries I visited, the serving of tea to guests as a gesture of hospitality was being taken very seriously. Tea is essential to hospitality and is a traditional sign of welcome. Never did I meet someone new without being offered tea. I will never forget my visits there, nor will I ever forget their warm smiles.

❶ 밑줄 친 "hospitality"의 의미를 추측해 보세요.

ⓐ Friendly services provided by hospitals

ⓑ Kindness in welcoming guests or strangers

ⓒ Offering beverage to guests

It was in the late 1890s that the first horror film was made by a French filmmaker. But it was not until the 1930s _____ the horror films became popularized. Universal Pictures, an American film producer, delivered Dracula, Frankenstein and The Invisible Man to movie theaters in the 1930s. Its horror films continued into the 1940s with The Wolf Man and sequels to Frankenstein. With technological advances in the 1950s and 1960s, several sub-genres began to emerge.

❷ 이 글 다음에 이어질 내용으로 가장 어울리는 것을 고르세요.

ⓐ Comedy films became wildly popular.

ⓑ The computer technology changed the movie-making process in the 1990s.

ⓒ Zombie films were one of them.

❸ 빈칸에 어울리지 <u>않는</u> 말을 고르세요.

ⓐ that   ⓑ when   ⓒ since

④ It was she _____ recommended the doctor to me.

⑤ It's not surprising _____ he can speak Arabic considering the fact
   he once lived in Kuwait.

⑥ It's well known that one quarter of the students in this school are English learners
   and that most of them _____ Asians.

STEP 3 우리말에 어울리도록 괄호 안에 주어진 표현을 이용해 대화문을 완성해 보세요.

⑦ A You can trust me.
   B 믿고 말고. 난 단지 네가 걱정돼서 그래. (do, worry)
   🎤 _____

⑧ A I just moved into a new apartment and it smells terrible.
   B 가능하면 창문을 며칠간 열어 두세요. (keep, for a few days, possible)
   🎤 _____

⑨ A 원하면 여기 앉아도 돼. (want)
   🎤 _____
   B Thank you.

⑩ A I was surprised to find him there.
   B 내 눈을 믿을 수가 없더라. (hardly)
   🎤 _____

★정답 및 해설은 444쪽에

숫자와
문장 부호

01 숫자 읽기

'숫자 읽기야 쉽지'라고 생각하는 분들 꽤 있을 텐데요. 분수나 연도 읽는 법이라든지 dozen처럼 우리말에 없는 숫자 단위는 모르면 쓸 수 없습니다. 또 만이나 억 단위의 큰 숫자는 우리와 읽는 방식이 달라 어떻게 말해야 할지 헤매기 쉽죠. 그러니 소홀히 하지 말고 주의 깊게 봐두세요.

1 우리말에 없는 단위

dozen, score는 우리에겐 낯설지만 잘 쓰는 단위라 알고 있어야 합니다.

dozen(12) → half a dozen(6), dozens of ~ (수십 ~) 등으로 활용

score(20) → scores of people (수십 ~) 등으로 활용

또한 예컨대 2,500은 two thousand and five hundred도 되지만 twenty-five hundred처럼 〈십단위 + hundred〉로 끊어 말할 때도 많습니다. 글에서는 보기 힘들지만 말로는 잘 쓰니 잘 알아 두세요.

2 단위가 큰 숫자

우리는 숫자를 읽을 때 천, 만, 십만, 백만 등 만 단위로 끊어서 읽는 반면, 영어에선 숫자 세 자리마다 찍는 쉼표를 기준으로 '천−백만−십억'으로 구분합니다.

thousand	천(1,000)
ten thousand	만(10,000)
a **hundred** thousand	십만(100,000)
a million	백만(1,000,000)
ten million	천만(10,000,000)

a **hundred** million	억(100,000,000)
a billion	십억(1,000,000,000)
ten billion	백억(10,000,000,000)

그럼, 간단히 연습을 한번 해볼까요? 다음 표의 오른쪽 부분을 가리고 왼쪽 숫자가 몇을 가리키는지 보자마자 말해 보세요. 금방 답이 안 나오면 리스닝할 때도 금방 못 알아듣습니다.

eleven hundred students	학생 1,100명
50 thousand residents	주민 5만 명
20 million women	여성 2천만 명
300 million people	3억 명
10 billion dollars	100억 달러
dozens of companies	수십 개 회사
hundreds of people	수백 명의 사람들
tens of thousands of people	수만 명의 사람들

3 분수 읽기

분수는 〈분자(기수) + 하이픈(-) + 분모(서수) + -s(분자가 2 이상일 때)〉 형태로 표현합니다.

1/3: one-third 또는 a third

2/3: two-third**s**

1/5: one-fifth

3/5: three-fifth**s**

단, 1/2은 a half로 쓰고, 1/4과 3/4은 분수보다 one quarter, three quarters로 쓰는 경우가 더 많아요. 분모가 두 자리로 넘어가는 숫자는 너무 복잡하니까 하이픈 대신 〈분자 over 분모〉로 읽고 씁니다.

1/2: a half

1/4: one quarter

3/4: three-fourths 또는 three quarters

23/56: twenty-three **over** fifty-six

a half of a pizza　　　　　　　　　　　　　　　　피자 반 판… a를 빼고 쓸 때도 많음.

one-third[a third] of a pizza　　　　　　　　　　　　　　　피자 1/3판

two-thirds of a pizza　　　　　　　　　　　　　　　　　　피자 2/3판

4 소수점 읽기

우리가 0.95를 '영점구오'로 읽듯이, 영어도 한 자리씩 읽는데 0(zero)은 빼고 읽기도
합니다.

0.6: **point** six 또는 zero **point** six

0.95: (zero) **point** nine five

5 비율과 기호 읽기

1: 3: one **to** three　　　　　　　　　　　　　　　　　　　…▸ 1대 3

4×3: four **by** three

　　　　　　…▸ 가로 4, 세로 3 (4 ˝ ×3 ˝ 식으로 쓰는 경우가 많은데, ˝ 는 inch를 가리키며, four by three inches로 읽음)

6 연월일 읽고 쓰기

연도는 두 자리씩 끊어 읽고, 1901처럼 뒤쪽 두 자리가 10 이하면 **and**를 붙입니다.

1995: nineteen ninety-five

2009: two thousand **and** nine

1990s: nineteen nineties　　　　　　　　　　　　　　　　　1990년대

연월일 표기법은 크게 두 가지예요.

① January 8, 2017　　　　　　　　　…▸ 가장 일반적인 표기. 〈월–일–쉼표–연도〉 순

② 01/08/2017　　　　　　　　　　　　　　　…▸ 영국식으로는 〈일–월–연도〉

02 숫자를 이용해 꾸미기

이번엔 숫자를 형용사처럼 활용하는 방법에 대한 겁니다. 단/복수 구분에서 실수하기 쉬우니 아래 예문들을 잘 봐두세요.

1 〈숫자 + 단위〉가 형용사를 꾸밀 때

형용사는 very old 처럼 부사 한 단어로 꾸밀 수도 있지만, 70 years old처럼 〈숫자 + 단위〉로도 꾸밀 수 있습니다. 이때 숫자가 2 이상이면 year처럼 단위를 가리키는 명사에 -s를 붙여요.

He is **very** old.	그는 나이가 아주 많다. ···→ 매우 나이 든
He is **70 years** old.	그는 70세다. ···→ 70년만큼 나이 든
The statue is **three feet** tall.	그 동상은 키가 3피트다. ···→ feet: foot의 복수형
The road is **ten meters** wide.	그 도로는 너비가 10미터다.
The book is **two inches** thick.	그 책은 두께가 2인치다.
The film is **two hours** long.	그 영화는 두 시간짜리다.
I was **forty minutes** late.	난 40분 지각했다.

2 〈숫자 + 단위 + 형용사〉가 명사를 꾸밀 때

a 70-year-old man처럼 〈숫자 + 단위 + 형용사〉가 통째로 명사를 꾸밀 수도 있습니다. 이때 단어들은 하이픈(-)으로 묶는데, 단위를 나타내는 명사는 앞 숫자가 아무리 커도 늘 단수로 쓴다는 걸 꼭 기억하세요.

The victim was a **70-year-old** man.	피해자는 70세 남자였다.
The victim was a *70-years-old* man. (×)	

The cat climbed the **three-foot-tall** statue.

그 고양이는 3피트 높이인 동상을 타고 올라갔다.

A lot of cars use this **ten-meter-wide** road.

많은 차량이 이 10미터 너비 도로를 이용한다.

The **two-inch-thick** book weighs about 10 pounds.

2인치 두께인 그 책은 무게가 약 10파운드다.

We watched the **two-hour-long** film.

우리는 그 두 시간짜리 영화를 봤다.

A **40-minute-late** arrival is counted as full absence.

40분 늦은 도착(40분 지각)은 완전 결석으로 친다.

03 문장 부호

문장 부호는 특히 작문할 때 잘 알고 써야 합니다. 여기서는 우리말에는 없지만 작문이나 독해할 때 꼭 알고 있어야 할 콜론(:), 세미콜론(;), 하이픈(-)에 대해 정리했어요.

1 예를 열거할 때 찍는 colon(:)

콜론(:)은 문장 뒤에 예를 열거할 때, 또는 같은 내용을 풀어 쓸 때 찍습니다. 콜론 뒤에는 단어, 구, 문장 모두 올 수 있는데, 콜론의 앞뒤 문장은 서로 '=' 관계로 볼 수 있어요. 단, 콜론엔 어쨌든 마침표(.)가 들어 있으니 앞쪽에는 완전한 문장이 와야 합니다. 또한 콜론 뒤에 이어지는 첫 글자는 대소문자를 가리지 않는데, 완전한 문장이 오면 대문자로 쓸 때가 많아요.

The nominees are: A, B, C, and D. (×)   ···→ 앞이 완전한 문장이 아님. (보어 필요)

→ The nominees are A, B, C, and D.   후보는 A, B, C, D다.

→ **Four nominees are invited:** A, B, C, and D.   네 후보가 초대받았다. A, B, C, D다.

It was becoming clear to me: I made a mistake.   갈수록 분명해지고 있었다. 내가 실수한 거였다.
     ···→ 분명해지고 있었던 것 = 내가 실수했다는 것

'~는 다음과 같다'는 의미로 쓰는 the following / as follows 뒤에는 십중팔구 콜론이 나옵니다.

The scholarship recipients must be a freshman and majoring in at least one of the **following**: business, economics, math, and industrial design.
     장학금 수혜자는 1학년이어야 하고 다음 중 최소한 한 분야의 전공자여야 한다 – 경영, 경제, 수학, 산업디자인.

The criteria for the Best Site Award are **as follows**: 베스트 사이트 상 심사 기준은 다음과 같다.

① The site must be well organized and easy to navigate. 구성이 잘돼 있고 둘러보기 편할 것.

② The site must present something original. 독창적인 걸 보여 줄 것.

⋯ 이때 ①과 ②는 같은 형식으로 짝을 맞춤(parallelism).

2 접속사처럼 두 문장을 이을 때 찍는 semi-colon(;)

세미콜론(;)은 일단 문장이 끝나긴(.) 했지만 뒤에 관련된 '문장'이 더 나올 거니까 완전히 끊지는 말고 잠깐 쉬는(,) 기분으로 읽으라는 표시입니다. 콜론 뒤엔 단어, 구, 문장 어느 것이 와도 상관없지만 세미콜론 뒤에는 완전한 '문장'이 온다는 차이가 있어요. 또 콜론이 '=' 관계라면 세미콜론은 접속사를 부호로 바꾼 거라고 볼 수 있습니다. 즉 세미콜론을 쓰면 and나 but 같은 접속사는 쓸 필요가 없죠. 하지만 접속사 역할을 하는 부사(however, nevertheless 등)와는 찰떡궁합이에요.

This project appears to be overwhelming; <u>nevertheless</u>, it can be done.

이 프로젝트는 보기엔 너무 엄청나 감당 못할 것 같지만 그래도 가능한 일이다.

He always wears sunglasses; he thinks it makes him look cool.

걘 늘 선글라스를 끼고 다녀. 그럼 멋있어 보인다고 생각하거든.

⋯ 딱히 적당한 접속사가 없을 때 유용. 의미는 대개 문맥으로 추측하는데 여기선 '이유'로 해석 가능

세미콜론은 열거할 내용이 너무 복잡할 때 각 항목을 묶어 교통 정리하는 역할도 합니다.

Members of the band include Jason Lee, a guitarist from LA; May Lee, a keyboardist from San Francisco; and Bill Murray, a drummer from New York.

밴드 멤버로는 LA 출신 기타리스트 제이슨 리, 샌프란시스코 출신의 키보디스트 메이 리, 그리고 뉴욕 출신의 드러머 빌 머레이가 있다.

3 서로 다른 품사를 한 단어처럼 묶어 주는 hyphen(-)

하이픈(-)은 다양한 품사를 묶어 통째로 한 단어처럼 쓸 수 있게 만드는 부호예요. 각 단어의 뜻을 조합해 보면 의미를 쉽게 짐작할 수 있습니다.

① 명사가 된 경우: father-in-law 시아버지/장인 ex-wife 전처 self-confidence 자신감

part-timer 파트타임으로 일하는 사람 ...

② 형용사가 된 경우: warm-hearted 마음씨가 따뜻한 chocolate-covered 초콜릿 묻힌

　　　　　　　　fast-changing 급변하는 well-paying 돈 많이 주는 ...

I met a **warm-hearted** lady.　　　　　　　　　　　　　　　난 마음씨가 따뜻한 아줌마를 만났다.

I bought a **three-legged** table.　　　　　　　　　　　　　난 다리 세 개짜리 탁자를 샀다.
　　　　　　　　　　　　　　　　⋯→ 〈단모음 + 단자음〉으로 끝나는 1음절은 끝 자음을 겹쳐 씀(legged).

I love **chocolate-covered** peanuts.　　　　　　　　　　　난 초콜릿 묻힌 땅콩을 좋아해.

They're looking for a **sweet-voiced** woman.　　　　　　그들은 아름다운 목소리를 가진 여자를 찾고 있다.

We're living in a **fast-changing** world.　　　　　　　　우리는 급변하는 세상에 살고 있다.

He got a **well-paying** job.　　　　　　　　　　　　　　　그는 돈 많이 주는 직장을 얻었다.

She's a **self-confident** woman.　　　　　　　　　　　　　그녀는 자신감 넘치는 여자다.

He's a **would-be** politician.　　　　　　그는 정치 지망생이다. ⋯→ would니까 현실이 아니라는 뜻

한 가지 주의할 점은, 하이픈으로 묶은 말이 통째로 형용사 역할을 할 땐 그 속의 명사를 무조건 단수로 쓰지만, 통째로 명사 역할을 할 땐 단수면 단수형, 복수면 복수형을 쓴다는 거예요. 아래 예문을 보면 금방 이해될 겁니다.

The suspect is a 40-**year**-old man.　　　　　용의자는 40세 남자다. ⋯→ a 40-years-old man (×)

The six-**foot**-deep lake has frozen.　　　　수심 6피트 호수가 얼어붙었다. ⋯→ the six-feet-deep lake (×)

He's having dinner with his **mother**-in-law.　　　　　　그는 장모와 저녁을 먹고 있다.

The story is about the relationship between **mothers**-in-law and **daughters**-in-law.　　　　　　　　　　　　　　　　　　　　　　그 이야기는 고부 관계에 대한 것이다.

01 동사의 변화

문법 실력 다지기 p.039

❶ **cost** 그 가방 사는 데 100달러 들었어.
▸ cost - cost – cost - costing

❷ **put, go** 난 잠자리에 들 때 늘 핸드폰을 충전기에 꽂아둬.
▸ 주어의 행동에 맞는 동사

❸ **were** 그 교사들은 지난주 굉장히 바빴어.
▸ 주어가 복수이고 과거시제니까 were

❹ **dying** 군인들은 전쟁에서 싸우다 죽어갈 것이다.
▸ die - died – died - dying

❺ ⓑ 그 애는 어제 자기 방을 청소했어.
▸ yesterday니까 과거시제

❻ ⓐ 걔가 공을 찼지만 그 공이 골대에 맞았지 뭐야.
▸ hit – hit – hit – hitting

❼ ⓒ 너 숙제 안 했지, 그지?
▸ 부가의문문은 앞 문장이 긍정이면 부정, 부정이면 긍정으로

❽ ⓓ 요즘 시장에 나와 있는 전기 자동차는 대부분 꽤 작아.
▸ 복수인 cars가 주어. small은 형용사라 be동사와 가장 잘 어울림. | on the market: 시중에

02 자동사와 타동사

문법 실력 다지기 p.044

❶ ⓓ 나 걔 부모님 봤어/만났어/좋아해/쳐다봤어.
▸ look은 자동사라 look at her parents로 써야 함.

❷ ⓒ 걔는 침대에서 독서했어/잤어/봤어/춤췄어.
▸ see는 뭘 봤는지 목적어가 필요한 타동사

❸ ⓑ 걔가 너한테 나에 대해 얘기했어?/물었어?
▸ speak는 자동사라 '~에게 말하다'란 뜻이 되려면 speak to로 써야 함.

❹ **reached** 걔는 마침내 목적지에 도달했어.
▸ arrive는 자동사

❺ **discuss** 전 세계 기업들이 그 회의에서 인터넷의 미래를 논의할 것입니다.
▸ talk은 자동사라 '~에 대해 논의하다'란 뜻이 되려면 talk about으로 써야 함.

❻ **opened** 길 건너 새로 생긴 태국 음식점이 오늘 개점했어.
▸ launch는 타동사라 launch a restaurant로 씀.

❼ **approached me and asked my name**
▸ 우리말로는 '나한테 다가오다/접근하다'지만 approach 가 타동사이기 때문에 영어로는 그냥 approach me

❽ **listened to his advice**
▸ listen은 자동사라 뭔가에 귀를 기울인다는 의미에서 listen to로 씀.

03 동사의 의미

문법 실력 다지기 p.052

❶ ⓒ 그들의 관계는 틀어졌대(turned, went)/여전히 나빴대(remained).
▸ change는 '변하다'란 자동사로 보어가 불필요, 타동사일 땐 뒤에 목적어로 명사가 와야 하는데 bad는 형용사

❷ ⓓ 건조하고 서늘한 곳에 보관하세요(keep, store)/두세요(put).
▸ 빈칸은 it을 목적어로 받는 타동사 자리. remain은 '계속 ~인 상태로 남다'라는 뜻의 자동사로 타동사로는 쓰이지 않음.

❸ ⓓ 그 음식은 맛있어 보인대(look)/맛이 좋대(taste)/맛있는 냄새가 난대(smell).
▸ make는 뒤에 목적어(명사)가 와야 하는 타동사

❹ **in danger** 그들은 그를 위험에 빠뜨렸어.
▸ put은 목적어를 둘 장소, 또는 목적어가 처할 상황을 뜻하는 말도 필요한 동사

❺ **is** 그 남자는 지금 기분이 좋아.
▸ place는 put처럼 '뭔가를 어디에 두다'란 의미라 목적어 필요

⑥ **leave** A 무슨 일이야? B 아무것도 아냐. 그냥 나 좀 혼자 있게 내버려 둬.
▶ leave + 목적어 + 목적어의 상태

⑦ **good** A 오늘은 좀 어떠세요? B 좋아요.
▶ feel 다음엔 형용사가 옴. badly(나쁘게)는 부사

⑧ **gave** A 그걸 왜 거기서 샀어? B 할인해 주길래.
▶ put이면 me 다음에 me를 두기에 적당한 공간과 관련된 말이 와야 함.

영문법 총정리　　　　　*p.053~054*

나 어젯밤에 파티에 갔어. 끝내줬지. 새로운 사람들도 많이 만났고, 재밌는 게임도 했고, 음악도 듣고, 맛있는 음식도 먹었어. 오늘밤엔 다른 파티에 가. 그래, 나 파티광이야. 쉬-, 우리 부모님께 말하지 마. 내가 어젯밤 도서관에 있었다고 생각하셔. 그러니까 이건 너랑 나랑 비밀로 하자.

❶ ⓑ
▶ keep something between you and me: something이 계속 너와 나 사이에 있게 하다 = 우리끼리의 비밀로 하다

ⓐ ~이다
ⓑ ~인 상태로 유지시키다
ⓒ 말하다
ⓓ 여전히 ~인 상태다

❷ ⓒ
ⓐ 나는 늘 어디에서 파티가 열리는지 안다.
ⓑ 나는 파티에 대해 부모님께 자주 거짓말을 한다.
ⓒ 나는 파티 가는 걸 좋아한다.
ⓓ 나는 새로운 사람들 만나는 걸 좋아한다.

이것은 한국에서 아주 인기 있고 흔한 음식이다. 이것의 종류는 200개가 넘으며 한국인들은 거의 매끼 식사에 이걸 내놓는다. 이것은 냄새가 강하고 맵다. 이것은 냉장고에서 몇 주, 또는 심지어 몇 달이 간다. 또 여러 가지로 건강에도 이롭다.

③ ⓑ
ⓐ 밥　ⓑ 김치　ⓒ 고추장　ⓓ 나물

④ **became**
▶ '~가 되다'라는 의미로 가장 일반적인 말

⑤ **remained**

⑥ **gives**
▶ give someone a headache: 누군가에게 두통을 주다 = 골칫거리다

⑦ **loves it** A: 그 사람이 내 계획 어떻게 생각해?
▶ 3인칭 단수 현재니까 동사에 -s. love는 타동사

⑧ **I'm a student. I live in Seoul.** A 자신에 대해 말해 보세요.

⑨ **Bring me a glass of water. = Bring a glass of water to me.** B 나 바빠.
▶ bring은 '누구에게' '무엇을' 가져오는지 연상하게 되는 말로, bring someone something으로 쓰거나 bring something to someone으로 씀.

⑩ **leave me alone** A 너 괜찮아?
▶ 나를 alone인 상태로 놔두다

둘째 마디 | 동사의 시제:
때에 따라 모습이 달라진다

04 단순시제

문법 실력 다지기　　　　　*p.060*

❶ ⓑ 우리 모두 물이 섭씨 0도에서 언다는 걸 안다.
▶ 언제나 해당되는 얘기라 현재시제. 주어가 3인칭 단수니까 -s

❷ ⓐ 그는 어제 홈런을 쳤다.
▶ '어제'니까 과거. hit - hit - hit

❸ leave → leaves 또는 will leave 시간표에는 기차가 오후 2시에 떠난다고 돼 있어.

❹ are → was 옛날옛적에 공주가 있었어요.
▶ once upon a time은 동화에 잘 나오는 '옛날옛적에 ~'

413

란 표현이라 과거, 주어가 a princess니까 거기에 맞춰 3인칭 단수 be동사로

⑤ will get → gets 그 애가 오늘 저녁 돌아와서 그 동안 무슨 새로 일이 있었는지 얘기해 줄 거야.
  ▶ 미래를 나타내는 말이지만 after ~는 시간의 부사절이라 현재시제, 주어는 3인칭 단수니까 -s. | give someone an update: 누군가에게 업데이트해 주다 = 무슨 일이 새로 있었는지 알려 주다

⑥ spend 많은 기업들이 매년 직원 교육에 수백만 달러를 지출한다.
  ▶ 매년(every year) 반복되는 일이라 현재시제

⑦ is 저녁 식사 준비되면 알려 줄게.
  ▶ 미래를 나타내는 말이지만 시간의 부사절이라 현재시제

⑧ will call 집에 도착하자마자 네게 전화할게.
  ▶ as soon as ~는 시간의 부사절이라 미래 대신 현재시제를 쓰지만 주절은 원래대로 미래시제

05 진행시제

① ⓒ 많은 사람들이 바로 지금 기아로 죽어가고 있어.
  ▶ right now(바로 지금)가 힌트

② ⓒ 그 밴드는 다섯 명으로 구성되어 있어.
  ▶ consist는 자동사라 거의 consist of처럼 전치사와 같이 씀.

③ ⓑ 그 사람은 나랑 제일 친한 친구와 사귀고 있어.
  ▶ 나머진 '상태'라 진행형을 쓰지 않음.

④ ⓓ 이웃집 사람이 개를 산책시키고 있네.
  ▶ 나머진 '상태'를 뜻하는 동사 | walk a dog: 개를 산책시키다

⑤ ⓓ 나 가야 돼. 비행기가 곧 출발해.
  ▶ soon(곧)이니까 미래의 의미

⑥ ⓓ 영부인이 그 행사에 참석하십니다.
  ▶ 주어가 3인칭 단수니까 -s가 붙어야(attends) 빈칸에 들어갈 수 있음.

⑦ are going to like 그 사람 아주 친절해. 우리 모두 그를 좋아하지. 너도 그 사람 좋아할 거야.
  ▶ like는 진행시제로 쓰지 않음.

⑧ isn't working 그거 아직 업로드 못해. 내 노트북이 작동이 안 돼서 말야.
  ▶ 미래의 일이 아니라 현재 '작동이 안 되고 있다'는 것을 나타냄.

06 완료시제

① have never heard 몰라. 들어본 적 없어.
  ▶ 과거에도 들어본 적 없고 지금도 못 들은 상태 그대로라며 두 시점을 얘기하는 것이 어울리니까 현재완료 | hear of something: 뭔가에 대한 얘기를 듣다

② has become 그곳은/이곳은 과거 소도시였지만 지금은 한국에서 가장 큰 도시 중 하나가 됐어.
  ▶ 과거부터 현재(now) 사이의 기간을 염두에 두고 말하니까 현재완료

③ will have completed 우리 다음주 이맘때면 이 프로젝트를 완료하게 될 거야.
  ▶ 〈by + 미래 시점〉은 의미상 미래완료와 어울림.

④ had visited 그 친구는 뉴욕을 몇 번 가봤기 때문에 뉴욕을 아주 잘 알더라고.
  ▶ 알고 있었던 시점 이전에 여러 차례 방문한 경험을 나타내니까 과거완료

⑤ had dated A 걔들 얼마나 오래 사귀었어? B 2년간 연애하고 결혼했어.
  ▶ 결혼한 과거보다 더 이전의 일이니까 과거완료

⑥ passed A 어젯밤 무슨 일이 있었는지 말해 줘. B 난 걔가 필름 끊기기 전에 술 마시고 있었다는 것만 알아. (걔 술 마시다 필름이 끊겼대.)
  ▶ 기준 시점은 단순과거, 필름이 끊기기 전 계속 마시고 있었음. | pass out: 의식을 잃다

⑦ will have downloaded A 그 업데이트 몇 명이나 다운 받았지? B 몰라, 하지만 오늘밤이면 모든 사용자가 다 다운 받게 될 거야.
  ▶ 오늘밤을 기준으로 그 전부터 시작된 일

❽ **haven't heard** A 그 소문 사실이야? B 몰라. 아무 얘기도 못 들었어.
  ▶ 현재를 기준으로 과거부터 지금까지 들어보지 못했다는 의미

07 완료시제와 어울리는 표현들

문법 실력 다지기   p.075

❶ **three hours ago** A 걔 언제 떠났어? B 3시간 전에 떠났어.
  ▶ 단순과거에는 ago가 어울림.

❷ **have been** A 카프리는 쇼핑 천국이야. B 네가 그걸 어떻게 알아? A 거기 가봤으니까. 굉장했어!
  ▶ '가본 적이 있다'며 지금도 간직하고 있는 경험을 말하니까 현재완료

❸ **Have you finished** A 숙제 끝냈니? B 아니.
  ▶ 질문 자체는 Did you finish ~도 가능하지만 대답이 현재완료라 질문도 같은 시제로 맞춰 주는 것이 적절함.

❹ **came** 그 여자는 3년 전에 한국에 왔어.
  ▶ ago는 과거시제와 어울림.

❺ **for** 그 사람 시드니에 살아. 거기서 10년째 살고 있지.
  ▶ for + 걸린 시간, since + 시작 시점

❻ **resumed** 위원회는 지난주 회의를 재개했습니다.
  ▶ '지난주'란 시점으로 고정시켰기 때문에 현재완료와 어울리지 않음.

❼ **yet** 그거 끝냈어?
  ▶ last night은 단순과거와, later는 미래시제와 어울림.

❽ **never** 내 평생 그렇게 아름다운 건 처음 봐.
  ▶ still을 넣으면 '평생 그렇게 아름다운 건 여전히 보고 있는 상태'라는 어색한 의미가 됨.

08 시제의 정확한 사용법

문법 실력 다지기   p.080

❶ ⓐ A 선생님이 왜 너한테 화가 나 있으신 거니? B 너 뭐 잘못했냐? B 수업 내내 잤어.
  ▶ 질문과 같은 시제로 대답하는 게 자연스러움.

❷ ⓑ A 우리 지금 어디 가는 거야? B 누굴 좀 만날 거야.
  ▶ 누군가를 만나게 돼 있기 때문에 가고 있다는 대답이라 확정된 미래를 나타내는 시제가 어울림.

❸ ⓑ A 쟤 뭐하고 있는 거니? B 요가하고 있어. 30분째 저렇게 앉아 있는 중이야.
  ▶ 30분 전부터 시작해 지금도 계속 앉아 있다는 의미를 전달하므로 현재완료진행이 어울림.

❹ **had already stopped** 의사가 거기 도착했을 땐 환자의 심장이 이미 멈춰 있었다.
  ▶ 의사가 도착한 시점(과거)보다 앞서 일어난 일

❺ **will have finished** 우리 다음 달 초에 휴가 가기로 했어. 그때쯤이면 내 일이 끝나 있을 테니까.
  ▶ 다음 달 초까지는 그 전에 시작한 일이 끝난다는 의미니까 미래완료가 어울림.

❻ **review** 또는 **have reviewed** 지원서를 검토한 후 연락 드리겠습니다.
  ▶ 시간의 부사절에서 미래는 현재로 바뀜. 미래 연락할 무렵엔 그보다 앞선 시점에서 시작한 검토를 다 마친 상태일 거라는 점에서 미래완료도 가능. 단, 시간의 부사절이니까 현재완료로.

❼ **has grown** 1990년대 이후로 그 나라 무역은 계속 급성장했어.
  ▶ since면 '~ 이래로 계속된' 일을 나타냄.

❽ **have known** 우린 오랜 세월 서로 알고 지내 온 사이야.
  ▶ 오랜 세월에 걸쳐 지금까지 알고 지내 왔으니까 현재완료가 어울림.

09 시제 일치와 화법

문법 실력 다지기   p.085

❶ **you would do anything for me** 넌 "난 널 위해 뭐든 할 거야."라고 말했지.
  ▶ 주절이 과거니까 will → would. 직접화법에서 간접화법으로 바꿀 땐 화자가 바뀌므로 I → you, you → me (넌 날 위해 뭐든 하겠다고 말했지.)

❷ **if I was ready** 그 사람은 내게 "준비됐어?"라고 물었어.

▶ 의문사 없는 의문문을 간접화법으로 옮길 땐 if(~인지 아닌지)를 넣음. 주절이 과거거니까 are → was (그 사람은 내게 준비됐는지 물었다.)

❸ **how he/she felt that morning** 의사는 그 환자에게 "오늘 아침 몸이 어때요?"라고 물었어.
▶ 의문사 있는 의문문이 문장 속에 들어간 경우엔 〈주어 + 동사〉 순. this를 간접화법으로 말할 땐 멀게 느껴지니까 that으로 바꾸는 게 자연스러움. (의사는 그 환자에게 그날 아침 몸이 어떠냐고 물었어.)

❹ **was** 우린 그가 죽은 걸로 생각했는데, 여기 있잖아!
▶ 주절이 과거거니까 최소한 과거 아니면 had p.p.

❺ **would be** 나는 수업이 오후 3시에 끝나길 바랐어.
▶ 주절이 과거거니까 조동사도 과거

❻ **asked** 의사는 그에게 아직도 담배를 피우고 있냐고 물었어.
▶ told는 '~인지 아닌지'와 어울리지 않음.

❼ **covers** 그녀는 물이 지표의 70%를 덮고 있다고 말했어.
▶ 늘 변치 않는 사실이니까 현재. 주어가 3인칭 단수니까 -s

❽ **collapsed** 그는 베를린 장벽이 1989년 붕괴됐다고 말했어.
▶ 역사적 사실이니까 과거

영문법 총정리　　　　　*p.086~087*

면접관	어디서 살아요?
지원자	수원에서 사는데 곧 서울로 이사 갑니다.
면접관	지난 2년간 직장을 몇 군데 다녔어요?
지원자	세 군데요.
면접관	왜 그렇게 직장을 자주 옮겼나요?
지원자	음. 첫 번째 직장은 회사가 문을 닫아서 그만둬야 했습니다. 두 번째 직장을 그만둔 이유는, 제가 할 일이 많지 않아서였어요. 저는 상근직을 원했는데 시간제 일자리밖에 못 준다고 했습니다.
면접관	알았어요, 그럼, 직장이 없는 동안엔 뭘 했죠?
지원자	책을 많이 읽었습니다. 독서를 좋아해서요.
면접관	지금은 뭘 읽고 있나요?
지원자	요즘 《반지의 제왕》을 읽고 있습니다.

❶ **have had**

▶ 질문자가 현재부터 2년 전까지로 기간을 정했으니 그에 맞는 시제로 답해야 자연스러움.

❷ ⓒ
▶ 지원자의 첫 번째 대사에 나온 I'm moving ~을 통해 이사 일정이 잡혔음을 알 수 있으며, 회사가 파산한 이유는 글에 나와 있지 않으므로 ⓐ와 ⓑ는 오답

ⓐ 그는 조만간 서울로 이사 가고 싶어 하지만 아직 결정된 건 아무것도 없다.
ⓑ 그의 회사는 일거리가 많지 않아 파산했다.
ⓒ 그는 책을 즐겨 읽는다.

❸ ⓑ
ⓐ 동시에 직장을 두 개 가진 상태
ⓑ (직장을 다니다 그만둔 후) 현재 직장이 없는 상태
ⓒ (파트 타임을 두 군데 뛰는데) 파트 타임과 파트 타임 사이에 비는 시간이 있는 상태

❹ **teach** A 하시는 일이 뭐예요? B 고등학교에서 아이들을 가르쳐요.
▶ 평소 하는 일 = 직업

❺ **was watching** A 내가 전화했을 때 뭐 하고 있었어? B 친구랑 TV 보고 있었어.
▶ 질문한 사람과 같은 시점에서 대답해야 자연스러움.

❻ **have never seen** A 영화 〈올드 보이〉 어떻게 생각해? B 모르겠는데. 본 적 없어.
▶ 현재를 기준으로 과거까지 쭉 되돌아보며 본 일이 있는지 생각

❼ **have met** A 무척 낯익네요. B 네, 우리 전에 만난 적 있죠, 그렇죠?
▶ 지금을 기준으로 과거로 거슬러 올라가며 만난 일이 있는지 생각. 부가의문문의 시제가 힌트

❽ **have been here for two years** A 한국에 계신 지 얼마나 됐어요? B 여기 있은 지 2년 됐어요.
▶ 2년째 된 거니까 현재완료시제 뒤에 for two years

❾ **would call** A 그 여자가 뭐래? B 다음주에 전화한대.
▶ 주절이 과거거니까 조동사도 과거

❿ **It's going to rain.** 구름 좀 봐.

⓫ **I'm working tonight.** 나 술 못 마셔.

416

셋째 마디 | to부정사: 동사가 명사, 형용사, 부사로 변신하다

10 to부정사란?

문법 실력 다지기   p.092

❶ ⓒ 걔는 양치질하기 전에(before)/하고 난 후(after)/하고(and) 아침을 먹었어.
▶ to + 동사원형. brushed는 과거형이므로 빈칸에 to는 올 수 없음.

❷ ⓐ 그녀는 집을 떠나 그를 만났어(and met)/그를 찾기 위해(to find) 집을 떠났어/내가 그를 찾은 후(after I found) 집을 떠났어.
▶ 동사원형 meet 혼자서는 빈칸에 들어갈 수 없음. to 필요

❸ plans to invest 그 회사는 러시아에 10억 달러를 투자할 계획이야.
▶ plan 뒤에 to부정사 대신 명사를 쓰려면 plans an investment of $ ~처럼 써야 함.

❹ told me 그는 나더러 이 프로젝트를 제시간에 끝내라고 했어.
▶ tell someone to do something: 누군가에게 ~하라고 말하다

❺ needs 그 불쌍한 아이는 도움이 필요해.
▶ support는 명사, 동사 모두 가능하지만, 동사면 타동사라 목적어가 필요함. 문맥상 아이가 도움을 필요로 하는 경우임.

❻ I need something to wear to a wedding.
A 뭐가 필요해? B 결혼식 입고 갈 게 필요해.

❼ I called her to ask her opinion. A 그 여자한테 왜 전화했어? B 의견을 물어보려고 전화했어.

❽ She told me not to call her at night.
A 그 여자가 뭐래? B 밤에 자기한테 전화하지 말래.

11 to부정사의 용법

문법 실력 다지기   p.097

❶ to, go, home
▶ '집에 가는 것'을 원하는 거니까 go home을 명사처럼

쓸 수 있게 to부정사로

❷ to, surprise, everyone
▶ surprise는 타동사라 목적어 필요

❸ to, lose, weight
▶ 운동하는 이유/목적이 '체중을 줄이다'라는 동사니까 to부정사로

❹ plans to start work
▶ 문장의 동사는 plan. 목적어가 업무를 시작한다는 동사라 to부정사로 바꿔 명사처럼 사용

❺ lucky to find your blog
▶ 운이 좋다는 이유가 '찾다'라는 동사니까 to부정사로

❻ something to drink
▶ 마실 something이라며 동사로 꾸며야 하니까 to부정사로

❼ have nothing to lose 난 두렵지 않아, 잃을 게 없으니까 (밑져야 본전이니까).
▶ 형용사 대신 동사로 nothing을 꾸며야 하니까 to부정사로

❽ expect to arrive this weekend 나 이번 주말에 도착할 거 같아.
▶ 무엇을 예상하는지 나타내는 목적어에 명사 대신 동사를 넣어야 하는 상황이니까 to부정사로

12 to부정사의 의미상 주어 및 가주어/가목적어

문법 실력 다지기   p.103

❶ ⓐ 나는 여분의 배터리를 갖고 다닐 필요가 있음을 알게 됐다.
▶ 나머진 〈동사 + 목적어 + 목적 보어〉로 쓰지 않는 동사

❷ ⓒ 그 여자는 그 남자가 컴퓨터를 고쳐 주길 원한다.

❸ ⓑ 가난한 아이들을 도와주다니 그 사람 참 속이 깊네.
▶ of가 있으므로 인성과 관련된 말이 와야 함.

❹ for 누구든 야생동물을 애완용으로 키우는 건 불법이다.
▶ illegal은 사람의 성격이 아니라 keep ~하는 행동을 가리킴.

❺ it 그 남자는 잠 들기가 어려웠다.
▶ find + it + 형용사 + to부정사

⑥ necessary 학생들은 분석적인 사고력을 갖는 것이 필요하다.
▶ considerate은 '사려 깊은'이란 의미의 형용사라 뒤에 of

⑦ It is important for you to know your strengths and weaknesses.

⑧ The pain made it difficult for me to concentrate.

13 to부정사의 시제 표현법

문법 실력 다지기   *p.107*

❶ ⓑ 그 회사는 새로운 시장으로 확장해 나갈 계획이다.
▶ 계획은 미래의 일과 관련된 것, 후회하고(regret), 마무리하는(finish/complete) 건 과거 일과 관련된 것

❷ ⓒ 지도자들은 더 긴밀히 협력하기로 합의했다.
▶ 합의는 앞으로 할 일에 대한 것, 최종 확정(finalize)하고, 되돌아보고(look back), 부인하는(deny) 건 이미 벌어진 일에 대한 것

❸ seems to have been quite busy lately 그 여자는 요즘 되게 바빴나 봐.

❹ appeared to be a failure 그 실험은 실패작인 듯했다.

❺ seems to be carrying a bottle of water 모두가 물 한 병씩 들고 다니고 있는 것 같다.

❻ ⓓ 시험을 잘 보려면 불안함을 다스려야 한다.
▶ 두 가지 동사를 그냥 붙여 쓰지는 못함.

❼ ⓑ 그 장관은 곧 사임할 것이다(will, be going to)/사임하게 되어 있다, 사임할 예정이다(be to).
▶ is to be left ⋯ is to leave

❽ ⓑ 공룡은 수백만 년 전에 멸종된 것으로 보인다(seem, appear)/멸종됐다(became).
▶ 나머진 과거와 어울리지만 ⓑ 는 앞으로의 일

14 to부정사의 관용표현

문법 실력 다지기   *p.112*

❶ ⓐ 나 저번에 우연히 새로 이사 온 이웃집 사람을 만났어.
▶ the other day는 과거 어느 한 시점을 가리키기 때문에 과거 1회성 사건과 어울림.

❷ ⓑ 너 없이 사느니 죽는 게 낫다.

❸ ⓒ 그 사람들 다시 생각해야 해.

❹ ⓐ 난 그 제안을 받아들일 수밖에 없었다.

❺ ⓓ 그 남자는 주말 내내 영화만 봤다.

❻ too, to 네 딸은 겨우 5살이야. 혼자 수영하긴 너무 어려.

❼ to, say 두말할 필요 없이, 그 남자는 한국에서 제일 잘나가는 성형외과 의사 중 한 사람이야.

❽ not, to 이 기계는 많은 수고를 덜어 줄 거야, 돈은 말할 것도 없고.

❾ To, worse 날이 어두워져 가고 있었다. 설상가상으로, 우린 기름까지 떨어져가고 있었다.

15 지각동사와 사역동사

문법 실력 다지기   *p.116*

❶ ⓐ 그 법은 저작권이 걸려 있는 자료의 복사를 허용하지 않는다.

❷ ⓑ 그녀는 아이들을 진정시키려고 애썼다.
▶ 나머진 목적어 다음에 to부정사를 써야 함.

❸ ⓓ 네가 그 사람 말 안 들으면 그는 널 후회하게 만들 거야.

❹ had (my) mom change her password

❺ let your dog sleep on your bed

❻ allow your dog to pee on the sofa

❼ accomplished → (to) accomplish 기술은 운동 선수들의 목표 달성을 돕는다.
▶ help 뒤는 (to)부정사

⑧ get → have[make] 또는 cancel → to cancel
그 사람한테 네 주문을 취소하게 할 수 있어.
▶ get someone to do something: 누군가에게 ~
하게 하다

⑨ got → had[made] 또는 memorize → to
memorize   교사는 학생들에게 영어 노래를 외우게 했다.
▶ have someone do something이나 get
someone to do something으로 씀.

영문법 총정리   *p.117~118*

홍길동님께,

길벗 대학에서 학위를 마친 것에 대해 축하드립니다.

우리는 귀하에게 설문조사에 응해주시기를 부탁드리고 싶습니다. 이 설문조사의 목적은 우리 학생들이 학업을 하면서 겪었던 것에 대한 정보를 수집하는 데에 있습니다.

이 링크를 클릭하셔서 설문조사에 응해주시기 바랍니다. 이 조사에 응해서 다 끝마치는 데에는 평균적으로 대략 10에서 15분 정도밖에 걸리지 않습니다. 전 개인적으로 귀하가 이 설문조사에 끝까지 다 응해주시기를 바랍니다.

귀하의 응답은 우리한테는 매우 중요합니다. 우리는 교과정, 학생들에 대한 서비스의 질, 그리고 학생들의 직업 선택에 대한 우리의 조언의 질을 높이는 데에 귀하의 응답을 사용하고자 하기 때문입니다. 귀하의 응답은 앞으로 길벗 대학에서 수학하는 학생들의 학업을 개선하도록 우리에게 도움을 줄 것입니다.

다시 한 번 귀하의 졸업을 축하드리며, 귀하가 우리 설문조사에 응해주시리라 믿고 미리 감사 드립니다.

길벗 대학 교수 앤 톰슨 드림

❶ ⓑ
ⓐ 홍 씨의 졸업을 축하하기 위해
ⓑ 홍 씨에게 설문조사에 응해 달라고 요청하기 위해
ⓒ 학생들의 질을 높이기 위해
ⓓ 홍 씨의 설문조사 응답에 미리 감사하기 위해

❷ ⓓ
ⓐ 홍 씨는 길벗대학교를 졸업했다.
ⓑ 대학측은 응답자들로부터 의견을 수집할 것이다.

ⓒ 교수는 홍 씨에게 설문조사 참여를 종용하고 있다.

ⓓ 대학측은 학생들로부터 개인 정보를 수집하고 싶어 한다.

❸ It is important for children to learn (how) to read maps.
▶ 중요한 것의 주어는 '아이들이 ~ 배우는 것', 배우는 것의 주어는 '아이들'. '~하는 법을 배우다'는 learn how to도 되고 learn to(~할 것을 배우다)도 가능

❹ Get your friend to call me as soon as possible.
▶ get + 목적어 + to부정사

❺ I find it hard to believe her age.
▶ find + it + 형용사 + to부정사

❻ me to exercise   A 의사가 뭐래?

❼ To make matters worse, I lost my wallet.
A 오늘 아침에 왜 그렇게 화가 났었어? B 전화기를 변기에 빠뜨렸어.

❽ saw him enter   A 간밤에 그가 그 집에 침입했다는 거 확실해요?

❾ waiting for you to   A 뭘 기다리고 있는 거야?

❿ not to mention money   B 그래서 어쩌라구?

넷째 마디 | 분사: 동사를 형용사로 써먹다

16 명사를 꾸미는 분사

문법 실력 다지기   *p.124*

❶ ⓓ 거리에 키 큰/잘생긴/웃고 있는 남자가 있었다.
▶ 명사는 동사로 꾸밀 수 없으니까 yelling이 돼야 함.

❷ ⓑ 우리는 성공적인/만족스런/흥미로운 결과를 얻었다.
▶ 결과가 사람을 실망시키는 거니까 disappointing이 돼야 함.

❸ boring 그렇게 재미없는 영화는 본 적이 없어.
▶ 사람을 지루하게 만듦.

④ Satisfied 만족한 고객은 절대 불평하지 않아.
▶ 원가가 고객을 만족시킴.

⑤ amazing 그녀의 놀라운 회복은 사람들에게 희망의 위력을 가르쳐 줬다.
▶ 사람들을 놀라게 만듦.

⑥ your encouraging words
▶ 말이 사람을 격려

⑦ embarrassing situation
▶ 사람을 난처하게 만드는 상황

⑧ the closed bank
▶ 은행 입장에선 닫힌 것

17 능동태와 수동태

문법 실력 다지기   p.129

① ⓐ 고양이는 낯선 사람이 접근하는 걸 싫어해.
▶ 고양이 입장에선 접근 당하는 거니까 be p.p. by. approach는 타동사

② ⓒ 여기는 국립묘지야. 많은 군인들이 묻혀 있지.
▶ bury는 '~를 묻다'란 타동사. 군인들 입장에선 p.p.라 be buried가 돼야 함.

③ ⓑ 비행기 추락으로 죽을 가능성이 천만분의 일이다.
▶ kill은 타동사

④ were closed 일요일 아침이라 대부분의 가게 문이 닫혀 있었다.

⑤ was given 오늘 아침 병원에서 혈액검사를 받았다.

⑥ is considered 또는 has been considered 사냥은 많은 국가에서 스포츠로 간주되고 있다.

⑦ been infected by 내 컴퓨터가 바이러스에 감염됐어.
▶ infect는 '~를 감염시키다'란 의미의 타동사

⑧ being watched 그 용의자는 경찰의 감시를 받고 있었다.

⑨ be completed 훈련은 곧 끝날 거야.
▶ complete는 '~을 마치다'란 의미의 타동사

18 주의해야 할 수동태❶

문법 실력 다지기   p.133

① remains 호주는 40% 이상이 지금도 인간의 손이 닿지 않은 상태다.
▶ 자동사

② cost 그 코트에 돈 엄청 들어갔어.
▶ cost는 '상태'를 뜻하는 동사라 수동태로 쓰지 않음. cost - cost - cost - costing

③ to 그녀는 펀드매니저와 결혼했다.
▶ 현재 부부인 상태를 나타낼 땐 be married to

④ with 그녀는 유부녀이고 아이가 둘이다.
▶ 기혼자이고 아이들을 데리고 있어서 with

⑤ is consisted of → consists of 야구 경기는 9회로 이뤄져 있다.
▶ 자동사

⑥ is resembled by → resembles 그는 자기 아버지를 닮았다.
▶ 수동태로 쓰지 않음.

⑦ for → in 그의 아내가 그 사기 사건에 연루돼 있다.

⑧ by → in 그 회사는 남미에 사무실을 여는 데 관심을 갖고 있다.

⑨ satisfied → were/are/got satisfied 손님들은 음식에 만족했다/만족하고 있다/만족하게 됐다.

⑩ blown → were blown 폭풍에 많은 나무들이 쓰러졌다.
▶ blow는 자동사도 되지만 여기선 by the storm 때문에 타동사라 수동태가 어울림.

19 주의해야 할 수동태❷

문법 실력 다지기   p.138

① was seen (by people) to return to the house 사람들은 그가 그 집으로 돌아가는 모습을 봤다.
▶ 'by 행위자'는 행위자가 한 행동을 나타내는 동사 가까이 쓰는 게 의미상 자연스러움.

② **were forced by the commander to shoot first** 사령관은 병사들에게 먼저 발포하라고 강요했다.

③ **was involved in the negotiating process** 그들은 그녀를 협상 과정에 관여시켰다.

④ ⓒ 우리는 다음날까지 보고서를 제출하게 되어 있었다 (were to, were supposed to)/지시를 받았다 (were told to).
▶ wait은 자동사

⑤ ⓐ 근로자들은 생산성을 높이기 위해 노력했다/높이길 희망했다/높이겠다고 약속했다.
▶ encourage는 타동사라 were encouraged to가 어울림.

⑥ ⓓ 관광객들은 현지 가게에서 쇼핑하도록 부탁받았다/강요받았다/할 것으로 기대됐다.
▶ talk은 자동사

⑦ **was spoken to by a cop**

⑧ **has been waited for by many people**

20 분사 활용법

문법 실력 다지기   p.142

① ⓒ 그 소년은 스포츠 스타가 되었다/신났다/유명해졌다.
▶ become은 명사/형용사/분사가 보어로 와야 함. quickly는 부사

② ⓓ 새 동영상/지워진/.jpg/컴퓨터에 다운 받은 파일 어떻게 해야 하지?
▶ downloaded로 p.p.를 쓴 건 맞지만 복잡하니까 file 뒤로 보내야 함.

③ ⓐ 그는 일을 잘해 냈다. 그의 상사는 만족했다/즐거워했다/기뻐했다/감탄했다.
▶ 일에 만족하게 된 거니까 satisfied

④ ⓒ 나는 강력히 추천 받은/엉망으로 쓰여진/유럽에서 출간된/매우 감동적인 책을 읽었다.
▶ book 뒤로 보내야 함.

⑤ **specialized** 그 회사는 고도로 전문화된 장비를 제조한다.

▶ 장비 입장에선 p.p.

⑥ **sitting** 내 옆에 앉은 사람은 프랑스 출신이었다.

⑦ **reduced** 이 제품들을 인하된 가격으로 구입할 수 있어.

⑧ **refreshed, revitalized** 운동은 상쾌한 기분과 활력을 느끼게 해준다.
▶ refresh는 상쾌하게 만든다는 타동사, revitalize는 활력을 느끼게 만드는 거니까 사람 입장에선 p.p.

21 절 대신 쓰는 분사구문

문법 실력 다지기   p.148

① **(While) waiting in line to pay, I realized I didn't have my wallet.** 돈 내려고 줄 서고 있던 나는 지갑이 없음을 깨달았다.

② **Built in 2010, the hospital was designed to accommodate 200 patients.** 그 병원은 2010년에 세워졌다. 그것은 200명의 환자를 수용하도록 설계되었다.
▶ 2010년에 세워졌다는 게 더 중요한 정보면, Designed to accommodate 200 patients, the hospital was built in 2010.이 되지만 대부분 첫 번째 순서가 자연스러움.(2010년에 세워진 그 병원은 200명의 환자를 수용하도록 설계되었다)

③ **having been launched in 2000, is recognized as one of the best in the world** 그 프로그램은 2000년에 처음 시작되었다. 그것은 세계 최고 수준으로 인정받고 있다.
▶ 2000년에 처음 시작된 그 프로그램은 세계 최고 수준으로 인정받고 있다.

④ **Left** 혼자 남은 아기는 울었다.
▶ 아기 입장에선 어른에 의해 혼자 남겨진 거니까 p.p.

⑤ **Having known** 오랜 세월 서로 알고 지내 온 그들은 결혼하기로 결정했다.
▶ 결혼 결정을 한 시점보다 훨씬 이전부터 알고 지내 온 거니까 having p.p.가 자연스러움.

⑥ **while** 운전 중 통화는 허용되지 않고 있다.
▶ '운전하는 동안'이 가장 자연스러움.

❼ Delivered 오토바이 택배로 배달된 그 소포는 시간에 딱 맞춰 도착했다.
　▶ 소포 입장에선 p.p.

❽ waving and smiling 영부인은 손을 흔들고 미소를 지으며 차에 올랐다.
　▶ exhausting and stressing → 사람 입장에선 exhausted and stressed로 써야 함.

❾ Not having finished 시험을 끝내지 못한 나는 교실에서 나가지 못했다.
　▶ 분사구문 앞에 not을 붙임.

22 부대 상황 표현법

문법 실력 다지기　　　　　p.153

❶ (With) the weather being so cold, many schools were temporarily closed. 날씨가 너무 추웠다. 많은 학교가 임시로 휴교했다.
　▶ 날씨가 너무 추워 많은 학교가 임시로 휴교했다.

❷ With her husband working 60 hours a week, she was often left alone. 그녀의 남편이 일주일에 60시간을 일했다. 그녀는 혼자 있을 때가 많았다.
　▶ 남편이 일주일에 60시간을 일해 그녀는 혼자 있을 때가 많았다.

❸ He came out of the bathroom with his zipper open. 그는 화장실에서 나왔다. 그는 지퍼를 열린 상태로 놔뒀다.
　▶ 그는 지퍼가 열린 채로 화장실에서 나왔다.

❹ Take a deep breath with your eyes closed. 숨을 크게 들이쉬세요. 눈을 감은 채로 있으세요.
　▶ 눈을 감은 채로 숨을 크게 들이쉬세요.

❺ Strictly speaking

❻ Considering

❼ Speaking of 또는 Talking of[about]

❽ Generally speaking

영문법 총정리　　　　　p.154~155

아프리카 북동부에 위치했던 고대 이집트는 파라오라고 불리던 강력한 왕들의 지배를 받았다. 파라오가 죽으면 거대한 무덤인 피라미드가 건설되었다. 피라미드에는 파라오를 비롯해 그들이 사용하던 보물을 묻었다. 1922년에 파라오인 투탕카멘의 무덤을 발굴하는 굉장한 작업이 이뤄졌다. 다른 고대 무덤과 달리 이 무덤은 도굴되지 않은 상태였다. 워낙 잘 숨겨져 있었기 때문이다. 투탕카멘은 19세라는 젊은 나이에 갑자기 죽었다. 그래서 투탕카멘의 삶에 관해서는 알려진 것이 거의 없다.

❶ ⓑ
　ⓐ 막강한 힘을 가진 왕들은 고대 이집트를 통치할 때 파라오를 불렀다.
　ⓑ 도굴꾼들은 투탕카멘 왕의 무덤을 찾지 못했다.
　ⓒ 투탕카멘 왕은 삶에 대해 아는 게 별로 없었다.

사람들은 그 여자를 더 잘 보려고 앞으로 밀치고 나오고 있었는데, 이웃 마을에서 온 사람들이 많았고, 어떤 사람들은 불구인 자녀를 데리고 있었다. 그 사람들은 신시아가 그 아이들을 치료해주기를 바라고 있었다. 군중 속에서 한 남자가 신시아는 '사기꾼'이라고 소리쳤다. 신시아는 사람들을 속이고 있는 것뿐이며 신에게 벌을 받을 것이라고 그 남자는 소리쳤다. 어떤 여자는 자신의 병을 고쳐달라고 신시아에게 사정했다. 그 여자는 눈물을 글썽이며 신시아를 보면서 팔을 뻗었다.

❷ ⓒ
　ⓐ 군중 속 많은 사람들이 신시아가 아픈 사람을 고칠 수 있는 힘이 있다고 믿었다.
　ⓑ 어떤 이들은 불구인 자녀를 데려왔다.
　ⓒ 모두가 신시아가 기적을 행할 수 있다고 믿었다.

❸ ⓑ
　ⓐ 종교를 믿지 않는 사람
　ⓑ 사람들을 속이는 사람
　ⓒ 아픈 사람을 낫게 하는 사람

❹ Where is Turkey located?

❺ This was agreed on in the last meeting.

⑥ I'm disappointed with our politicians.

⑦ it well-done 또는 to have it well-done A 스테이크를 어떻게 준비해 드릴까요?

⑧ was given a ticket A 왜 그렇게 기분이 안 좋아?

⑨ Cars were damaged. A 현장에서 무슨 일이 있었는지 말해 줄래요?

⑩ had it done A 그거 네가 직접 했어?

다섯째 마디 | 동명사:
동사가 명사로 둔갑하다

23 동명사

문법 실력 다지기   p.161

① buy → buying 지금은 사는 데 관심 없다. (살 생각 없다)
▶ 전치사 뒤는 명사나 -ing

② play → playing 그 부상은 그가 플레이오프전에서 뛰지 못하게 막을 것이다. (그는 부상 때문에 뛰지 못할 것이다.)
▶ 전치사 뒤라 -ing. prevent someone from -ing는 '～를 하지 못하게 막다'라는 뜻으로 잘 쓰는 표현임.

③ persuade → persuading 그는 사람을 잘 설득한다.
▶ 전치사 뒤라 -ing

④ his not having a girlfriend 그는 여자친구가 없어. 걱정하지 마.
▶ 그가 여자친구 없는 것에 대해 걱정하지 마.

⑤ Her winning the gold medal 그녀는 금메달을 땄다. 그것이 언론에 크게 보도됐다.
▶ 그녀가 금메달을 딴 것이 언론에 크게 보도됐다.

⑥ having read it when I was young 난 어렸을 때 그걸 읽었다. 기억이 난다.
▶ 어렸을 때 그걸 읽은 기억이 난다.

⑦ I'm tired of waiting in line.

⑧ Drinking lots of[a lot of/plenty of] water helps (to) keep your skin healthy.

24 동명사 vs. 부정사, 현재분사

문법 실력 다지기   p.166

① thinking 그는 그녀를 너무나 그리워했고, 그녀 생각을 멈출 수가 없었다.
▶ 나중에 할 일이 아니라 이미 하고 있으니까

② to keep 그녀는 그걸 비밀로 간직하겠다고 약속했다.
▶ 앞으로 할 일을 약속하는 거니까

③ decorating 내 방 장식을 마쳤다.
▶ 하던 일을 끝내는 거니까

④ to begin 남동생이 역도를 시작하기로 했다.
▶ 앞으로 할 일이니까

⑤ washing 내 세탁기가 안 돌아가.

⑥ ⓒ 그 CEO는 모두의 봉급을 10% 인상하겠다고 약속했다.
▶ 봉급을 인상하는 거니까 타동사 raise 필요(rise는 자동사). promise는 앞으로 할 일에 대해 약속하는 거라 to부정사가 어울림.

⑦ ⓓ 그 여배우는 남자친구가 있음을 시인했다.
▶ admit은 이미 있는 일을 시인하는 것

⑧ ⓐ 우리 영업팀 직원들은 밖에 나가 새로운 사람들을 만나는 걸 좋아한다.
▶ 나머진 앞으로 할 일에 대한 동사들로 to부정사와 같이 씀.

⑨ ⓒ 그는 모피를 얻으려고 동물을 죽이는 것에 반대한다.
▶ 전치사 뒤라 명사/동명사가 와야 함.

25 -ing 관용표현

문법 실력 다지기   p.171

① ⓒ 너에 대한 사랑을 멈출 수가 없어/널 사랑할 수밖에 없어.
▶ can't help[stop] -ing, can't (help) but 동사원형

❷ ⓓ 내 이메일 확인이 안 돼.
▶ have difficulty[trouble] (in) -ing. difficult는 의미상 문제, 일 등이 주어로 와야 어울림.

❸ to working 너랑 곧 함께 일했으면 좋겠다!

❹ to protecting 우리는 환경 보호에 성심을 다하고 있다.

❺ on laughing 그녀는 계속 웃어댔다.

❻ to making 그들은 영어를 공용어로 만드는 데 반대한다.

❼ worth 그의 음악은 들어 볼 가치가 있다.

❽ no good 엎질러진 우유를 두고 울어 봐야 소용없다.
▶ 돌이킬 수 없는 일로 속상해하지 말라는 뜻의 속담

❾ like 영화 엔딩 부분에서 눈물이 나려 했다.
▶ feel like -ing. feel 뒤에는 느끼는 것과 어울리는 말이 와야 하는데 sadly crying은 느낌이 아니라 슬프게 우는 '동작'

영문법 총정리   p.172~173

영어로 의사소통하는 법을 배우는 것은 힘든 일이기는 하지만 영어를 배우는 데에 도움이 되는 요령을 소개해보겠다.

1. 대화가 많이 들어가 있는 책을 읽어라. 책을 읽는다는 것은 어떤 언어를 이해하는 데에 기초가 되기 때문에 영어에 관한 전반적인 실력을 향상시키기 위해서는 책을 많이 읽어야 할 필요가 있다. 특히 대화가 많이 들어가 있는 책을 읽는다는 것은 일상적인 어휘와 표현을 배울 수 있는 좋은 방법이다. 또한 그런 책이 비교적 이해하기 쉽다.

2. 영어로 말하는 것을 들어라. 뉴스, 영화, 인터뷰, 강의 등등 영어로 말하는 것을 들으라는 의미다. 인터넷은 듣기 자료가 널려 있는 보고라고 할 수 있다.

3. 영어로 일기를 쓰거나 블로그를 운영하라. 영어로 일기를 쓰거나 블로그를 운영하면 일상적인 어휘를 배우고 연습하는 데에 도움이 되고, 사고력을 증진시키 데에 도움이 된다. 또한 문법적인 오류를 피할 수 있는 방법을 생각해낼 수 있게 된다.

4. 영어로 말할 수 있는 친구를 찾아서 회화를 연습하라. 영어권 친구를 찾을 수 없다면 영어 자막이 있는 텔레비전 프로나 영화를 보라. 노트에다 유용한 표현을 적어 자주 복습하라.

❶ ⓑ
ⓐ 의사소통 수단으로서의 영어
ⓑ 영어 실력을 높이는 방법
ⓒ 영어를 배우려는 노력

❷ ⓒ
ⓐ 일상 생활에서 쓰는 단어와 표현을 건질 수 있다.
ⓑ 비교적 이해하기 쉽다.
ⓒ 영어 문법을 가르쳐 준다.

❸ is busy working A 걘 왜 전화를 안 받는 거지?
▶ work을 명사로 써서 be busy with work도 가능

❹ plan to travel A 새해 계획이 뭐야?

❺ feel like crying every day consider consulting a doctor

❻ difficulty[trouble] (in) falling asleep sleeping pills

❼ mind 몇 분 기다리셔도 괜찮겠어요?
▶ wish 다음엔 to부정사

❽ watching 난 밤새도록 영화를 봤어.
▶ spend the time -ing. 또는 spend the time on something

❾ laugh 우린 그의 말에 웃음을 참을 수 없었다.
▶ can't help[stop] -ing, can't (help) but 동사원형

❿ to a beer 너랑 맥주 한잔 같이 하길 고대하고 있어.
▶ look forward to -ing/명사

여섯째 마디 | 조동사: 동사를 도와주다

26 조동사의 의미

문법 실력 다지기   p.179

❶ ⓑ 일기예보에서 오후에 비 올지도 모른다고 했다.
▶ 시제 일치로 과거형

② ⓒ 좀 앉아 주시겠습니까?

③ ⓒ 나 그 사이트에 접근할 수가 없어.(그 사이트에 들어갈 수가 없어)
▶ access는 명사도 되지만, 명사로 쓰려면 have access to something처럼 '어디에' 접근할 수 있는지 전치사 필요. 여기선 바로 뒤에 목적어가 왔기 때문에 동사로 쓰였으며, 동사원형이니까 앞에 조동사가 와야 함.

④ **must follow the rules explained below**
아래 설명된 규칙을 따라야 합니다.

⑤ **could you do this to me** 어떻게 나한테 이럴 수 있어?

⑥ **should we not negotiate with terrorists**
우리는 왜 테러범들과 협상을 하지 않아야 하는가?

⑦ **He may help you fill out the form.**
▶ help는 사역동사라 목적어 뒤에 동사원형

⑧ **Can I use your phone?**

27 can, could

p.184

① ⓒ 그의 블로그를 찾을 수 있었다(could, was able to)/없다(can't)
▶ can과 be able to는 의미가 중복돼 같이 쓰면 어색

② ⓓ 포기하는 쪽으로 선택해도 돼(can)/선택할 수도 있겠지(could)/선택할 리가 없어(can't).
▶ 선택했을 리가 없었다고 하려면 can't have chosen

③ ⓑ 수면 문제가 건강 문제로 이어지는 게 가능하다.(수면 장애로 건강 문제가 생길 수 있다)
▶ lead(lead-led-led)는 자/타동사 모두 가능하지만 여기서는 자동사. 타동사로는 Sleep problems lead you to health problems.처럼 원인이 사람을 결과로 이끈다는 논리가 어울림.

④ **Can** 뭐 마실 것 좀 갖다 줄까?
▶ 문맥상 '마실 것 좀 줄까?'인데 Will을 쓰면 '내가 마실 걸 주게 될까 아닐까?'처럼 이상한 의미가 됨.

⑤ **can't be** 네가 25살이라니 말도 안 돼! 18살짜리 소녀로 보이는데!
▶ 지금 현재 모습을 보며 확신을 갖고 부정

⑥ **can't have killed** 그 사람, 살인이 있었던 시각에 저랑 같이 있었어요. 그가 그 여자를 죽였을 리가 없어요.
▶ 범행 시각은 과거인데 can't kill은 현재를 가리킴.

⑦ **couldn't have made** 완벽했어. 우리가 그보다 더 좋은 선택을 할 수는 없었을 거야.
▶ 완벽했으니까 더 나은 선택은 불가능했을 것으로 추측

⑧ **could help** 이 프로그램 어떻게 까는지 모르겠어. 네가 도와줄 수 있을 거 같은데.
▶ 아직 한 일이 아니니까 과거에 쓰는 could have p.p.는 안 어울림.

28 may, might

p.189

① ⓒ 주문 받아도 될까요, 손님?

② ⓑ 한번 해보는 게 낫겠어. 손해 볼 거 없잖아.
▶ 손해 볼 게 없으니 시도해 보는 게 낫겠다는 의미가 돼야 자연스러움.

③ ⓓ 멋진 한 해가 되길!
▶ 기원문에는 May you ~

④ ⓑ 점심 시간이니 그는 당연히 사무실에 없을 거야.

⑤ **may be** 그건 그냥 내 의견이야. 그러니까 맞을 수도 있고 틀릴 수도 있어.
▶ 몰라서 추측

⑥ **might** 이걸 구입하시면 매뉴얼을 한번 읽어 보세요.
▶ '원할 가능성이 있다'고 단정하기보다 원하고 싶을 거라는 식으로 권유

⑦ **may not tell** 그자가 그 음모에 가담하고 있는 듯하니 너한테 사실대로 말하지 않을지도 몰라.

⑧ **might have been** 대통령은 방탄조끼를 입고 있었다. 안 그랬으면 그는 죽었을지도 모른다.

29 should, must

문법 실력 다지기   *p.194*

① ⓓ 우리는 계약을 1년 더 연장하자고 제안했다.
▶ '제안'을 나타내는 동사 뒤 that절엔 '(should) 동사원형'

② ⓑ 너 파란색 넥타이를 맸어야 했는데.
▶ 사람이 주체니까 수동태(be worn, have been worn)는 안 어울림.

③ ⓐ 그는 자기 컴퓨터에서 그 동영상 파일을 없애야 한다고 우겼다.
▶ 3인칭 단수가 주어인데 동사가 be면 should가 생략된 것

④ ⓑ 웬 여자가 날 보고 웃었다. 분명 날 다른 사람으로 착각했을 거다. 난 모르는 여자니까.
▶ 내가 모르는 여자라는 근거로 확신에 찬 추측 | mistake A for B: A를 B로 착각하다

⑤ must 법에 따르면 18세가 넘어야 이 물품을 구입할 수 있다.
▶ 법적 강제성

⑥ must 학사 학위를 얻고자 하는 학생은 평점 평균 2.0 이상에 120학점을 이수해야 한다.
▶ 안 지키면 졸업을 못하는 규정으로 강제성

⑦ discuss 직원은 자신의 문제에 대해 먼저 직속 상사와 상의해야 한다.
▶ require는 '반드시 ~하도록 요구하다'라는 동사라 that 절에 should가 들어가며, 생략할 수도 있음. be -ing는 특정 시점에 상의하고 있는 장면만 묘사하기 때문에 평상시에 대한 규정과 안 어울림.

⑧ should have 그거 사기 전에 나한테 물어봤어야지. 돈만 버린 거야.
▶ 먼저 물어보지 않아 돈만 낭비한 데 대한 안타까움을 표현하는 거라 should have p.p.가 어울림.

30 will, would

문법 실력 다지기   *p.198*

① will 내 시누이/올케가 임신 중이야. 나 곧 숙모/고모가 될 거야.
▶ 이미 가능해진 현실

② would 안녕하세요, 마실 것 좀 드릴까요, 손님?
▶ 공손한 표현에는 would

③ would 난 그가 내 제안을 받아들일 거라고 생각했다.
▶ 시제 일치

④ Will 나랑 결혼해 줄래?
▶ 청혼할 정도로 가까운 사이엔 would가 안 어울리는데다, would는 실제 없는 일을 추측해 보는 의미라 결혼할 의지가 없다는 전제로 청혼하는 게 돼 어색함.

⑤ would 내가 왜 저런 멍청한 놈이랑 결혼하겠어?
▶ 추측만 하고 있는 것

⑥ will 창문이 꽉 끼었어. 열리질 않네.
▶ 주어의 의지

⑦ wouldn't have 걔 바보 같은 짓을 했어. 나라면 그렇게 안 했을 텐데.
▶ 앞 문장이 과거 일이란 힌트

⑧ would 그가 어렸을 땐 인터넷 검색하거나 TV 보느라 늦게까지 안 자려 했지.
▶ 과거의 의지

⑨ would 한 연구에 따르면, 치과에 가느니 죽고 말겠다는 사람들이 많다고 한다.
▶ 주어의 의지. 정말 죽는 건 아니라 would

31 조동사 효과 내는 to부정사 표현

문법 실력 다지기   *p.203*

① ⓒ 패스워드 복구하려면 사무실로 전화해야 될 거야.
▶ require, suppose는 타동사

② ⓐ 그 법은 안전벨트 맬 것을 요구한다. (의무화하고 있다)
▶ 법이 사람에게 요구하는 거라 사람이 주어면 You are required to ~, 법이 주어면 The law requires you to ~

③ ⓓ 주소가 바뀌면 교학과에 알려야 합니다.
▶ 다른 사람이 you가 report해야 한다고 suppose하는 거라 당하는 입장

④ require to 겁먹지 마. 우리 침착해야 돼.
▶ 남이 require us to stay ...하는 거라 We가 주어가 되면 be p.p.를 써서 are required to가 돼야 함.

⑤ **allow to** 돈을 너무 많이 빌리면 안 돼. 나중에 갚아야 할 거니까.
  ▶ '남이 뭔가 하도록 허용한다'는 의미가 '주어가 ~해도 된다'는 의미가 되려면 be allowed to

⑥ **supposed to** 나 오늘밤에 누구 만나야 돼.
  ▶ I am supposed to로 써야 함.

⑦ **is used to working**
  ▶ be used to 명사/-ing: ~에 익숙하다

⑧ **used to work**
  ▶ used to 동사원형: 과거에 ~하곤 했다

영문법 총정리   *p.204~205*

지원자는 TOEFL 성적을 제출해야 한다. 자격을 갖추고 있는데 TOEFL IBT 성적이 없는 학생은, 그에 상응하는 다른 시험 성적(CBT나 IELTS)을 제출해도 되지만, 우리 직원과 일정을 잡아 전화 통화 실력평가 인터뷰를 하게 될 것이다. 만약 지원하는 데에 도움이 된다고 생각되면 SAT 같은 표준된 시험 성적을 제출하는 걸 선택해도 되지만, 이것은 의무 사항은 아니다.

① ⓒ
  ⓐ 지원자는 자격을 얻기 위해 IELTS 성적을 제출해야 한다.
  ⓑ 지원자는 TOEFL IBT 성적을 제출하고 난 뒤 직원들을 인터뷰할 것이다.
  ⓒ 지원자는 SAT 성적을 제출하지 않아도 된다.

존   선택의 자유는 우리 사회의 기본 원칙이야. 부모가 자식을 사립학교에 보낼 여유가 있고, 또 그걸 희망한다면 그렇게 하도록 허용해 줘야 돼. 우리가 돈이 있으면 제일 좋은 차를 사는 건 허용돼 있잖아. 사립학교에 대해서도 같은 얘기를 할 수 있어.

제인 선택의 자유는 모두가 누릴 수 있어야 돼. 만약 선택이란 게 부자들만 이용할 수 있는 거라면 그걸 '선택'이라고 할 수 없어. 교육은 모두에게 필요한 것이고 무료로 얻을 수 있어야 돼. 그걸 자동차랑 비교할 순 없는 거라고.

② ⓑ
  ⓐ 존은 사립학교의 필요성을 인정한다.

ⓑ 존과 제인은 차량 선택에 대해 토론 중이다.
ⓒ 제인은 사립학교를 반대하는 입장이다.

③ ⓒ 거기 10분이면 가. 걔 지금쯤이면 도착해 있어야 되는데.
  ▶ 당연하다는 생각

④ ⓐ 늦잠 자서 학교에 지각했다. 알람시계를 맞춰 놨어야 하는 건데.
  ▶ 과거 일에 대한 후회

⑤ ⓓ 우리 쉴 수 없어. 이거 최대한 빨리 끝내야 하니까.
  ▶ should나 must가 어울리는 문맥인데 to부정사가 있기 때문에 조동사는 올 수 없음.

⑥ ⓑ 뭐? 저녁값에 300달러 들었다구? 농담이겠지!
  ▶ 이미 하고 있는 일이라 ⓓ의 be to는 어울리지 않음.

⑦ **must have been a mistake** A 걔 나한테 청첩장 안 보냈어.
  ▶ 과거 일에 대한 확신

⑧ **should have cancelled it immediately**
  A 같은 제품을 두 번 주문했어. 근데 그게 사흘 전 일이야.
  ▶ 과거 일에 대한 안타까움

⑨ **may[might] be right this time** A 걔가 그러는데 주식시장이 올라갈 거래.
  ▶ 자신 없는 추측

⑩ **don't have[need] to dress up** A 뭐 입어야 돼? B 아무거나.
  ▶ dress up: 정장을 입다. 특별히 잘 차려입다

일곱째 마디 | 가정법: 실제와 다른 상황을 가정해 보다

32 if와 whether

문법 실력 다지기   *p.211*

① **If** 그가 나타날지 여부는 중요하지 않다.
  ▶ '~인지 아닌지'의 if는 주어로 쓰지 못함.

② **if** 머물러야 할지/어디서 머물러야 할지 확신이 안 섰다.
  ▶ if 뒤에는 to부정사가 올 수 없음.

③ **that** 내 예약이 확정된 건지 궁금했다.
▶ wonder는 '~인지 아닌지를 궁금해하다'란 의미라 if/whether가 어울리는 동사

④ ⓒ 네가 동의하든 안 하든, 그건 민주적인 선거였어.

⑤ ⓓ 그가 날 사랑한다고 말하면 어떻게 해야 돼?
▶ tell은 누구에게 말하는지 대상이 필요한 동사

⑥ ⓐ 그 사람한테 네 이메일 받았나 물어보지 그래?
▶ 과거에 받았는지 묻는 의미로 과거시제를 쓰거나 과거에 받아서 지금 갖고 있는지 묻는 의미로 현재완료를 써야 어울림.

⑦ ⓑ 이런 일이 또 생기면 면허를 잃게 될 거야.
▶ if절은 시간의 부사절로 미래도 현재시제

⑧ ⓒ 의원들은 새로운 안을 지지할지 여부를 결정할 것이다.
▶ whether 뒤는 〈주어 + 동사〉, 혹은 to부정사

33 직설법과 가정법

문법 실력 다지기   p.215

① **가정법** 만약 네가 대통령이라면 무슨 일을 하고 있으려나?
▶ would가 힌트

② **직설법** 그때 그걸 알고 있었다면 왜 아무한테도 얘기 안 한 거야?

③ **가정법** 그가 뭐든 잘못을 했다면 면허가 정지됐을 거야.
▶ 주절의 would have p.p.가 힌트 | suspend: (일시)중지하다

④ **직설법** 전에 독감 걸린 적이 있으면 예방 주사 맞을 필요 없어.
▶ if절이 현재완료, 주절에도 과거형 조동사가 없음. | vaccinate: 백신[예방] 주사를 놓다

⑤ ⓐ 그녀가 나이가 더 어리다면 그가 데이트 신청할지도 모르지.
▶ If절의 were로 보아 가정법이니 주절은 과거형 조동사가 어울림.

⑥ ⓑ 무인도에 갇히게 된다면 뭘 갖고 가고 싶어?
▶ 가정법 | strand: 오도 가도 못하게 하다 | deserted island: 무인도

⑦ ⓒ 그 사람 같은 정치인이 더 많다면 더 좋은 세상이 될 텐데.
▶ 가정법

⑧ ⓓ 기분 나빴다면 사과할게.
▶ 직설법. offend는 '남을 기분 나쁘게 하다'라는 의미의 타동사라 주어가 기분 나쁜 경우엔 be offended

34 가정법 과거와 가정법 과거완료

문법 실력 다지기   p.219

① **hadn't left, might have been** 사무실 건물에 큰 화재가 있었다. 직원들이 일찍 퇴근하지 않더라면 화재로 죽었을지도 모른다.
▶ 과거 사실과 반대니까 가정법 과거완료

② **met, would** 만약 술집에서 예수를 만난다면 뭐라고 말할래?
▶ 현실적으로 불가능한 일이라 가정법 과거

③ **had caught, should be** 너 바람 피우는 거 걔한테 들켰다면 지금쯤 죽은 목숨일 거야.
▶ by now(지금쯤, 지금까지면)가 이전과 연관된 일이란 힌트. 과거 없었던 일에 대해 가정해 보고 지금 그 결과가 어떨지 상상해 보는 혼합가정법

④ **had had** 내가 그 정보를 갖고 있었다면 너랑 공유했을 텐데.
▶ 가정법 과거완료에서 if절은 had p.p.

⑤ **were, could compete**

⑥ **had known, would have told**

⑦ **had practiced, might have performed**

⑧ **had been held, would have been**
▶ 사람 입장에서는 be p.p.

35 가정법의 다양한 형식

문법 실력 다지기　　　　　　　　　　*p.224*

① ⓓ 관심 있으시면 aaa@bbb.com으로 이메일 보내
주세요.
　▶ If you should be interested에서 도치

② ⓑ 내가 너였다면 그 일이 일어나게 내버려 두지 않았을
거야.
　　▶ If I had been you에서 도치

③ have become 만약 네가 대통령이 된다면 뭘 할래?

④ occur 우리 도시에 지진이 일어난다면 굉장히 무서운
일일 거다.
　▶ 가능성이 희박하다고 본 경우

⑤ would not have asked 그 남자는 첫 데이트에
내 체중이 얼마 나가느냐고 물었어. 정말 예의 바른 남자라
면 여자한테 체중을 묻진 않았을 거야.
　▶ 그런 질문을 하다니 상대방이 a real gentleman은 아
니라는 생각에서 한 말로 현재의 반대 사실이니까 가정법 과거

⑥ could have just asked 그 사람들 널 도와주려고
거기 있었던 거야. 그냥 부탁했어도 되는 건데!
　▶ 과거에 대한 얘기니까 could have p.p.가 어울림.

⑦ would have gone up 우리가 계획을 변경하지 않
았더라면 비용이 50% 올라갔을 거야.
　▶ if절이 도치된 가정법 과거완료

⑧ Were, would 다시 태어난다면 뭐가 되고 싶어?

36 가정법 응용 표현

문법 실력 다지기　　　　　　　　　　*p.229*

① wish you could read my mind 네가 내 마음
을 읽을 수만 있다면 얼마나 좋을까!

② With 그 애의 도움이 없었다면 갠 제시간에 과제를 끝내
지 못했을 거다. (그 애의 도움으로 걔가 제시간에 과제를
끝낼 수 있었다.)

③ were 한국이 아직도 일제 통치하에 있다면 어떨까?
　▶ 현실이 아님.

④ as if 그들은 마치 그게 내 잘못인 것 같은 느낌을 갖게 만
들었어.

⑤ Even if 커피를 마신다 해도 여전히 졸릴 수는 있다.

⑥ Otherwise 그는 막판에 여권을 찾았어. 안 그랬으면
출국 못 했을 거야.
　▶ unless나 if는 그 조건일 경우 무슨 일이 생기는지 뒤에
또 다른 절이 와야 의미가 통함.

⑦ as, if 그는 귀신이라도 본 듯한 표정이었다.
　▶ 실제로 불가능한 일

⑧ Without 고마워. 네 도움이 없었다면 여기까지 오지도
못했을 거야.

⑨ should, be 이 문제에 대해 뭔가를 해야 될 때야.
　▶ It's time 뒤에는 '(should) 동사원형'이나 가정법 과거

영문법 총정리　　　　　　　　　　*p.230~231*

백만 달러가 있다면 그 돈으로 무엇을 하겠는가? 투자를 하
겠는가, 여행을 가겠는가, 직장을 그만두겠는가, 아니면 자
선단체에 주겠는가? 그 돈을 휴가와 쇼핑에 쓰고 나머지는
투자하겠다고 말하는 사람들이 많다. 그들은 직장을 그만두
고 그냥 인생을 즐기려고 할 것이다. 그러나 한 가지 중요한
건, 그 돈을 현명하게 써야 한다는 것이다. 안 그러면 빈털터
리가 된 복권 당첨자들 중 한 명이 되고 말지 모른다. 실제
로 복권에 당첨돼서, 하룻밤 사이에 백만장자가 된 다음에
는, 결국엔 빈털터리가 된 경우가 많이 있다.

① ⓐ
　▶ go broke 빈털터리가 되다
　ⓐ 무일푼이 됐다
　ⓑ 다쳤다
　ⓒ 건강을 잃었다

다이애나 비가 자동차 사고로 죽은 이래 소문이 무성하다. 평범한 자동차 사고가 아니었다고 말하는 사람들이 많다. 여왕이 그녀 죽음의 배후에 있었다고 말하는 사람들까지 있다. 그러나 그날 밤 무슨 일이 일어났는지 정확히 알고 있는 사람은 없다. 다이애나 비와 그녀의 남자친구가 호텔을 떠나지 않았다면 사고를 피할 수 있었을지도 모른다. 운전자가 술에 취하지 않았다면 사고는 일어나지 않았을지도 모른다. 운전자는 즉사했지만, 다이애나 비를 더 빨리 병원으로 이송했다면 그녀는 살아 남았을지도 모른다. 혹은 그 차가 터널을 들어가지 않았다면 어땠을까? 구체적인 증거는 없지만 '만일 이랬으면 어떻게 됐을까'라는 가설은 무성하다.

❷ ⓒ
    ⓐ 여왕이 다이애나를 죽이라는 비밀 명령을 내렸다.
    ⓑ 다이애나비는 병원에 옮겨지지 않았다.
    ⓒ 그 차는 사고 전 터널에 들어갔다.

❸ ⓐ
    ▶ ifs는 if를 명사로 취급해 복수형으로 만든 것
    ⓐ 불확실한 게 많았다.
    ⓑ 그런 사고가 많았다.
    ⓒ 비판이 많았다.

❹ Now it is time we (should) move on. 좋았던 시절은 끝났다.
    ▶ go on도 가능

❺ He smiled at me as if he knew what I was going to say.

❻ if she is interested in my friend A 그 앨 왜 찾고 있니?
    ▶ if 대신 whether도 가능

❼ whether you like him[it] or not A 더 이상 그 사람 못 참겠어.
    ▶ 좋아하고 싫어하는 대상을 your boss로 보면 him도 되고, he's your boss란 사실 자체로 보면 it도 가능

❽ what if they broke up A 짐이랑 걔 여자친구를 내 집들이에 부를 거야.
    ▶ 과거에 관한 단순 조건

❾ had told me yesterday, I could have saved A 그 가게 뭐든지 10% 할인해 준대.
    ▶ 어제 샀다는 얘기니까 가정법 과거완료

❿ Even if he hadn't quit, he would have been fired A 걔 그만둬서 다행이야. 맨날 지각하고 맨날 핑계만 댔거든.
    ▶ fire는 타동사라 잘리는 사람 입장에서는 be fired

여덟째 마디 | 한정사: 명사의 범위를 한정하다

37 셀 수 있는 명사, 셀 수 없는 명사

문법 실력 다지기   *p.239*

❶ is 무소식이 희소식이다.
    ▶ 형체 없는 정보는 단수 취급

❷ advice 그 동안 여러 사람들로부터 많은 조언을 들었다.

❸ remain 많은 의문이 남아 있다.
    ▶ There ~ 다음에 오는 동사는 뒤에 오는 명사의 수에 맞춤.

❹ luggage 짐 너무 많이 갖고 다니지 마.

❺ breaks 유리는 쉽게 깨진다.
    ▶ 유리는 셀 수 없는 명사로 단수 취급

❻ credit card → a credit card 또는 credit cards
   a money → money
   신용카드를 쓰는 건 사실 돈을 빌리는 거야.

❼ evidences → evidence 너 그거 입증할 증거 있어?

❽ 없음. 운동하면 건강이 좋아진다.

❾ job → a job
   Internet company → an Internet company
   그녀는 인터넷 회사에 취업했다.

❿ glass → glasses 걔 이제 안경 안 써. 몇 주 전에 라식 수술 받았거든.

문법 실력 다지기 *p.245*

❶ ⓓ 그 회사는 월례 보고서를 발표했다.
▶ it's는 it is를 줄인 말. report 앞에는 명사인 report를 한정하는 말(관사 등 한정사)이 와야 함.

❷ ⓐ 나 네/내/엄마/그의 친구들 중 한 명을 만났어.
▶ '네 친구들 중 한 명'을 a friend of your friends 대신 a friend of yours처럼 소유대명사로 바꿔 쓸 수는 있지만, a friend of you로는 쓰지 않음. 단수인 '너의 친구'면 your friend로 소유격 사용

❸ Who 누굴 가장 존경해?
▶ admire의 목적어 필요

❹ What 친구 좋다는 게 뭐니?
▶ for의 목적어

❺ her → herself 그 여배우는 괜찮아 보이는지 확인하기 위해 거울에 비친 자기 모습을 바라봤다.

❻ 첫 번째 for 뒤에 herself 같은 목적어 필요 그녀는 자신을 위해서 그걸 한 거지 남을 위해서 한 게 아냐.
▶ 전치사의 목적어

❼ of he came from → of where he came from 우리는 그가 어디 출신인지 전혀 몰랐다.
▶ come from 뒤에는 장소에 어울리는 말이 와야 하고 of 뒤에는 명사나 명사구/절이 와야 하니까 where ~가 적절

❽ who are you → who you are
which way are you going → which way you go
난 네가 누구이고 어느 길로 가고 있는지 관심 없어.
▶ 의문사절이 명사절로 쓰였을 땐 〈의문사 + 주어 + 동사〉 순

❾ it → one 이건 너무 작아. 더 큰 걸로 하나 필요해.
▶ 앞에 나온 명사와 같은 종류로, 정해지진 않은 하나를 말할 땐 one

문법 실력 다지기 *p.250*

❶ my baggage 짐 어디서 찾는 거예요?
▶ baggage는 셀 수 없는 명사라 a를 붙이지 않음.

❷ the 닐 암스트롱이 1969년에 달에 착륙했다는 건 모두가 알 거라고 생각해.
▶ 모두가 아는 그 달

❸ an. a 미국의 한 천문학자가 토성에서 달을 새로 발견했다는 거 알아?
▶ 모른다고 생각하고 묻는 문장

❹ A password 패스워드란 정보에 접근하기 위해 사용되는 일련의 문자들을 말한다.

❺ the 내가 그에게 "브러시 어딨어?"라고 묻자, 그는 쓰레기통을 가리켰다.
▶ 상대방이 알아들었으니 the

❻ a bird 펭귄은 새다.
▶ A = B의 관계니까 주어 A가 단수면 B도 단수인 게 어울림.

❼ He read a magazine while (he was) waiting for his turn.
▶ 어떤 잡지인지 알 수 없으니까 a가 어울림.

❽ A biography is a story about a person's life.
= Biographies are stories about people's lives.

❾ I hate making phone calls.
= I hate to make phone calls.

40 some, any, no

문법 실력 다지기 *p.255*

❶ ⓓ 9.11이 정부 음모였다고 믿는 사람들이 있다/많다/아무도 없다.
▶ one이라 단수 취급 | conspiracy: 음모

❷ ⓓ 분명 어떤 이유가 있을 거야/아무 이유도 없을 거야.
▸ none은 대명사로만 씀.

❸ any 여러분 중 그런 경험이 있는 사람이 있으면 이걸 잘 읽어 보세요.

❹ have no 우리가 그를 안 믿을 이유가 없다.

❺ any 그들은 변하고자 하는 마음이 없다.
▸ don't have any = have no. no 역시 부정어라 다른 부정어와 함께 쓰지 못함.

❻ No one would 아무도 그런 행동은 용인하지 않을 거다.
▸ Any ~로 시작하려면 긍정문으로 씀.

❼ We should get together for lunch some day.

❽ Any suggestion(s) will be appreciated.
= We will appreciate any suggestion(s).
▸ '어떤 ~든'은 any. '감사하다'라는 의미의 appreciate는 타동사

41 other, the other, another와 both, either, neither

문법 실력 다지기   p.260

❶ ⓐ 그는 다른 남자들이랑 달라. 요리랑 청소를 좋아하거든.
▸ 범위가 정해지지 않은 복수라 other

❷ ⓒ 우리는 두뇌가 가진 잠재력의 10%만 사용한다. 그럼, 나머지 90%는 뭐 하는 거지?
▸ 10%를 뺀 나머지 90%로 범위가 정해졌으니 the other

❸ ⓓ 그를 존경하는 사람들도 있고, 그를 못 참겠다는 사람들도 있다.
▸ 범위가 정해진 게 아님.

❹ ⓒ 줄 한쪽 끝을 잡고 친구한테 나머지 한쪽 끝을 잡으라고 해.
▸ both는 복수 명사와 씀. 줄의 양끝 중 하나를 제하면 나머지는 정해지니까 the other

❺ ⓑ 이 수프 어떻게 만들었어? 되게 맛있다. 한 그릇 더 먹어도 돼?
▸ 같은 수프로 한 그릇 더니까 another

❻ both, either 지난주 두 회사에서 면접을 봤다. 두 회사다 맘에 들었지만 어느 쪽도 소식이 없다.

❼ one 대학들은 서로 경쟁하라는 요구를 받고 있다.
▸ one another은 둘도 가능하지만 주로 셋 이상

❽ another 규칙을 아는 것은 게임을 하는 것과는 별개의 문제다.

42 many와 much, few와 little

문법 실력 다지기   p.266

❶ many 너 감자 몇 개 필요해?

❷ much 우리 시간 별로 많지 않아.
▸ 시간은 셀 수 없는 명사

❸ several times 나 그 여자 잘 알아, 몇 번 만났거든.
▸ '시간'은 셀 수 없지만, '번, 회수'를 의미하는 time은 셀 수 있음.

❹ A 한국에 오는 외국인이 늘고 있다.
▸ a number of ~ + 복수 동사. the number of ~ + 단수 동사

❺ is 그가 사임 압력을 받고 있었음은 거의 의심할 여지가 없다.
▸ doubt은 셀 수 없는 명사

❻ an amount of 그는 직원에게 900달러를 지급하라는 명령을 받았다.
▸ 돈은 셀 수 없음.

❼ a few days

❽ little

❾ several times
▸ a few도 가능하지만 적다는 느낌이 아니므로 several이 좀 더 어울림.

43 all, most & every, each

p.271

문법 실력 다지기

❶ **All** 이 거리의 가게들은 모두 신용카드를 받는다.
  ▶ every, each 뒤엔 단수 명사

❷ **has** 그 건물들은 저마다 이름이 있다.
  ▶ 주어는 each이므로 단수 취급

❸ **every** 난 매달 전기세를 내.
  ▶ all month면 한달 내내 전기세를 낸다는 의미가 돼 어색

❹ **each** 스테이크를 양면으로 다 구워.
  ▶ both 뒤엔 복수 명사

❺ **all** 귀중품을 전부 가지고 다니진 마.
  ▶ every, most 뒤엔 소유격을 쓰지 않음. | valuables: 귀중품

❻ **Most of my friends**

❼ **Most are**
  ▶ 동사가 들어갈 자리가 있어야 하니까 most를 대명사로 써야 함. | be within walking distance: 걸을 만한 거리 안에 있다

❽ **All his students = All of his students**

❾ **six(6)** 존은 자식이 둘 있는데 그들 각자 아이를 셋 두고 있다. 존에겐 몇 명의 손주가 있는가?

p.272~273

영문법 총정리

각 문화권마다 모두 '아니오'라고 말하는 독특한 방식이 있다. 어떤 문화권에서는 '아니오'라고 말하는 것은 무례하다고 여기는 반면, 어떤 문화권에서는 그렇게 말해도 별다른 문제가 생기지 않는다. 어떤 문화권 사람에게 '아니오'라고 말해야만 되는 상황에 처했을 때 그 문화권에 대해 완전히 이해할 수는 없기 때문에 그 사람에게 상처를 줄 가능성은 언제나 있는 것이다. 아랍 문화권에서는 아무리 아주 공손한 어조로 '고맙습니다만, 됐습니다'라고 말해도 그것은 상처를 줄 수 있는 말이 되기도 한다. 어떤 문화권에서는 듣는 사람에게 상처를 주는 것을 피하려고 굉장히 에둘러 말하기도 한다. 예를 들어 일본에서는 '아마도'라고 말하는 것은 '아니오'를 의미할 수도 있다.

▶ go to great lengths: 뭔가 결과를 얻으려 온갖 노력을 기울이다

❶ ⓑ
  ▶ some/others면 그 외의 구분도 가능하므로 ⓐ는 틀림. ⓒ의 거리를 둔다는 언급도 없음.
  ⓐ 여러 문화에 걸쳐 거절하는 방법은 두 가지다.
  ⓑ 문화에 대한 완전한 이해는 다른 문화 사람을 기분 나쁘게 만드는 걸 예방하는 데 도움이 될 수 있다.
  ⓒ 어떤 문화에서는 기분 나쁘게 만드는 걸 피하기 위해 사람들이 서로 일정한 거리를 둔다.

설탕 때문에 충치는 말할 것도 없고, 당뇨병과 심장병이 증가한다고 사람들이 말하고 있다. 설탕이 암의 성장을 촉진한다고 말하는 사람들도 있다. 뿐만 아니라 설탕이 노화를 가속화시킨다는 증거가 점점 더 많아지고 있다. 그러나 다른 요인에 비해 설탕이 체중 증가의 뚜렷한 원인이라는 증거는 거의 없다고 말하는 연구자들도 있다.

▶ decay: (이를) 썩게 하다 | accelerate: 촉진하다

❷ ⓒ
  ⓐ 설탕은 치아를 썩게 만든다고 생각된다.
  ⓑ 설탕 섭취는 노화와 관계가 있을지 모른다.
  ⓒ 설탕은 다른 요인과 비교할 때 체중 증가의 중요한 요인이다.

❸ **How many days are left until your birthday?**

❹ **More information is available at our website.**

❺ **most** 왜 대부분의 채식주의자는 여자인 거지?
  ▶ almost는 부사

❻ **every** 나 모든 질문에 답해야 돼?
  ▶ question이 단수

❼ **a** 스몰 라떼 하나 주세요.
  ▶ 컵에 담아 파는 제품 하나를 주문하는 상황

❽ **What do others say about me?**
  B 솔직히 모르겠어.

❾ **I don't know. Both teams are good.**
  A 어느 팀이 이길 거 같아?

❿ **Can I have another bite?**
  A 이거 진짜 맛있다! B 물론이지.

44 형용사

문법 실력 다지기   *p.279*

❶ **lively** 교수는 종의 기원에 대해 활기찬 강의를 했다.
  ▶ 형용사가 올 자리, surprisingly는 부사

❷ **a live** 그게 생방송인지 미리 녹화된 건지 알기 힘들었다.
  ▶ alive는 명사 뒤에서 보어로 쓰임.

❸ **frightened** 겁에 질린 소녀는 가만히 있었다.
  ▶ afraid는 명사 뒤에서 보어로 쓰임.

❹ **We found her asleep on a chair.**
  우린 그 애가 의자에 잠들어 있는 걸 발견했다.

❺ **I talked to the man in blue jeans.**
  나는 청바지 입은 남자에게 말을 걸었다.

❻ **She got married to an ugly man.**
  걘 못생긴 남자랑 결혼했다.

❼ **an alone man → a lonely man** 또는
  lonely[alone] 그는 외로운 사람이었다. 가족도 친구
  도 없었다.

❽ **the way only → the only way** 그들에게 유일한
  생존 방법은 죽은 이들을 먹는 것이었다.

❾ 없음. 젊은이들은 배우는 걸 더 잘하고 노인들은 가르치는
  걸 더 잘한다.
  ▶ the + young/old = the young/old people, 복
  수 취급

45 관계대명사

문법 실력 다지기   *p.284*

❶ **who** 늘 거짓말하는 사람을 어떻게 믿어?

❷ **who** 그 수업 등록한 학생들은 이걸 반드시 읽어야 합니다.

❸ 없음. 많은 사람들이 기차를 기다리고 있었다.
  ▶ waiting은 분사

❹ **that** 발전할 기회를 주는 직장을 찾고 있나?
  ▶ 선행사가 사물

❺ **of the woman who[that] wrote the Harry
  Potter series is J.K. Rowling** 그 여자의 이름
  은 J.K. 롤링이다. 그녀는 해리포터 시리즈를 썼다.
  ▶ 해리포터 시리즈를 쓴 여자의 이름은 J.K. 롤링이다.

❻ **which[that] occurred in Japan caused a
  lot of damage** 그 지진은 많은 피해를 야기했다. 그
  것은 일본에서 일어났다.
  ▶ 일본에서 일어난 그 지진은 많은 피해를 야기했다.

❼ **produces hybrid cars which run on
  electricity and gas** 그 회사는 하이브리드 차를 생
  산한다. 그 차들은 전기와 휘발유로 달린다.
  ▶ 그 회사는 전기와 휘발유로 달리는 하이브리드 차를 생산
  한다.

❽ 최근 연구는 재혼하는 여성의 거의 절반이 연하이고 초혼인
  남자와 결혼한다는 것을 보여 준다.

46 주격/목적격/소유격 관계대명사

문법 실력 다지기   *p.289*

❶ ⓑ 그 영화는 제일 친한 친구의 아내와 사랑에 빠지는 남
  자 이야기다.

❷ ⓓ 그는 작년에 성형 수술한 여자랑 사귀고 있다.

❸ **the button which[that] says** "다음"이라고 된
  버튼을 클릭해.

❹ **politician who has shown** 그는 강력한 지도력
  을 보여 온 노련한 정치인이다.

❺ **anyone whose name** 아는 사람 중에 이름이 Q
  로 시작하는 사람 있어?

❻ **(that[which]) I downloaded from a
  website** 난 파일을 열었다. 난 그것을 어느 웹사이트에
  서 다운 받았다.
  ▶ 난 어느 웹사이트에서 다운 받은 파일을 열었다.

⑦ who took me to the airport was an old man 택시 운전사는 나이가 많은 사람이었다. 그는 날 공항까지 데려다 주었다.
> ▶ 날 공항까지 데려다 준 택시 운전사는 나이가 많은 사람이었다.

⑧ whose phones ring in class will be asked to leave 학생들은 퇴장시키겠습니다. 그들의 핸드폰이 수업 중에 울립니다.
> ▶ 수업 중 핸드폰을 울리는 학생들은 퇴장시키겠습니다.

47 전치사 + 관계대명사

문법 실력 다지기   *p.294*

① ⓓ 광속이란 진공 상태에서 빛이 이동하는 속도를 말한다.
> ▶ travel at the speed of ~처럼 쓰기 때문에 at

② ⓑ 인터넷은 여론이 형성되는 방식을 바꿔 놨다.
> ▶ way는 in a ~ way처럼 in과 씀.

③ ⓑ 나 때문에 생긴 문제가 있어.
> ▶ be responsible for(~에 책임이 있다)로 씀.

④ in, which 〈터미네이터 2〉에는 한 장면이 있다. 아놀드 슈왈츠제네거가 그 장면에서 벌거벗고 나온다.
> ▶ 〈터미네이터 2〉에는 아놀드 슈왈츠제네거가 벌거벗고 나오는 장면이 있다.

⑤ for, which 여기 답이 있어. 넌 그걸 찾고 있었어.
> ▶ 여기 네가 찾던 답이야.

⑥ the, title, of, which 그는 책을 읽었다. 그 책 제목은 〈다빈치 코드〉였다.
> ▶ 그는 책을 읽었는데 제목이 〈다빈치 코드〉였다.

⑦ some, of, whom 나는 친구가 많다. 그들 중 몇몇은 결혼해서 애가 있다.
> ▶ be married with children은 아이와 결혼한 게 아니라 결혼한 상태이고 아이도 있다는 뜻(나는 친구가 많은데 몇몇은 결혼해서 애가 있다)

⑧ most, of, which 그 여자는 책을 많이 썼다. 그들 중 대부분은 심리학에 관한 것이다.
> ▶ 그녀는 책을 많이 썼는데 대부분이 심리학에 관한 것이다.

48 관계대명사의 제한적 용법과 계속적 용법

문법 실력 다지기   *p.300*

① that 그건 내 평생 가장 신나는 경험이었다.

② that 그들은 그 용의자에 대해 우리와 똑같은 결론을 내렸다.
> ▶ 우리가 내린 '결론'과 같다는 거니까 who는 될 수 없음.

③ which 걘 구제불능 로맨티스트야. 그게 왜 그가 여전히 싱글인지 설명해 주지.
> ▶ 앞 문장을 가리키는 의미가 자연스러움.

④ that 난 너무 달거나 기름지거나 튀긴 음식은 좋아하지 않아.
> ▶ 어떤 음식인지 설명 필요

⑤ which 난 그에게 표만 돌려주면 되는 거였는데 찾을 수가 없었다.
> ▶ the ticket을 가리키는 말. 사물에는 which나 that을 쓸 수 있지만 여기선 쉼표가 있기 때문에 which만 가능

⑥ the meeting 그 여자는 회의에 참석했는데 회의는 10분밖에 안 걸렸다.

⑦ some foods 그 수의사는 아이들에게 사람한테는 안전한 일부 음식이 개에게는 독이 될 수 있다고 말해 줬다.
> ▶ vet: 수의사 | poisonous: 유독한

⑧ The store was closed for a holiday 휴일이라 매장이 문 닫았어. 다음주에 또 가야 한다는 얘기지.

49 관계부사

문법 실력 다지기   *p.304*

① 없음. 걔 옷 입는 거 맘에 안 들어.
> ▶ the way (that), the way in which, how 중 하나여야 함.

② why 나 여기 아는 사람들 많아. 그래서 이곳을 좋아하지.

③ when 그때가 바로 내가 뭔가 잘못 됐다는 걸 깨달았을 때야.
> ▶ in which나 that이면 앞에 선행사 필요

④ Do you remember (the place) where you had your first kiss? 첫 키스 했던 장소 기억나?

⑤ How the employees are treated is exactly how they will treat the customers.
= The way (that) the employees are treated is exactly the way (that) they will treat the customers. 직원들이 어떻게 대우받느냐는 바로 그들이 고객을 어떻게 대하느냐와 직결된다.

⑥ Can you guess (the year) when I was born? 내가 언제 태어났게?

⑦ where → when 모세는 이집트인들이 모든 히브리 신생남아를 물에 빠뜨려 죽이라는 명령을 내렸을 때 태어났다.

⑧ carrying → carried 사회학자들이 실시한 한 연구에 따르면, 인종 및 성, 그리고 정치인들이 말하는 방식 간에는 직접적인 관련성이 있다고 한다.
▶ research 입장에선 / p.p. a connection between [race and gender] and [the way (that) politicians speak]의 구조

50 의문사와 관계사

문법 실력 다지기   p.308

① what 그 남자는 내게 몇 시냐고 물었다.
▶ What time is it?이 목적어로 들어간 것

② when 음악이 세상을 바꿀 수 있던 시대는 갔다.

③ Whatever 네가 하는 무슨 말이든 너한테 불리하게 이용될 수 있어.
▶ 주어 자리니까 명사절이 와야 하는데 Whenever면 '언제 말하든지 간에'란 의미로 부사절이 됨.

④ no matter how 네가 아무리 돈이 많아도 그 여자와는 결혼 못해.
▶ how만 쓰면 논리적으로 '얼마나 돈이 많은지'와 '결혼 못한다'를 이을 수가 없음.

⑤ because 그 회의는 일부 회원들이 참석할 수 없었기 때문에 취소됐다.
▶ the way나 how는 회의 취소와 논리적으로 관련이 없음.

⑥ how 그는 아무리 열심히 애써도 그녀를 마음에서 떼어낼 수 없었다. (잊을 수 없었다)
▶ hard를 꾸밀 수 있는 의문사는 how

⑦ what 그게 친구가 있는 이유지.
▶ '친구 좋다는 게 뭐야'라는 뜻의 관용표현. (= That's the thing that friends are for.)

⑧ That → What 우리가 흔히 알아채지 못하는 것은 언론의 테러보도가 주관적일 때가 많다는 점이다.
▶ That을 쓰면 '우리가 흔히 알아채지 못하다는 것은…'이 되어 의미가 통하지 않음.

⑨ how → what 무슨 일이 생겨도 난 널 믿어.
▶ 주어 자리에는 명사가 와야 하데 의문사 중 명사로 쓸 수 있는 건 what, who, which. 이 중 의미상 자연스러운 건 what

영문법 총정리   p.309~310

이 사람은 지금은 이스라엘인 팔레스타인 지역에서 오래 전에 살았던 유태인이었다. 이 사람은 참혹한 죽음을 맞이할 때까지 전 생애에 걸쳐 가르치고 설교했다. 이 사람이 다른 위대한 영적 지도자들과 다른 점은 죽었다가 부활한 사람은 이 사람뿐이라고 말하는 사람들도 있다.

① ⓑ

ⓐ 모하메드   ⓑ 예수   ⓒ 알라

스트레스란 단어는 서로 다른 두 가지를 의미하는 말로 쓰일 수 있다. 어떤 경우에는 스트레스란 말은 스트레스를 일으키는 요인을 의미하는데, 사람들은 이것을 위협적이어서 대처해야 되는 것으로 인식한다. 이 요인에는 불확실해서 자신이 제어할 수 없는 상황이 포함된다. 또 어떤 경우에는 스트레스란 말은 스트레스에 대해서 반응해서 일어나는 생각, 감정, 행태 등을 의미하기도 한다. 따라서 스트레스란 그것에 대처하는 능력과 환경이 요구하는 것 사이의 상호작용으로 볼 수도 있다.

② ⓒ

ⓐ 스트레스는 자신의 감정을 통제할 수 있을 때 생긴다.
ⓑ 생각, 감정, 행동은 스트레스의 한 유형이다.
ⓒ 스트레스는 개인이 외부에서 가해지는 요구를 인식하는 상황들과 관련이 있다.

③ ⓑ

　　ⓐ 뭔가에서 마음을 떼어내다 = 잊다

　　ⓑ (문제 등을) 해결하기 위해 손을 쓰다

　　ⓒ 뭔가를 없애버리다

④ whose, name

⑤ that, she, said
　　▶ 어떤 점에서 '모든 것'인지 한정해 줘야 하니까 that.
　　everything 앞에 that이 생략됨.

⑥ whatever, he, says

⑦ I know what my rights are
　　A 네 권리에 대해 알고 있어?

⑧ It was the best that I've (ever) seen.
　　A 그녀의 프레젠테이션 어땠어?

⑨ It's a farewell party for Kevin, who is
　　leaving for Canada next week.
　　A 우리 오늘밤 파티해. B 오늘 무슨 날이야?

⑩ Our goal is (to) create an environment
　　in which[where] everyone is respected.
　　A 목표가 뭐죠?

열째 마디 | 접속사: 문장에 논리를 더하다

51 반전의 접속사

문법 실력 다지기　　　　　　p.316

① **Although** 많은 남자들이 자신들의 연애가 첫 번째이길
　　바라지만 여자들은 그게 마지막이길 바란다.
　　▶ but으로 두 절을 연결할 땐 뒤쪽 절에 씀. |
　　relationship: 관계, 연애

② **While** 난 외국여행을 좋아하지만 외국에서 살고 싶진 않다.
　　▶ however는 접속부사라 두 절을 이어 주지 못함.

③ **Despite** 그녀가 출석하지 않았는데도 재판은 계속됐다.
　　▶ 둘 다 의미는 같지만, though는 〈주어 + 동사〉를 연결하
　　는 접속사, despite은 뒤에 명사(구)가 와야 하는 전치사

④ **yet** 걘 자기가 괜찮은 신랑감이라고 생각하지만 몇 년째
　　데이트를 못해 봤다.
　　▶ but과 though는 접속사라 또 다른 접속사인 and와 같
　　이 쓰지 못함. | catch: 좋은 배우자감

⑤ **Still** 이긴다는 건 거의 불가능한 일이었다. 그렇지만 한번
　　해보기로 결심했다.

⑥ **While** 재즈를 즐기는 사람이 있는가 하면 록 음악을 선
　　호하는 사람들도 있다.

⑦ She says she understands, but I don't
　　think she really means it.

⑧ He has lived in America for 3 years,
　　and yet he still can't speak a word of
　　English.

52 이유/원인의 접속사

문법 실력 다지기　　　　　　p.321

① ⓓ 나는 버스에서 내리면서 그녀를 봤다.

② ⓓ 그는 여자친구가 화가 나 있다는 걸 알고 꽃을 샀다.
　　▶ that이 이유를 뜻할 땐 I'm happy that ~처럼 형용사
　　뒤에 옴.

③ **Since** 우리가 인터넷에서 그렇게 많은 시간을 보내니
　　뭔가 생산적인 일을 하는 게 좋겠다.

④ **Since** 그 서비스가 5월에 개시된 이후 수천 명의 사용자
　　가 가입했다.
　　▶ ~ 이래로

⑤ **that** 네가 한국에 온다니 신난다.

⑥ **Now that** 이제 학기가 끝났으니 겨울엔 뭐 할래?

⑦ for we knew we would never see them
　　again

⑧ Just because you have ordered doesn't
　　mean

53 결과/목적의 접속사

① ⓐ 난 네가 똑같은 실수를 하지 않도록 이걸 얘기해 주고 있는 거야.

▶ because는 '같은 실수를 안 할 것이기 때문에'라는 이유를, 나머진 '실수하지 않도록 하기 위해서'라는 목적을 나타냄.

② ⓓ A 얼마나 웃었는지 눈물이 다 날 뻔했다니까. B 나도.

③ ⓒ 너 책 읽을 수 있게 불 그냥 켜 둘게.

▶ for는 '읽을 수 있으니까'로 불을 켜두는 이유를 나타냄.

④ in order that 우리가 연락할 수 있게 전화번호를 남겨 주세요.

⑤ so that 그는 시험에 붙을 수 있도록 공부하라는 지시를 받았다.

⑥ such 그녀는 상태가 워낙 안 좋아 병원에 실려 가야 했다.

⑦ was so shocked that she nearly fell down

⑧ was such a great hit that a sequel was made 또는 was so great a hit that ~

▶ ~ that they made a sequel도 가능

54 시간/비교/조건의 접속사

① ⓓ 나는 무신론자지만 그녀는 기독교 신자다.

▶ atheist: 무신론자

② ⓒ 네가 왈가왈부할 순 없어. 우린 그냥 추정만 하고 있는 거니까.

▶ in order that으로 쓰며, 의미가 어울리지 않음. 나머진 이유를 나타냄. | estimate: 추정하다

③ As soon as 문을 두드리기가 무섭게 그가 문을 (안쪽으로) 열었다.

▶ until은 그때까지 문 여는 행동을 계속해야 하므로 부적합

④ as 소포는 그 사람들이 약속한 대로 제시간에 도착했다.

▶ parcel: 소포

⑤ In case 날 모를 수도 있으니 내 소개를 할게.

▶ unless는 이미 not을 포함한 말

⑥ as 시키는 대로 해.

⑦ since

▶ 완료시제가 힌트

⑧ like

▶ as if도 가능

당신 부서의 직원들의 일상적인 업무를 조정하는 데에 당신의 시간을 대부분 다 써버릴 수도 있지만, 부서 이외의 사람들과 일하는 것도 당신의 업무의 일부분이다. 그 사람들과 관계를 잘 맺도록 하라. 또한 고객들과도 좋은 관계를 맺어야 한다. 관리자의 실적은 여러 부분으로 평가되지만, 당신이 관리하는 팀의 생산성이 제일 중요하다.

① ⓐ

ⓐ 그는 아마 부하들과 많은 시간을 보낼 것이다.

ⓑ 그의 주된 업무는 고객들과 일하는 것이다.

ⓒ 그의 업무 능력은 그 자신의 생산성을 토대로 평가될 것이다.

자살은 불법이 아니지만, 자살을 돕는 것을 불법으로 규정하는 나라들은 많다. 다른 사람이 죽는 것을 돕는 행위에 대해서 사람들은 다 똑같이 생각하는 것은 아니다. 어떤 사람들은 그런 행위는 단순한 살인 행위라고 말하는가 하면, 또 어떤 사람들은 그것은 자비로운 행위라고 본다. 심한 병을 앓고 있는 환자가, '너무 고통스러워 살고 싶지 않다.'고 말하면서 안락사를 시켜달라고 할 때 그런 말에 대해서 반론을 편다는 것은 어렵다.

② ⓑ

ⓐ 자살하는 것

ⓑ 남이 죽게 돕는 것

ⓒ 자비심을 갖고 행동하는 것

③ ⓐ

ⓐ 안락사는 많은 나라에서 불법이다.

ⓑ 누군가 살기 싫어하면 고통이 생긴다.

ⓒ 심하게 아픈 환자와는 싸우기 힘들다.

④ **because** 나 패스워드 까먹어서 이메일 확인 못 해.

⑤ **Now, that** 네가 걔 얘기하니까 생각났는데, 나 한때 걔한테 홀딱 반했던 기억이 나.

▶ have a crush on someone: 누군가에게 홀딱 반하다

⑥ **so** 그 수프 너무 뜨거워서 못 먹었어.

⑦ **love to (go) but I have an exam tomorrow** A 오늘밤에 린다 생일 파티 할 거야. 너도 올래?

▶ I'd love to, but ~은 거절할 때 쓰는 표현

⑧ **to work so I can rest on Friday** A 목요일 밤에 뭐해?

⑨ **I've worked here[I've been working here] since I graduated from college** A 여기서 일하세요?

⑩ **Just do as I told you.** A 나 어떻게 해야 하지?

열한째 마디 | 비교: 비교하여 정확하게 알려 주다

55 비교급

문법 실력 다지기 *p.339*

① **bigger** 중국은 인도보다 크다.

② **angrier** 그 여자가 너보다 더 화났어.

③ **more often** 내가 너보다 수업을 더 자주 빼먹었지.

④ **more slowly, less accurately** 어린 아이들은 어른보다 더 느리고 덜 정확하게 생각할지도 모른다. (어린 아이들은 어른보다 사고 속도가 더 느리고 정확성이 떨어진다)

⑤ ⓒ 이 게임이 모든 면에서 저 게임보다 낫다. (나아 보인다)

▶ inferior 다음엔 to. surpass는 '뭔가를 능가하다'라는 뜻의 타동사

⑥ ⓒ 정부는 세금을 늘릴/낮출 계획이다.

▶ plan to 뒤라 부정사가 와야 함. lower는 '뭔가를 낮추다'란 뜻의 동사로도 쓸 수 있음. lessen은 '적게 하다'란 뜻의 동사

⑦ **less** 읽기가 말하기보다 덜 어렵다.

⑧ **superior** 이 제품이 다른 로션들보다 좋다.

56 비교 대상

문법 실력 다지기 *p.345*

① **later, than, he, did** 그는 오전 9시 15분에 도착했다. 나는 오전 10시에 도착했다.

▶ 나는 그보다 늦게 도착했다.

② **longer, than, usual** 평소 집에 오는 데 30분 걸렸는데, 어젯밤엔 50분이 걸렸다.

▶ 어젯밤 집에 오는 데 평소보다 더 오래 걸렸다.

③ ⓓ 경제가 예상보다 빠르게 성장하고 있다.

④ ⓐ 여자는 남자보다 쉽게 살이 찌는 경향이 있다.

⑤ ⓒ 새 버전이 구 버전보다 안 좋다.

⑥ **do → doing** 많은 아이들이 숙제보다 컴퓨터 게임하는 데 더 많은 시간을 보낸다.

⑦ **science → about science** 지구온난화는 과학보다는 정치와 관련돼 있다.

⑧ **that → those** 주립대 등록금은 사립대 등록금보다 대체로 낮다.

57 최상급

문법 실력 다지기 *p.349*

① ⓐ 이상한 걸 많이 봐왔지만 이게 제일 특이해.

❷ ⓑ 그가 다가오는 선거에서 가장 유력한 후보다.

▶ 최상급을 강조할 땐 by far

❸ **the youngest** 그 여자애는 막내야. 남동생이나 여동 생이 없다는 얘기지.

❹ **the coldest** 대개 1월이 연중 가장 추운 달이다.

❺ **most often** 넌 어떤 종류의 신발을 가장 자주 신니?

❻ **the most popular** 한국에서 가장 인기 있는 <u>스포츠</u>는 뭐지?

❼ **the deepest lake in the world**

❽ **a most respected**

▶ 존경 받는 입장이니까 p.p., 최고라는 의미가 아닌데 최상급을 쓰려면 the 대신 a

58 as ~ as 동급 비교와 비교급 응용 표현

문법 실력 다지기   p.355

❶ ⓐ 너 사진에서 행복해/더 어려/의 모습과 똑같아 보인다.

▶ a를 쓰면 뒤에 명사가 와야 함.

❷ ⓓ 최종 결과는 예상했던 것과 똑같았다/예상보다 나빴다/예상대로였다.

▶ well은 '건강한'이란 뜻일 때만 형용사, as well as는 '~뿐 아니라'란 의미

❸ **four times as likely as non-smokers to get cancer** 흡연자가 비흡연자보다 암에 걸릴 확률이 네 배 높다.

❹ **larger population than any other** 중국은 세계에서 인구가 가장 많다.

❺ **less than 13** 13세 미만 어린이는 이 사이트로의 접근이 허용되지 않는다.

❻ **more, ever, before**

▶ '지금이 가장 ~'라고 할 땐 more ~ than ever before

❼ **The, more, the, closer** 우린 얘기를 하면 할수록 더 가까워지는 것 같았다.

❽ **as. as**

▶ '~만큼 …하다'고 비교할 땐 as … as ~. '그만큼은 아니다'라고 할 땐 not as … as ~

영문법 총정리   p.356~357

A 자네가 여기서 더 많은 일을 할수록 회사에 더 값진 존재가 되네. 상황이 안 좋아져서 회사가 사람들을 정리해고해야 될 경우 회사가 누굴 계속 데리고 있으려 하겠나? 더 많은 일을 할 수 있는 사람들이라고.

B 알았어요, 명심하겠습니다.

❶ ⓑ

ⓐ A는 B가 회사에 아주 소중한 존재라고 생각한다.

ⓑ A는 B가 더 많은 일을 하도록 설득하려 애쓰고 있다.

ⓒ A는 B가 해고될 거라고 알려 주고 있다.

오늘날 회사의 성장과 성공에 그 어느 때보다도 더욱 고객 만족이 중요합니다. 1995년에 창립된 당사는 우리 제품에 만족하는 고객을 전세계에 20만 명 넘게 확보하고 있습니다. 우리의 애프터 서비스는 최고입니다. 우리는 또한 모든 신규 고객에게 물건을 판매한 후 30일 동안은 고객이 요청하면 아무것도 묻지 않고 무조건 환불해 주는 제도를 실시하고 있습니다. 우리는 시장에서 경쟁업체보다 더 빠르게 행동하고, 고객들과는 더 가깝습니다. 우리는 고객들이 무엇을 원하는지 다른 어떤 기업들보다도 더 잘 압니다.

❷ ⓐ

▶ support는 기업이 해주는 입장이므로 ⓒ는 틀림.

ⓐ 이 글은 기업을 홍보하기 위해 만든 것이다.

ⓑ 이 글은 신문 기사로서 작성된 것이다.

ⓒ "우리"는 지원해 주는 상류층 고객들을 두고 있다.

ⓓ "우리"는 시장에서 고객들보다 빠르다.

❸ ⓑ

ⓐ 우리는 시장에서 우리 고객보다 빨리 움직인다.

ⓑ 우리는 시장에서 우리 경쟁자를 앞서간다.

ⓒ 우리는 우리 고객보다 더 잘 안다.

④ **more natural** 이 문장이 저것보다 더 자연스럽게 들린다.

⑤ **smoother** 이 크림을 바르면 피부가 더 매끄러워질 거다.

⑥ **more expensive** 이 제품이 저것보다 훨씬 더 비싸.
▶ 참고로 빈칸 앞의 much는 비교급을 강조하는 말로, '훨씬'이란 뜻. much 외에도 far, even, still, a lot도 같은 기능을 할 수 있음.

⑦ **than, you, think** A 그 사람 애가 있다니 놀랐어!

⑧ **the, more, the, harder** A 계속 연습하면 쉬워질 거야.

⑨ **no, longer** A 그 나라에 관광 비자로 얼마나 오래 있을 수 있나요?

⑩ **more, than 또는 as, as** A 그 연구가 밝혀낸 게 뭐래?

열두째 마디 | 전치사와 부사: 세부 정보를 표현해 주다

59 전치사

문법 실력 다지기 *p.365*

① **over, across** 학생들이 담장을 뛰어넘고 거리를 가로질러 달려갔다.

② **between** 리모컨이 소파 쿠션 사이에 끼어 있었다.

③ **after** 그 사원은 화재 후 재건됐다.

④ **behind** 어떤 내막이 있는 거지?
▶ behind the scenes: 막후에서, 남몰래

⑤ **off** 차는 길에서 벗어난 곳에 주차돼 있었다.

⑥ **over** 우리 팀은 앞으로 2년에 걸쳐 그 프로젝트를 진행할 것이다.

⑦ ⓑ 졸업식은 악천후로 취소됐다.
▶ because는 뒤에 절이 와야 하고, despite과 to는 의미가 어울리지 않음.

⑧ ⓓ 연구원들은 흡연 자체가 체중 감소를 초래하지는 않으나 금연은 체중 증가를 야기할 수도 있다고 말한다.

⑨ ⓐ 돈보다 건강이 먼저다.

⑩ ⓓ 홍수로 인한 사망자가 몇 명이지?

---

60 전치사를 활용하는 구동사

문법 실력 다지기 *p.370*

① **running out of**

② **looking forward to**

③ **interested in**

④ **concentrate on**

⑤ **turn off 또는 switch off**

⑥ **broken into**

⑦ **turned down it → turned it down** 우리 오빠는 좋은 일자리를 제의받았지만 거절했다.
▶ turn down은 〈동사 + 부사〉라 대명사가 사이에 와야 함.

⑧ **stay away your computer from → stay away from your computer** 너 컴퓨터 안 쓰고 얼마나 오래 버틸 수 있어?

---

61 부사

문법 실력 다지기 *p.375*

① **hard, hardly** 내가 열심히 했다는 건 알지만 결과를 믿을 수가 없었어! 내 자신이 정말 대견하다.
▶ hard는 '열심히'란 뜻의 부사, hardly는 '거의 아니다'란 뜻의 부정어

② **care** 아이들은 물건을 조심해서 다루는 법을 배워야 한다.
▶ 전치사 뒤엔 명사, with care=carefully

③ **highly** 그들은 뛰어난 자격을 갖춘 후보들을 선발하는 법을 몰랐다.
▶ high는 '높게', highly는 '매우'

④ kindly 사본을 어디서 구할 수 있는지 좀 알려 주시겠습니까?

⑤ smiled friendly → gave[smiled] a friendly smile 파티에 늦게 온 그 사랑스런 소녀는 다정한 미소를 지었다.
▶ friendly는 형용사

⑥ 없음. 높이 겨누지 않으면 그리 멀리 가지 못한다. (목표를 높게 잡아야 그만큼 이루는 것도 많다.)
▶ high와 far 모두 부사

⑦ late → lately 최근에 어디 갔다 왔어?
▶ late는 '늦게', lately는 '최근에'라는 뜻으로 recently와 같은 의미

⑧ 그 개는 프라이드 치킨을 먹고 있던 소녀를 기대에 찬 눈으로 쳐다봤다.
▶ 혹시 주려나 하는 희망/기대에 찬 모습

⑨ 안됐지만/안타깝게도/불행히도 그는 자기 패스워드를 까먹었다.

영문법 총정리 *p.376~377*

갈등은 사람들이 서로 의견의 일치를 보지 못할 때 일어난다. 우리는 모두 가치관과 욕구가 다르기 때문에 갈등이 일어난다는 것은 자연스러운 일이다. 갈등은 가족, 친구, 동료들과의 관계에서도 일어날 수 있다. 또한 자신이 믿고 있던 것들과는 다른, 새로운 것들을 배울 때 자신의 내면에서 일어날 수도 있다. 자신의 내면에서 일어나는 갈등 때문에 예전에 믿었던 것에 집착할 수도 있지만, 자신의 신념을 바꾸는 방향으로 나아갈 수도 있다. 따라서 갈등은 변화를 일으킬 수도 있는데, 더 나은 쪽으로 변화하는 경우가 많다.

① ⓑ
ⓐ 좋은 변화는 갈등에서 비롯될 수 없다.
ⓑ 갈등은 사람들이 무엇이 중요한지에 대해 다른 견해를 가질 때 일어날 수 있다.
ⓒ 갈등이 내적으로 일어날 땐 항상 기존의 믿음을 포기하고 싶어진다.

② ⓐ
ⓐ (사건 등이) 일어나다

ⓑ 공격하다
ⓒ 도착하다

A 존 왜 잘렸어?
B 범죄를 숨기려고 했거든.
A 무슨 죄를 저질렀는데?
B 사무용품을 집에 가져갔어.
A 그거 범죄야?
B 안타깝지만 그래.

③ ⓒ
▶ 그게 범죄라는 것에 대해 안타깝다고 말한 것에서 B의 생각을 엿볼 수 있음.
ⓐ 존은 자기 범죄를 비밀로 하려 했다.
ⓑ A는 사무용품을 집에 가져가는 게 범죄임을 알지 못하고 있는 듯하다.
ⓒ B는 사무용품을 집에 가져가는 것이 범죄여야 한다고 생각하며 존이 범죄로 처벌받은 것에 기뻐한다.

④ between 이거 우리끼리만 아는 비밀로 하자.

⑤ come 나 최근에 우연히 3D 영화에 대한 기사를 봤어.
▶ come across: 우연히 마주치다

⑥ off 그 여자는 나한테 신발을 벗고 이 슬리퍼를 신으라고 했다.
▶ take off: ~을 떼어내다

⑦ puts work before family 또는 thinks work comes before family A 걔 와이프가 왜 걔한테 화가 나 있지?

⑧ Something came up. B 알았어, 나중에 얘기하자. 안녕.

⑨ could hardly believe it A 상 받았을 때 기분이 어땠어?

⑩ Honestly, he's not my type. A 걔 어때?

62 도치

문법 실력 다지기   p.383

❶ **two foreigners** 손님들 중에는 외국인 두 명이 있었다.

❷ 첫 번째 **you** 네가 얼마나 많은 사람들의 인생을 바꿔 놨는지 넌 잘 몰라.

❸ **the company** 회사가 신제품을 출시하자마자 CEO가 사임했다.

❹ **Switzerland** 남쪽으로 있는 게 스위스다.

❺ **did I think I would be doing this** 나는 내가 이걸 하리라곤 생각지 못했다.
▶ 부정어가 맨 앞에 오면 (do + 주어 + 동사원형)

❻ **did she win the gold medal, but also broke the world record** 그녀는 금메달만 딴 게 아니라 세계 기록도 깼다.

❼ **did the war finally come to an end** 1953년이 돼서야 비로소 전쟁이 끝났다.
▶ come to an end: 끝나다

❽ ⓑ 평화 협정에 잉크가 채 마르기도 전에 야당은 분쟁이 평화롭게 끝날 것인지 의구심을 표명하기 시작했다.
▶ Hardly가 부정어라 not이 없어야 함.

63 강조와 생략

문법 실력 다지기   p.388

❶ **did** (단, 생략하고 나면 make → made로) 그가 한 말 중 일부는 일리가 있다.

❷ **in the world** 대체 누가 그런 이름을 생각해 내겠어?

❸ **very** 난 난생 처음 사랑에 빠졌어요.

❹ **it is** 필요하면 구급차를 불러.

❺ **that, he was** 보도에 따르면 한 경찰관이 근무 중 사망했다고 한다.
▶ say의 목적어인 that절에서 that은 생략 가능

❻ ⓒ 경제가 회복될 조짐이 거의 없다.

❼ ⓒ 소화기는 올바로 사용될 경우 작은 불이 큰 화재가 되는 걸 막을 수 있다.
▶ When (they are) used

❽ ⓑ 난 요가 강사가 시킨 대로 다리를 죽 뻗었다.
▶ 남에게 시킬 땐 tell someone to do something. told me만 쓰면 무슨 말을 했는지 의미가 불충분

64 동격, 병렬 구조

문법 실력 다지기   p.393

❶ **1명** 남편이자 두 아이의 아버지인 제임스 콜린스가 사고로 죽었다.
▶ James Collins

❷ **3명** 내 동생인 샘, 디자이너 겸 일러스트레이터인 그의 친구 브래드, 그리고 잭은 같은 건물에서 일한다.
▶ Sam, Brad, Jack

❸ **Are** 그와 네 예전 여자친구랑 사귄다는 소문들 사실이야?

❹ **despite, that** 그는 성공 가능성이 별로 없음을 알고 있다는 사실에도 불구하고 그 아이디어를 밀어붙였다.

❺ **working → (to) work** 그는 남아서 잔업을 해달라는 부탁을 받았다.

❻ **exercising → exercise** 그의 새해 결심은 살 빼고 담배 끊고 매일 운동하는 것이었다.
▶ 모두 to부정사로 통일

❼ **but also around the world → but also from around the world** 참가자들은 유럽뿐 아니라 전 세계에서 왔다.

❽ **and it has more convenience → and more convenient** 인터넷 뱅킹은 더 빠르고 쉽고 편리하다.
▶ 형용사끼리 나열

65 전체 부정, 부분 부정

문법 실력 다지기   p.397

❶ **Neither** 우리 부모님 중 왼손잡이인 분은 없다.

❷ **normally** 나 보통은 내 블로그에 이런 거 안 올려.

❸ **many** 그들은 많은 선택권을 주지 않았다.

❹ **quite** 난 딱히 마음을 정할 수 없었다.

❺ **No files were deleted.** 모든 파일이 다 삭제된 건 아니었다.
> ▶ 아무 파일도 삭제되지 않았다.

❻ **None of us are lucky enough to be born with flawless skin.** 우리 모두가 다 완벽한 피부를 갖고 태어날 만큼 운이 좋은 건 아니다.
> ▶ 우리 중 운 좋게 완벽한 피부를 갖고 태어난 사람은 없다.

❼ **has little interest in baseball** 우리 남편은 야구에 별 관심이 없다.

❽ **doesn't tell me anything about her friends** 그녀는 나한테 자기 친구들 얘기를 하나도 안 한다.

❾ **hardly keep the house clean** 집을 늘 깨끗이 하는 건 굉장히 어려웠다.
> ▶ 집을 늘 깨끗이 유지한다는 게 거의 불가능했다.

영문법 총정리   p.398~399

아랍 문화에서는 손님들을 환대하는 것이 아주 중요하다는 것을 나는 알게 됐다. 내가 방문한 많은 아랍국에서는 손님에게 차를 내는 일이, 접대의 제스처로서, 아주 진지하게 여겨지고 있었다. 차는 접대의 기본으로, 전통적인 환영의 표시다. 나는 누구를 처음 만날 때마다 차를 대접받았다. 나는 그곳 방문을 절대 잊지 못할 것이고, 그들의 따뜻한 미소도 잊지 못할 것이다.

❶ ⓑ
> ⓐ 병원이 제공하는 친절한 서비스
> ⓑ 손님이나 낯선 사람을 맞아들이는 데 있어서의 친절함

ⓒ 손님에게 음료수를 제공하는 것

프랑스 영화 제작사에 의해 최초의 공포 영화가 만들어진 것은 1890년대 말이었다. 하지만 공포 영화가 대중화된 것은 1930년대에 들어와서였다. 미국의 영화 제작사인 유니버설 픽처스는 1930년대에 〈드라큘라〉, 〈프랑켄슈타인〉, 〈투명인간〉을 영화관에서 상영했다. 이 영화사는 1940년대에도 〈늑대인간〉과 〈프랑켄슈타인〉 속편들 등 공포 영화를 계속 제작했다. 1950년대와 1960년대에 기술이 발전되면서 여러 가지 공포 영화의 세분화된 장르가 나타나기 시작했다.

❷ ⓒ
> ⓐ 코미디 영화가 엄청난 인기를 누리게 되었다.
> ⓑ 컴퓨터 기술이 1990년대 영화 제작 과정을 바꿔 놨다.
> ⓒ 좀비 영화가 그 중 하나였다.

❸ ⓒ
> ▶ It ~ that 강조구문으로 that 대신 when 가능

❹ **who[that]** 나한테 그 의사를 추천해 준 건 바로 그녀였다.

❺ **that** 한때 쿠웨이트에서 살았다는 사실을 감안하면, 그가 아랍어를 한다는 건 놀라운 일이 아니다.
> ▶ that he can ~절이 의미상 진짜 주어이고, It은 가주어. '~란 사실'은 the fact that

❻ **are** 이 학교 학생들의 4분의 1이 영어를 배우는 사람들이고, 그들 중 대부분이 아시아인이란 건 잘 알려져 있다.
> ▶ 분수나 most 등은 전체를 가리키는 말의 수에 맞춤.

❼ **I do trust you. I'm just worried about you.** A 날 믿어.

❽ **If possible, keep the windows open for a few days.** A 새 아파트로 막 이사 왔는데 냄새가 지독하네요.

❾ **You can sit here if you want (to).** B 고마워.

❿ **I could hardly believe my eyes.**
     A 거기서 걜 보게 되다니 뜻밖이었어.

스피킹 매트릭스
1분 │ 2분 │ 3분 영어 말하기

6년 동안
20만 독자가 본
국내 1위
영어 스피킹 훈련
프로그램

1분
영어 말하기
스피킹 매트릭스

SPEAKING MATRIX

듣기만 해도 외워지는
스피킹 훈련 MP3

스피킹 전용 강사의
해설 강의

독학/스터디 완벽지원
부가 학습자료

부록
· 해설 강의
· 훈련용 mp3
· 부가 학습자료

김태윤 지음 | 각 권 12,000원

6년 동안 20만 독자가 본
국내 1위 영어 스피킹 훈련 프로그램!

한국인의 스피킹 메커니즘에 맞춘 **과학적 3단계 훈련**으로
1초 안에 문장을 완성하고 1분, 2분, 3분, … 막힘없이 말한다!

난이도	첫걸음	초급	중급	고급
		1분	2분	3분

기간 각 권 60일

대상 집중 훈련으로 영어 스피킹을
단기간에 향상시키려는 학습자

목표 1분/2분/3분 이상 영어로
내 생각을 자신 있게 말하기

영작문
무작정 따라하기

내공제로에서 시작하는 초고속 영작 터득법!

SNS, 문자, 이메일 등 **생활 영작부터 비즈니스 영작, 라이팅 시험까지**
영작 비법 공식 50개로 어떤 문장, 어떤 글이든 자신 있게 완성한다!

난이도	첫걸음 **초급** 중급 | 고급	기간	50일
대상	영작을 처음 시작하거나 영작 시 기초 부족으로 어려움을 느끼는 학습자	목표	생활 영작은 물론 영어 라이팅 시험까지 대비할 수 있는 영작 기본기 다지기

어학연수 현지회화 무작정 따라하기

여권 없이 떠나는 미국 어학연수!

미국 20대들의 대화를 그대로 옮긴 대화문으로 **생생한 표현**을 익히고,
200여 컷의 현지 사진으로 **미국의 다양한 모습과 문화**를 체험한다!

난이도	첫걸음 | 초급 **중급** 고급	기간	51일
대상	기본기를 바탕으로 중급 수준으로 도약하고 싶은 독자	목표	미국 20대가 쓰는 표현으로 원어민처럼 자연스럽게 말하기

핵심정리
핸드북

송연석 지음

길벗
이지:톡

핵심정리 핸드북 활용법

자투리 시간에 가볍게 들고 다니면서 공부할 수 있는 훈련용 소책자입니다. 출퇴근할 때, 누군가를 기다릴 때, 자투리 시간을 적극 활용해 보세요. 매일매일의 습관이 당신을 영문법의 달인으로 만들어 줄 것입니다. 소책자로 공부할 때도 꼭 mp3파일을 들으면서 공부하세요!

이렇게 활용하세요!

1과에서 65과까지 본 책에 수록된 문법의 핵심을 예문과 함께 담았습니다. 언제 어디서나 가볍게 들고 다니면서 복습할 수 있습니다.

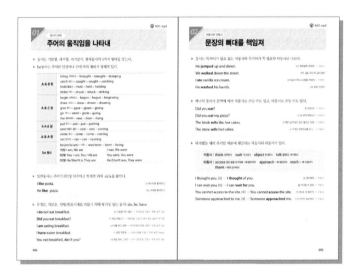

STEP 1 문법 핵심 정리하기

핸드북을 보면서 학습했던 내용을 다시 정리해 봅니다. 기억이 잘 나지 않거나 생소한 내용이 있다면 해당 부분은 본 책을 보면서 다시 한 번 학습하세요.

STEP 2 듣고 따라 하기

mp3파일을 들으면서 핸드북에 있는 예문들을 큰 소리로 따라 읽어봅니다. 배운 문법이 실제 문장에 어떻게 적용되는지 기억하세요. 눈으로만 보고 끝내지 말고 귀로 듣고 입으로 말해보아야 확실한 나의 실력이 됩니다.

STEP 3 영어 문장 만들어보기

문법과 예문이 머릿속에 잘 정리되었나요? 그럼 이번에는 우리말 해석만 보면서 영어 문장을 만들어 보세요. 직접 문장을 만들다 보면 영문법뿐 아니라 영작과 영어회화 실력까지 늘게 됩니다.

동사의 변화

주어의 움직임을 나타내

▶ 동사는 기본형, 과거형, 과거분사, 현재분사의 4가지 형태를 갖는다.

▶ be동사는 주어의 인칭이나 수에 따라 형태가 정해져 있다.

A-B-B 형	bring 가져오다 – brought – brought – bringing catch 잡다 – caught – caught – catching hold 붙들다 – held – held – holding strike 치다 – struck – struck – striking
A-B-C 형	begin 시작하다 – began – begun – beginning draw 그리다 – drew – drawn – drawing give 주다 – gave – given – giving go 가다 – went – gone – going rise 일어서다 – rose – risen – rising
A-A-A 형	put 두다 – put – put – putting cost 비용이 들다 – cost – cost – costing
A-B-A 형	come 오다 – came – come – coming run 달리다 – ran – run – running
be 동사	be(am/is/are) ~이다 – was/were – been – being 1인칭: I am, We are　　　　　　　　I was, We were 2인칭: You 너 are, You 너희들 are　　You were, You were 3인칭: He/She/It is, They are　　　He/She/It was, They were

▶ 일반동사는 주어가 3인칭 단수이고 현재면 뒤에 -(e)s를 붙인다.

I **like** pasta. 난 파스타를 좋아한다.

He **like**s pizza. 그는 피자를 좋아한다.

▶ 부정문, 의문문, 진행/완료시제를 만들기 위해 형식상 넣는 동사: do, be, have

I **do** not eat breakfast. 난 아침을 먹지 않아. ⋯▸ 부정문을 만들기 위해 넣은 do

Did you eat breakfast? 너 아침 먹었니? ⋯▸ 의문문을 만들기 위해 넣은 do의 과거형

I **am** eating breakfast. 나 아침 먹고 있어 ⋯▸ 현재진행시제를 만들기 위해 넣은 be

I **have** eaten breakfast. 나 아침 먹었어. ⋯▸ 완료시제를 만들기 위해 넣은 have

You eat breakfast, **don't** you? 너 아침 먹지, 그치? ⋯▸ 부가의문문을 만들기 위해 넣은 do

02

자동사와 타동사

문장의 뼈대를 책임져

▶ 동사는 목적어가 필요 없는 자동사와 목적어가 꼭 필요한 타동사로 나뉜다.

He **jumped** up and down. 　　　　　　　　　　그는 펄쩍펄쩍 뛰었어. ⋯ 자동사

We **walked** down the street. 　　　　　　　　　우린 길을 따라 죽 걸어갔어.

I **ate** vanilla ice cream. 　　　　　　　　　난 바닐라 아이스크림을 먹었어. ⋯ 타동사

He **washed** his hands. 　　　　　　　　　　　　그는 손을 씻었어.

▶ 하나의 동사가 문맥에 따라 자동사로 쓰일 수도 있고, 타동사로 쓰일 수도 있다.

Did you **eat**? 　　　　　　　　　　　　　　　밥 먹었니? ⋯ 자동사

Did you **eat** my pizza? 　　　　　　　　　　너 내 피자 먹었니? ⋯ 타동사

The book **sells** like hot cakes. 　　　그 책이 날개 돋친 듯이 팔리고 있어. ⋯ 자동사

The store **sells** hot cakes. 　　　　　　그 가게는 핫케이크를 판다.. ⋯ 타동사

▶ 해석했을 때의 우리말 때문에 헷갈리는 자동사와 타동사가 있다.

　　　자동사: think 생각하다　　**wait** 기다리다　　**object** 반대하다　　**talk** 말하다, 얘기하다

　　　타동사: access 정보 등을 보기위해 ~에 들어가다　　**approach** ~에 접근하다　　**reach** ~에 도달하다
　　　　　　thank ~에게 감사하다

I *thought* you. (×) → I **thought of** you. 　　　　　　　넌 생각했어. ⋯ 자동사

I can *wait* you. (×) → I can **wait for** you. 　　　　　넌 기다릴 수 있어. ⋯ 자동사

You cannot *access to* the site. (×) → You cannot **access** the site. 　그 사이트 못 들어가. ⋯ 타동사

Someone *approached to* me. (×) → Someone **approached** me. 　누가 나한테 접근했다. ⋯ 타동사

03 동사의 의미

문장의 생김새를 결정해

▶ 의미상 보어가 필요한 동사

① '~이다, ~가 되다'란 의미를 가진 동사 (뒤에 형용사/명사 모두 가능)

be ~이다　become ~가 되다　remain 계속 ~인 상태로 남다

His song **is** popular among teens. It **is** his greatest hit.

그의 노래는 십대들 사이에서 인기가 있다. 그의 최대 히트곡이다. … be + 형용사/명사

She **became** famous for her blog. She **became** a celebrity.

그녀는 블로그로 유명해졌다. 그녀는 유명인사가 됐다. … become + 형용사/명사

② '~인 상태가 되다'란 의미를 가진 동사 (뒤에 형용사가 옴)

get ~인 상태가 되다　go ~인 상태가 되다　grow 점점 더 ~인 상태가 되다　turn ~인 상태로 바뀌다

She **got** angry. 그녀는 화가 났다. … get + 형용사: ~인 상태가 되다

The actress **grew** old and ugly. 그 여배우는 늙고 추해졌다. … grow + 형용사: 점점 자라나듯 ~인 상태가 되다

③ 감각과 관련된 동사 (뒤에 감각과 관련된 형용사가 옴)

look ~로 보이다　smell ~인 냄새가 나다　sound ~로 들리다　taste ~인 맛이 나다　feel ~로 느껴지다

You **look** great in that suit. 그 정장 입으니까 근사해 보여. … look + 형용사: ~로 보이다

The soup **tastes** funny. 수프 맛이 이상해. … taste + 형용사: ~인 맛이 나다

▶ 의미상 목적어가 2개 올 수 있는 동사

give 뭔가를 누구에게 주다　buy 뭔가를 누구에게 사 주다　bring 뭔가를 누구에게 가져오다
teach 뭔가를 누구에게 가르치다　tell 뭔가를 누구에게 얘기해 주다　get 뭔가를 누구에게 얻어 주다

I **bought** him a small bag. 난 그에게 작은 가방을 사 줬다.

He **brought** <u>me</u> a cup of tea. 그는 내게 차 한 잔을 가져왔다.

Get <u>me</u> the nurse. 간호사를 불러 줘.

▶ 의미상 목적어와 목적 보어까지 필요한 동사

keep 뭔가를 ~인 상태로 유지시키다　　leave 뭔가를 ~인 상태로 놔두다　　make 뭔가를 ~인 상태로 만들다

find 뭔가를 ~인 상태로 발견하다　　call 뭔가를 ~라고 부르다

I **kept** the door open. 난 문을 열린 상태로 뒀어. ⋯ the door가 open인 상태

The police **found** him dead. 경찰은 그를 사망한 상태로(=시신을) 발견했다. ⋯ him이 dead

They **call** him a dictator. 그들은 그를 독재자라고 부른다. ⋯ him이 a dictator

▶ 문장 구조는 동사의 의미가 결정하며 '5형식'은 그런 문장 구조를 다섯 종류로 분류한 걸 말한다.

1형식	■ 〈주어 + 동사〉만으로 완전한 문장이 되는 경우 ■ He works here. 그는 여기서 일한다.
2형식	■ 〈주어 + 동사 + 주어를 설명하는 보어〉로 이뤄진 문장 ■ You are my best friend. 넌 나의 가장 좋은 친구야.
3형식	■ 〈주어 + 동사 + 목적어〉로 이뤄진 문장 ■ I love you. 난 널 사랑해.
4형식	■ 〈주어 + 동사 + 간접목적어 + 직접목적어〉로 이뤄진 문장 ■ I gave him my phone number. 그에게 내 전화번호를 줬어.
5형식	■ 〈주어 + 동사 + 목적어 + 목적어를 설명하는 보어〉로 이뤄진 문장 ■ The news made me happy. 그 소식은 날 기쁘게 만들었어.

04

단순시제

과거, 현재, 미래를 말할 때

과거시제	■ 이미 지나간 과거의 일을 말할 때 ■ 동사 -ed, 동사의 불규칙 과거형: ～했다
현재시제	■ 일반적인 사실이나 평소 반복되는 일을 말할 때 ■ 동사의 기본형, 3인칭 단수일 땐 동사 -(e)s: ～하다
미래시제	■ 미래에 있을 일을 말할 때 ■ will + 동사 기본형: ～할 거다

He **drank** beer last night.   그는 어젯밤 맥주를 마셨어. ···▶ 과거

He **drinks** beer every night.   그는 밤마다 맥주를 마시지. ···▶ 현재

He **will drink** beer tomorrow night.   그는 내일 밤 맥주를 마실 거야. ···▶ 미래

▶ 현재시제라도 미래를 나타내는 표현이 붙으면 확정된 미래의 일을 나타낼 수 있다.

He **leaves** Korea **next year**.   그는 내년에 한국을 떠나.

He **moves** to London **this month**.   그는 이번 달에 런던으로 이사 가.

The plane leaves **tonight at 8 pm**.   비행기는 오늘밤 8시에 떠나.

▶ 시간을 나타내는 부사절은 미래시제라도 현재시제로 표현한다.

<u>When</u> the time **comes**, you will know what to do.   때가 되면 뭘 해야 할지 알게 될 거야.

I won't let you go <u>until</u> you **say** "Yes."   네가 '예스'라고 말할 때까지 안 보내 줄 거야.

I'll give you a call <u>as soon as</u> he **comes** back.   그가 돌아오는 즉시 전화할게.

<u>Once</u> the installation **has finished**, reboot your computer.   설치가 끝나면 컴퓨터를 재부팅해.

···▶ 미래완료는 현재완료로

05

진행시제

한창 진행 중인 일을 말할 때

과거진행	■ 과거 어느 한 시점에서 진행되고 있던 일을 말할 때 ■ was/were + 동사-ing: ~하고 있었다
현재진행	■ 지금 이 순간 진행되고 있는 일을 말할 때 ■ am/are/is + 동사-ing: ~하고 있다
미래진행	■ 미래 어느 한 시점에서 진행되고 있을 일을 말할 때 ■ will be + 동사-ing: ~하고 있을 거다

He **was drinking** when I called him.　　그 남자애는 내가 전화했을 때 술 마시고 있었어. ⋯ 과거진행

She is **drinking** now.　　그 여자애는 지금 술 마시고 있어. ⋯ 현재진행

They **will be drinking** this time tomorrow.　　걔들은 내일 이맘때 술 마시고 있을 거야. ⋯ 미래진행

▶ be -ing: 객관적으로 확정된 미래 일
▶ be going to + 동사원형: 말하는 사람이 미래에 일어날 거라고 판단하는 일

I'm **meeting** my friends tonight.　　나 오늘밤 친구들 만나. ⋯ 약속된 일

It's **going to** be a long day.　　긴 하루가 되겠군. ⋯ 아침부터 일이 쌓이는 걸 보며

▶ '상태'를 나타내는 동사는 진행시제로 쓰지 않는다.

like 마음에 든 상태	have 가진 상태	know 아는 상태
be 존재하는 상태	belong to ~에 속해 있는 상태	own 소유한 상태
resemble ~를 닮은 상태	consist of ~로 구성돼 있는 상태	exist 존재하는 상태

I **know** him.　　나 그 사람 알아.

I'm *knowing* him. (✗) → I'm **getting to know** him.　　그 사람을 알아가는 중이야.

I **have** dinner at 7 pm every day.　　난 매일 7시에 저녁 먹어. ⋯ 평소 소유

I'm **having** dinner now.　　나 지금 저녁 먹는 중이야. ⋯ 지금만 잠시 소유

06

[완료시제]

시작과 끝의 시점이 다를 때

현재완료 (have p.p.)	■ 현재의 일이 과거에 시작된 거라며 기간을 염두에 두고 말할 때
과거완료 (had p.p.)	■ 더 오래된 과거와 덜 오래된 과거 사이에 걸쳐 일어난 일일 때
미래완료 (will have p.p.)	■ 미래 어느 시점과 그보다 앞선 시점 사이에 일어난 일일 때
완료진행 (have been -ing)	■ 앞서 시작된 일이 이후 시점에도 계속 진행되고 있을 때

I've **lived** in Korea for two months.
난 한국에서 두 달 동안 살아 왔어(두 달째 살고 있어). ···→ 현재완료

He **has worked** at a small company.
그는 작은 회사에서 일해 왔어.

He **had been** unemployed for a year until he got a job last year.
걔는 1년간 직장이 없다가 작년에 취업했어. ···→ 과거완료

The animal **had become** extinct before 1900.
그 동물은 1900년이 되기 전에 멸종됐다.

She **will have passed** her driving test by the end of this year.
그 여자는 올해 말까지 운전면허 시험에 붙을 거야. ···→ 미래완료

When I leave tomorrow, I **will have spent** three weeks here.
내일 떠나면 여기서 3주를 보낸 셈이 될 거야.

I've **been working** here for three years.
난 3년째 여기서 일하고 있어.
···→ 3년 전부터 여기 죽 살고 있음. (현재완료진행)

He **had been working** there until he retired.
그는 퇴직할 때까지 거기서 일하고 있었어.
···→ 퇴직하기 전 계속 거기서 일하고 있었음. (과거완료진행)

By next year I **will have been working** here for four years.
내년이면 여기서 일한 지 4년이 될 거야.
···→ 내년에 계속 일하고 있을 것임. (미래완료진행)

07

완료시제와 어울리는 표현들

시제에도 궁합이 있다

▶ 완료시제는 두 시점간의 '기간'을 나타내는 말과 잘 어울린다.

for ~ 동안	**since** ~ 이후로 죽	**in** ~ 동안	**over** ~ 동안, ~에 걸쳐

I've worked for this company **for two months**.
난 두 달 동안 이 회사에서 일해 왔어. ···→ for + 걸린 시간

I've worked for this company **since January**.
난 1월부터 이 회사에서 일해 왔어. ···→ since + 시작 시점

The world has changed dramatically **in the last 100 years**.
세계는 지난 100년간 엄청나게 변했어요.

The company has made remarkable progress **over the last few decades**.
그 회사는 지난 수십 년간 괄목할 만한 성장을 이뤘습니다.

▶ 단순/완료시제 모두에 쓸 수 있는 말이 있다.

never 절대	**already** 이미	**just** 방금	**yet** 아직	**still** 아직도

I **never** said that.
나 그런 말 한 적 없어.

I've **never** seen a Harry Potter movie.
해리 포터 영화는 본 적이 없어.

We're **already** late.
우리 이미 늦었어.

You've **already** asked me that.
너 이미 나한테 그거 물어봤잖아.

He **still** doesn't understand why she left him.
그는 아직도 왜 그녀가 자기를 떠났는지 모른다.

We **still** haven't found the answer.
우린 아직도 답을 못 찾았다.

08

시제의 정확한 사용법

때에 맞게 골라 쓰자

▶ 과거에 일어난 일에 쓸 수 있는 시제

과거	I **ate** brunch today. 오늘은 아점을 먹었어.
현재완료	I **have eaten** chicken for the last several days. 지난 며칠간 닭고기를 먹었어.
과거완료	When I saw the chef, I realized I **had eaten** there before. 난 그 주방장을 보고 내가 전에 거기서 밥 먹은 적이 있었다는 걸 깨달았지.
현재완료진행	I**'ve been eating** a lot lately. 나 요즘 많이 먹고 있어.
과거완료진행	I ordered a salad because I **had been eating** too much meat. (주문할 당시) 고기를 너무 많이 먹고 있었기 때문에 샐러드를 주문했어.

▶ 지금 일어나고 있는 일에 쓸 수 있는 시제

현재진행	I**'m eating** some ice cream. 나 지금 아이스크림 먹는 중이야.
현재완료진행	I **have been eating** yogurt for years. 난 수년째 요구르트를 먹고 있어.

▶ 앞으로 일어날 일에 쓸 수 있는 시제

미래	I**'ll eat** at home. 집에서 밥 먹을 거야.
현재 + 미래 시간 표현	We **have** our team dinner **tonight**. 오늘밤 우리 팀 회식 있어.
현재진행	We **are eating** out tonight. 우리 오늘밤 외식할 거야.
be going to + 동사원형	I'm not **going to eat** it, but he**'s going to eat** it. 난 안 먹겠지만 걔는 먹을 거야.
미래진행	I **will be eating** here this time tomorrow. 나 내일 이맘때 여기서 밥 먹고 있을 거야.
미래완료	I **will have eaten** dinner by the time you get home. 네가 집에 돌아올 때쯤이면 난 이미 저녁을 먹었을 거야.

미래완료진행	By Sunday, I **will have been eating** ramen for three days. 일요일이면 난 사흘째 계속 라면을 먹고 있는 게 될 거야.
현재 (시간의 부사절)	I'll be back <u>after I eat</u>. 밥 먹고 다시 올게.

▶ 과거, 지금, 미래에 모두에 해당되는 일, 평소 반복되는 일에 쓰는 시제

현재	Water **freezes** at 0℃. 물은 0도에서 언다. I **take** a vitamin every day. 난 매일 비타민을 먹어.

09

시제 일치와 화법

주절의 시제를 눈여겨보라

▶ 주절이 과거면 종속절은 과거나 과거완료로 쓴다.

She **says** she **may take** a few days off after the surgery.　그 여자는 수술 후 며칠 쉴지도 모른다고 말한다.

She **said** she **might take** a few days off after the surgery. 그 여자는 수술 후 며칠 쉴지도 모른다고 말했어.

▶ 직접화법에서 주어의 관점으로 설명한 따옴표 속 내용은 간접화법에서 주어가 아닌 그 문장을 말하는 사람의 관점으로 바꿔 표현한다.

▶ 간접화법의 경우에도 시제를 일치시킨다.

She said, "**I've lost my** credit card."　　　　　　그 애는 "나 신용카드 잃어버렸어."라고 말했어.

→ She said (that) **she had lost her** credit card.　　그 애는 자기 신용카드를 잃어버렸다고 말했어.

They said, "**You don't have** to decide *now*."　　그 사람들은 "지금 결정하지 않아도 돼."라고 말했어.

→ They said **I didn't have** to decide *then*.　　　그 사람들은 그때 결정하지 않아도 된다고 말했어.

···→ 말할 때는 now(지금)지만 과거에 한 말이니까 then(그때)

He said, "**I called you *yesterday*.**"　　　　그 애가 "나 어제 너한테 전화했어."라고 말했어.

→ He said **he had called me *the previous day*.**　그 애가 전날 나한테 전화했었다고 말했어.

···→ '어제'는 당시를 기준으로 하면 '그 전날'

▶ 의문사 있는 의문문을 간접화법으로 옮길 땐 〈의문사 + 주어 + 동사〉, 의문사 없는 의문문인 경우엔 if를 넣는다.

She **said to** me, "**What have you been thinking?**"　그 애가 내게 "무슨 생각하고 있었던 거야?"라고 말했어.

→ She **asked** me **what I had been thinking.**　　　그 애가 내게 무슨 생각하고 있었던 거냐고 물었어.

···→ " " 앞에 say처럼 단순히 '말한다'는 의미의 동사를 쓸 경우, 간접화법에선 뭔가를 묻는 의미의 ask 같은 동사로 바꿔야 어울림.

He asked me, "**Have you ever been** to Ireland?"

그 사람은 내게 "아일랜드 가본 적 있어요?"라고 물었어.

→ He asked me **if I had ever been** to Ireland.

그 사람은 내게 아일랜드에 가본 적이 있는지 물었어.

→ He asked me *I had ever been* to Ireland. (×)

⋯→ if를 안 넣으면 '그는 내가 아일랜드에 가봤다고 물었다'란 이상한 말이 됨.

▶ 주절의 시제와 상관없이, 변함없는 진리는 늘 현재로, 역사적 사실은 늘 과거로 쓴다.

He learned that the earth **is** round.

그는 지구가 둥글다는 걸 배웠어.

She said she **works** from 9 am to 6 pm.

그 여자는 근무 시간이 오전 9시부터 오후 6시까지라고 말했어.

She knew that the Korean War **broke** out in 1950.

그 여자는 한국 전쟁이 1950년에 발발한 걸 알고 있었어.

He said that the ancient Egyptians **built** the pyramids.

그 남자는 고대 이집트인들이 피라미드를 만들었다고 말했어.

10

동사 그대로의 모습이 좋아!

▶ to부정사는 〈to + 동사원형〉의 형태로 쓴다.

I wanted **to meet** him. — 난 그를 만나기를 원했다.

I got a chance **to meet** him. — 난 그를 만날 기회를 얻었다.

I went there **to meet** him. — 난 그를 만나려고 거기 갔다.

▶ to부정사는 동사를 명사, 형용사, 부사처럼 쓰기 위해 사용한다.

To understand each other is very important. — 서로를 이해하는 것은 매우 중요해. ···› 명사 역할(주어)

We need **to understand** each other. — 우린 서로 이해할 필요가 있어. ···› 명사 역할(목적어)

The most crucial thing is **to understand** each other. — 가장 중요한 건 서로를 이해하는 거야.
···› 명사 역할(보어)

Try to find ways to understand each other. — 서로를 이해할 방법을 찾아 봐. ···› 형용사 역할

We need to do more **to understand** each other. — 우린 서로를 이해하기 위해 더 노력해야 해. ···› 부사 역할

▶ to부정사의 부정은 부정사 앞에 not이나 never를 넣어 만든다.

She told me to trust economists. — 그 사람은 나더러 경제학자들을 믿으라고 했어.

→ She told me **not** to trust economists. — 그 사람은 나더러 경제학자들을 믿지 말라고 했어.

He tried **not** to show his tears. — 그 사람은 눈물을 보이지 않으려 애썼어.

Tell them **never** to allow strangers into their homes. — 애들한테 모르는 사람은 절대 집에 들이지 말라고 해.

11

to부정사의 용법

감쪽같이 다른 품사 행세를?

▶ to부정사는 명사처럼 주어, 목적어, 보어로 쓸 수 있다. (명사적 용법)

To love is to give.
사랑하는 것은 주는 것이다. ⋯ 주어

He plans **to quit his job**.
그 남자는 직장을 그만둘 것을 계획하고 있어. ⋯ 목적어

Her goal is **to become a lawyer**.
그 여자의 목표는 변호사가 되는 것이다. ⋯ 보어

▶ to부정사는 형용사처럼 명사를 꾸미거나 설명할 수 있다. (형용사적 용법)

I need <u>some time</u> **to think about my future**.
내 미래에 대해 생각할 시간이 좀 필요해.

Do you have <u>plans</u> **to study abroad**?
너 유학 갈 계획 있어?

You should have <u>the ability</u> **to think critically**.
넌 비판적인 사고력을 지녀야 해.

▶ to부정사는 부사처럼 동사, 형용사, 다른 부사를 꾸밀 수 있다. (부사적 용법)

The police arrived **to investigate his death**.
경찰이 그의 죽음을 조사하기 위해 도착했어.
⋯ 경찰이 도착한 이유/목적

The police arrived <u>only</u> **to find a dead body**.
경찰이 도착했지만 시신을 발견하게 됐을 뿐이다.
⋯ 도착한 뒤 결과 (안 좋은 결과엔 only를 잘 붙임)

The boy grew up **to be an Olympic champion**.
그 남자아이는 자라서 올림픽 챔피언이 됐다.
⋯ 챔피언이 된 건 자라난 이유가 아니라 결과

I'm <u>glad</u> **to meet you**.
만나서 반가워. ⋯ 기쁜 이유를 나타냄.

I was too <u>busy</u> **to call you**.　전화하기에는 너무 바빴어. (너무 바빠 전화할 시간이 없더라.) ⋯ 뭘 하기에 너무 바빴는지 설명

12

to부정사의 의미상 주어 및 가주어/가목적어

to부정사를 따라다니는 무리들!

▶ 의미상 주어: to부정사의 움직임의 주체

I'll get **him** to call you.　　　　　　　　　　　　　　개가 너한테 전화 걸도록 시킬게.

Don't expect **them** to help you.　　　　　　　　　　그 분들이 널 도와주길 기대하진 마.

She wants **you** to spend more time with her.　　　개는 네가 자기랑 더 많은 시간을 같이 보내길 원하고 있어.

▶ 가주어 It: 주어인 to부정사를 뒤로 보내고 대신 들어간 가짜 주어

It is important **for her** to lose weight.　　　　　　그 애에겐 살을 빼는 게 중요해.

It is not easy **to learn a foreign language.**　　　외국어를 배우기란 쉽지 않아.

⋯› 의미상 주어가 일반인이면 〈for 목적격〉은 생략 가능

It's <u>nice</u> of you **to come back.**　　　　　　　　　네가 돌아와 주다니 착하기도 하지.

⋯› It is 다음의 형용사가 의미상 주어인 사람의 성격이나 됨됨이 등을 설명하는 말이면 for 대신 〈of 목적격〉

It's <u>rude</u> of you **to say that.**　　　　　　　　　　그렇게 말하다니 너 참 버릇없다.

▶ 가목적어 it: 목적어인 to부정사를 뒤로 보내고 대신 들어간 가짜 목적어

You'll find **it** *hard* to make a law.　　　　　　　　법을 만든다는 게 어렵다는 걸 알게 될 겁니다.

We felt **it** *appropriate* to inform them of the new law.

우린 그 사람들에게 새 법에 대해 공지하는 게 적절하다고 느꼈어요.

The law made **it** *possible* for companies to hire foreign workers.

그 법은 기업들이 외국인 근로자를 채용할 수 있게 해줬다.

He thought **it** *unsafe* for her to be out alone at night.

그는 개가 밤에 혼자 나가 있는 것이 안전하지 않다고 생각했어.

13

to부정사의 시제 표현법

to부정사로도 시제를?

▶ to부정사엔 기본적으로 '미래'의 의미가 함축돼 있다.

The team wants **to compete and win**.　　　그 팀은 경쟁해서 이기길 원해.

They agreed **to stop** the fight.　　　그들은 싸움을 그만두기로 합의했어.

I hope **to see** you again soon.　　　곧 다시 만나길 바라.

▶ 주절보다 앞선 일을 나타낼 땐 to have p.p.

He seems[appears] **to be** ill.　　　⋯→ 아픈 게 seem[appear]과 같은 시제

= It seems[appears] that he is ill.　　　걔 아파 보여/아픈 거 같아.

He seems[appears] **to have been** ill.　　　⋯→ 아픈 게 seem[appear]보다 앞선 시제

= It seems[appears] that he was ill.　　　걔 아팠나 봐/아팠던 거 같아.

= It seems[appears] that he has been ill.

I'm happy **to work** with you.　　　같이 일하게 돼서 기쁩니다.

I'm happy **to have worked** with you.　　　그 동안 함께 일한 걸 기쁘게 생각합니다.

▶ 미래에 확실하게 일어날 일을 나타낼 땐 〈be + to부정사〉

The meeting **is to be** held today.　　　그 회의는 오늘 열리기로 돼 있다. ⋯→ 열릴 예정

The patient didn't know it at the time, but he **was to die** soon.

그 환자는 당시엔 모르고 있었지만 곧 죽게 돼 있었다. ⋯→ 죽을 운명

If you **are to succeed**, you need to be able to think creatively.

성공하려면 창조적인 사고력이 필요하다. ⋯→ 성공하려는 의도

14

to부정사의 관용표현

to부정사와 짝지어 다니는 단어들

▶ 자주 쓰이는 부정사 관용표현

too ... to ~ ~하기엔 너무 …하다	... enough to ~ ~하기에 충분히 …하다
happen to ~ 우연히 ~하다	seem[appear] to ~ ~인 듯하다, ~인 것으로 보이다
tend to ~ ~하는 경향이 있다	

This meat is **too** tough for me **to** eat.　　　　　　　이 고기 내가 먹기엔 너무 질겨.

I **happened to** find this recipe on the web.　　　　　이 레시피 우연히 웹에서 찾았어.

The corners **tend to** get overcooked.　　　　　가장자리는 너무 바싹 익혀지는 경향이 있지.

▶ 〈의문사(why 제외) + to부정사〉 관용표현

what to ~ 무엇을 ~할지	where to ~ 어디에 ~할지	how to ~ 어떻게 ~할지
when to ~ 언제 ~할지	whom to ~ 누구를 ~할지	which to ~ 어느 쪽을 ~할지

I don't know **what to** do and **where to** go.　　　　　뭘 해야 할지, 어딜 가야 할지 모르겠어.

It's difficult to know **whom to** trust.　　　　　누굴 믿어야 할지 알기 힘들어.

Please tell me **which** one **to** choose.　　　　　어느 걸 골라야 할지 좀 알려 주세요.

▶ to 빠진 관용표현

had better 동사원형 ~해야 하다 (안 하면 재미없을 걸)
cannot (help) but 동사원형 ~할 수밖에 없다
do nothing but 동사원형 오로지 ~만 하다, ~외엔 아무것도 안 하다
would['d] rather 동사원형A than 동사원형B B하느니 차라리 A하겠다

You**'d better** leave now.　　　　　너 지금 떠나야 돼.

One **cannot but** admire her courage and determination.　그녀의 용기와 의지를 존경하지 않을 수 없다.

She **does nothing but** <u>complain</u>.

그 애는 불평만 해대.

I'd **rather** not <u>eat</u> **than** not <u>sleep</u>.

잠을 안 자느니 차라리 굶겠어.

▶ 의미상 주어가 달라도 표시하지 않고 관용적으로 쓰이는 to부정사

To be sure 물론 ~지만 (뒤에 but 동반)	To make matters worse 설상가상으로
To tell you the truth 사실대로 말하자면	To sum up 요약하자면
Needless to say 두말할 필요 없이	Suffice (it) to say (that) ~라고만 말해 두자
To begin with 우선	So to speak 말하자면
Not to mention ~은 말할 것도 없고	To name (but) a few 몇 가지만 예를 들면

To be sure, he's right, but I don't want to agree with him.

물론 그가 옳지만 동의하고 싶지 않아.

To make matters worse, we were running out of money.

설상가상으로, 우리는 돈도 떨어져가고 있었어.

To tell you the truth, I didn't have much time to prepare.

사실대로 말하자면, 준비할 시간이 많지 않았어.

Suffice (it) to say (that) he was not a very nice person.

아주 좋은 사람은 아니었다라고만 말해 두자.

His friends, **not to mention** his parents, are pushing him to get married.

부모님은 말할 것도 없고, 그 애 친구들이 결혼하라고 성화야.

They played jazz, R&B and hip hop **to name (but) a few**.

몇 가지만 예를 들면, 그들은 재즈, R&B, 힙합 등을 연주했어.

15

지각동사와 사역동사
to 없이 부정사만 쓰는 동사

▶ 지각동사(see, watch, hear, listen to, feel, ...) 뒤에는 〈목적어 + 동사원형〉을 쓴다.

I **saw** him <u>fix</u> my computer. 　　　　　　　　　　　난 그가 내 컴퓨터 고치는 걸 봤어.

We **watched** him <u>dance</u> and **listened to** her <u>sing</u>. 　우린 그가 춤추는 걸 구경하고 그녀가 노래하는 걸 들었어.

I **felt** something <u>touch</u> my leg. 　　　　　　　　　　뭔가 내 다리를 건드리는 걸 느꼈어.

▶ 그 순간에 진행되고 있던 움직임만을 얘기할 땐 동사원형 자리에 -ing를 쓸 수 있다.

I **saw** her <u>pack</u> her bags. 　　　　　　　　그 여자가 짐 싸는 거 봤어. ⋯ 짐 싸는 과정을 다 봤다는 얘기

I **saw** her <u>packing</u> her bags. 　　　　　그 여자가 짐 싸고 있는 거 봤어. ⋯ 싸다가 그만뒀는지는 알 수 없음.

▶ 사역동사(have, make let, help) 뒤에도 〈목적어 + 동사원형〉을 쓴다.

He **had** the company <u>pay</u> for his personal expenses. 　그 사람은 회사가 자신의 개인 경비를 지불하게 했어.

How can I **make** her <u>become</u> interested in me? 　어떻게 해야 그 애가 내게 관심을 갖게 만들 수 있지?

I won't **let** you <u>go</u>. 　　　　　　　　　　　　널 가게 내버려 두지 않을 거야.

I hope this book will **help** you <u>learn</u> English grammar.

　　　　　　　　　　　　　이 책이 여러분이 영문법을 배우는 데 도움이 되길 바랍니다.

▶ 목적어가 당한 입장일 땐 동사원형 자리에 p.p.(과거분사)를 쓴다.

I **heard** the music <u>played</u>. 　　　　음악이 연주되는 걸 들었어. ⋯ 음악 입장에선 사람한테 연주를 당하는 것

She **had** her wallet <u>stolen</u>. 　　　그 여자는 지갑을 도난 당했어. ⋯ 지갑 입장에선 당한 거니까 p.p.

16

명사를 꾸미는 분사

형용사의 임무를 떠맡게 된 동사

▶ 동사를 분사(-ing/p.p.)로 바꾸면 형용사처럼 명사를 꾸밀 수 있다.

I saw a *sleep* cat. (×) → I saw a **sleeping** cat.　　　　　　　나는 잠자는 고양이를 봤다.

I saw a *break* window. (×) → I saw a **broken** window.　　　　나는 깨진 창문을 봤다.

▶ 능동적인 움직임이면 -ing, 수동적으로 당하는 입장이면 p.p.

I saw a **sleeping** <u>cat</u>.　　　　　　　　　　⋯› 고양이 입장에선 능동적으로 행한 것

I saw a **broken** <u>window</u>.　　　　　　　　　⋯› 창문 입장에선 수동적으로 당한 것

▶ 분사를 제대로 쓰려면 동사의 기본 의미부터 정확히 알아야 한다.

amaze 놀라게 만들다	**bore** 지루하게 만들다	**confuse** 헷갈리게 하다
disappoint 실망시키다	**encourage** 격려하다	**satisfy** 만족시키다
tire 피곤하게 하다	**exhaust** 지치게 만들다	**interest** 관심/흥미를 갖게 하다
embarrass 난처하거나 부끄럽게 만들다		

an **amazing** discovery　　　　　　　　놀라운 발견 ⋯› 발견이 사람을 놀라게 함.

an **amazed** scientist　　　　　　　　　놀란 과학자 ⋯› 과학자가 놀래킴을 당함.

a **boring** movie　　　　　　　　　　　지루한 영화 ⋯› 영화가 관객을 지루하게 함.

a **bored** audience　　　　　　　　　　지루한 관객 ⋯› 영화 때문에 지루해짐.

a **confusing** result　　　　　　　　　헷갈리는 결과 ⋯› 결과가 사람을 혼동시킴.

a **confused** student　　　　　　　헷갈려 하는 학생 ⋯› 뭔가에 의해 혼란에 빠짐.

an **exciting** experience　　　　　　　짜릿한 경험 ⋯› 경험이 사람을 흥분시킴.

an **excited** fan　　　　　　　　　　　흥분한 팬 ⋯› 팬이 흥분된 상태

17 능동태와 수동태
줬는지 받았는지, 그게 문제라니까!

▶ 주어가 능동적으로 행동한 걸 표현하면 능동태, 수동적으로 당하는 상태를 표현하면 수동태

▶ 수동태 형식: 능동태 목적어 + be p.p. + by 능동태 주어

An FBI agent **arrested** a suspect. 　　　　FBI 요원이 용의자를 체포했다. ⋯ 능동태

A suspect **was arrested by** an FBI agent. 　　　용의자가 FBI 요원에 의해 체포됐다. ⋯ 수동태

▶ 목적어가 2개 나올 수 있는 동사(give, offer)의 경우엔 2개의 수동태 문장을 만들 수 있다.

The jury gave the best actor award to him. 　　심사위원단이 그에게 남우주연상을 줬어.

→ **He** was given the best actor award. 　　　그가 남우주연상을 받았지.

→ **The best actor award** was given to him. 　　남우주연상은 그에게 주어졌어.

He offered me a good job. 　　　그는 내게 좋은 일자리를 주겠다고 제의했어.

→ **I** was offered a good job. 　　　나 좋은 일자리를 제의받았어.

→ **A good job** was offered to me. 　　　좋은 일자리가 내게 제의됐어.

▶ 수동태 시제를 바꾸려면 be p.p.에서 be동사의 시제를 바꿔 준다.

A few changes **are made** to the law. 　　몇 가지 법이 개정된다. ⋯ 현재

A few changes **were made** to the law. 　　몇 가지 법이 개정됐다. ⋯ 과거

A few changes **will be made** to the law. 　　몇 가지 법이 개정될 것이다. ⋯ 미래

A few changes **are being made** to the law. 　　몇 가지 법이 개정되고 있다. ⋯ 현재진행

A few changes **will be being made** to the law. 　　몇 가지 법이 개정되고 있을 것이다. ⋯ 미래진행

A few changes **had been made** to the law. 　　몇 가지 법이 개정됐었다. ⋯ 과거완료

18

주의해야 할 수동태 ❶

수동태를 거부하는 동사가 있다?

▶ 자동사(become, remain, consist of, ...)는 수동태를 만들 수 없다.

The boy **became** a professional gamer. 　　　　　　그 소년은 프로게이머가 되었다.

A professional gamer *was become by* the boy. (×)

⋯➡ A professional gamer는 목적어가 아니라 주어를 보충 설명한 말

The group **consists of** five members. 　　　　　　그 그룹은 다섯 명으로 구성되어 있다.

The group *is consisted of* five members. (×)　⋯➡ consist of는 '~로 구성되다'란 뜻으로 이미 수동의 의미

▶ 상태를 뜻하는 동사(have, cost, resemble, ...)도 수동태로 만들 수 없다.

I **have** a brand-new cellphone. 　　　　　　나 최신 핸드폰 갖고 있어. ⋯➡ 소유한 상태

A brand-new cellphone *is had by* me. (×)

The laptop **costs** $2,000. 　　　　　　그 노트북 컴퓨터는 2천 달러야. ⋯➡ 값이 얼마인 상태

$2,000 *is cost by* the laptop. (×)

He **resembles** his father in many ways. 　　　　　　그는 여러 면에서 자기 아버지를 닮았어. ⋯➡ 닮은 상태

His father *is resembled by* him. (×)

▶ 수동태에서 행위의 주체를 나타내는 by ~는 생략되는 경우가 많으며, 다른 전치사가 올 수도 있다.

You can't quit. You **are fired**! 　　누구 맘대로 관둬? 넌 해고야! ⋯➡ 누가 해고시켰는지보다 해고됐다는 사실이 중요

The construction of the church **was completed** in 1800. 　　그 교회는 1800년에 완공됐어.

⋯➡ 누가 끝낸 건지는 관심거리가 아님

I think I'm **being followed**. 　　나 미행당하고 있는 것 같아. ⋯➡ 누군지도 모르고, 지금 미행당하고 있다는 사실이 중요

by 외에 다른 전치사가 오는 경우

be interested in ~ ~에 관심이 있다

be pleased with ~ ~로 기쁘다

be married to ~ ~와 결혼한 상태다

be involved in ~ ~에 관여되어 있다

be satisfied with ~ ~에 만족하다

Are you **interested in** learning English?

영어 배우는 데 관심 있나요?

Who **is involved in** the project?

그 프로젝트엔 누가 관여하고 있지?

I'm **pleased with** the result.

난 그 결과에 만족해.

I'm **satisfied with** his performance.

난 그의 실적에 만족한다.

She**'s married to** a U.S. citizen.

그녀는 미국 시민권자와 결혼했어.

19

수동태 속 to부정사와 지각/사역동사

▶ to부정사가 있는 문장의 수동태는 〈be p.p. + to부정사〉

He **told me to** lie.   그가 나한테 거짓말하게 시켰어.

→ I **was told to** lie.   나 누가 시켜서 거짓말한 거야.

I **was asked to** sign the contract.   난 계약서에 서명하라는 요청을 받았어.

We **were taught to** respect our elders.   우리는 웃어른을 공경하라고 배웠어.

▶ 지각/사역동사가 있는 문장의 수동태는 〈be p.p. + to부정사〉

They **made** him resign.   그들은 그를 사임하게 만들었어.

→ He **was made to** resign.   그는 사임할 수밖에 없었어.

They **had** the president step down.   그들은 대통령을 물러나게 했다.

→ The president **was forced to** step down.   대통령은 (외압으로) 물러나야 했다.

They **let** me take this picture.   그들은 내가 이 사진을 찍을 수 있게 해줬어.

→ I **was allowed to** take this picture.   난 이 사진을 찍어도 된다고 허락받았어.

▶ 〈자동사 + 전치사〉는 타동사와 같은 의미가 돼 수동태를 만들 수 있다.

They **laughed at** me.   그들은 날 비웃었어.

→ I **was laughed at**.   난 비웃음을 당했어.

We **are looking into** the problem.   우리는 그 문제를 조사 중이야.

→ The problem **is being looked into**.   그 문제는 조사 중이야.

We **talked about** this before.   우리는 전에 이것에 대해 얘기했어.

→ This **was talked about** before.   이건 전에 얘기했잖아.

20

분사 활용법

문장을 가볍게 만들어주다

▶ 분사는 형용사처럼 명사를 꾸미거나 설명할 수 있다.

I saw a **black** cat.　　　　　　　　　　　　　　　검은 고양이를 봤어. ┈▶ 형용사

I saw a **sleeping** cat.　　　　　　　　　　　　　잠자는 고양이를 봤어. ┈▶ 현재분사

I saw an **injured** cat.　　　　　　　　　　　　　다친 고양이를 봤어. ┈▶ 과거분사

▶ 분사는 동사처럼 의미상 주어, 목적어, 보어, 수식어가 붙을 수 있다.

They just stood there, <u>**some** smiling</u>.　　그들은 그냥 거기 서 있었고, 어떤 이들은 웃고 있었어. ┈▶ 의미상 주어 some

There is a stalker <u>following **me**</u>.　　　　　날 쫓아오고 있는 스토커가 있어. ┈▶ 목적어 me

The man, <u>being **a doctor**</u>, knew what to do.　그 남자는 의사였고 (그래서) 뭘 해야 할지 알았지. ┈▶ 보어 a doctor

We heard a woman <u>talking **loudly**</u>.　　　　우린 큰 소리로 떠드는 여자 목소리를 들었어. ┈▶ 수식어 loudly

▶ 분사로 명사를 꾸밀 때 분사 뒤에 다른 말이 붙으면 분사구를 명사 뒤로 보낸다.

I saw **a stalker** <u>following a woman</u>.　　　　웬 스토커가 여자를 쫓아다니는 걸 봤어.

I saw *a <u>following a woman</u> stalker*. (×)　　┈▶ 꾸밀 명사 앞에 또 명사가 오면 헷갈릴 수 있음.

The news is about a stalker **following** celebrities.　그 뉴스는 유명인들을 쫓아다니는 스토커에 관한 거야.
　　　　　　　　　　　　　　　　　　　　　　　┈▶ 능동적인 움직임일 땐 -ing

The news is about a stalker **arrested** last night.　그 뉴스는 어젯밤 체포된 스토커에 관한 거야.
　　　　　　　　　　　　　　　　　　　　　　　┈▶ 남이 한 행동에 당한 입장일 땐 p.p.

21 절 대신 쓰는 분사구문

분사에 딸린 수식어들이 많을 때

▶ 분사구문은 꾸며 주려는 주어 앞이나 뒤, 또는 문장 맨 뒤로 갈 수 있다.

Feeling very tired, the man went to bed early.
심한 피로를 느낀 그 남자는 일찍 잠자리에 들었다.

The man, **feeling very tired**, went to bed early.
그 남자는 심한 피로를 느끼며 일찍 잠자리에 들었다.

The man went to bed early **feeling very tired**.
그 남자는 심한 피로를 느끼며 일찍 잠자리에 들었다.

▶ 분사구문이 주절보다 앞선 일이면 having p.p.로 표현한다.

Holding my breath, I walked into the professor's office.
숨을 죽이며 난 교수실로 걸어 들어갔다. ····▶주절과 같은 시제

Having lost my credit card, I paid cash for the phone.
신용카드를 잃어버린 나는 현금을 내고 전화기를 샀다. ····▶ 주절보다 확실히 앞선 시제

▶ 부정문을 만들고 싶을 땐 분사구문 앞에 not을 붙인다.

<u>Not</u> feeling tired, I kept working.
피곤함을 못 느낀 나는 계속 일했다.

<u>Not</u> having met him before, I can't tell what kind of person he is.
전에 그 남자를 만나 본 적이 없어 나는 그가 어떤 사람인지 모른다.

▶ 분사구문의 의미상 주어와 문장의 주어는 같아야 한다.

<u>Worried about safety</u>, **she** cancelled the trip to the Middle East.
안전이 걱정된 그녀는 중동 여행을 취소했다.

<u>Worried about safety</u>, *the trip to the Middle East* was cancelled. (×)

<u>Having finished dinner</u>, **he** washed the dishes.
저녁식사를 마친 그는 설거지를 했다.

<u>Having finished dinner</u>, *the dishes* were washed. (×)

22 부대 상황 표현법

동시에 일어나는 상황을 말할 때

▶ 동시에 일어나는 두 가지 상황은 with -ing/p.p.로 표현한다.

He walked into my office **with his fist clenched**.　　그는 주먹을 꽉 쥔 채 내 사무실로 걸어 들어왔다.

⋯▸ clench는 '뭔가를 꽉 쥐다'란 뜻으로, 주먹 입장에선 p.p.니까 clenched

She walked towards him **with her heart pounding**.　　그녀는 쿵쿵거리는 가슴을 안고 그를 향해 걸어갔다.

⋯▸ pound는 '쿵쿵 소리가 나다'란 뜻의 자동사로, heart 입장에선 능동적으로 내는 소리니까 pounding

Don't speak **with your mouth full**.　　입 안에 음식이 가득 든 채로 말하지 마. ⋯▸ 분사 자리에 형용사 가능

I went to bed **with my phone on vibrate**.　　난 핸드폰을 진동 모드로 해놓고 잤다. ⋯▸ 분사 자리에 형용사구 가능

▶ 주어가 서로 다를 땐 분사구문 앞에 의미상 주어를 넣기도 한다.

With the prices (being) so low and the food (being) so tasty, it's no wonder the place is packed with people.　　가격 무지 저렴하지, 음식 너무 맛있지, 그러니 당연히 그 집에 사람들이 꽉 들어찰 수밖에.

They sat at the table, **some smiling at the camera**.

그들은 테이블에 앉았고, 몇몇 사람은 카메라를 보며 미소 짓고 있었다.

▶ 주절의 주어와 상관없이 그냥 갖다 쓸 수 있는 관용표현

Considering ~ ~를 고려할 때, ~를 감안하면
Generally speaking 일반적으로, 대개
Judging from ~ ~로 판단해 볼 때, ~로 보아
Speaking of ~/Talking of[about] ~ ~ 얘기가 나와서 말인데
Strictly speaking 엄밀히 말해, 엄격히 따지면

Considering his age, he is in good shape.　　나이를 감안하면 그 사람은 건강한 거야.

Judging from his appearance, he must be German.　　그 사람의 외모로 보아 분명 독일 사람이야.

Strictly speaking, tomatoes are vegetables.　　엄밀히 말해 토마토는 채소다.

23

동사의 특징을 가진 명사

▶ 동명사는 명사처럼 주어, 목적어, 보어 역할을 한다.

Fishing is his favorite pastime.

낚시는 그가 가장 즐기는 취미야. ···▶ 주어

I enjoy **running** at night.

난 밤에 달리기 하는 걸 좋아해. ···▶ 동사의 목적어

She's interested in **skiing**.

걘 스키에 관심이 있어. ···▶ 전치사의 목적어

The best exercise is **walking**.

가장 좋은 운동은 걷기다. ···▶ 보어

▶ 동명사에는 동사처럼 주어, 목적어, 보어, 수식어가 붙을 수 있다.

Her walking again is a miracle.

그녀가 다시 걷는 것은 기적이다. ···▶ 의미상 주어

Taking **vitamin C** helps you prevent colds.

비타민 C를 먹으면 감기를 예방하는 데 도움이 된다. ···▶ 목적어

Being **happy** means enjoying life.

행복하다는 건 인생을 즐기는 걸 의미한다. ···▶ 보어

Walking **along the beach** is romantic.

바닷가를 걷는 건 낭만적이야. ···▶ 수식어

▶ 동명사로 시제를 표시할 수 있으며, 수동태 표현도 가능하다.

I'm proud of **being** a part of the team.

나는 팀의 일원이란 사실에 자부심을 느낀다.

I remember **having been** here before.

전에 여기 왔던 기억이 나. ···▶ 주절보다 앞선 시제일 땐 having p.p.

I feel silly for not **having noticed** that before.

그걸 전에 눈치 채지 못했다니 내가 한심하게 느껴진다.

I got angry at **being ignored**.

난 무시당하는 것에 화가 났어.

He talked about the disadvantages of not **being married**.

그 남자는 미혼이어서 불리한 점에 대해 얘기했어.

The actress is famous for **having been dumped** by her boyfriend.

그 여배우는 남자친구한테 차인 것으로 유명하다. ···▶ 주절보다 앞선 시제일 땐 having been p.p.

24 동명사 vs. 부정사, 현재분사
왜 동명사를 쓸까?

▶ to부정사에는 미래의 의미가 함축돼 있는 반면, 동명사에는 과거나 평소의 일이라는 뉘앙스가 담겨 있다.

He got lung cancer, so he **stopped smoking**. 　그는 폐암에 걸려 담배를 끊었다.

⋯→ 평소, 혹은 그 동안 하던 일을 그만둔 것

He talked about his grades and then **stopped to smoke**.

그는 성적 얘기를 하다가 담배를 피우기 위해 잠시 멈췄다. ⋯→ 담배 피우는 행동이 멈춘 행동보다 나중에 일어나는 일

▶ 미래와 어울리지 않는 의미를 가진 동사들은 동명사와 함께 쓴다.

enjoy 평소 즐기다　　finish 하던 일을 끝내다　　give up 하던 일을 포기하다
admit 있는 사실을 인정하다　　consider 어떤 사실에 대해 잘 생각해 보다

We **enjoyed** singing and playing games. 　우리는 노래와 게임을 즐겼어.

I just **finished** downloading a movie on my computer. 　컴퓨터에 영화 다운 받는 거 막 끝냈어.

그 의미가 미래와 어울려 to부정사와 함께 쓰는 동사들

decide ~하기로 결심하다　　plan ~할 것을 계획하다　　promise ~할 것을 약속하다
hope 앞으로 ~이기를 바라다　　agree 앞으로 ~하기로 합의하다

▶ 동명사 -ing는 명사, 현재분사 -ing는 형용사

Getting enough sleep helps prevent colds. 　충분한 수면은 감기 예방에 도움이 돼. ⋯→ 주어

He admitted **having an affair with his secretary**. 　그는 비서랑 내연의 관계임을 시인했어. ⋯→ 목적어

Her worst habit is **biting her fingernails**. 　걔의 가장 나쁜 버릇은 손톱 깨물기야.

⋯→ 보어(Her worst habit = biting her fingernails)

She's **biting** her fingernails. 　걘 손톱을 깨물고 있어. ⋯→ 현재분사(She ≠ biting her fingernails)

25

-ing형 관용표현

이럴 땐 무조건 동명사

▶ 자주 쓰이는 -ing형 관용표현

be busy -ing ~하느라 바쁘다	be worth -ing ~할 가치가 있다
consider -ing ~할 걸 고려하다	feel like -ing ~할 것 같다, ~할 것 같은 기분이다
go -ing ~하러 가다	go on -ing 계속해서 ~하다
It's no good -ing ~해 봐야 소용없다	How[What] about -ing? ~하는 게 어때?
keep (on) -ing 계속 ~하다	mind -ing ~를 꺼리다, 찜찜해하다
spend -ing ~하면서 보내다	succeed in -ing ~에 성공하다
cannot help[stop] -ing ~을 막을 수가 없다, ~을 안 할 수가 없다	
have difficulty[trouble] (in) -ing ~하는 데 문제가 있다, ~하는 걸 어려워하다	

I'm **busy** <u>doing</u> something.   나 뭐 좀 하느라 바빠.

The book **is worth** <u>reading</u>.   그 책 읽어 볼 가치가 있어.

She **couldn't help** <u>coughing</u>.   그 여자는 기침을 안 하려 해도 어쩔 수가 없었다.

I **feel like** <u>throwing</u> up.   나 속이 울렁거려. (토할 거 같아.)

He **went on** <u>working</u> until he was 65.   그는 65세가 될 때까지 일을 계속했다.

Do you **mind** my <u>asking</u> how old you are?   나이를 물어보면 좀 그런가요?

▶ to부정사와 헷갈리기 쉬운 to -ing

look forward to -ing ~를 기대하다   be used[accustomed] to -ing ~에 익숙하다

be committed to -ing ~를 위해 열심히/최선을 다해 노력하다

object to -ing ~에 반대하다

I **look forward to** <u>meeting</u> you soon.   널 곧 만나길 고대하고 있어.

She **is** not **accustomed to** <u>wearing</u> makeup.   그녀는 화장에 익숙지 않아.

We are **committed to** <u>providing</u> you with quality service.

여러분께 양질의 서비스를 제공해 드릴 것을 약속 드립니다.

We **object to** <u>working</u> overtime.   우린 시간외 근무에 반대한다.

26 조동사의 의미

조동사, 이래서 쓴다

▶ 조동사는 말하는 사람의 태도(조심스러움, 확신 등)를 표현하기 위해 동사와 함께 쓰는 말이다.

They **are seeing** each other. 　　　　　　　　　　개들 사귀고 있어. ⋯→ 객관적 사실을 말함.

They must **be seeing** each other. 　　　　　　　　　　개들 분명 사귀고 있을 거야.

　　　　　　　　　⋯→ 정말 사귀는지는 알 수 없지만 말하는 사람의 확신이 담겨 있음.

They may **be seeing** each other. 　　　　　　　　　개들 아마 사귀고 있을걸. (아니면 말고)

　　　　　⋯→ 둘이 같이 있는 모습을 보고 사귀고 있을지도 모른다며 추측만 하고 있는 것

▶ 과거형 조동사는 과거형만의 고유한 의미(추측)를 나타내기도 하고, 시제 일치나 존대 표현을 위해 사용한다.

It **could happen** to you. 　　　　　　　　그거 너한테 일어날 수 있을지도 모를 일이야. ⋯→ 추측(과거 아님)

I **wouldn't do** such things. 　　　　　　　　나 같으면 그런 일 안 할걸. ⋯→ 추측(과거 아님)

He said, "You **will** regret this." 　　　　　　　그는 "너 이거 후회할 거야."라고 말했어.

→ He said I **would** regret that. 　　　　　그는 내가 그걸 후회할 거라고 말했어. ⋯→ 시제 일치

Could I ask you something? 　　　뭐 좀 물어봐도 되겠습니까? ⋯→ 상대방이 자신보다 어리더라도 편한 사이가 아닐 때

▶ 조동사가 있는 문장의 부정문은 〈주어 + 조동사 + 부정어(not, never, hardly, ...) + 동사원형〉, 의문문은 〈조동사 + 주어 + 동사원형〉 순으로 쓴다.

She <u>may not **remember**</u> your name. 　　　　　　　그 여자 네 이름 기억 못할지도 몰라.

<u>**Can** it **happen**</u> to us? 　　　　　　　　그거 우리한테도 일어날 수 있는 일이야?

Why <u>**shouldn't** I **eat**</u> junk food? 　　　　　　정크푸드를 왜 먹지 말아야 하는 거지?

27 can, could
가능성을 말할 때

	현재		과거
can	가능해, 할 수 있어	**could**	can의 과거
can't	① 못해 ② ~일 리가 없어	**can't have p.p.**	~였을 리가 없어
could	~일 수 있을 거 같아	**could have p.p.**	~였을 수도 있었을 거 같아

▶ can의 기본 의미는 '가능' ('능력', '허가'의 의미로 확장)

Lightning **can** strike the same place twice.　　번개는 같은 곳을 두 번 칠 수 있다. ···→ 가능성

Can he speak any foreign languages?　　그 사람 외국어 할 수 있어? ···→ 능력

Can I have a bite?　　나 한 입 먹어도 돼? ···→ 허가

▶ 강한 확신을 갖고 추측할 땐 can't, can't have p.p.

It's very cheap. It **can't** cost more than 10,000 won.

그건 아주 싼 거야. 그게 만 원 이상 할 리 없다고. ···→ 만 원 이상 나가는 것에 대해 강한 확신을 갖고 부정

She **can't** be his mother. She's only 15 years older than him.

그 여자가 걔 엄마일 리가 없어. 걔보다 겨우 15살 위인걸. ···→ 강한 부정

He **can't have seen** me last week because I was not in Korea.

그가 지난주 날 봤을 리가 없어. 난 한국에 없었으니까. ···→ 과거 일에 대해 강한 확신을 갖고 부정

▶ 확신 없이 추측할 땐 could, could have p.p., couldn't have p.p.

I **could die** for a cup of coffee.　　커피 마시고 싶어 죽겠네.

···→ 너무 마시고 싶어 죽을 수도 있겠다고 추측하는 식으로 표현함으로써 지금의 마음 상태를 효과적으로 표현

You **could have bought** the ticket online.　　인터넷으로 표를 살 수 있었을 텐데.

We **couldn't have done** it without your support.　　여러분 성원 없이는 우리가 그 일을 하지 못했을 겁니다.

28
may, might

조심스럽게 추측할 때

현재		과거	
may	① ~일지도 몰라 (추측) ② ~하셔도 됩니다 (허가)	**might**	may의 과거
		may have p.p.	~했을지도 몰라
might	어쩌면 그럴지도…	**might have p.p.**	~했을지도 몰라

▶ may는 추측과 허가의 의미를 나타낸다.

She **may** be Chinese.   그 여자 중국인일지도 몰라. (아닐 수도 있고) ⋯ 자신 없는 추측

If you tell him the class will be difficult, he **may** not take it.

개한테 그 수업 어렵다고 얘기하면 걔 그거 안 들을지도 몰라.

You **may** submit your application online.   지원서를 인터넷으로 제출하셔도 됩니다. ⋯ 허가

You **may** not leave the room until the test is over.   시험이 끝날 때까지 퇴실하실 수 없습니다.

▶ may보다 더 자신 없는 추측엔 might

Ask him. He **may** tell you the truth.   그에게 물어봐. 사실대로 얘기해 줄지도 몰라.

⋯ 말해 줄 가능성을 50% 정도로 보는 추측

Who knows? He **might** tell you the truth.   누가 알아? 그 사람이 혹시라도 사실대로 얘기해 줄지.

⋯ 자신감이 더 떨어진 추측

He **might** be gay.   그 사람 혹시 게이일지도 몰라.

▶ 과거 일에 대한 자신 없는 추측엔 may have p.p., might have p.p.

I don't remember, but I **may have borrowed** some money from you.

기억은 안 나는데 내가 너한테 돈을 좀 꿨을지도 몰라. ⋯ 가능성 있는 추측

She **may not have been** angry. Perhaps she was just disappointed.

그녀는 화가 났던 게 아니었을지도 몰라. 그냥 실망했던 걸 수도 있어.

I think I **might have made** a mistake.   내가 혹시 실수했을지도 모르겠다. ⋯ 자신감 없는 추측

29

should, must

해야 한다고 말할 때

	현재		과거
should [ought to]	당연히 ~여야 해, ~인 게 당연해	**should have p.p.**	그때 당연히 ~였어야 했는데 (그렇게 되지 않았어)
must	반드시 ~해야 해, 분명 ~일 거야	**must have p.p.**	(예전에) 분명히 ~했을 거야

▶ 당연하다고 느낄 땐 should, 당연한데 안 돼서 안타까울 땐 should have p.p.

I think you **should** forgive him.　　난 네가 그 사람을 용서해야 한다고 봐. ···→ 용서하는 게 당연하다는 생각

You **should have seen** her before she got a nose job.　　너 그 여자 코 성형수술하기 전에 봤어야 하는 건데.

I **should have recharged** the batteries.　　배터리를 충전했어야 했는데.

▶ 동사 insist(주장), order(명령), demand(요구), propose/suggest(제안), recommend (권유)의 목적어인 that절에는 〈주어 + (should) + 동사원형〉

The doctor **insisted** that the patient **(should) be** hospitalized immediately.　　의사는 환자를 즉시 입원시켜야 한다고 주장했다. ···→ 환자를 즉시 입원시키는 게 당연하다는 생각

The police officer **demanded** that she **show** him her driver's license.　　경찰관은 그녀에게 운전면허증을 보여 달라고 요구했다. ···→ 당연히 보여 줘야 한다는 생각

The city council **proposed[suggested]** that the bus-only lanes **be** introduced.　　그 시의회는 버스전용차선을 도입할 것을 제의했다. ···→ 버스전용차선의 도입이 당연하다는 생각

▶ 반드시 그래야 한다는 느낌일 땐 must, 반드시 그랬을 거라고 확신할 땐 must have p.p.

You **must** not violate copyright laws.　　저작권법은 위반하면 안 된다. ···→ 강제성

If she's mad at you, you **must have done** something wrong.　　그 애가 너한테 화가 나 있다면 네가 뭔가 잘못한 게 틀림없어.

30

will, would

주어의 의지를 따져볼 때

	현재		과거
will	① (주어의 의지와 상관없이) 그렇게 될 거야 ② (주어의 의지 때문에) 그렇게 될 거야	would	① will의 과거형 (시제 일치) ② 과거에 그러곤 했어 (실제 사실)
would	(실제 없었던 추측) ~겠다, ~일걸	would have p.p.	(실제 없었던 과거 일에 대해 추측) ~였을 텐데

▶ will은 주어의 의지로, 또는 의지와 상관없이 일어나는 일에 쓴다.

She's 19. She **will** be 20 next year. 　　그 여자애는 지금 19살이야. 내년이면 20살이지. ┈▶ She의 의지와 무관

Children **will** sit for hours watching TV. 　　애들은 몇 시간이고 앉아 TV를 보려고 하지. ┈▶ Children의 의지

▶ would는 시제를 일치시킬 때와 실제 일어나지 않은 일을 추측할 때 쓴다.

She said she **would** bring her sunscreen and a hat. 　　그녀는 썬크림과 모자를 가져오겠다고 말했다.
　　　　　　　　　　　　　　　　　　　　　　　┈▶ 시제 일치로 쓴 will의 과거형

I **would** rather die than marry him. 　　그와 결혼하느니 차라리 죽고 말지.

She **would** do anything to look younger. 　　그 여자 더 어려 보이려고 무슨 짓이든 할걸.
　　　　　　┈▶ 실제 그렇게 하고 있다는 게 아니라 그런 의지로 행동할 거라고 추측해 본 것

▶ 과거에 없었던 일에 대해 추측할 땐 would have p.p.

Ben was wearing a green suit. He **would have looked** better in a black suit.
　　　　　　　　　　벤은 녹색 정장을 입고 있었다. 검정색 정장을 입었으면 더 멋있었을 텐데.

I didn't know she was such a terrible driver. Otherwise, I **wouldn't have let** her drive
my car. 　　난 걔가 그렇게 운전 못하는지 몰랐어. 안 그랬으면(알았다면) 내 차 운전 안 맡겼을걸.

31

조동사 효과 내는 to부정사 표현

때로는 to부정사도 조동사 역할을 한다

used to	(과거에) ~하곤 했는데… (지금은 아니야)	be required to	꼭 ~해야 한다 (must)
have to / need to	~해야 한다	be supposed to	~해야 한다 (should)
don't have to / don't need to	반드시 ~해야 하는 건 아니다	be allowed to	~해도 된다 (may)

▶ used to: 과거에 ~하곤 했다

We **used to** go to the beach every summer.

우린 여름마다 바닷가에 가곤 했지.

He **never used to** drink coffee, but now he drinks at least two cups a day.

갠 예전엔 커피를 마시지 않았는데 지금은 하루에 적어도 두 잔은 마셔.

She **didn't use(d) to** worry about weight but now she weighs herself every day.

갠 예전엔 체중 걱정을 안 했는데 지금은 매일 몸무게를 재.

▶ have to, need to: ~해야 한다

To understand the movie, you **have[need] to** see it several times.

그 영화 이해하려면 여러 번 봐야 해.

We **had to** postpone the meeting.

우리는 회의를 연기해야 했다.

We **will have[need] to** reconsider the decision.

우리는 그 결정을 재고해야 할 것이다.

▶ be required to, be supposed to, be allowed to: 꼭 ~해야 한다, ~해야 한다, ~해도 된다

All of us **are required to** pay tax on our income.

우리 모두 소득에 대해 의무적으로 세금을 내야 한다.

You**'re supposed to** have your ID card at all times.

항상 신분증을 휴대해야 한다.

You**'re allowed to** comment on my blog.

제 블로그에 덧글을 달아도 됩니다.

32

if와 whether

조건 달고 말할 때

▶ if의 기본 의미는 '만약 ~라면'

If he said so, he was lying.

개가 그렇게 말했다면 거짓말하고 있었던 거야.

If it **rains** tomorrow, I'll just stay home and surf the Internet.

내일 비 오면 집에서 인터넷이나 할래. ····· 내일 일이지만 현재시제

If you **will** not listen to me, why should I listen to you?

네가 내 말을 안 들으려 하는데 내가 왜 네 말을 들어야 해? ····· 안 듣겠다는 주어의 의지

▶ if절이 목적어로 쓰였을 땐 '~인지 아닌지(를)'

Can anyone tell me **if** this is a virus?

이거 바이러스인지 아닌지 가르쳐 줄 수 있는 사람? ····· tell의 목적어

Please show me **if** I'm wrong.

제가 잘못하고 있는 건지 알려 주세요. ····· show의 목적어

The interviewers may ask you **if** you **will** take the job **if** you **are** offered it.

면접관들은 네게 일자리를 주겠다고 하면 네가 맡을 건지 물어볼지도 몰라. ····· 밑줄 친 부분은 ask의 목적어로
모두 미래의 일이지만, 첫 번째 if는 '~인지 아닌지'이니까 미래시제, 두 번째 if는 '만약 ~라면'이니까 현재시제

▶ whether ~ (or not)은 '~인지 아닌지/ ~든 아니든'

They will meet to decide **whether** they will go on strike **(or not)**.

그들은 파업에 들어갈지 말지를 결정하기 위해 만날 것이다.

Whether he will play the entire 45 minutes will be decided tomorrow.

그가 45분 내내 뛰게 될지 여부는 내일 결정될 거다. ····· whether절이 명사 역할: 주어

How do I know **whether** I qualify?

내가 자격이 되는지 어떻게 알죠? ····· whether절이 명사 역할: 목적어

My question is **whether** it's true.

내 질문은 그게 사실이냐 아니냐다. ····· whether절이 명사 역할: 보어

Whether it's true **or not**, I trust him.

그게 사실이든 아니든 난 그를 믿는다.

····· '~든 아니든'이란 의미의 부사절로 쓰일 땐 or not을 생략하지 않음

33 직설법과 가정법
사실 그대로냐, 아니냐의 차이

▶ 사실 그대로 말하면 직설법, 사실과 반대인 상황을 가정하며 말하면 가정법

I can't get a refund because I don't have the receipt.　영수증이 없어서 환불 못 받아. ···▶ 직설법

If I had the receipt, I could get a refund.　영수증이 있다면 환불받을 수 있을 텐데! ···▶ 가정법

I couldn't get the call because I left my phone at home.　핸드폰을 집에 두고 와서 그 전화 못 받았어.
···▶ 직설법

If I hadn't left my phone at home, I could have gotten the call.
핸드폰을 집에 두고 오지 않았다면 그 전화 받을 수 있었을 텐데! ···▶ 가정법

▶ 가정법은 직설법보다 시제가 한 단계씩 과거로 당겨진다. (현재 ➡ 과거, 과거 ➡ 과거완료)

▶ 가정법 주절에는 과거형 조동사 would, could, might, should가 온다.

If I **were** you, I **would**n't do that.　내가 너라면 그렇게 안 할걸. ···▶ 현실: I'm not you.

If Michael Jackson **were** alive, what **would** he be doing?　마이클 잭슨이 살아 있다면 뭘 하고 있을까?
···▶ 현실: Michael Jackson is not alive.

If I **had known** about this, I **could have saved** a lot of time.
이것에 대해 알았다면 시간을 많이 절약할 수 있었을 텐데. ···▶ 현실: I didn't know about it.

If she **had listened** to my advice, she **might have made** fewer mistakes.
그녀가 내 충고를 귀담아 들었다면 실수를 덜 했을지도 모르는데. ···▶ 현실: She didn't pay enough attention.

If they **had been given** any support, they **should have won** the game.
그들이 지원을 받았다면 경기에서 당연히 이겼을 텐데. ···▶ 현실: They were not given any support.

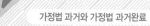
34

가정법 과거와 가정법 과거완료

현재, 아니면 과거에 없었던 가짜 상황

가정법 과거	■ 현재 사실의 반대 상황을 가정할 때 ■ 만약 ~라면, ~일 텐데 ■ If + 주어 + 과거 동사 ~, 주어 + 과거형 조동사(would/could/should/might) + 동사원형
가정법 과거완료	■ 과거 사실의 반대 상황을 가정할 때 ■ 만약 ~했다면, ~했을 텐데 ■ If + 주어 + had p.p. ~, 주어 + 과거형 조동사(would/could/should/might) + have p.p.
혼합 가정법	■ 과거에 없던 일을 가정해 보고 그 경우 현재 어떨지 상상해 볼 때 ■ 그때 ~했다면, 지금쯤 ~할 텐데 ■ If + 주어 + had p.p. ~, 주어 + 과거형 조동사(would/could/should/might) + 동사원형

If I **were** the boss, I **would give** everyone a pay raise.

내가 사장이면 모두에게 월급을 올려 줄 텐데. ···› 실제론 지금 사장이 아니라 불가능

If I **were** a man, I **should be** in love with her.　내가 남자라면 당연히 그녀와 사랑에 빠져 있을 거다.

···› 실제론 I가 여자, 그만큼 her가 같은 여자가 보기에도 매력적이란 뜻

If I **lived** in another country, I **might have** a different opinion.

내가 다른 나라에 살고 있다면 생각이 다를지도 몰라. ···› 실제가 아니라 추측만 해본 것

If I **hadn't stayed** up late, I **wouldn't have slept** through the classes.

늦게까지 안 자고 있만 않았어도 수업 내내 졸지는 않았을 텐데. ···› 실제론 밤늦게까지 안 자서 수업 내내 졸았음.

If I **hadn't forgotten** the camera, I **could have taken** more pictures.

카메라를 깜박하지 않았더라면 사진을 더 많이 찍을 수 있었을 텐데. ···› 실제론 깜박 잊고 가서 많이 못 찍었음.

If he **had done** anything wrong, he **should have been punished**.

그가 뭐든 잘못을 했었다면 당연히 처벌받았을 텐데. ···› 실제론 잘못을 안 해서 처벌받지 않았음.

If I **hadn't met** him then, my life **would be** empty now.

그때 그이를 못 만났다면 지금 내 인생은 허무할 거야. ···› 실제론 만났고 그래서 지금 허무하지 않다는 얘기

If he **hadn't been** elected, things **might be** different now.

그가 선출되지 않았다면 지금 세상은 다른 모습일지도 몰라.

35

가정법의 다양한 형식

if의 기본 형식에 반기를 들다

▶ 가능성이 희박하다고 느끼는 일을 가정할 땐 If ~ were to, If ~ should

If the world **were to** end tomorrow, how **would** you spend your remaining time?

내일 세상이 종말을 맞는다면 남은 시간을 어떻게 보낼래? ···▸ 설마 그럴 일은 없을 거란 가정으로 말한 경우

My aunt is very healthy. **If** she **should** die, I'**d** be really sad.

숙모는 아주 건강하셔. 혹시라도 돌아가신다면 난 정말 슬플 거야. ···▸ 그럴 리 없다는 생각에서 주절에 would

If I **should** hear from him, I **will** let you know.

혹시 걔한테서 소식 듣게 되면 알려 줄게. ···▸ 가능성이 그렇게 없진 않다고 보고 주절에 will

▶ if절의 주어와 동사가 도치될 때 if가 생략된다.

My boss would have fired me **had I been** late again.

내가 또 지각했다면 사장이 날 해고했을 거야. ···▸ ~, if I had been late again.

Don't hesitate to contact us **should you have** any question(s).

혹시 궁금한 점 있으시면 주저 마시고 언제든 연락 주세요. ···▸ ~, if you should have any question(s).

I would vote for him **were he to** run again.

그가 다시 출마한다면 그를 뽑을 거야.

···▸ ~, if he were to run again.

▶ if 없이 과거형 조동사만으로도 가정법을 만들 수 있다.

Am I conservative? You **could** say so.

내가 보수적이라고? 그렇게 말할 수도 있겠지. (네가 그렇게 말하겠다면)

That's strange. He **should** be here by now.

그거 이상하네. 걔 지금쯤 여기 왔어야 하는데. (제때 출발했다면)

You **might** think I'm foolish.

넌 내가 바보 같다고 생각하겠지. (네가 나 하는 짓을 보면)

36 가정법 응용 표현
if절을 대신해 활약하는 가정법 표현

▶ 가정법 응용 표현: I wish ~, If only ~ (~라면 얼마나 좋을까!)

I wish the world <u>were</u> filled with people like you.

세상이 너 같은 사람들로 가득하면 좋을 텐데.

···→ 현재에 대한 아쉬움

I wish the government <u>had reacted</u> differently.

정부가 다르게 대응했다면 좋았을 텐데.

···→ 과거 일에 대한 아쉬움

If only you <u>were</u> here!

네가 여기 있다면!

If only I <u>had known</u> it then!

내가 그때 그걸 알고 있었더라면!

▶ 가정법과 단순 조건문 모두에 쓸 수 있는 표현

What if ~? 만약 ~라면 어떻게 될까/됐을까?	as if[as though] ~ 마치 ~인 것처럼
even if ~ 아무리 ~라도	With ~ ~가 있다면 / Without ~ ~가 없다면
Otherwise ~ ~가 아니라면	

What if I <u>were</u> dead?

내가 죽었다면 어떨까? ···→ 현실이 아닌 일을 상상해 본 가정법

What if I'<u>m</u> wrong?

내가 틀린 거면? ···→ 가능성이 충분하다고 본 단순 조건문

I wouldn't have changed my mind **even if** he <u>had begged</u> me.

난 그가 싹싹 빌어도 마음을 바꾸지 않았을 거다. ···→ 가정

Even if he <u>survives</u>, he'll never fully recover.

그가 살아난다 해도 완전히 회복되진 못할 거다.

···→ 생존 가능성이 없는 건 아니라고 생각해 가정하지 않음.

Your nose must be stuffed up; **otherwise** you <u>wouldn't want</u> to kiss him.

너 코 막힌 게 틀림없어. 안 그럼 걔랑 키스하고 싶진 않을 텐데. ···→ 가정

Make sure you bring your passport; **otherwise** you <u>won't</u> be allowed to leave the country.

여권 꼭 가져와. 안 그럼 출국 못해. ···→ 단순 조건

37

셀 수 있는 명사, 셀 수 없는 명사

셀 수 있는 명사인지부터 확인하자

▶ 명사는 셀 수 있는 명사와 셀 수 없는 명사로 나뉜다

셀 수 있는 명사	■ **보통명사**: 형체가 있어 하나, 둘 셀 수 있는 명사 (phone, card, apple, ...) ■ **집합명사**: 단체/집합을 가리키는 말로, 그 집합을 하나의 덩어리로 생각하면 단수 취급, 개별 구성원들로 보면 복수 취급 (class, team, committee, ...) The **committee** <u>is</u> a small group of experts. <small>위원회는 전문가들로 이뤄진 작은 집단이다.</small> The **committee** <u>are</u> happy with the result. <small>위원회는 결과에 즐거워하고 있다.</small>
셀 수 없는 명사	■ **물질명사**: 액체나 기체처럼 형체가 일정치 않은 물질이라 센다는 게 불가능한 명사 (air, sugar, water, ...) ■ **추상명사**: 머릿속에 존재하는 추상적인 개념이라 형체도 없고 센다는 것도 불가능한 명사 (happiness, peace, education, ...) ■ **고유명사**: 세상에 하나뿐인 고유한 이름이라 센다는 것 자체가 무의미한 명사 (Korea, Barack Obama, Paris, ...)

① **셀 수 있는 명사**: 단/복수형으로 모두 쓸 수 있으며, 명사의 수에 따라 동사를 일치시키면 된다.

> a(n)/the + 셀 수 있는 명사의 단수형 + 동사 (주어 단수 취급)
>
> (the) + 셀 수 있는 명사의 복수형 + 동사 (주어 복수 취급)

Many people are not sure what to do when **a credit card is** lost or stolen.

<small>많은 사람들은 신용카드를 분실, 혹은 도난당했을 때 어떻게 해야 하는지 잘 모른다.</small>

The battery is dead.

<small>배터리가 나갔어.</small>

Some batteries have a longer life than others.

<small>어떤 배터리들은 다른 배터리들보다 수명이 길다.</small>

② **셀 수 없는 명사**: a(n)은 쓸 수 없으며, 늘 단수형으로 쓰고, 동사 역시 단수형으로 쓴다.

> (the) + 셀 수 없는 명사의 단수형 + 동사 (주어 단수 취급)

Education is the best investment.

<small>교육은 가장 좋은 투자다.</small>

▶ 셀 수 없는 명사는 상황과 문맥에 따라 셀 수 있는 명사처럼 쓸 수 있다.

Is dark **chocolate** good for your health?　　　　다크 초콜릿이 몸에 좋아? ⋯▸ 초콜릿이라는 막연한 덩어리

I've had many different dark **chocolates**. 다크 초콜릿 이것저것 많이 먹어 봤어. ⋯▸ 낱개 포장된 초콜릿 제품 여러 개

Friendship lasts longer than love.　　　　　　우정은 사랑보다 오래 간다. ⋯▸ 추상적 개념

There are many kinds of **friendships**.　　　　　　우정엔 여러 종류가 있다.
　　　　　　　　　　　　　⋯▸ 이성간, 국가간 우정 등 여러 종류의 우정이 있다고 생각

▶ 셀 수 있을 것 같은데 못 세는 명사들
① 형체가 없는 정보 (단수 취급)

　　　news 소식, 뉴스　　　information 정보　　　advice 조언, 충고　　　evidence 증거

More **information** is available at his website.　　　더 많은 정보는 그의 홈페이지에서 얻을 수 있어.
　　　　　　　　　　　　　　　　　⋯▸ an information처럼 세지 못함.

Can I give you a piece of **advice**?　　　　　　　　충고 하나 해줄까?
　　　　　　　⋯▸ 셀 수 있는 명사처럼 쓰려면 a piece of처럼 단위를 표현하는 다른 말을 붙여 씀.

Do you have **evidence** that there is no god?　　　신이 없다는 증거 있어?
　　　⋯▸ an evidence로 쓰지 않음. 셀 수 있는 명사와 셀 수 없는 명사 모두에 쓸 수 있는 a lot of는 가능
　　(예: We have a lot of evidence to support his theory. 우리에겐 그의 이론을 뒷받침할 증거가 많다.)

② 여러 개를 한꺼번에 싸잡아 말하기 때문에 전체로 봐서는 형체를 가릴 수 없는 경우 (단수 취급)

　　luggage/baggage 짐, 수화물　　　equipment 장비, 설비　　　machinery 기계류
　　furniture 가구　　　　　　　　　clothing 의류

Did you bring **luggage**?　　　　　　　　너 짐 가져왔어? ⋯▸ 짐이 한 개라도 a luggage로 안 씀.

I don't need a lot of **furniture**.　　　　　　가구는 많이 필요하지 않아.

Bike riders must wear protective **clothing**.　　자전거 타는 사람들은 보호복을 입어야 한다.

38 대명사
명사의 자리를 대신하다

▶ 대명사는 명사를 대신해서 쓰며 격에 따라 다른 형태를 띤다.

		주격 (주어 자리)	소유격 (명사 앞)	목적격 (동사/전치사의 목적어)	소유대명사 (주어, 목적어, 보어 자리)	재귀대명사 (목적어, 보어 자리)
1인칭 (말하는 사람)	단수	I	my	me	mine	myself
	복수	we	our	us	ours	ourselves
2인칭 (듣는 상대방)	단수	you	your	you	yours	yourself
	복수	you	your	you	yours	yourselves
3인칭 (말하는 사람과 상대방을 제외한 나머지 모두)	단수 남	he	his	him	his	himself
	단수 여	she	her	her	hers	herself
	단수 중성	it	its	it	*	itself
	복수	they	their	them	theirs	themselves
의문대명사		who	whose	whom	whose	*

▶ 대명사도 명사처럼 주어, 목적어, 보어 역할을 한다.

It happened early in the morning. 　그 일은 이른 아침에 일어났다. ⋯ 주어

We didn't expect **it** to happen. 　우리는 그 일이 일어날 줄은 예상 못했다. ⋯ 동사의 목적어

That's **it** for today. 　오늘은 여기까지. ⋯ 보어

▶ 주어가 한 행동의 목적어가 주어 자신일 땐 재귀대명사를 쓴다.

I asked **myself** this question. 　난 내 자신에게 이 질문을 던졌다. ⋯ 주어가 자신에게 한 행동

I did it (**myself**). 그거 내가 (직접) 했어. ⋯ 강조를 위해 쓸 땐 생략 가능. myself를 생략해도 내가 했다는 사실 자체는 달라지지 않음.

▶ 막연히 명사 하나를 가리킬 땐 one을 쓴다.

If you don't have a pressure cooker, you should get **one**. 　압력솥 없으면 하나 구해 놔.

⋯ 압력솥 중에서 막연히 하나(one = a pressure cooker)

39

관사 a와 the

상대방이 아는/모르는 것을 가리킬 때

▶ 상대방이 알아들을 것 같으면 **the**, 못 알아들을 것 같으면 **a**를 쓴다.

① 방금 전까지 다른 주제로 대화 중이었던 A와 B

A What did you do yesterday?   어제 뭐 했어?

B I saw **a** movie.   영화 봤어. ('무슨 영화인지 모를 테니 a movie라고 하자.')

A Really? What was it about?   정말? 무슨 내용이었는데? (⋯ 소통 성공!)

② C에게 영화표를 사 주고 까맣게 잊은 D의 대화

D What did you do yesterday?   어제 뭐 했어?

C I saw **the** movie.   그 영화 봤지. ('자기가 표까지 사 줬는데 알아듣겠지.')

D What movie?   뭔 영화? (⋯ 소통 실패!)

▶ 〈a + 단수〉와 〈무관사 + 복수〉가 일반적인 전체를 의미할 수 있다.

I saw **a** movie.   나 영화 한 편 봤어. ⋯ 상대방은 모를 어떤 영화 한 편

I like **movie**s.   난 영화를 좋아해. ⋯ 영화 '전체'

A movie was being filmed on the street.   거리에서 영화를 찍고 있었다. ⋯ 어떤 한 영화

A movie is a series of images.   영화란 영상이 연속적으로 이어진 것이다. ⋯ 모든 영화에 해당

I like **action movies**.   난 액션영화를 좋아해. ⋯ 일반적인 액션영화

Here's the list of **the action movies** made in the 1990s.

이거 1990년대에 만들어진 액션 영화들 목록이야. ⋯ 90년대 액션영화로 범위가 좁혀짐.

40 some, any, no

명사의 막연한 수량을 나타낼 때

▶ some은 딱히 정해지지 않은 수량에 대해 '있다'는 긍정의 의미로 쓰는 말

I have **some** questions. 물어볼 게 있는데요.

Some water <u>is</u> too polluted to use. 어떤 물은 너무 오염돼 사용할 수 없다.
⋯→ 〈some + 명사〉가 주어일 땐 동사를 명사의 수에 맞춤.

Some concepts <u>are</u> too difficult to explain. 어떤 개념들은 너무 어려워 설명할 수 없다.

I've just made some fresh coffee. Would you like **some?** 금방 커피 새로 끓였는데 좀 마실래?
⋯→ 대명사로도 쓰임. (some = some coffee)

▶ any는 some에 비해 '조금이라도 있는 건지' 의심을 품고 쓰는 말

Do you have **any** question(s)? 혹시 질문 있어요? ⋯→ 질문이 없을지도 모른다고 생각함.

We don't have **any** reason to believe that he did it on purpose. 우리는 그가 일부러 그랬다고
믿을 이유가 전혀 없다. ⋯→ not + any: 조금도 없다

Any idea is welcome. 어떤 아이디어든 환영합니다.

▶ no는 아예 없다고 부정하는 말

There's **no** excuse for such behavior. 그런 행동에는 변명의 여지가 없어.

I do*n't* see *no* problem. (×)

→ I see **no** problem. / I do**n't** see **any** problem. 내가 보기엔 문제 없는데.

Nothing <u>is</u> going to stop us. 우리는 아무도 못 말려. ⋯→ nothing은 단수 취급

None of the news <u>is</u> good. 뉴스 중 좋은 게 하나도 없군. ⋯→ 셀 수 없는 명사나 단수 명사를 가리킬 땐 단수 취급

None of my friends <u>is/are</u> interested in these kinds of things. 내 친구 중 이런 것들에 관심 있는 애들은 없어. ⋯→ 복수 명사를 가리킬 땐 단/복수 모두 가능

41 명사의 범위를 구체적으로 가리킬 때

other, the other, another와 both, either, neither

other	■ (막연히) 다른 ~ ■ + 단/복수 명사	both	■ 둘 다 ■ + 복수 명사, 복수 취급
the other	■ (범위가 정해진) 다른 ~ ■ + 단/복수 명사	either	■ 어느 쪽이든 하나 ■ + 단수 명사, 단수 취급
another	■ (같은 종류로) 하나 더 ■ a나 the가 붙지 못함.	neither	■ 둘 다 아닐 때 ■ + 단수 명사, 단수 취급

He's different from **other** guys in a good way.

개는 다른 남자들과는 좋은 의미에서 달라.

⋯→ 막연히 '일반적인 다른 남자들'

He's not like the **other** guys at my school.

개는 우리 학교 다른 남자애들과는 달라.

⋯→ '학교에 있는 남자들'로 범위가 정해짐.

I wonder what **other** <u>people</u> <u>think</u> of me.

다른 사람들이 날 어떻게 생각하는지 궁금해.

⋯→ people이 복수, think도 복수 취급

I recently had an accident. **The other** <u>driver</u> <u>was</u> 100% at fault.

나 얼마 전에 차 사고 났어. 100% 상대편 운전자 잘못이었지.

Can I have **another** glass of wine?

와인 한 잔 더 마셔도 되나요?

Buy one and get **another** free.

하나 사시고 공짜로 하나 더 얻어 가세요.

Both rooms are occupied.

두 방 모두 찼다.

You can choose **either** room.

둘 중 어느 방이든 하나 고르면 돼.

Neither room was very clean.

두 방 모두 별로 깨끗하지 않았다.

Can **both** of you speak Chinese?

너네 둘 다 중국어 하니?

Can **either** of you speak Chinese?

너네 둘 중 중국어 할 수 있는 사람?

Can **neither** of you speak Chinese?

너네 둘 다 중국어 못해?

42

many와 much, few와 little

많은지 적은지, 명사의 수량을 알려 줄 때

셀 수 있는 명사에만	many 수가 많을 때, several 몇몇, a few 적지만 몇몇, few 거의 없을 때, a number of 수가 많을 때 + 셀 수 있는 명사 복수형
셀 수 없는 명사에만	much 양이 많을 때, a little 적지만 조금 있을 때, little 거의 없을 때, an/the amount of ~의 양 + 셀 수 없는 명사 단수형
둘 다	a lot of 많은, lots of 많은, plenty of 많은

Many politicians <u>have</u> disappointed us.
많은 정치인들이 우리를 실망시켰다.

Much attention <u>has</u> been paid to global warming.
지구온난화에 지금껏 많은 관심이 쏟아졌다.

She has **lots of friends** living in LA.
그녀는 LA에 사는 친구가 많다.

He has lost **lots of money** in the stock market.
그는 주식시장에서 많은 돈을 잃었다.

Like the marines, we need **a few** good **men**.
우리도 해병대처럼 소수 정예여야 해.

I need **a little help** with something.
나 도움이 조금 필요한데.

There are **few** Italian **restaurants** around here.
이 근처엔 이탈리아 음식점이 거의 없다.

We have **little time** and lots to do.
시간은 별로 없고 할 일은 많다. ⋯ lots는 명사

Few believe he's innocent.
그가 무죄라고 믿는 사람은 거의 없다.

Little has been said about his family.
그의 가족에 대해 나온 말은 별로 없다.

I've been to the bar **several** times.
그 술집 몇 번 가봤어.

A number of companies <u>are</u> investing in China.
많은 기업들이 중국에 투자하고 있다.

Only **a** small **number of them** <u>get</u> admission.
그들 중 적은 수만이 입학 허가를 받는다.

A large amount of money is spent on advertising.
광고에 거액이 지출되고 있다.

High blood pressure can be reduced with only **a small amount of** exercise.
고혈압은 약간의 운동만으로도 낮출 수 있다.

43
all, most & every, each
전부냐, 대부분이냐, 각각이냐

▶ all, most는 셀 수 있는 명사인지 여부에 상관없이 쓰되, 동사는 명사의 수에 맞춘다.

The hotel has 30 rooms. **All rooms** <u>are</u> available.　　　그 호텔은 객실이 30개다. 모든 방이 이용 가능하다.

Most furniture <u>is</u> made from natural wood.　　　대부분의 가구가 원목으로 만들어졌다.

All are air-conditioned.　　　모두 냉방이 된다.

<u>**Most**</u> restaurants are open on Friday.　　　대부분의 음식점은 금요일에 영업을 한다.
　　　⋯▸ 일반적인 음식점들 대부분을 가리킴.

<u>**Most of the**</u> restaurants in this city are open until midnight.
　　　이 도시에 있는 음식점 대부분이 자정까지 영업한다. ⋯▸ 이 도시에 있는 음식점들 중 대부분

▶ 전체를 한 덩어리로 보고 말할 땐 all, 낱개를 염두에 두고 말할 땐 every, each

All rooms are air-conditioned.　　　전 객실이 냉방이 된다.

Every <u>room</u> is air-conditioned.　　　모든 객실이 냉방이 된다. (객실마다 냉방이 된다.) ⋯▸ every + 단수 명사

Each <u>room</u> is air-conditioned.　　　각 객실은 냉방이 된다. ⋯▸ each + 단수 명사

The hotel has 30 rooms. **Each** has a balcony.　　　그 호텔은 방이 30개 있다. 각 방에는 발코니가 있다.

The hotel has 30 rooms. *Every* has a balcony. (×)　　　⋯▸ every는 대명사로 쓸 수 없음.

The hotel has 30 rooms. **Every** <u>room</u> has a balcony.　　　그 호텔은 방이 30개 있다. 모든 방에 발코니가 있다.

▶ 전체에서 하나도 빠짐없이 '모두'를 말할 땐 every, '각 하나씩'을 말할 땐 each

Every conversation is recorded in this room.　　　이 방에서는 모든 대화가 녹음된다.

We **each** introduced ourselves.　　　우리는 각자 자기 소개를 했다. ⋯▸ each는 명사 뒤에 올 수 있음.

You'll get two tickets **each**.　　　한 사람당 표 두 장씩 받게 됩니다. ⋯▸ each는 문장 뒤에도 올 수 있음.

44

형용사

명사를 꾸미는 데는 최고!

▶ 형용사는 명사 앞이나 뒤에서 명사의 특징을 자세히 표현하기 위해 만든 말이다.

I read a **difficult** <u>book</u>.
난 어려운 책을 읽었어.

<u>The book</u> is **difficult** and **boring**.
그 책은 어렵고 따분해. ···→ be + 형용사

▶ 형용사에는 명사 앞에만 쓰는 형용사와 명사 뒤에만 쓰는 형용사도 있다.

① 명사 앞에서 수식만 할 수 있는 형용사

only 유일한   mere 그저 ~에 불과한   live 살아 있는, 녹화가 아닌

She was their **only** <u>child</u>.
그녀는 그들의 하나밖에 없는 자식이었다. (무남독녀 외동딸이었다.)

He's a **mere** <u>amateur</u>.
그는 그저 아마추어일 뿐이다.

We went to a **live** <u>concert</u>.
우린 라이브 콘서트에 갔다.

② 명사 뒤에서 서술만 할 수 있는 형용사

a-로 시작되는 형용사들 – afraid 두려운   alone 혼자인   aware 알고 있는   alive 살아 있는

<u>The girl</u> was **afraid** of dogs.
그 여자아이는 개를 무서워했다.

Are <u>you</u> **aware** of the dangers from second-hand smoke?
간접흡연의 위험을 알고 있어?

Bring <u>him</u> **alive**.
그를 산 채로 데려와.

▶ 형용사에 해당하는 다른 어구도 명사 앞뒤에 쓸 수 있다.

This is an absolutely **exciting** <u>game</u>.
이건 완전 흥미진진한 게임이야. ···→ 분사

Would you like <u>something</u> **to drink**?
마실 것 좀 드릴까요? ···→ to부정사

It's <u>a book</u> **for every girl with an independent spirit**.
그건 독립심 강한 모든 소녀들을 위한 책이다.
···→ 형용사구

관계대명사

명사를 꾸미는 형용사절을 만들 때

▶ 관계대명사는 명사 뒤에 그 명사를 꾸밀 형용사절(주어 + 동사)이 나올 거라고 힌트를 주는 말이다.

He was sitting on a sofa **which** looked like a box. 　　　그는 상자처럼 생긴 소파에 앉아 있었다.

She was eating something **that** smelled like curry. 　　　그녀는 뭔가 카레 냄새 같은 게 나는 걸 먹고 있었다.

▶ 관계대명사는 〈주어 + 동사〉인 형용사절 맨 앞에 온다.

I met a guy <u>who likes to cook</u>. 　　　나 어떤 남자를 만났는데 그 사람은 요리하길 좋아해.

She has a small dog <u>which looks like a toy</u>. 　　　그녀는 자그마한 개를 키우는데 그 개는 장난감 같이 생겼어.

Her ex-boyfriend <u>who liked to cook for guests</u> was handsome.

　　　손님들에게 요리해 주기를 좋아하던 그녀의 옛 남자친구는 미남이었다.

▶ 관계대명사에는 주격, 목적격, 소유격이 있고, 사람/사물을 구별해 쓴다.

	주격	목적격	소유격
사람, 의인화한 사물	who, that	who/whom, that	whose
사물	which, that	which, that	whose
사람 + 사물	that	that	whose

<u>Anyone</u> **who** can sing is welcome. 　　　노래할 수 있는 사람이면 누구든 환영입니다.

I read <u>the email</u> **which** came this morning. 　　　오늘 아침에 온 이메일을 읽었어.

Tell me about <u>people and things</u> **that** are important to you.

　　　자네한테 중요한 사람과 물건에 대해 말해 보게.

A widow is <u>a woman</u> **whose** husband is dead. 　　　미망인이란 남편이 죽은 여자를 말한다.

46 주격/목적격/소유격 관계대명사

관계대명사에도 격이 있다

▶ 관계대명사는 선행사가 관계사절에서 맡은 역할에 따라 주격, 목적격, 소유격을 쓴다.

I have a friend **who** likes to take selfies.

셀카 찍는 걸 좋아하는 친구가 한 명 있어.

⋯➔ 주격, a friend가 3인칭 단수니까 likes

The pictures **which** were taken yesterday are deleted.

어제 찍은 사진들이 지워졌어.

⋯➔ the pictures가 복수니까 were

Paul is dating **a girl that/who(m)** he met at work.

폴이 일하면서 만난 여자랑 사귀고 있어. ⋯➔ 목적격

The book is for **children whose age** is between 5 and 7.

그 책은 5~7세인 어린이용이다.

⋯➔ 소유격, whose age가 관계사절에서 주어에 해당. 이때 동사는 whose 뒤에 오는 명사의 수에 맞춤.

They were beaten by **a man whose face** they were unable to see.

걔네들 웬 남자한테 맞았는데 그 사람 얼굴을 보지는 못했대. ⋯➔ whose face가 see의 목적어에 해당

▶ 〈주격 관계대명사 + be동사〉와 목적격 관계대명사는 생략할 수 있다.

The photos **(which were)** taken long ago have faded.

오래 전에 찍은 사진들이 바랬다.

I asked a man **(who was)** standing near me for directions to the subway station.

나는 가까이 서 있던 남자에게 지하철역 가는 길을 물었다.

She works with a guy **(that)** she doesn't like.

그 여자는 맘에 안 드는 남자랑 같이 일한다.

⋯➔ 목적격 생략 가능

She works with a guy **(who)** smokes a lot. (×)

그 여자는 골초랑 같이 일한다.

⋯➔ who를 생략하면 smokes의 주어가 확실치 않기 때문에 주격은 생략 불가

You are the best friend I've ever had.

넌 내 평생 가장 좋은 친구야. ⋯➔ the best friend 뒤에 that 생략

Did you get the text message I sent to you?

내가 보낸 문자 메시지 받았어?

⋯➔ the text message 뒤에 that 생략

47

전치사 + 관계대명사

관계대명사 앞에 전치사가 올 때

▶ 목적격 관계대명사라도 전치사가 앞에 붙으면 생략할 수 없다.

This is the school **in which** I spent three years of my life.

이곳은 내 인생에서 3년이란 시간을 보냈던 학교야. ⋯ in the school → in which

This is the bed **on which** I sleep.

이건 내가 자는 침대야. ⋯ on the bed → on which

He left the village **in which** he had lived most of his life.

그는 거의 평생을 살아 온 마을을 떠났다.

⋯ in the village → in which

▶ 관계대명사 that 앞에는 전치사를 쓰지 않는다.

This is the school *in that* I spent three years of my life. (×)

This is the bed *on that* I sleep. (×)

▶ most of whom, some of which처럼 전치사 앞에 다른 말이 붙는 경우, 관계대명사는 앞 뒤를 연결하는 접속사처럼, most, some 같은 말은 주어처럼 생각하고 순서대로 읽어 나간다.

The company has a lot of **foreigners**. **Most of them** are from Pakistan.

→ The company has a lot of foreigners, **most of whom** are from Pakistan.

그 회사에는 외국인이 많은데 대부분이 파키스탄 사람이다. ⋯ most of whom이 통째로 관계사절의 주어 역할

There were **many people** in the bar. I knew **some of them** from work.

→ There were many people in the bar, **some of whom** I knew from work.

술집에 사람들이 많았는데 그들 중 몇몇은 내가 업무상 아는 사람들이었다. ⋯ some of whom이 통째로 knew의 목적어 역할

I went to see **a movie**. I forgot **the title of it**.

→ I went to see a movie, **the title of which** I forgot.

나는 영화를 보러 갔는데 제목이 생각나지 않았다.

⋯ the title of which가 통째로 forgot의 목적어 역할

48 관계대명사의 제한적 용법과 계속적 용법

which를 써야 하나, that을 써야 하나

▶ 관계사절 앞에 쉼표가 없을 경우, 선행사를 관계사절의 의미로만 한정한다.

▶ 관계사절 앞에 쉼표가 있을 경우, 관계사절은 앞 내용과 관련된 새로운 문장의 시작으로 생각한다.

He had a daughter who became a lawyer. 　　　그는 변호사가 된 딸이 한 명 있어.

⋯▸ a daughter를 '변호사가 된 딸 한 명'이란 뜻으로 제한함. (제한적 용법)

He had a daughter, who became a lawyer. 　　　그는 딸이 한 명 있는데 그 딸이 변호사가 됐어.

⋯▸ '딸이 한 명인데 그 딸이 변호사가 됐다'라고 서술해 a daughter에 대한 설명을 계속 이어나갈 수 있음. (계속적 용법)

▶ 관계사절이 꼭 있어야만 의미가 제대로 통할 땐 that을 쓴다.

Everything (that) he said was true. 　　　그가 말한 건 모두 사실이었어. ⋯▸ 세상 모든 게 아니라 '그가 말한' 모든

거니까 빠지면 안 돼서 that

Obama is the first black man that[who] became President of the United States of America. 　　　오바마는 미 합중국 대통령이 된 최초의 흑인이다. ⋯▸ 어떤 면에서 최초인지 중요해서 that[who]

This is basically the same idea (that) I said in my last email to you.

이건 기본적으로 내가 지난번 너한테 보낸 이메일에서 말한 거랑 같은 생각이야. ⋯▸ 뭐랑 똑같은지 설명이 필요하니까 that

All (that) you have to do is (to) download the files. 　　　넌 파일들만 다운 받으면 돼.

⋯▸ 그냥 all만으로는 막연하니까 구체적인 설명이 필요해서 that

▶ 관계대명사가 앞 절 전체를 가리킬 땐 〈쉼표(,) + which〉를 쓴다.

Grandpa ordered a pizza, **which** was a surprise to us.

할아버지가 피자를 주문하셨는데 그 사실이 우리에겐 놀라운 일이었어.

He will give a presentation, **which** explains why he had to stay up late last night.

그는 프레젠테이션을 할 거야. 그게 왜 그가 어젯밤 늦게까지 자지 못했는지 설명해 주지.

49

관계부사

시간, 장소, 방법, 이유를 나타내며 명사를 꾸미는 절

▶ 관계부사 = 전치사 + 관계대명사

I remember <u>the day</u> **in which** I met you.   널 만났던 날이 기억나.

→ I remember <u>the day</u> **when** I met you.   ⋯ 시간

I remember <u>the cafe</u> **where** I met you.   널 만났던 카페가 기억나. ⋯ 장소 (= in which)

→ I remember <u>the reason</u> **why** I met you.   ⋯ 이유 (= for which)

I remember <u>the way</u> **in which** I met you.   널 어떻게 만났는지 기억나. ⋯ 방법

→ I remember *the way how* I met you. (✕)   ⋯ 방법. how만은 the way how로 쓰지 않음.

→ I remember **the way (that)** I met you.   ⋯ that은 생략 가능

→ I remember **how** I met you.

- -

▶ 선행사와 관계부사 중 하나를 생략할 수 있다.

Do you remember **the place where** you parked?   어디에 주차했는지 기억나?

→ Do you remember **the place** you parked?   ⋯ 관계부사 where 생략

→ Do you remember **where** you parked?   ⋯ 선행사 the place 생략

I can't see **the reason** he has so many fans.   그가 왜 그리 팬이 많은지 이유를 모르겠어.

I can't see **why** he has so many fans.

- -

▶ 〈선행사 + 전치사 + 관계대명사〉일 땐 선행사를 생략할 수 없다.

I can't see **the reason for which** he has so many fans.

The Internet has changed **the way in which** we communicate.

인터넷은 우리가 의사소통하는 방식을 바꿔 났다.

50 의문사와 관계사

의문사의 기본 의미를 느껴 봐!

▶ 의문사가 이끄는 절은 명사, 부사, 형용사 역할을 할 수 있다.

Who you are doesn't matter to me.　　네가 누구인지?는 내게 중요하지 않아. ⋯▸ who 절이 명사 역할 (주어)

Give me a call **when** you arrive tomorrow.　　전화해, 언제? 내일 도착하면.

⋯▸ when절이 '언제' 전화하는지 알려 주는 부사 역할 (시간의 부사절)

This is the cafe **where** we met for the first time.　　여기가 그 카페야. 어디? 우리가 처음으로 만났던.

⋯▸ where절이 어떤 카페인지 알려 주는 형용사 역할 (관계사절)

▶ what은 〈선행사 + 관계대명사〉 역할을 한다.

I drank **what** was left in the bottle.　　나는 마셨다, 병에 남아 있던 것을.

= I drank the thing that was left in the bottle.

What is good for your health is usually good for your skin.　　건강에 좋은 건 대체로 피부에도 좋다.

⋯▸ 주어는 What is good for your health, 동사는 두 번째 is

= The thing that is good for your health is usually good for your skin.

▶ 〈의문사 + ever〉는 '~든지'라는 의미로, 뒤에 명사절이나 부사절이 온다.

Don't give out any information to **whoever** calls from this number.

누구든 이 번호로 전화를 걸어오면 아무 정보도 주지 마. ⋯▸ whoever는 calls의 주어. whoever절은 to의 목적어 (명사 역할)

You can pick **whichever** you want.　　어느 쪽이든 네가 원하는 걸 고르면 돼.

⋯▸ whichever는 want의 목적어. whichever절은 pick의 목적어 (명사 역할)

We will stand by him **whatever** happens.　　우리는 무슨 일이 있어도 그의 편이다.

⋯▸ whatever는 happens의 주어. whatever절은 어떤 식으로 stand by him하는지 꾸미는 부사 역할

= We will stand by him **no matter what** happens.

⋯▸ 부사 역할을 할 땐 〈no matter + 의문사〉로 바꿔 쓸 수 있음.

51

하지만 뭐?

▶ A but B(A, 그러나 B): B에서 반전이 이뤄지지만 A도 중요한 내용

▶ Though A, B(A이긴 하지만 B): B에서 반전, A는 B를 부각시키기 위한 들러리

▶ While A, B(A이긴 하지만 B): though와 같은 의미

I don't want to do this, **but** I have no choice.　　　이러고 싶진 않지만 선택의 여지가 없다. ⋯ 양쪽 다 중요

Though she was smiling, she was not happy.　　　그녀는 미소 짓고 있긴 했지만 기쁜 건 아니었다.

⋯ she was not happy가 더 중요

While she likes jazz, I prefer rock music.　　　그 여자는 재즈를 좋아하는 반면, 나는 록 음악을 선호한다.

▶ however, still, nevertheless: 의미로는 접속사지만 문법적으론 부사이므로 원칙적으로 A but B처럼 두 절의 연결은 불가능

Most people separate garbage for recycling. Some people, **however**, just throw it away.　　　대부분의 사람들이 재활용을 위해 쓰레기를 분리 수거한다. 그러나 그냥 갖다 버리는 사람들도 있다.

→ *However* some people just throw it away, most people separate garbage for recycling. (×)

We checked everything. **Still**, the machine didn't work.

우린 모든 걸 확인해 봤다. 그런데도 기계가 작동하지 않았다.

→ *Still* the machine didn't work, we checked everything. (×)

Their solution seemed very complicated. **Nevertheless**, we decided to give it a try.

그들이 내놓은 해결책은 매우 복잡해 보였다. 그럼에도 불구하고 우린 그걸 한번 시도해 보기로 했다.

→ *Nevertheless*, we decided to give it a try, their solution seemed very complicated. (×)

52

이유/원인의 접속사

무슨 이유로 왜?

▶ because: 왜냐하면

A lot of people prefer paying with a credit card **because** it is more convenient.

많은 사람들이 신용카드 결제를 선호한다. 그게 더 편리하니까.

▶ not B, because A: A 때문에 B가 아니다 (B가 아닌 이유 설명)

not B because A: A 때문에 B인 건 아니다 (A 말고 다른 이유가 있다)

He didn't join the army, **because** he got a back injury.　그는 허리를 다치는 바람에 입대하지 않았다.

He didn't join the army **because** he couldn't find a job.

그가 직장을 못 구했다는 이유로 입대한 건 아니었다.

▶ not A just because B: B란 이유만으로 A인 건 아니다 (A를 비롯해 다른 이유도 있다)

just because A doesn't mean B: 단순히 A라고 해서 (무조건) B를 의미하는 건 아니다

(관용표현)

Don't trust him **just because** you once knew him.　예전에 알았던 사이란 이유만으로 그를 믿지는 마.

Just because you once knew him **doesn't mean** you can trust him.

단순히 예전에 알았던 사이라고 해서 그를 믿어도 된다는 뜻은 아니야.

▶ since: 이유를 나타내는 절에 붙인다. 주절이 완료시제일 땐 '~이후로'란 뜻일 수도 있으므로 문맥을 보고 판단해야 한다.

Since you asked, I'll try to explain why.　네가 물었으니 이유를 설명해 볼게. ⋯▸ ~니까 (이유)

I can't argue, **since** I'm not an expert.　내가 전문가가 아니니 왈가왈부할 순 없지. ⋯▸ ~니까 (이유)

He has worked at the same place **since** he was 23.　그는 23살 이후로 죽 같은 곳에서 일해 왔다.

⋯▸ ~이후로

▶ for: and나 but처럼 대등한 두 절 사이에 붙인다.

She never gave up hope, **for** she knew that freedom would come.

그녀는 자유가 올 것임을 알고 있었기에 희망을 포기하지 않았다.

▶ as: 이유를 나타내는 절에 붙일 수 있는데, 의미가 여러 가지라 문맥을 잘 보고 판단해야 한다.

They had a hard time finding jobs **as** the economy slowed down.

경기가 둔화되자 그들은 일자리 찾는 데 어려움을 겪었다. ⋯→ ~니까(because)

She had a hard time holding back tears **as** she spoke.

그녀는 말하면서 눈물을 참느라 힘들었다. ⋯→ ~할 때(when), ~하는 동안(while)

As I said earlier, we had a hard time understanding their English.

앞서 말했듯이, 우린 그들의 영어를 이해하느라 고생했다. ⋯→ ~듯이, ~처럼

▶ that: 주어의 감정을 나타내는 형용사 뒤에서 이유를 설명하는 의미로 쓰이거나, Now that(~니까)으로 이유를 나타내는 절에 붙인다.

I'm glad **that** you enjoyed what I wrote.　　　　　내가 쓴 글을 재미있게 봤다니 기분 좋구나.

Now that you mention it, I don't think I've ever heard him say anything nice about her.

네가 그 얘길 하니까 생각났는데, 난 걔가 그녀에 대해 좋은 말 하는 걸 한 번도 들어 본 적이 없었던 것 같아.

53 결과/목적의 접속사

그래서 결과는? 무슨 목적으로?

▶ so: 그래서 ~

I have an early day tomorrow, **so** I'd better go to bed now. 내일 일찍 일어나야 되니까 이제 자야겠다.

▶ so A (that) B = such A (that) B: 너무 A해서 (그 결과) B하다

The children were **so** rude and mean **that** I wanted to throw them out the window.

애들이 어찌나 버릇없고 못됐던지 창 밖으로 집어 던지고 싶었어.

He was **so** angry **(that)** he couldn't talk. 그 남자는 얼마나 화가 났던지 말을 못하더라고.

The novel was **such** a great hit **(that)** it was made into a movie.

그 소설은 너무나 크게 히트 쳐서 영화로 만들어졌지.

▶ such that ~: 어찌나 심한지 ~하다

The children's rudeness was **such that** I wanted to throw them out the window.

애들 버릇없기가 어찌나 심하던지 창 밖으로 집어 던지고 싶었다.

▶ so that ~, in order that ~: ~하기 위해서

I asked him to move over a little **so that** I could sit there.

난 그에게 조금만 비키라고 했다, 그래서 내가 거기 앉을 수 있게.

I'm trying to delete a folder **so** I can reinstall the program.

나 폴더를 지우려고 하는 중이야, 그렇게 해서 그 프로그램 다시 깔려고. ⋯ 구어체에서 that은 자주 생략

In order that you can access our services, we may collect personal information from you. 저희는 여러분이 저희 서비스를 이용할 수 있도록 하기 위해 여러분의 개인 정보를 수집할 수도 있습니다.

We open a bank account **in order to** transfer money. 우리는 돈을 이체하기 위해서 은행 계좌를 만든다.

⋯ 주어가 같을 땐 in order to (we - open, we - transfer)

54 시간/비교/조건의 접속사
언제? 어떻게? 어떤 경우에?

▶ 시간 관계를 표현하는 접속사

when ~일 때　　**while** ~하는 동안　　**as** ~하는 동안, ~함에 따라　　**before/after** ~하기 전에/~한 뒤

until ~할 때까지　　**since** ~이후로 죽　　**once** 일단 ~하고 나면　　**as soon as** ~하자마자

as long as ~하는 한, ~인 동안만큼은

My hands shook **as** I filled out the application.　　지원서를 작성하는 데 손이 떨렸어.

Keep it **as long as** you want.　　원하는 기간만큼 갖고 있어. (원하면 계속 갖고 있어.)

▶ 둘을 비교하며 말할 때 쓰는 접속사

A as B B처럼 A　　　**A like B** B처럼 A　　　**A or B** A 혹은 B

either A or B A나 B 둘 중 하나　　**neither A nor B** A도 아니고 B도 아니다

not A nor B A도 아니고 B도 아니다　　**both A and B** A와 B 둘 다

not A but B A가 아니라 B　　**not only A but (also) B** A뿐 아니라 B도

while, whereas, on the one hand ~ on the other hand 둘의 차이를 대조해 비교 설명할 때

When in Rome, do **as** Romans do.　　로마에선 로마법을 따라야 한다.

I do **not** want to take it, **nor** do I want to give it away.　　내가 갖기도 싫지만 남 주기도 아깝다.

On the one hand, it's convenient. **On the other hand**, it's risky.

한편으론 편리하지만 다른 한편으론 위험하지.

▶ 특이한 조건을 달 때 쓰는 접속사

If ~라면　　　**In case** ~일 경우에 대비해, 혹시 몰라서　　　**unless** ~가 아닌 한

otherwise ~가 아니라면　　**no matter + 의문사(why 제외)** ~든간에, 아무리 ~라도

In case you don't know, ASAP means "as soon as possible."

혹시 모를까 봐 그러는데 ASAP는 '가능한 한 빨리'란 뜻이야.

I love you **no matter what** they say.　　사람들이 뭐라 하건 난 널 사랑해.

55

비교급

비교하며 말할 때

▶ 비교급: 형용사/부사 + -er, more + 형용사/부사

① 형용사일 때

	원급 – 비교급
1음절 단어: 원급 + -er	tall 키가 큰 - taller long 긴 - longer quiet 조용한 – quieter
〈단모음+단자음〉인 1음절: -(자음 중복)er	hot 뜨거운 - hotter big 큰 - bigger
-y로 끝나는 2음절 단어: -ier	happy 즐거운 마음인 - happier early 이른 - earlier friendly 친절한 - friendlier
3음절 이상이거나 -y로 끝나지 않는 2음절 단어: more ~	pleasant 즐거운 - more pleasant important 중요한 - more important

② 부사일 때

	원급 – 비교급
형용사와 형태가 같은 부사: 끝에 -(i)er	fast 빨리 - faster high 높게 - higher early 일찍 - earlier
-ly로 끝나면 앞에 more	happily 즐거운 마음으로 - more happily carefully 주의 깊게 - more carefully

〈예외〉

형용사	good 즐거운 - better well 건강한 - better 건강이 좋아진 bad 나쁜 - worse many/much 많은 - more little 적은 - less	late 순서상 늦은 - latter 나중의 (↔ former) late 시간상 늦은 - later far 거리상 많이 나간 - farther 더 멀리 far 정도가 많이 나간 - further 더 깊이
부사	well 잘 - better 더 잘	badly 나쁘게 - worse 더 나쁘게

▶ A 비교급 than B: A가 B보다 더 ~다

Water melons <u>are</u> **bigger than** melons (are).

수박이 멜론보다 크지. ⋯→ be동사는 대개 생략

Light <u>travels</u> **faster than** sound (does).

빛은 소리보다 빠르게 이동한다.

⋯→ 일반동사는 생략하거나 do로 받을 때가 많음.

Black men <u>can</u> jump **higher than** white men (can).

흑인은 백인보다 더 높이 점프할 수 있다.

⋯→ can 같은 조동사를 썼을 경우, than 뒤에도 can을 쓰거나 생략

▶ more/less 원급 than ~: ~보다 더/덜 ⋯하다

Cars are **more** expensive **than** bikes.

차는 자전거보다 비싸다.

Cars are **less** expensive **than** houses.

차는 집보다 덜 비싸다.

He has **more** hair **than** his father has.

그는 자기 아버지보다 머리 숱이 많아.

He has **less** hair **than** his sister has.

그는 자기 여동생보다 머리 숱이 적어.

56 | 비교 대상

비교 대상을 정확하게 맞춰야

▶ 비교급을 쓸 땐 비교 대상끼리 비교한다.

She loves pizza more than I (do).
그녀가 나보다 피자를 더 좋아한다. ⋯▶ 주어끼리 비교

She loves **pizza** more than **me**.
그녀는 나보다 피자를 더 좋아한다. ⋯▶ 목적어끼리 비교

▶ 무엇과 비교하느냐에 따라 than 이하에 다양한 말이 올 수 있다.

Don't you think you have more clothes **than you need**?
옷이 필요 이상으로 많다는 생각 안 들어?
⋯▶ have와 need로 비교

He's smarter **than you think**.
그는 네가 생각하는 것보다 머리가 더 좋아.
⋯▶ 실제 그가 smart한 것과 '네가 생각하기에 그가 smart한 것'을 비교

▶ 문맥으로 짐작이 가능할 땐 than 이하를 생략하기도 한다.

The weather is getting **worse**.
날씨가 더 고약해지고 있어. ⋯▶ 지금보다

Botox can make you look **younger**.
보톡스는 널 더 젊어 보이게 할 수 있지. ⋯▶ 실제보다

▶ still/much/even/far/a lot + 비교급: 훨씬 더 ~ (비교급 강조)

I feel **much[still/even/far/a lot]** better.
기분이 훨씬 좋아졌어.

▶ 비교 대상끼리는 같은 형식으로 쓴다.

There were more students **in the cafeteria** than **in the library**.
도서관보다 카페테리아에 더 많은 학생들이 있었다.

There were more students *in the cafeteria* than *the library*. (×)
⋯▶ 장소끼리 비교하는 거니까 장소, 공간을 나타내는 전치사(in) 필요

I work more efficiently **when I'm alone** than **when I'm in a group**.
나는 그룹으로 있을 때보다 혼자 있을 때 일을 더 능률적으로 해.

I work more efficiently **alone** than **in a group**.

I work more efficiently *when I'm alone* than *a group*. (×)

⋯▸ 비교 대상을 when절끼리 맞추든가 alone과 in a group이란 보어끼리 맞춰야 함.

▶ 정확한 비교를 위해 사용하는 대명사: that, those, one(s)

The economic growth rate of China is higher than **that** of Europe.

중국의 경제 성장률은 유럽의 경우보다 높다. ⋯▸ that = the economic growth rate

The shoes made in China are cheaper than **those** produced in Korea.

중국산 신발이 한국에서 만든 신발보다 싸다. ⋯▸ those = the shoes

My new phone is better than the old **one**.

새 전화기가 먼저 것보다 좋아. ⋯▸ the old one = the old phone

57

최상급

타의 추종을 불허하는 지존임을 표현할 때

▶ 최상급은 형용사/부사에 -est나 most를 붙여 만든다.

형용사	tall 키가 큰 - taller - tallest
	hot 뜨거운 - hotter - hottest
	happy 즐거운 마음인 - happier - happiest
	important 중요한 - more important - most important
부사	fast 빨리 - faster - fastest
	early 일찍 - earlier - earliest
	happily 즐거운 마음으로 - more happily - most happily

〈예외〉

형용사	good 좋은/well 건강한 - better - best	bad 나쁜 - worse - worst
	many/much 많은 - more - most	little 적은 - less - least
	late 순서상 늦은 - latter - last	far 거리상 많이 나간 - farther - farthest
	late 시간상 늦은 - later - last	far 정도가 많이 나간 - further - furthest
부사	well 잘 - better - best	badly 나쁘게 - worse - worst

▶ 형용사 최상급 앞에는 the/a, 부사 최상급 앞에는 무관사

He was **the greatest entertainer** of all times.　　　그는 전 시대를 통틀어 가장 뛰어난 연예인이었다.

What's **the most popular brand** among teenagers?　　십대들 사이에서 가장 인기 있는 브랜드는?

Who came **last**?　　　　　　　　　　　　　　　　누가 꼴찌로 왔어?

Which website do you visit **most frequently**?　　　가장 자주 방문하는 웹사이트는?

▶ the + 형용사 최상급 + 명사: 가장 ~한 / a + 형용사 최상급 + 명사: 매우 ~한

Julie is **the most beautiful girl** in our school.　　줄리는 우리 학교에서 가장 예쁜 여자애다.

Julie is **a most beautiful girl**.　　　　　　　　　줄리는 굉장히 예쁜 여자애다.

58

as ~ as 동급 비교와 비교급 응용 표현

고만고만한 것들을 비교할 때

▶ 비교 대상들이 막상막하하면 as ~ as, 똑같으면 the same as ~

She's almost **as lazy as** I am. 그 애는 거의 나만큼 게을러.

His advice is **the same as** my doctor's. 그의 조언은 내 의사가 해준 조언과 똑같다.

▶ 배수는 (two, three, …) times as ~ as, 또는 (two, three …) times 비교급 than

Women are **two times as likely as** men to suffer from depression.

= Women are **two times more likely than** men to suffer from depression.

= Women are **twice as likely as** men to suffer from depression.

여성은 남성보다 우울증에 걸릴 가능성이 두 배 높다.···→ two times의 경우 twice로도 잘 씀.

▶ 어떤 수치 이상, 이하, 초과, 미만 등을 나타내는 비교급 표현이 있다.

more than 1	1보다 많은, 즉 2 이상 (2, 3, 4 …)
no[not] more than 2	2보다 많지 않은, 즉 2 이하 (= 2 at most: 많아 봐야 2)
less than 2	2보다 적은, 즉 2 미만 (= under 2: 1, 0)
no[not] less than 2	2보다 적지 않은, 즉 2 이상 (= at least 2: 적어도/최소한 2)

Your bag must **not** weigh **more than** 40 pounds. 가방 무게는 40파운드를 넘으면 안 됩니다.

···→ 40파운드까지만 허용

The number of participants should be **no less than** five, and **no more than** ten. 참가자 수는 5명 이상, 10명 이하여야 한다.

▶ The 비교급 ~, the 비교급 …: ~할수록 (더) …하다

The more exercise you do, **the more** benefits you will receive. 운동을 많이 할수록 더 많은 이득을 얻는다.

The more popular his site (is), **the more** money he makes. 그의 사이트가 인기가 많을수록 그는 돈을 많이 번다. ···→ be동사는 생략 가능

▶ 비교급 than any other 단/복수 명사: 다른 어느 ~보다 더

▶ 비교급 than all the other 복수 명사(불가산명사면 단수): 다른 모든 ~들보다 더

▶ No ~ + 비교급 than: 그보다 더 ~한 건 없다

China has **more** people **than any other** country in the world.

중국은 세계 다른 어느 나라보다 인구가 많다.

China has **more** people **than all the other** countries in the world.

중국은 세계 다른 모든 나라들보다 인구가 많다.

No (other) country in the world has **more** people **than** China (does).

세계 (다른) 어느 나라도 중국보다 인구가 많지는 않다.

▶ ever가 비교급과 함께 쓰이면 최상급 의미를 나타낼 수 있다.

I'm **happier now than ever**.　　　　　　　난 지금 그 어느 때보다도 행복해. ⋯▸ 비교급 than ever

I've **never** been **happier** (than now).　　(이보다) 더 행복했던 적은 없어. ⋯▸ never(not ever) 비교급

Women in Korea are having **fewer** children **than ever before**.

한국 여성들은 지금까지 그 어느 때보다도 아이를 적게 갖고 있다. (출산율이 가장 낮다) ⋯▸ 비교급 than ever before

59

전치사

위치와 방향을 알려 주는 말

▶ 전치사는 위치와 방향을 나타내기 위해 쓴다.

방향	지하철역**에서부터** 걸었어. 지하철역**으로** 걸어갔어. 지하철역 **안으로** 걸어갔어.	I walked **from** the subway station. I walked **to** the subway station. I walked **into** the subway station.
위치	우유는 냉장고 **안에** 있어. 우유는 탁자 **위에** 있어. 우유는 그 상자 **뒤에** 있어.	The milk is **in** the refrigerator. The milk is **on** the table. The milk is **behind** the box.

▶ 전치사 뒤에 (대)명사가 올 땐 목적격으로 쓴다.

What's the difference between *you* and *I*? (×)

What's the difference between **you** and **me**?
너랑 나랑 차이점이 뭐지?

▶ 위치와 방향이라는 기본 의미에서 논리적인 의미를 추측할 수 있다.

Most back pain **results from** lack of exercise.
대부분의 요통은 운동 부족에 기인한다.

⋯▸ result from: ~로부터 나온 결과다 = ~가 원인이다

Constipation may **lead to** other problems.
변비는 다른 문제를 낳을 수 있다.

⋯▸ lead to: ~로 이어지다 = ~를 야기하다

Family **comes before** work.
가족이 일 앞에 온다. (일보다 가족이 더 중요하다.)

⋯▸ A comes before B: A가 B보다 앞에 온다 = A가 B보다 중요하다

Nothing can **come between** us.
우리 사이에 아무것도 올 수 없다. (아무것도 우리 사이를 갈라놓을 수 없다.)

⋯▸ come between: ~ 사이를 갈라놓다 (문맥에 따라서는 순수하게 둘 사이에 온다는 의미도 됨)

▶ 접속사처럼 논리 관계(인과, 대조 등)를 나타낼 때 잘 쓰이는 전치사도 있다.

A lot of marriages break up **due to** financial problems.

경제적인 문제 때문에 결혼생활이 깨지는 경우가 많다. ⋯▸ 바닥부터 꼭대기까지 완전(up) 깨져버리다. ~ 때문에(due to)

Many people showed up **despite** the heavy rain.
폭우에도 불구하고 많은 사람들이 나왔다.

⋯▸ ~에도 불구하고(despite = in spite of)

60 전치사를 활용하는 구동사

동사와 전치사가 뭉쳤다!

▶ 〈동사 + 전치사〉 묶음(구동사)이 하나의 타동사 역할을 할 수 있다. 이때 목적어는 명사면 전치사 앞/뒤, 대명사면 동사와 전치사 사이에 쓴다.

He **took off** his shoes. 그는 신발을 벗었다.

He **took** his shoes **off**.

He **took out** a knife. 그는 칼을 꺼냈다.

He **took** a knife **out**.

He *took off them*. (×) → He **took** them **off**.

He *took out it*. (×) → He **took** it **out**.

▶ 활용도 높은 구동사

come across 우연히 마주치다	get across 말뜻을 전달하다, 의사 전달에 성공하다	
let down 실망시키다	turn down 거부[거절]하다	give in 포기[굴복]하다, 뜻을 굽히다
turn in 제출하다	break into 침입하다	run into (어려움 등에) 부딪히다
keep on 계속 ~하다	put on (옷 등을) 입다	break out (갑자기) 발생하다, 발발하다
work out 해결하다	cover up 감추다, 은폐하다	make up 지어내다, 날조하다

I **came across** this photo a few days ago. 며칠 전에 우연히 이 사진을 발견했어.

They **let** me **down**. 그들은 날 실망시켰다.

We have to **turn in** the paper by tonight. 우리 오늘밤까지 리포트 내야 돼.

The company **ran into** financial difficulties. 그 회사는 재정난에 부딪쳤다.

They **kept on** fighting until the police came. 그들은 경찰이 올 때까지 계속 싸웠다.

We can **work out** the problem. 우리 그 문제 해결할 수 있어.

The doctor **covered up** the mistake for years. 그 의사는 수년간 그 실수를 감췄다.

073

61

부사

언제? 어디서? 어떻게?

▶ 부사는 '언제, 어디서, 어떻게, 왜'를 표현할 때 쓴다.

I was eating **then**. — 그때 밥 먹고 있었어.

I was eating **in the kitchen**. — 부엌에서 밥 먹고 있었어.

I was eating **hurriedly**. — 급하게 밥 먹고 있었어.

I was eating **because I was hungry**. — 배고파서 밥 먹고 있었어.

▶ 부사는 대개 -ly로 끝나지만 형용사와 형태가 같은 부사가 있으며, -ly가 빠지면 의미가 달라지는 부사도 있다.

① 형용사와 형태가 같은 부사

late 늦게   long 오래   slow 느리게   fast 빠르게   high 높게   low 낮게   better 더 잘

I left **early**, but arrived **late**. — 난 일찍 떠났지만 늦게 도착했다.

② -ly가 빠지면 의미가 달라지는 부사

hardly 거의 아니란 뜻의 부정어 - hard 심하게   lately 최근에 – late 늦게

highly 매우 - high 높게   justly 정당하게 – just 막, 방금

I laughed so **hard** that I could **hardly** breathe. — 너무 심하게 웃어 숨을 쉴 수 없을 지경이었다.

Lately she stays up **late**. — 걔 요즘 늦게까지 안 자.

▶ 문장 부사는 문장 내용에 대한 말하는 사람의 생각이나 태도를 나타낸다.

Unfortunately 불행히도, 안타깝게도   Fortunately/Luckily 다행히

Hopefully 바라건대, 내 바람이지만   Frankly 까놓고 말해서

Honestly 내 솔직한 생각은   Personally 내 개인적으론   Actually 사실

Hopefully, he'll get a job soon. — 걔가 곧 취직이 되면 좋겠는데.

Frankly, I don't care. — 까놓고 말해서 난 신경 안 써.

62

도치

자리는 왜 바꾸는 거야?

▶ 주어와 보어가 자리를 맞바꿀 수 있다.

The file you requested is **attached**.

요청하신 파일이 첨부돼 있습니다.

Attached is the file you requested.

첨부돼 있습니다. 요청하신 파일이. ···▸ 도치

- -

▶ 부정어의 의미를 강조하고 싶어 문장 맨 앞에 내보낼 땐 do가 들어가면서 주어와 도치된다.

I <u>never dreamed</u> I would work under him.

그 사람 밑에서 일하게 될 줄은 꿈에도 몰랐어.

→ <u>Never</u> **did** <u>I dream</u> I would work under him.

···▸ 과거니까 did I dream

He <u>not only directed</u> the movie, but he also starred in it.

→ <u>Not only</u> **did** <u>he direct</u> the movie, but he also starred in it.

그는 그 영화를 감독만 한 게 아니라 주인공으로 출연도 했다.

- -

▶ 가정법 if절에서 if가 생략되고 도치될 수 있다.

<u>If I</u> **had known** it earlier, I wouldn't have wasted my time.

→ **Had I known** it earlier, I wouldn't have wasted my time.　그걸 더 일찍 알았다면 시간 낭비 안 했을 텐데.

He would have spent more time with his kids if **he had not been** so busy.

→ He would have spent more time with his kids **had he not been** so busy.

그가 그렇게 바쁘지만 않았다면 아이들과 더 많은 시간을 보냈을 텐데.

···▸ 도치 후 생략된 if절이 뒤쪽에 올 땐 had 앞에 쉼표를 찍을 수도, 안 찍을 수도 있음.

63

강조와 생략

평소와 다른 모습을 보여 주지

▶ 특별한 강조 어구로 동사나 명사를 강조할 수 있다.

I **do** believe you. 널 믿어. ⋯ 동사(believe) 강조

She sensed something was wrong at the **very** beginning.
그 여자는 처음부터 뭔가 잘못됐음을 감지했다. ⋯ 명사(beginning) 강조

The file **itself** has been deleted. 그 파일 자체가 지워진 거야. ⋯ The file을 강조

▶ '(도)대체', '세상에' 등의 의미를 지닌 on earth, in the world, the hell/heck 등으로 의문사를 강조할 수 있다.

Who **on earth** would believe him? 세상에 누가 걜 믿겠어?

What **the hell** are you talking about? 대체 무슨 소릴 하고 있는 거야?
⋯ 편하게 얘기해도 되는 자리에서만 사용. the heck도 마찬가지

▶ It is/was ~ that으로 특정 어구를 강조할 수 있다.

You said so. 네가 그렇게 말했어.

→ **It was** you **that[who]** said so. 그렇게 말한 건 바로 '너'였잖아.

▶ 〈be + 보어〉인 종속절에서 별 의미 없는 be는 생략할 수 있다.

I fell asleep **while at work**. 난 근무 중에 잠이 들었어. ⋯ while I was at work

You can always call ahead and cancel **if necessary**. 필요하면 언제든지 미리 전화해서 취소해도 돼.
⋯ if it is necessary

▶ 중복되는 문구는 생략할 수 있다.

Some left the party excited–**others, disappointed**.
어떤 사람들은 흥겨운 기분으로 파티를 떠났고, 또 어떤 사람들은 실망한 채 떠났다. ⋯ others (left the party) disappointed

You can keep it if you **want to**. 원하면 가져도 돼.
⋯ if you want to (keep it), to부정사에서 중복되지 않는 to까지만 남김.

64

눈치와 센스가 좀 필요해

▶ 서로 다른 말이 같은 대상을 가리키는 경우를 '동격 관계'라고 부른다.

▶ 동격으로 쓴 명사가 여러 개면 관사는 맨 앞에 한 번만 쓴다.

Mel Gibson, **an actor and director**, is from Australia.

배우 겸 감독인 멜 깁슨은 호주 출신이다.

He is **a** well-known **novelist and translator**.

그는 유명한 소설가 겸 번역가다.

▶ 동격 관계에 있는 that절은 완전한 문장을 이룬다.

The **news that** he was defeated in the election was not surprising.

그가 선거에서 졌다는 소식은
놀랍지 않았다. ···› the news = he was defeated in the election

I heard **a rumor that** he's gay.

그가 게이라는 소문을 들었다. ···› a rumor = he's gay

I had **this feeling that** something was wrong.

뭔가 잘못됐다는 느낌이 들었다.
···› this feeling = something was wrong

▶ 병렬 구조는 같은 성분끼리(명사면 명사끼리, 분사면 분사끼리) 나열하는 것으로, 특히 작문에서 중요한 원칙이다.

My favorite sports are *baseball*, *tennis* and *playing soccer*. (×)

My favorite sports are **baseball**, **tennis** and **soccer**.

내가 제일 좋아하는 스포츠는 야구, 테니스, 축구다.

He *stood* up and *walking* toward the window. (×)

He **stood** up and **walked** toward the window.

그 남자는 일어나서 창문 쪽으로 걸어갔다.

It was both *an interesting lecture* and *informative*. (×)

It was both **an interesting** and **an informative** lecture.

재미있고도 유익한 강의였다.

The lecture was both **interesting** and **informative**.

그 강의는 재미있고 유익했다.

65 전체 부정, 부분 부정

부정을 하려면 제대로 해야지!

▶ not + all/every/both = 부분 부정

Not all puppies are small.

강아지가 다 작은 건 아니다.

Either of them is made in China.

둘 중 하나는 중국산이다.

···▶ both의 부분 부정은 어차피 둘 중 하나란 뜻이니 either를 씀.

▶ 둘을 전체 부정할 땐 neither, 셋 이상을 전체 부정할 땐 no, nothing, none

Neither of them is made in China.

둘 다 중국산이 아니다.

Neither the cup **nor** the saucer is made in China.

컵도, 컵 받침도 모두 중국산이 아니다.

No one is on the phone.

통화 중인 사람은 아무도 없다.

I could hear **nothing**.

아무 소리도 들리지 않았다.

None of the 20 passengers were injured.

승객 20명 중 다친 사람은 아무도 없었다.

▶ 한 문장 안에 부정어를 두 번 쓰지 않는다.

I *don't* have *no* idea. (×)

→ I have **no** idea. = I **don**'t have **any** idea.

모르겠어. ···▶ no = not + any

I *don't* know *nothing*. (×)

→ I know **nothing**. = I **don**'t know **anything**.

아무것도 몰라. ···▶ nothing = not + anything

▶ 단어 자체에 부정의 의미가 내포돼 있는 말 역시 다른 부정어와 함께 쓰지 않는다.

few 수가 거의 없는   **little** 양이 거의 없는

seldom, hardly, rarely, barely, scarcely + 동사

거의 ~ 안 하다, 좀처럼 ~ 안 하다, 웬만해선 ~ 안 하다, 거의 ~하는 법이 없다

We *don't* have *few* options. (×) → We have **few** options.

우리에겐 대안이 별로 없어.

He *doesn't seldom* watch TV. (×) → He **seldom** watches TV.

그는 TV를 거의 안 봐.

078